현대
수사학

Knape, Joachim: Modern Rhetoric in Culture, Arts, and Media
© Walter de Gruyter GmbH Berlin Boston. All rights reserved.
This work may not be translated or copied in whole or part without the written permission of the publisher (Walter De Gruyter GmbH, Genthiner StraBe 13, 10785 Berlin, Germany).

Korean translation copyright c(2019) by Jin Sung Books
Korean translation rights arranged with Walter de Gruyter GmbH
through EYA (Eric Yang Agency).

이 책의 한국어판 저작권은 EYA (Eric Yang Agency)를 통한
Walter de Gruyter GmbH 사와의 독점계약으로 '진성북스'(이)가 소유합니다.
저작권법에 의하여 한국 내에서 보호를 받는 저작물이므로 무단전재 및 복제를 금합니다.

MODERN RHETORIC
in Culture, Arts, and Media

현대 수사학

요아힘 크나페 지음
김종영, 홍설영 옮김

진성북스
JINSUNGBOOKS

한국의 독자들에게

한국은 과학과 학문의 연구가 번성하는 나라로 알려져 있습니다. 현대 커뮤니케이션의 주요 원리인 수사학이 한국에서 관심을 끌고 있다는 사실이 매우 기쁩니다. 수사학은 인간학이기에 사람이 사는 곳이면 어느 곳에나 있습니다. 수사학은 모든 대륙의 사람들을 연결해주므로 가히 국제적입니다. 현대 사회에서 수사학으로 다른 사람들을 설득하는 일은 곧 평화의 길입니다. 수사학에는 사람을 움직여 앞으로 나아가게 하는 힘이 있습니다. 설득력 있는 수사적 의사소통은 모든 현대 국가의 막강한 사회적 동력입니다. 따라서 수사학 연구는 오늘날의 한국 사회에도 큰 도움이 될 것입니다.

이 책이 한국에서 새로운 학문적 삶을 살 수 있도록 꼼꼼하게 번역한 동료 김종영 교수와 홍설영 교수에게 고마움을 전합니다.

튀빙겐 대학교 수사학과 교수
요아힘 크나페 올림

목차

한국의 독자들에게   5
서문   11

1부   일반 수사학

1장   수사학을 둘러싼 오해와 수사학의 문화 간 대조 연구의 기반   43

    1. 수사학을 둘러싼 오해들 44
    2. 근본 수사학 54
    3. 도구적 수사학 60

2장   역사주의와 현대과학을 잇는 수사학   63

3장   연사의 이미지, 위신, 평판과   85
       아리스토텔레스 수사학의 에토스

    1. 현대 수사학에서 신뢰의 원천인 연사 85
    2. 이미지, 위신, 평판을 구성하는 것들 87
    3. 이미지의 현대적 개념과 아리스토텔레스의 에토스 93
    4. 연설 순간의 수사학적 에토스 101
    5. 수사학적 협력 신호로서 에토스 105

4장   언어인가, 수사학인가?   112

2부　대화

5장　대화의 수사학　　147

1. 대화의 수사학 147
2. 고대의 연설과 대화 148
3. 독백, 문답, 대화 150
4. 대화 수사학의 사례 159
5. 대화 수사학의 핵심 161
6. 대화 화자의 업무와 대화 관리의 수사적 개념 164

3부　언어 텍스트의 수사학

6장　중세의 역사서술 방법으로서 수사학　　189

1. 연대기는 과거 흔적을 기념한다 190
2. 역사적 관찰의 세 가지 양상 191
3. 분석 수사학은 의사소통 행위를 살핀다 194
4. 텍스트의 세 가지 수사적 제스처 197
5. 메시지 205

7장 문학 수사학의 고려사항	208
8장 파라텍스트와 문학의 수사적 요인	224
9장 신수사학과 해체의 수사학	246
1. 춤과 드라마(극)	248
2. 비유와 무늬	253
3. 부정성	259
4. 수사학	263

4부 기호간 수사학

10장 음악의 수사학	271
11장 이미지의 수사학	291
1. 수사학 이론 내에서 이미지의 위상	292
2. 이미지의 텍스트성	294
3. 이미지의 서사성	300
4. 이미지에 대한 특정 분야별 질문들	303
5. 수사학 이론에서 이미지의 구체적인 문제점들	306
6. 방법상의 체계적 절차	314

12장 장편영화의 수사학 이론   321

    1. 현대영화 연구의 수사학 관련 난제들 322
    2. 극 및 장편영화의 원형이론 326
    3. 극과 장편영화의 수사적 요인 340
    4. 장편영화의 통찰과 지식 환기 345
    5. 프리츠 랑의 장편영화 〈M〉의 수사적 요인 353

5부 미디어 수사학

13장 수사학의 미디어 개념   367

역자 후기   397
주   406
참고문헌   430
찾아보기   452

MODERN
RHETORIC

서문

현대 수사학

18~19세기경, 대부분의 유럽국가에서는 수사학이라는 정식 과목이 문헌학과 기타 인문학 과목으로 대체되면서 수사학은 대학 교과에서 종적을 감추었다. 그 후 언어 및 문학 분석이 학문적 관심의 대상이 되었다. 하지만 '생산-이론'적 관점에서의 전략적 커뮤니케이션 연구는 주목받지 못했고 학계는 20세기에 들어서야 이를 재조명하기 시작했다. 수사학은 어떤 형태로든 실제로 사회적 담화에서 활용되어 왔지만, 오늘날에는 대학 교과로 재발견되어야 하는 입장이다. 현대 민주사회는 정치·사회적 의사결정에 영향을 미칠 성숙한 방법으로서 수사학을 필요로 한다. 그리고 이러한 의사결정은 권력의 문제와 결부되어 있어 지속적인 커뮤니케이션으로만 개방적이고 평화적으로 해결될 수가 있다. 이런 관점에서 수사학에 대한 저자의 정의 중 하나는 '사회나 집단 내에서 평화적으로 의견을 변화시키는 커뮤니케이션 수단'이다. 이에 저자는 다음의 역설을 더하고자 한다. 수사학은 '변화 발생 후의

질서와 관계를 재정립하는 방법'이기도 하다.[1]

정치의 수사학에 대해서는 전 세계적으로 다양한 분야의 학자들이 수많은 관련 논문들을 발표했고 이는 앞으로도 지속적으로 연구될 주제다.[2] 일반적으로 이 같은 논문은 보편적 편견과 일상적 실제 수사학을 다루는 다양한 서적, 고전적 수사 이론을 다루는 교과서 등에 기반을 둔다.[3] 수사학이라는 깃발 아래 항해하는 여러 문학적 연구들도 있다. 그러나 수사학에 대한 현대적이고 진정한 이론을 개발하려는 학문적 시도는 부족한 실정이다. 수사학이라는 주제를 독립된 과학적 패러다임으로 진지하게 여기고 현대의 이론적인 여건을 충족시키려는 노력이 부족한 것이다. 실제로 20세기에는 소수의 학자들만이 수사학에 대한 현대적 이론 정립에 매진했다. 케네스 버크(Kenneth D. Burke/버클리, 미국)와 카임 페렐만(Chaïm Perelman/브뤼셀, 벨기에)은 이런 추세에 있어 독창적이면서 독립적이고 예외적인 인물로 꼽힌다. 마르틴 하이데거(Martin Heidegger)[4], 한스 게오르그 가다머(Hans Georg Gadamer), 한스 블루멘베르크(Hans Blumenberg) 같은 일부 독일 철학자들이, 수사학이라는 독립된 학문에 대해 상세한 윤곽을 정립하려고 했지만 성과를 내지는 못했다.

한편, 위르겐 하버마스(Jürgen Habermas) 등 기타 철학자들은 수사학을 통째 거부하였다.[5] 같은 시기에 리차드 로티(Richard Rorty)를 비롯한 미국 포스트모던 철학자들은 수사학과 애매모호한 관계를 유지했다(커뮤니케이션의 다른 개념이 아닌 수사에 대해 한 번이라도 언급한 적이 있다면)[6]. 이들은 현대 수사학 이론에 대한 실용적 접근을 강화하는 한편, 수사학의 전략적 기반을 전체적으로 해체하고 근본적으로 비판했다.

이 책은 이런 균열을 일부 해소하고자 한다. 즉 학술용어상 일관된 수사학의 이해에 필요한 근본적 인류학, 의사전달, 문화적 기반과 관련된 질문들을 논하는 동시에 몇 가지 사례를 통해 문화 속 수사학의 존재와 의미, 기능을 설명할 것이다.[7] 무엇보다 수사학 이론은 커뮤니케이션 이론이지만 커뮤니케이션은 문화의 모든 방면을 다루지 않으므로 수사학도 사회문화적 이론의 일부다. 다만, 신중해야 할 것은 수사학 이론이 커뮤니케이션의 일반 이론이나 개론이 아니라는 점이다. 그 대신 수사학은 매우 특화된 분야다. 수사학에 대한 과학적 이론은 설득을 위한 행동과 관련된 커뮤니케이션에 대한 질문과 문제에만 집중하므로, 수사학에 대한 저자의 다른 정의를 다음과 같이 내릴 수 있다.

실제로 수사학은 성공 지향적이며 전략적 커뮤니케이션 과정을 확실하게 알려준다. 수사학은 인간 스스로 중요하다고 생각하는, 연설 목적의 주제에 대해 사회적 타당성을 주장하게 만드는 의사소통의 가능성이고 그렇게 함으로써 의사소통이 성공하는 순간만큼은 사회적 의지로부터 자유롭게 하는 것이다. 수사학은 태동부터 늘 사회적 무언으로부터의 인간 출현이었으며 수사적 명령은 라틴어로 'perorare aude!', 즉 '표현적 역량을 사용할 용기를 가져라!'이다.[8]

따라서 수사학 연구에 대한 학문적 관점은 매우 특수하고 사회적 학문 분야와 구별된다. 이러한 이유로 1장은 문화 간 수사 연구에서 발견되는 일곱 가지 주요 오해를 다룬다. 문화 간 대조 수사학은 그 자체로 새로운 학문 분야로서 유럽에서 개발된 체계적인 수사적 접근을 비 유럽 및 비 미국적 맥락에 적용하려는 노력이다.[9] 근본 수사학(fundamental rhetoric) 분야는 이런 연구에 필요한 분석적 기법을 제공하는데, 수사적 사례(즉 설득사례)가 언제 발생하는지를 규정하기 때문이다. 이후에서야 이 사례를 수사학에 초점을 맞추어 상호문화적으로 분석할 수 있다.

수사학의 또 다른 체계적 분야는 오르가논 독트린이다. 수사적 커뮤니케이션 상황에서 연설가(수사적으로 행동하는 사람이나 기관)가 사용하는 수단(기구)을 다룬다. 이런 수사적 수단 및 방법과 관련해 상호문화적 대조수사학 연구는 분명한 차이를 보여주었다. 즉 '진정한' 수사학은 사회적으로 수용되는 수단과 방법이 사용될 때만 발생하고 전 세계적으로 문화에 따라 수용가능하고 적절한 설득 수단에 대한 다른 기준이 있다는 것이다.

대조수사학 내 논의는 고대 그리스·로마에서 유래했고 계속해서 서구 수사학의 근간을 이루는, 수사학에 대한 개념이 아시아나 아프리카와 같은 타문화 분석에서 적절하고 유의미한지에 대한 질문으로 시작한다. 그에 대한 대답은 '그렇다'이다. 수사학이 여타 현대 공시적 과학과 마찬가지로 체계적으로 정립되고 이론적으로 철저하다면, 수사학의 적용은 역사적 기원과 상관없이 그 상황에 적절한 것이다.

이런 논의는 완전히 다른 질문으로 이어진다. 즉 수사학 발전에 대한 순수 역사학적 연구(특히 고전 연구)는 오늘날 얼마나 유용할까? 이 주제는 2장에서 다룬다. 여기서 저자는 수사학에 대한 통시적, 역사적 연구가 오늘날에도 유용하다는 결론을 내리는데, 이것은 수사학에 대한 고전적 이론이 오늘날까지도 유효한 인간 커뮤니케이션에 대한 통찰을 제시했기 때문이다. 동시에 수사학에 대한 실용적 역사는 귀중한 경험적 사례들을 제공한다.

이 사례를 체계적이고 구조적으로 평가해 특정 사회적 형태(소모임, 정치영역, 법정 등)에서의 의사소통 행태를 연구할 수 있다. 공시적 수사학은 다양한 실험실 연구를 여러 차례 진행하더라도 인류역사에 담긴 지식의 양을 복제할 수 없다. 이렇듯 수사학에 대한 역사적 연구는 상호문화적 대조수사학 연구 못지않은 가치가 있다. 두 연구 분야 모두 설득의 사회적·심리적 역사에 대해 체계적이고도 유용한 지식을 제공한다. 설득은 수사이론의 핵심이다.[10]

설득에 초점을 맞추고 있는 수사학은 고대 그리스와 로마에서 정립되었고 오늘날의 현대적 사고는 이를 따른다. 인간의 커뮤니케이션과 상호작용에 대한 지식은 그리스·로마 시대에 이미 꽤 발전해 있었는데 어떤 면에서는 오늘날보다 그 수준이 높았으므로 현대 수사학 개념에 수사학에 대한 고전적 지식을 반영하는 것이 타당하다. 그리스·로마 시대에 실용적인 것으로 증명되었고 전혀 사변적이지 않기 때문이다. 학문 분야로서 수사학은 운 좋게도 가장 위대하고 통찰력 있는 고대 철학자(플라톤, 아리스토텔레스, 키케로 등)들에 의해 연구되었다.[11] 그들은 모두 수사적 커뮤니케이션을 다루었다. 이후, 특히 르네상스를 지나면서 다른 위인들도 수사학과 관련된 질문에 관심을 기울였다. 이러한 역사적 지식은 현대 수사학 이론에 중요한 접점을 제공한다. 따라서 여전히 고전적 통찰을 재고하고 재언급하여 현대적 접근에 통합시키는 것이 중요하다(예: 미디어 이론 분야, 13장 참조).

수사학에 대한 이런 고전적 지식의 요약본인 『연설가 교육(Institutio Oratoria)』은 퀸틸리아누스(Quintilianus)가 서기 100년경에 작성했다. 퀸틸리아누스는 수사학에 대한 이론적 초점을 커뮤니케이션의 세 가지 측면에서 조명하였다. 그 책 2권에 나오듯이 이 세 가지는 'ars(이론)', 'artifex(연설을 생산하는 자로서의 연사, 행위자, 실용적인 의사소통 전문가)', 'opus(만들어진 텍스트 형태인, 커뮤니케이션의 수사적 도구)'이다.[12] 이어서 이 세 가지 기본 범주에 대해 논한다. 먼저 수사적 행위자, 즉 수사학의 아르키메데스 지점부터 살펴보자.

연사

수사학의 이론적 체계는 행위자, 텍스트, 커뮤니케이션 환경(의사소통상 세팅)의 연결성에 기반을 두고 있기에, 일부 현대문학 이론 주자들이 저자라는 개념 자체를 다룰 필요가 없다는 입장에도 불구하고 수사학 이론은 '역사적 저자'라는 추상적 범주를 분명히 활용한다. 퀸틸리아누스에 의하면 artifex는 '전문가', 즉 ars(수사학 이론)의 원칙에 대한 지식이 있는 수사적 커뮤니케이션 전문가로, 이 이론에 따라 의사소통 관련 행동을 취한다. 커뮤니케이션의 이러한 측면에만 집중한 또 한 명의 로마 수사학자로는 마르쿠스 툴리우스 키케로(Marcus Tullius Cicero)가 있다. 『연설가에 대하여(De oratore)』, 『연설가(Orator)』, 『브루투스(Brutus)』 등 그의 작품에 붙은 현대 제목을 보면 행위자의 역할이 핵심임을 알 수 있다. 하지만 여타 중요한 수사학 이론의 체계적 요소와 마찬가지로 연사의 개념은 인간학적 관점을 열어주고 고차원적인 추상적 개념에 기반한다.[13] 그렇다면 수사학 이론의 틀 내에서 연사를 "추상적인 독립체로, 다양한 담화에 대한 연구로부터 분석적으로 도출된 이론적 구성물로, 인지적 계산으로, 행동의 사회적 역할로, 또는 커뮤니케이션과 텍스트를 구성하는 독립체로 이해해야 한다."[14]

커뮤니케이션의 일반적 분석을 위해서는 해당 커뮤니케이션 사건의 모든 부문이 중요하지만 수사학 분야는 수사적으로 활성화된 부분과 연관된 문제에만 집중한다. 이처럼 수사학의 핵심 관점은 전략적으로 의사소통하는 연사로, 그는 선형적인 의사소통 모델의 왼쪽에 위치해 있는 '발신자'이기도 하다. 중앙의 채널(매체 및 텍스트 포함)과 우측의 수신인이 나머지 구성요소다. 이 세 가지 이론적 구성요소의 여러 뿌리 중 대표적인 것은 칼 뷜러(Karl Bühler)가 1934년 발표한 『언어이론(Sprachteorie)』이고, 이는 1949년 섀넌(Shannon)과 위버(Weaver)의 『커뮤니케이션의 수학적 이론(The Mathematical Theory of Communication)』에서 집대성되어 오늘날 잘 알려진 모형을 구축하기에 이르렀다.[15]

수사학의 핵심질문은 일반적으로 '커뮤니케이션은 어떻게 기능하는가' 또는 '위에 언급된 모형의 세 가지 구성요소나 독립체는 어떻게 상호작용하는가'가 아니다. 이런 질문은 커뮤니케이션이나 언어학이 연구하는 질문으로, 그 연구 결과는 수사학의 관점으로 바라볼 때만 관련이 있다. 수사학은 커뮤니케이션 이론의 특수 분야로 모든 것의 출발점인 단 한 가지 주요 주제가 있다. 즉 '연사'라고 하는 '발신자'가 어떻게 전략적이고 효과적으로 의사소통해 생활세계의 목표를 달성하는가이다.[16] 이처럼 고정된 관점은 커뮤니케이션에 대한 모든 이론적 고려사항에서 명확한 방향을 제시한다. 다시 말해 커뮤니케이션을 완전히 연사의 입장에서 바라본다. 따라서 앞서 언급한 커뮤니케이션 모형에서 공식의 왼쪽인 발신자와 발신자의 커뮤니케이션 도구인

'매체'와 '텍스트'에만 초점을 맞춘다.

위에서 언급한 조사의 모든 분야는 '외재적 수사학(extrinsic rhetoric)'이라고 부른다. 외부로 향하는 수사학으로 연사에서 외부세계로 중심이 움직인다.[17] 외재적 수사학 관점에서 수사학의 고전적 정의로는 '설득의 기술(ars persuadendi)'이 적절하다. 연사는 타인을 설득하고 싶어하며 상호작용하는 사회적 환경에서 이를 실행한다. 행위자와 그들의 행동, 활동적 영역 그리고 이 활동을 위한 전제조건 등이 1차 관심이다. 이것은 연사가 활동하는 담화의 세계로 외부적 '커뮤니케이션 세계'라고 한다. 수신자, 즉 연사의 청중은 해당 커뮤니케이션 맥락의 외부요소다. 일반적으로 연사와 관련하여 두 가지 중요한 질문이 있는데, 바로 목적론적 질문과 역할에 대한 질문이다.

1) 목적론적 질문: 목적(a telos)이 있고 목적은 정당화될 수 있다고 믿으며 커뮤니케이션을 통해 목적을 달성하려는 자를 연사로 간주한다. 이론적 수준에서 가장 중요한 문제는 사회적인 것으로 인간의 의도와 조작과 관련 있다. 이런 우려 뒤에는 항상 권력관계에 대한 질문이 있다. 무엇보다 커뮤니케이션 목표의 한계와 관련된 질문들이 중요하다. 즉 윤리적으로 수용 가능한 목표는 무엇인가? 어떤 목표가 정치적으로, 법적으로 허용되는가? 수사학적 목표에서 정의할 수 있는 한계는 있는가? 여기에 커뮤니케이션 방식 전반에 대한 질문을 추가할 수 있다. 수사학적 행동의 사회적 허용이라는 이 주제와 관련된 모든 논의의 출발점은 임마뉴엘 칸트(Immanuel Kant)의 『영구 평화론(To Perpetual Peace)』에 나와 있는 정치적 정언명령이다.

그 준칙이 공공성과 조화되지 않는다면 다른 사람들의 권리와 관련된 모든 행동은 부당하다.[18]

이 공공성의 공준은 수사학이 근본적으로 조작과 다르다는 것을 보여주는 데 중요하다. '조작하는' 자들은 비밀 목표가 있고 겉으로 드러나게 행동하지 않으며 속임수로 의사소통한다. 이런 의사소통 행동은 그 정의상 항상 사회적으로 허용가능한 방법과 관련된 실제 수사학에서 배제되어야 한다.

2) 역할에 대한 질문: 연사의 역할은 수사학 연구에서 또 하나의 주요 주제이다. 전략적 의사소통자의 사회적 역할을 어떻게 평가할 것인가? 이런 관점에서 수사학 이론은 의사소통 행위에 대한 일반적 이론을 한층 깊이 있게 발전시키고자 한다.

이 영역과 관련해 수많은 질문을 할 수 있다. 즉 사회는 연사의 역할을 어떻게 정립하는가? 연사의 기능은 특정 직업(목사, 교사, 정부 대변인)에 국한되어 있는가? 연사의 역할을 어떻게 맡게 되는가? 어디서든 누구에게나 이 역할이 허용될 수 있는가(그래서 커뮤니케이션을 통해 목표를 성취하려는 시도가 허용될 수 있는가)? 연사 간 경쟁은 어떻게 조직되고 또 사회적으로 규제되는가?

독재국가는 모든 연설을 잠재적 위험으로 간주하고 연사의 역할에 대한 접근을 엄격히 통제한다. 역사적으로 성별 제한 때문에 여성은 연사의 역할에 접근하는 것이 어려웠다. 반면, 현대 민주주의 국가에서는 기본적 인권인 표현의 자유가 모든 개인에게 연사의 역할에 대한 접근을 보장하지만 실제로 이 접근에 대한 제한은 여전히 존재한다. 대중매체(인터넷 제외) 시스템이 주된 사례다. 아무나 언론에 기고하고 TV에 출연하고 라디오에서 자신의 의견을 방송할 수 있는 것은 아니다. 특히 후자의 사례들의 경우, 한 개인으로서 연사의 시각을 더 고차원적이고 복잡한 수사적 기관의 고려대상으로 확장해야 한다. 이러한 사정은 다시 질문하게 한다. 개인의 역할이 제한되고 정의된 커뮤니케이션 시스템에서 누가 전략적 의사소통가(연사)의 역할을 맡는가? 이 경우, 각 개인은 거대한 시스템의 운영을 위한 한 부분에 불과한 것인가?

3장은 연사의 역할과 이론적 모형에 집중한다.[19] 논의의 출발점은 아리스토텔레스의 『수사학』에 나오는 수사적 범주인 '에토스(ethos)'이다. 아리스토텔레스에게 연사의 자기표출/연출, 즉 대중에게 보여지는 연사 자신(ethos)은 수사적 성공에서 중요한 요소다. 연사는 주제에 대한 지식을 갖추어야 하고 진실성이나 신뢰성이 있어야 하며 청자와 공감할 수 있어야 한다. 3장은 이 고전적 원칙을 현대 학문적 분류인 '이미지, 위신, 평판'과 결합했다. 이런 자기표출 형식은 계획된 환경이나 장기적 의사소통 과정에서 실행된다.

연사의 이론에 대한 이런 질문과 고려는 현대 수사학의 또 다른 중요한 축으로 이어진다. 즉 수사적 저항(rhetoriccal resistance)에 대한 이론이다. 연사의 입장에서 수정된 고전적 행동주의의 자극-반응 모형을 반영하는 커뮤니케이션은 실생활(현실 세계)의 목표 달성을 위한 최선이자 가장 효과적인 방안일 것이다. 이 모형에 따라서 연사는 청중이 원하는 효과를 즉시 만들어내는 특정 의사소통 행동에 착수할 것이다. 당연히 이 연사의 꿈은 현실과 관련이 적다. 실제로 연사는 지속적으로 성공적인 의사소통을 방해하는 다양한 저항에 직면한다. 연사가 커뮤니케이션 영역에서 다루는 모든 요소는 성공을 가로막는 장애물이 될 수 있다. 즉 수사학 이론은 연사가 이 저항에 어떻게 대응해야 하는지를 고심해야 한다.

이 저항에는 두 가지 주요 원인이 있다. 즉 정황적 저항(맥락적 상황이 변동해 발생)과 구조적 저항(커뮤니케이션의 변동 불가능한 구조 때문에 발생)이다.[20] 커뮤니케이션 저항에 대한 수사적 분석은 전략적 커뮤니케이션의 성패를 고찰할 때 반드시 경험적 방법을 활용해야 한다.[21] 이 분석은 연사가 성공하기 위해 극복해야 할 사항들을 정리한다. 다음에 추가로 연구되어야 할, 커뮤니케이션에 영향을 미치는 장애물에 대해 알아보겠다. 이들은 수사적 탐구와 관련해 다양한 열린 질문들을 제기한다.

① 상황적 저항: 실제의 면대면 커뮤니케이션 상황의 환경은 때로 문제가 될 수 있다. 저자는 강의할 때 커뮤니케이션 목적에 집중할 수 없게 하는 적대적 청중과 마주할 때가 있다. 혹은 주제가 하루 중 언급되는 시간에 따라 부적절하거나 강의실이 청중이나 저자의 요구를 충족하기에 부적합할 수 있다. 이런 저항적 요소는 스스로가 커뮤니케이션 하고 있는 상황과 직접적인 관련이 있다.

② 수단적 저항: 비면대면 커뮤니케이션(거리를 넘어서 발신하는 커뮤니케이션)에서 연사는 텍스트를 청중에게 전달할 기술적 수단을 필요로 한다. 하지만 각각의 수단은 구조적으로 일정하게 정해진다. 예를 들어, 전통적인 전화기는 음성 텍스트(시각적 시그널 불가)만 청자에게 전달할 수 있고, 신문은 시각적 텍스트(음성 시그널 불가)만을 전달하며, TV는 냄새

를 전달할 수 없다. 따라서 수단의 모든 변화는 정보 상실을 수반하며 연사는 이 요소들을 고려해야 한다. 수단적 저항과 수단에 대한 전반적인 개념은 12장에서 더 자세히 알아보겠다.

③ 텍스트적 저항: 의사소통이 성공하려면 선택한 텍스트 장르의 일반적인 모델에 맞게 또 기타 관습적 형태에 대한 기대치를 충족시키는 방식으로 텍스트를 구성해야 한다. 이 기대를 충족시켜야 청중이 텍스트를 정당한 커뮤니케이션 형태로 수용할 것이다. 하지만 이는 사고를 적절한 텍스트로 정립할 때 장애물이 될 수 있다. 어떤 관점에서 고대시대의 텍스트적 저항에 대한 연구는 긍정적이고 생산적인 부작용을 낳았다. 특히 효과적인 것으로 나타난 다양한 언어학적 구조와 형태의 발전으로 이어진 것이다. 이들은 소위 '수사적 무늬(수사적 문채 rhetorical figure)'로 명명, 분류, 목록화 되었다.

④ 언어적 저항: 그 어떤 연사도 의사소통하는 언어에 대한 완벽한 구사력을 지니고 있지는 않다. 직접 창제한 언어가 아닌 언어로 단어를 내뱉는 순간, 해당 언어의 규칙과 구조의 규제를 받는다. 연사는 언어를 있는 그대로 받아들여야 하고 타인이 이해할 수 있으려면 해당 언어의 규칙과 구조를 수용해야 한다. 그럼에도 불구하고 언어의 관습이 허용하지 않는 방식으로 표현하고 싶은 것들이 많다. 그렇다면 이 저항을 어떻게 극복할 것인가? 어떻게 자신의 신념과 생각을 개별적으로 표현하면서 커뮤니케이션 목표도 성공적으로 달성할 수 있을까?

⑤ 인지적 저항: 급진적 구성주의 이론은 개인을 폐쇄된 인지 시스템으로 인식하고 현실적으로 개인간 정보 교환은 극히 어렵거나 불가능에 가깝다

고 말한다. 지난 10년 동안 급진적 구성주의는 수정되었고, 수사적 이론은 타인의 의견에 실제로 영향을 미칠 수 있음을 주장한다. 하지만 여전히 타인의 폐쇄된 인지 시스템에 침투하는 것은 성공적인 의사소통에 있어 엄청난 장애물이다. 청중의 정신적 상태가 원하는 효과를 어떻게 달성할 수 있는가? 이러한 저항을 극복하기 위해 연사는 청중과 관련해 투사적 계산을 해야 한다. 즉 청중의 심리를 상상하고 청중의 기대와 요구에 맞춘 수사적 전략을 수립해야 하는 것이다. 이러한 계산은 항상 부정확하여 연사에게 위험을 초래할 소지가 있다. 무엇보다 이러한 고려는 주어진 청중에게 가장 적절하고 효과적인 커뮤니케이션 도구에 초점을 맞추어야 한다.[22]

이론

퀸틸리아누스에 의하면 라틴어의 'ars(기예/기술)'는 그리어스어 'techne(기술)'와 흡사하게 가르칠 수 있는 제대로 정립된 학문 분야를 뜻한다. 혹자는 ars를 주어진 실용적 영역과 관련된 주제에 대한 이론이라고 말할 것이다. 고대부터 이론 개발에는 주어진 실용적 분야의 지식을 수집하고 추출하는 작업이 들어 있었다. 이런 방법이 오늘날 갖는 함의는 무엇인가? 다시 말해 오늘날 인문학의 이론은 무엇인가? 수사학 이론은 무엇인가? 이론이 수용되려면 반드시 어떤 특징이 있어야 하는가?[23]

이론은 특정 주제 분야에 초점을 맞추고 해당 분야의 전체나 부분을 정의하고 지식이라는 전체 시스템의 일부로 그 위치를 정립한다. 이론은 이 주제 분야에 대한 다양한 명제를 수집하고 분야에 특화된 전문용어를 개발한다. 또한 이론은 주제에 해당하는 다양한 현상을 체계화하여 정리하고 규칙을 정립하며 주제 분야에 대한 구조적 모형을 개발한다. 마지막으로 이론은 이런 현상과 규칙에 대해 설명하고 주제 분야 내에서 특정 현상의 등장을 예측할 수 있다(예후적 기능). 마지막 사항은 인문학과 사회과학 이론의 일반적인 요소들을 견고한 환경에 맞게 수정할 필요성을 시사한다. 예후의 전반적인 효능은 주제에 따라 편차가 있을 것이다. 가령 몇몇 인문학 분야에서는 일반적으로 예후라고 부르는 것들이 특정 맥락에서 반복적으로 나타나는 구조에 대한 분석에 국한되어야 한다. 수사학 이론이 특정 환경에서 특정 커뮤니케이션 도구를 추천할 수 있더라도 이는 성공을 기계적으로 예측하거나 단순한 자극-반응의 기대로 이어질 수 없다. 수사적 자극과 계산된 효과 사이에는 다양한 환경적 요인이 있으며, 이 가운데 가장 중요한 변수는 자율적이고 텍스트 분석적인 수신자의 인지적 '시스템'이다. 그럼에도 수사학은 최적의 커뮤니케이션 전략과 구체적으로 측정된 방법을 주어진 환경에 제시할 수 있다.

현대 수사학은 현실세계의 수사적 커뮤니케이션 분야에서 생산이론을 도출한다. 이 생산-이론적 접근법은 수사학을 순수하게 텍스트 분석만으로 만족하는 문헌학과 차별화시키는 요소다. 그와 대조적으로 수사학은 궁극적으로 미래 커뮤니케이션 행동에 활용하기 위한 이해와 관련 있다. 이 같은 실천적 연관성은 고대부터 수사학의 구성요소였다.

1, 2, 3장은 일반 수사학(general rhetoric)에 대한 현대 이론적 관점과 상

호문화성, 역사성을 다룬다. 여기서 이론적 질문은 방법론적 질문과 함께 논의된다. 한 예로 유의미한 역사적, 상호문화 대조적 연구를 어떻게 구성할 수 있는가이다. 4장도 이 고려사항을 다루지만 4장의 글쓰기 형식 자체가 독특하다. 르네상스 픽션 스타일의 대화체로 과거와 현재의 학자들이 언어학과 수사학 연구의 차이와 각 분야에 유효한 방법론적 접근에 대해 논의하는 형식을 취하고 있다. 4장의 목표는 언어학과 수사학이 연관되어 있지만 각자 고유 관심 대상, 이론적 접근 및 방법론적 관점이 있음을 분명히 하는 데 있다.

대화

다만, 고대 수사학 이론 전체가 실제적인 두 가지 전제조건을 바탕으로 한다는 사실은 분명히 짚고 넘어가야 한다. 고대 수사학은 우선 '상황(situativity; 면대면 소통)'이라는 기본 조건(세팅)이 있다. 현대 수사학은 이 개념을 확장해 '비면대면 상황(dimissivity; 인쇄기나 인터넷 등을 통해 시간과 공간의 거리를 넘어서 이루어지는 소통)'이라는 두 번째 기본 조건(세팅)을 포함해야 한다. 한편, 고대 수사학은 독백이라는 소통 양식에만 주목했다. 독백적 발화(일방향성, 일방성, 비상호성)의 수사학이라고 할 수 있을 정도다.

대화에 대한 이론은 철학자의 몫으로 남겨졌다. 지금까지도 대화수사학에 대해서는 발전되거나 이론적 기반을 갖춘 현대 이론이 없는 실정이다. 수사학적 접근의 체계적 요구에 따르면 그 이론은 대화 참여자가 연사로서 설득을 목표로 한다는 점에 주목해야 할 것이다.

5장은 이 문제를 직접 다룬다. 대화수사학의 기본 원리를 논의하고 그 과정에서 전략적 방향과 설득적 동기를 가진 대화 참여자의 관점에 방법론적으로 집중한다. 이 대화 참여자는 연설상의 통제력을 잃을 가능성, 자신과 경쟁하는 연사들과의 상호작용을 포함해 대화의 복잡한 상황적 조건에 대처해야 한다. 따라서 대화 조건은 연사 이론과 관련된 특별한 문제들을 제기한다. 수사학적 계산에 의한 개입은 연사가 5장에서 논의되는 일곱 가지 관리 과제를 극복할 때만 성공할 수 있다.

언어 텍스트

앞에서 기예/기술(ars)에 대한 퀸틸리아누스의 정의는 본성(natura)과 기술(ars)사이의 고전적 구분을 상기시킨다. 본성은 인간이 가진 태생적 특징으로 본질적이며 변하지 않는다. 이런 특징은 수사학 이론이 아니라 자연과학의 영역이다. 수사적 추상화는 인간의 소통 중 기술적 실행과 공부를 통한 학습이 가능하며 실제 상황에 의식적으로 포함될 수 있는 측면만 다룬다. 그런 의미에서 수사학은 계획된 의식적 소통행위만을 다룬다. 통제할 수 없는 맥락적 조건은 소통적 저항의 수사학에 통합된다. 현대의 과학적 수사학은 성공적 소통에 주목해야 한다. 연설가가 소통 도구(가령 텍스트)를 어떻게 효과적, 체계적으로 구성할 수 있는가, 소통 도구가 소통 목적을 성공적으로 달성하려면 어떻게 사용될 수 있는가 등의 문제를 말하는 것이다. 간단히 말해 수사학은 실용적인 목적의 성공적인 달성을 위한 소통의 '도구' 사용에 필요한 지식을 체계화한다. 이는 수사학적 소통 도구의 체계화를 다루는 수사적 오르가논 독트린(organon-doctrine)의 논의로 연결된다.

여기서 우리가 '소통 도구'라고 부르는 것은 수사학에 대한 퀸틸리아누스의 세 번째 주요 범주인 'opus(작업, 작품)'와 연관되며, 이는 연설가의 산출물이나 결과물이다. 퀸틸리아누스에 의하면 "opus는 수사학 전문가(artifex)가 만들어내는 좋은 산문(bona oratio)"이다.[24] 따라서 연설가는 '좋은 텍스트'를 만들어야 한다. 그런데 여기서 '좋은'은 어떤 의미인가? 인용한 부분의 맥락에서 볼 때 수사학의 틀 내에서 구성된 텍스트는 '좋은' 텍스트가 분명하다. 수사학에 대해 매우 오래된, 두 번째로 일반적인 정의는 이 개념화와 일치한다. 수사학은 '좋은 말하기 기술(ars bene dicer.di)'이라는 것이다. 이런 맥락에서도 좋은 말하기란 수사학의 규칙과 통찰에 따라 형성되는 것이며, 이때 텍스트는 적절히 구성되고(aptum) '잘 짜인' 것이어야 한다.

텍스트 형성의 규칙과 원리에 대한 연구는 '내재적 수사학(intrinsic rhetoric)'의 영역에 속한다. 내재적 수사학은 간단히 말해 연설가가 사용할 수 있는 소통 도구를 살펴보면서 내부에 주목한다.[25] 역사적으로 내재적 수사학은 학문적으로 가장 주목 받은 분야였고 현대까지도 수사학은 계속해서 소통의 내재적 성격에 대한 문제에 국한되었다. 시간이 흐르면서 수사학은 텍스트 작성(표현 elocutio) 이론과 일련의 문체적 장치이자 어구의 구성(compositio)을 위한 지침을 결합한 것에 불과하다고 인식되었다. 이런 경향은 널리 퍼진 고정관념을 낳았는데, 바로 수사학은 공허한 말장난에 불과하다는 것이다. 오늘날 수사학자들은 이처럼 복잡한 문제에 대해 균형 잡힌 입장을 취한다.

한편, 현대 수사학은 놀랄 만큼 체계적인 철학자 아리스토텔레스의 『수사학』 제3권에서 발견되는 수사와 일반 스피치의 구분을 진지하게 받아들인다. 아리스토텔레스에 의하면, 미학적으로 과도하게 장식해서 표현하는 소피스트 고르기아스의 연설에서 드러나듯, (그 시대에 이미 고도로 발달된) 체계화된 무늬(문채 figures)는 연설가의 실용적 산문을 시적 텍스트와 지나치게 연관 지었다.[26] 이에 따라 아리스토텔레스는 수사학이 이처럼 지나치게 화려한 표현 형태와 거리를 두어야 한다고 주장했다. 이 규칙의 유일한 예외는 은유다.

다른 한편, 역시 아리스토텔레스의 주장에 의하면 수사학은 전통적으로 무늬상의 원칙(figural doctrine)을 적극 장려해왔다. 오랜 세월 동안 수사학은 표현술(elocutio)의 보호를 받으며 표현의 언어학적-미학적 변주를 충분히 축적했다. 다만, 이런 무늬(문채) 구조는 실제 수사학적 사례에서 활성화(기능화)될 때, 즉 설득적 소통행위에 통합될 때만 현대적이고 엄밀히 정의된 수사학 이론의 관심 대상이 된다는 점을 분명히 밝혀둔다. 수세기에 걸쳐 (사실 수사학의 이론적 하위범주에 불과한) 무늬의 수사학은 학계를 지배하면서 수사학 이해에 막대한 영향력을 발휘했다. 적어도 18세기 이후 이런 제한적 개념화는 수사학을 인식론적 밑바닥으로 추락시켰다.

제라르 주네트(Gérard Genette)와 카임 페렐만은 이처럼 순전히 능변 수사학을 수사학의 실제 이론적 핵심에서 벗어나는 '제한된(줄어든) 수사학'이라고 부른다.[27] 다시 말해 수사학은 특정 역사적 원인에 따라 언어학적-미학적 체계를 발전시켰고 오늘날 우리는 이것을 현대의 학문적 분류법이라는 조건

하에서 시학, 언어미학, 현대 문체론이 교차하는 지점으로 이해한다. 실제적인 이유로 현대 수사학은 역사적, 구조적, 기능적 턴에서 이 현상들을 연구하는 데 집중한다. 이러한 표현 형태는 언제든지 설득을 위해 활성화, 기능화될 수 있기 때문이다. 하지만 이론적으로 온전히 위치를 점하기 위해 현대 수사학은 언어학적, 미학적 사례(어떤 이가 텍스트를 잘 표현했다)와 수사학적 사례(어떤 이가 적절하게 텍스트를 사용해 다른 이들에게 영향을 미쳤다)를 구별할 수 있어야 한다.

내재적 수사학의 이론적 핵심은 매우 오래 전부터 있었던 텍스트 생산 모델을 바탕으로 한다. 이 모델은 연설가의 텍스트 생산을 5~6개의 생산과업(officia oratoris)으로 나눈다. 각 과업은 〈그림 1〉의 가운데 열에 설명되어 있다. 첫 번째 과업인 계획(intellectio 사고)은 전략에 대한 일반적, 기초적 고려와 소통 수단 선택을 말한다. 다음은 텍스트에 대한 구체적인 작업이다.[28] Intellectio 이후 두 단계를 거치면 텍스트가 완성된다. 생산의 인지적 단계는 주제 선정 계획, 일반적이고 기초적인 고려, 텍스트 개발, 전체 구조에 초점을 맞춘다.

이 단계는 텍스트 내의 구체적인 '초구조(superstructure)[29]' 사용과 관련된 고려사항들을 다룬다. 간단히 말해 언제 말할 것인가(서사성 narrativity), 언제 논리적 근거를 사용할 것인가(논증성 argumentivity), 언제 간결하게 기술할 것인가(기술성 descriptivity)의 문제다. 기호학적 단계에서는 특정 수사학적 무늬 혹은 문채(figure; 은유 등)의 통합 등에서와 같이 텍스트 작성 자체의 특징으로 초점이 옮겨간다. 현대 수사학 이론은 이 단계들이 시간적으로 반드시 동떨어진 것은 아니라고 본다. 각 단계는 텍스트 생산 과정에서 동시에 수행되고 상호작용하는 경우가 많다.

텍스트 생산에 단계가 있다는 원칙은 로마 수사학 전통의 핵심요소였으며 이 원칙의 예는 로마의 모든 주요 수사학자 전체에게서 발견된다. 실제로 이 모델을 통해 발전될 수 있는 텍스트의 질, 적절성, 설득력은 추후 수행되는 질과 함께 수사학적 성공을 결정하는 요건이다.

하지만 수사학 이론의 더 근본적인 문제로 돌아가 보자. 앞에서 언급한 텍스트 생산 단계들은 하나로 묶어 '텍스트 수사학(textual rhetoric)'이라고 부를 수 있다. 텍스트 수사학은 '연설가의 소통적 의도는 어떻게 텍스트가 되는가'라는 주요 문제에 집중한다. 이 분석은 의도성 이론 및 화행론과 관련 있지만 텍스트 생산이 복잡할수록 발화자의 의도가 텍스트 구조에 통합되는 과정을 직접적인 변환으로 서술하기는 어렵다. 이 문제는 극도로 특화된 소통적 조건에 의존하는 예술 텍스트에서 특히 두드러진다.

이는 특정 소통 프레임이라는 주제를 제기한다. 고대부터 수사학은 표준(혹은 정상적) 소통 '프레임'의 속성을 지니고 있는 것으로 분류되었다. 모든 소통에서 상호작용의 프레임워크와 그 의미에 대한 지식은 모든 참여자에 대한 의미 있는 기대와 적절한 판단을 형성하는 데 도움이 된다. 텍스트 이론가 툉반 데이크(Teun A. van Dijk)는 프레임을 다음과 같이 정의한다.

우리가 '세계'를 바탕으로 가지고 있는, '관습적으로 수립된 지식'의 특정한 조직화 형태이므로 프레임은 일반적인 의미기억의 일부를 형성한다. […] 여러 사건의 정확한 해석, 그 사건에 대한 적절한 참여, 그리고 일반적으로 우리와 타인의 행동에 의미를 부여하기 위해서는 프레임을 알아야 한다. 예를 들어, '식당에서 밥을 먹는다',

'열차를 타고 이동한다', '쇼핑을 한다' 등은 우리가 어떤 행동을 취해야 하는지, 특정한 사회적 목적을 달성하려면 어떤 순서로 그런 행동을 취해야 하는지, 각 행동은 어느 정도의 필요성을 갖는지를 결정하는 프레임들이다. 이는 프레임이 복잡하고 전형적인 행동 및 사건에 대한 일종의 정신적 조직화 형태임을 보여준다.[30]

아리스토텔레스는 『수사학』 제1권에서 진실의 필요성을 제시했는데 이는 수사학이 철학처럼 진실 추구라는 목표를 지닌다는 의미는 아니다. 그것은 지나친 해석이다. 아리스토텔레스는 수사학이 정의상 실재 조건의 제약을 받으며 실용적으로 의미 있는 산문 텍스트의 도움으로 '구속력 있는' 협력적 행위가 일어난다는 상호 전제 하에서 발생한다고 말했다. 연설가를 '진리의 행위자(actor veritaris)'로 본 키케로의 관점도 그런 맥락에서 이해되어야 한다. 키케로는 실제와 현실의 프레임워크와 함께 그 안에서 행위하는, 즉 표준적 소통 조건 하에서 실제 이슈와 현실 문제를 다루는 사람을 말한 것이다.[31]

우리의 문화적 지식은 다양한 조건 속에서 특정 기대를 갖게 한다. 이처럼 조용한 '사실성의 계약'의 영향은 정상적인 소통 규칙을 만들고, 이는 높은 수준의 신뢰성과 헌신을 요구한다.[32] 여기에는 이해 프레임워크가 필요하고 그 안에서 영국 소통철학자 허버트 그라이스(Herbert P. Grice)가 정의한 '대화의 격률' 네 가지는 전적으로 유효하다. 그의 격률이란 정보(정보를 제공하라), 진실성(정직하라, 거짓이라고 생각하는 것은 말하지 말라), 관련성(관련 있는 말을 하라), 표현의 경제성(명료하게 말하라) 등이다. 그라이스에 의하면 이 격률은 소통의 보다 일반적인 원리인 협력에서 도출된다.[33] 예를 들어, 그라이스가 말하는 진실성의 격률을 위반하면 생활세계에서 혹독한

대가를 치를 수 있다(법적 문제 등).

물질세계나 실생활 속 소통의 중대성은 허가된 소통이나 특정 소통의 경우, 존재하지 않는다(실용성을 버린 텍스처의 예술, 문학, 연극, 광고, 카니발 등). 특화된 소통을 결정하는 이해 프레임은 어떤 출판사의 정본(해당 텍스트가 문학임을 알려주는)이 존재한다는 사실 자체나 순전히 텍스트를 통해('소설' 같은 장르 표시) 특정 표지를 계기로 형성되는 것이 보통이다.

그로 인해 표준 소통 양식과 특화된 양식을 분명히 구분할 필요가 있다.[34] 그렇다면 이것은 표준 소통에 우선 집중하는 수사학이 상황적으로 만들어진 예술과 전혀 관련 없다는 의미인가? 수사학이 발흥하던 고대의 이론에는 우리가 오늘날 문학이라고 부르는 별도의 개념이 없었다. 아리스토텔레스는 이 유형의 텍스트에 관한 별도의 이론서『시학』을 저술해 수사학과 분명히 구별함으로써 이를 제자들에게 상기시켰다.『시학』은 시적 텍스트의 구성과 창작에 관한 아리스토텔레스의 원칙을 담고 있다. 모방적이고 재미있는 창작을 "오직 말로만[35]"(플라톤이 기각하고 의문을 제기한 부분) 논의한다. 현대 픽션 이론(프랑스 문학이론가 제라르 주네트의 이론)은 아리스토텔레스의 아이디어를 바탕으로 한다.[36]

6, 7, 8장에서는 이런 고전적 구분을 검증하기 위해 세 가지 사례연구를 검토한다. 분석 대상은 서로 완전히 다른 텍스트이며 각 장에서 중세 연대기, 오스트리아 작가 토마스 베른하르트(Thomas Bernhard)의 단편, 미국 소설가 캐서린 앤 포터(Katherine Anne Porter)의 소설을 다룬다. 이런 문학적 수사의 사례에서[37] 텍스트 작성자는 팩트와 픽션의 경계, 즉 표준적 소통 프레임과 특화된 소통 프레임의 경계를 가지고 논다. 연대기는 장르상 진실을 서

술해야 하고 단편과 소설은 픽션이지만 이런 유희는 모든 사례에서 작성자의 의식적 결정이다. 세 텍스트에서는 장르적 기대가 있음에도 모두 필자가 '수사적 요인(rhetorical factor)'이라고 부르는 현상이 발생했다. 연대기와 문학은 수사적 설득을 핵심적인 특징으로 삼지 않는 장르이지만 작성자들은 자신의 글에 인지적 영향력의 구성요소를 포함시켰다. 아리스토텔레스의 『시학』 제19장에 의하면 이 구성요소들은 수사적 요인에 해당하는 것으로, 문학에서 나타날 때도 수사학의 영역에 포함된다.[38]

아리스토텔레스는 수사적 요인에 주목하면서 수사학 개념을 다른 어떤 학문도 갖지 못한 방식의 소통적 영향력을 중심으로 바라보는 체계적인 방향 재설정을 완성했다. 이런 맥락에서 9장은 '신수사학(New Rhetoric)'과 '해체(Deconstruction)'의 접근법을 재검토한다. 현상에 대한 현대의 체계적, 용어적 차별화로 인해 수사학을 단지 수사적 무늬(문채)로만 정의하는 것은 이제 불가능하게 되었다. 필자는 체계적으로 볼 때 오늘날 문채원칙은 수사학보다 미학이나 구조적 문체론과 밀접한 관련이 있음을 이미 언급한 바 있다. 이렇게 볼 때 포스트모던 문학 분석의 문채적 접근법은 더 이상 '수사학적'이라고 할 수 없다. 물론 그 분석 결과는 수사적 요인을 어떻게 다룰 것인가에 대한 통찰로 이어질 수 있다.[39]

텍스트 장르와 소통적 프레임에 따르면 다른 종류의 생산 계산과 기대(예컨대 미학)가 사용되어야 하지만 (수신자의 생활세계에서 의미 있는 영향력과 관련된) 수사학적 구성요소가 있는 경우, 우리는 모든 사례에서 '수사적 요인'이 있다고 말한다. 비수사학적 조건, 맥락, 텍스트에서 이런 수사학적 요인을 탐색하는 것은 이 책의 '기호 간 수사학(Intersemiotic Rhetoric)'이라는 항목에 포함된 장들에서 주목하는 것이기도 하다. 이런 모든 논의의 출발점은 '수사학이 구어 외부(다른 청각적, 시각적 기호체계)에 존재할 수 있는가'라는 질문이다.

10장에서는 이 문제와 관련해 음악 수사학의 주제를 다룬다. 설득이 수사학의 핵심작용이자 인간의 정신적 상태를 'A에서 B로 움직이는 것[40]'이라면 '음악을 통해 그 변화가 어떻게 가능한가'라는 문제가 제기된다. 음악은 (구두 언어처럼) 어떤 강력한 개별 코드에 기반하지 않지만 음악이 감정을 자극할 수 있다는 것도 분명하다. 음악이 그 이상을 할 수 있는가? 이 질문에 대해서는 수사학적 접근이 설명의 한계에 도달할 수도 있다.

이는 이미지와 관련 있을 수 있는데, 11장에서는 이 문제를 다룬다. 이미지 속 수사학은 시각적 연구 내에서 활발히 연구되는 분야이지만 이 접근법에는 아직 확고한 이론적 기반이 부족하다.[41] 이는 국제적 이미지 연구에 이미지 자체에 대한 최소한의 통일된 정의가 없는 것은 물론 이미지로서의 이미지에 대한 이론이 충분히 발전하지 않았기 때문이다. 따라서 이처럼 복잡한 연구에서 이미지의 수사학에 대한 명료한 개념 발견은 기대하기 어렵다. 11장에서는 수사학적 소통 수단으로서 이미지를 폭넓은 수사학 이론에 어떻게 통합할 수 있는가를 논의한다. 특히 (텍스트 생산 단계의 원칙과 같은) 중요한 수사학적 범주를 이미지를 통한 전략적 소통에 옮겨 적용하고자 노력한다. 이때 제기되어야 할 주요 문제들은 예술이나 미학과는 무관하고 전적으로 수사성의 문제하고만 관련 있다. 이런 관점은 필자가 이미지의 수사학에 대해 제시하는 다음 정의에 반영된다. '이미지의 수사학'은 이미지 생산에서 사용되는 전략적 계산 및 깊이 자리 잡은, 구조적으로 퇴적된, 소통적 효

과에 중점을 둔 (행동이론과 관련해) 상호작용의 잠재력으로 정의된다.[42]

영화는 영화이지 용어적 의미에서 이미지가 아니다. 이러한 사실은 복잡한 기호학적 특성, 시청각적 복잡성, '스틸(still)' 이미지와 달리 영화가 선형적으로 연속적이며 움직인다는 성격을 강조하기 위해 분명히 언급되어야 한다. '영화의 수사학'도 복잡한 과제가 있고 영화 수사학에 관해 하나의 통일된 이론이 있다면 영화의 수사학적 성격에 관한 일반적 진술에 그칠 수밖에 없을 것이다. 오히려 영화 수사학에 관한 발전된 이론들은 특정 장르로 자신의 영역을 제한해야 한다. 그 중 가장 중요한 장르로는 다큐멘터리, 실험영화, 극영화 등이 있다. 12장에서는 1931년 발표된 프리츠 랑(Fritz Lang) 감독의 고전『M』을 사례로 극영화 장르를 주로 다룬다. 여기서 주목하는 것은 생산의 미학적 계산과 수사학적 계산 간의 차이다. '극영화 장르'의 영화는 보통 미학적 계산을 기초로 생산된다. 그러나『M』의 사례는 '수사학 요인'(단순한 분위기 형성 외에 관객의 생각과 의지에 대한 의도적 영향)도 중요한 역할을 할 수 있음을 보여준다.

미디어

고전적 원칙에 따르면 텍스트 생산 과정의 마지막에는 수행적 단계 두 가지가 있다(〈그림 1〉 참조). 이는 전통적으로 '기억(memoria)'과 '연기(actio)'로 불리며 이때 준비된 텍스트는 저장 및 실행된다. 수사학에서 이 단계들을 서술할 때 사용할 만한 다른 현대적 이론은 있는가? 그에 대한 답은 긍정적이며 현대 미디어 이론에서 관련 내용을 찾을 수 있다.[43] 물론 수사학 이론은 독자적인 길을 찾아야 한다. 미디어 이론은 전 세계 대학에서 용어적, 체계적 혼란 속에 빠지고 있기 때문이다.

따라서 13장은 '미디어'의 용어 정의에 관해 널리 퍼진 오해를 살펴보면서 시작한다. 미디어라는 단어는 아직 전문용어로서 제대로 정의되지 않은 채 사람에 따라 다른 의미로 편리하게 쓰이는 경우가 많다. 미디어라는 표현이 현대적 이론 범주로 수용되려면 텍스트 개념과 범주상 뚜렷이 구별되는, 잘 형성된 기술적 용어의 성격을 띠어야 한다. 그런 이유에서 현대적 '미디어 수사학' 역시 발전시켜야 한다.

미디어 수사학 이론은 미디어가 미디어로서 무엇을 달성하는가, 어떤 모습의 미디어 성과(힘이나 실행)의 다양한 소통 목적에 적절한가, 미디어가 그 텍스트와 함께 소통적 도구로서 적극적인 연설가와 어떤 관계를 맺는가와 관련된 쟁점을 살펴본다. 미디어에 대한 추상적인 수사학적 정의에서 중요 부분 중 하나는 미디어가 텍스트를 저장하는 동시에 실행한다는 것이다. 수사학자는 이 접근법으로 소통적 저항의 가능성을 전망하고 특정 소통 목적의 달성에 다양한 미디어가 얼마나 효율적인지 산정하는 이론을 개발할 수

생산단계	생산과제	결과
인지적	0. 계획	텍스트 및 실행
인지적	1. 발견 (착상) 2. 배치 (구조)	텍스트
기호학적	3. 표현, 스타일 (텍스트 작성)	
수행적	4. 기억 (저장) 5. 연기, 전달 (실행)	매체화 및 실행

〈그림 1〉 텍스트 생산 단계

있다.

20세기에 가장 잘 알려진 미디어 이론가 마샬 맥루언(Marshall McLuhan)은 미디어를 '마사지[44]'에 비유한 바 있다. 마사지는 보통 '신체조직의 기계적 조작을 통한 치료'로 정의된다. 이것은 비유적 의미에서 수사학에 유용하다. 이 비유가 미디어에 어떻게 적용되는지 살펴보기 위해 주어진 텍스트를 전달하려는 연사(화자)가 있다고 가정해보자. 보다 구체적으로는 제품을 홍보하려는 광고회사 임원을 떠올려보자. 그는 자신의 광고 텍스트를 가장 효과적으로 전달하기 위해 어떤 매체를 활용할지 신중히 고려해야 한다. 목적에 부합하는 매체를 선택하려면 다음의 세부질문에 대한 확정적인 답이 필요하다. 목표 집단에 도달할 가능성이 가장 높은 매체는 무엇인가? 목적에 부합하는 올바른 사회적 가치나 가장 높은 호소력을 지닌 매체는 무엇인가(책이나 비닐봉투, 아니면 라디오를 매체로 사용해야 하는가)? 선택된 매체는 광고 텍스트 원본에 어떤 영향을 미치는가? 광고를 강화시키거나 약화시킬 수도 있는 매체는 무엇인가? 신문, 전단지, 라디오, TV, 극장 광고 등의 매체를 사용해야 하는가?

TV를 선택한다면 하루 중 언제 광고를 내보내야 하는가(가령 황금 시간대)? 어떤 포맷으로 내보내야 하는가(어떤 종류의 프로그램이 방송되는 사이에 내보내야 하는가? 범죄 드라마?)? 빈도는 어떻게 하며 광고영상의 길이는 얼마나 되어야 하는가? TV라는 매체의 특성이 광고에 부정적인 영향을 미치지 않게 하려면, 가령 시청자가 채널을 돌리지 않게 하려면, 광고영상을 어떻게 설계해야 하는가? 매체로 인해 발생하는 비용 문제는 어떻게 판단하고 평가할 수 있는가?

이와 같은 미디어 수사학의 사례는 인문학에서 현대적 이론 형성을 위해 어떤 어려움과 과제를 극복해야 하는지를 어느 정도 보여준다. 수사학에 관한 현대의 이론적 개념화도 예외가 아니다. 과학적 개념과 용어를 먼저 역사적, 일상적 용법에서 자유롭게 해야 하는 경우가 많고, 이후 서로 구별되는 분석 수준과 개념 정의가 가능하도록 더 엄밀히 체계화해야 한다. 기존과 구별되는 새로운 이론적 입지의 범위를 정의하는 데는 오캄(Ockham)의 '면도날'이라는 과학적 원리도 도움이 된다.[45] 수사학이라는 흔한 개념도 이런 방식으로 막중한 역사적 무게로부터 해방되어 정돈되고 잘 체계화된 이론이 될 수 있다.

1부

GENERAL RHETORIC

일반 수사학

MODERN
RHETORIC

1장

수사학을 둘러싼 오해와
수사학의 문화 간 대조 연구의 기반

―――――――――――

2000년과 2001년에 걸쳐 미국의 두 영문학자 간에 흥미로운 논쟁이 벌어졌다. 덴버 콜로라도대학의 H. G. 잉(Ying)과 더럼(Durham)의 폴 케이 마쓰다(Paul Kei Matsuda)[1]가 미국 대조 수사학(constrative rhetoric)의 기원을 놓고 벌인 논쟁이었다. 이는 현대 학문으로서의 수사학에 관한 오해(혹은 심지어 몰이해)를 직접적으로 드러냈다는 점에서 흥미롭다. 그러한 오해로 인해 수사학은 여러 학문 분야에서 단순하게 취급되어 왔다. 따라서 필자는 이 책에서 우선 수사학이라는 학문에 대해 널리 퍼져있는 선입견을 논할 것이다. 수사학이 일반적으로 그리고 비학문적 차원에서 어떻게 이해되고 있는지 다루고, 수사학에 관해 사람들이 가장 흔히 지닌 일곱 가지 오해를 추려서 밝힐 것이다. 나아가 여러 학문 분야에 적용 가능한 대조 수사학의 현대적, 학문적 개념을 제시하겠다.

1. 수사학을 둘러싼 오해들

간단한 질문으로 논의를 시작해보자. 수사학이란 무엇인가? 학문 분야로서 일반 수사학의 연구주제는 무엇인가? 현대 수사학 이론에서는 이를 수사학에 관한 '근본적 시각(fundamental perspective)'이라고 부른다. 근본 수사학은 연구자가 탐구할 수 있는 '수사적 사례'가 언제 발생하는가에 집중한다. 이제 학계에 만연한 현대 수사학에 대한 일곱 가지 오해들을 살펴보겠다.

1) 언어학이라는 오해

위에서 언급한 잉-마쓰다 논쟁은 사피어-워프 가설(Sapir-Whorf hypothesis)이 대조 수사학의 발전에서 어떤 역할을 하는가를 중심으로 이루어졌다.[2] 특히 "언어적 상대성에 대한 사피어-워프 가설은 상이한 언어가 상이한 방식으로 인식과 사고에 영향을 미친다고 주장한다는 점에서 대조 수사학의 기본이 된다"[3]는 주장에 대한 논의가 주를 이루었다. 잉은 이를 다음과 같이 로버트 카플란(Robert B. Kaplan)의 개념과 대조시킨다.

> 언어적 패턴화가 인지를 인과적으로 결정한다고 역설하는 사피어와 달리 카플란은 언어 또는 수사학이 생각을 결정한다고 주장하지 않는다. 오히려 그는 언어와 수사학이 '문화에서 진화해 나온다'고 말한다. 카플란이 문화를 매트릭스(인과적 결정요인)로, 언어와 글쓰기를 결과로 본다는 데는 의문의 여지가 없다.[4]

현대 학문영역의 분류에 따르면, 이 논쟁이 다루는 언어학적 문제는 언어학의 영역에 속하며 수사학과는 무관하다. 위 인용에서 '수사학'은 학문적으로 엄밀한 용어가 아니며 언어 또는 의사소통과 관련된 것을 총칭하는 비공식적이고 가소성 있는 어휘로 사용되었음이 자명하다. 카플란에게 수사학은 분명히 '언어 및 글쓰기'의 동의어였다. 그렇다면 수사학자를 언어학자라고 명할 수 있을까? 이에 대한 분명한 답은 '아니다'이다.

2) 텍스트성 또는 작문이라는 오해

수사학이 텍스트성 또는 작문이라는 흔한 오해를 살펴봄으로써 수사학이라는 용어에 대한 적절한 기술적 정의를 모색해보자. 이러한 오해는 카플란의 견해와 연결되는데, 1996년 그는 "대조 수사학의 기원은 언어의 구조, 학습, 사용 등 자율성이 강하지 않은 개념들이며 그 목적은 문어 텍스트가 폭넓은 문화적 맥락에서 작동하는 방식을 설명하는 것"[5]이라고 서술했다. 위의 논쟁에서 마쓰다는 <그림 2>의 도식으로 카플란과 워프의 개념을 구별하였다.[6]

워프:			언어	→	사고	
카플란:	문화적 패턴	→	언어	→	사고(논리)	→ '수사학'

<그림 2>

카플란은 600개가 넘는 ESL(English as a Second Language; 제2언어로서의 영어) 강의 텍스트에서 데이터를 얻어 자신의 이론을 뒷받침했다. 카플란처럼 텍스트성을 수사학의 개념으로 오염시키는 것은 미국 연구자들에게 흔한 일이다. 하지만 필자는 수사학자로서 여기서 논의되는 개념에 대해 텍스트성 또는 텍스트화 또는 '작문(composition)'이라는 용어를 계속 쓸 것을 제안한다. 이는 별도의 독립적인 연구영역이며 우리가 찾는 수사적 사례가 반드시 발생하지는 않는다. 순전히 정보전달성 또는 미학적 전략에 따른 작문이 그 사례이며 이는 수사학적 접근법과 전혀 무관하다.

3) 미학이라는 오해

이는 미학과 연관된 세 번째 오류로 연결된다. 2009년 우후이(Wu Hui)는 "중국인들은 왜 수사학을 오직 작문의 문체적 장치와 관련짓는가?"라는 질문을 제기하고[7] 다음의 답을 제시했다. "서구의 웅변술 개념은 일본에서 번역되면서 상실되었는데 중국학생들이 처음 서구 수사학을 접한 곳이 바로 일본이었다." "서구 개념들(특히 수사학 개념)은 중국에서 산문연구에 관한 이론으로 번역/변환되었다."[8] 비슷한 맥락에서 아자-베티나 부테노프(Asa-Bettina Wuthenow)는 2009년에 출간된 『수사학과 문체론(Rhetoric and Stylistics)』에 실린 「일본의 수사학(Rhetoric in Japan)」이라는 제목의 글에서 일본의 시학과 문체론을 집중적으로 다룬다.[9] 이러한 맥락에서 미국의 중국학자 리샤오밍(Li Xiaoming)이 루싱(Lu Xing)의 『고대 중국 수사학(Rhetoric in Ancient China)』(1988)에 대해 중국의 '고대 정치적, 철학적 연구'에만 지나치게 주목하고 풍부한 문학적 전통을 상대적으로 간과했다고 비판한 것도 의외는 아니다. 나아가 리샤오밍은 다음과 같이 주장한다.

> 나는 중국문학 전통의 영향은 전체적인 철학적 연구보다 글쓰기에서 훨씬 분명히 드러난다고 생각한다. 예를 들어, 중국 학파에서 꽤 인기 있는 장르이자 영어의 자유시와 다소 흡사한 산문(sanwen)은 시를 최고의 장르로 간주하는 전통으로부터 직접 파생되었다.[10]

이처럼 시학 또는 미학과 수사학을 혼동하는 현상은 유럽에서도 광범위하게 발생하며 이는 대조 수사학 연구에만 국한된 현상도 아니다(이 책 277쪽 이하 참조). 하지만 고대의 위대한 사상가들, 특히 아리스토텔레스는 이 영역들 간의 차이를 훨씬 명확히 구분하였다. 아리스토텔레스는 수사학과 시학(그리고 미학적 동기를 가진 텍스트 구조)을 별도의 이론적 저작으로 다루기까지 했다. 소위 '수사적 무늬(수사적 문채; 모든 종류의 텍스트에서 사용될 수 있는 구조적 패턴)'는 사실 시와 수사학적 산문 모두에서 발견된다. 그러므로 시학과 수사학은 분명히 수사적 무늬 층위에서 교차한다. 역사적으로 이와 같이 미학적으로 유용한 구조적 패턴은 수사학의 영역으로 확고히 분류되었다. 그러나 현대의 체계적 전제에 따라 우리는 상황을 다르게 평가하고 별도의 학문적 차별화를 고수해야 한다. 의사소통에 관한 미학적 사례가 의사소통에 관한 수사학적 사례와 반드시 같은 것은 아니다. 따라서 수사학은 미학적으로 계산된 구조적 현상으로 환원될 수 없다. 안타깝게도 수많은 대조 수사학 연구는 문화 간 비교를 통해 무늬상의(문채적) 보편소를 진정한

'수사학적' 현상으로 확립하고자 했다.[11]

수사학과 의사소통에 관해 이론적으로 특정 지을 것이 하나 더 있다. 수사학은 그라이스의 격률이 내세우는, 전적으로 유효한 '표준적' 또는 '정상적' 의사소통 프레임만 다룬다.[12] 그라이스의 격률은 의사소통 내용의 구속성과 정직성에 대한 의사소통 파트너들 간의 기대를 규정한다. 반면, 예술적 의사소통(특히 문학과 시)은 특수한 의사소통 프레임을 다룬다. 허구적인 시는 순전히 '만약'의 경우를 다루며, 극장에서 실제 화행(speech act)을 볼 것이라고 기대하는 사람은 없다.[13] 이런 점에서 수사학과 픽션의 의사소통 전략이 전혀 다르다는 점은 이 두 현상을 관찰하는 모두에게 명백하다. 일부 픽션 작가들은 의식적으로 두 프레임의 경계를 가로지르는 작업을 수행하는데도 말이다.[14] 연극 속의 판사가 참수형을 선고한다고 하여 실제로 누군가 참수당할 것이라고 예상하는 사람은 없다. 하지만 실제 법정이라면 전혀 다른 반응이 나올 것이다. 수사학은 이러한 실제 의사소통 세계에서 작동한다. 미학적 발화는 미학적 의사소통 이론에서 별도로 다룰 문제다. 그러므로 리샤오밍처럼 문학을 수사학 연구의 원천으로 삼고 활용하는 것은 이론적으로 의문이 남는 일이다.

4) 일반 커뮤니케이션이라는 오해

델 하임즈(Dell H. Hymes)는 민족학 속 의사소통 패러다임 수립에 관한 유명한 저작에서 '수사학'이라는 용어를 다양하게 쓰고 있다. 그중 하나는 수사학을 의사소통 전반을 포괄하는 일반이론의 의미로 사용한 것이다. "그것은 언어학이 아니라 민족지학이고, 언어가 아니라 커뮤니케이션이고, 문화와 사회 속 언어의 위치가 서술될 참고의 틀을 제공해야 한다."15 이러한 견해는 시각 커뮤니케이션 같은 다른 학문들에서 폭넓게 발견되는 수사학의 개념과 일맥상통한다. 그러므로 소냐 포스(Sonja Foss)의 논문에 "수사학은 오늘날 일반 커뮤니케이션이라고 불리는 것의 고전적 용어다"16라는 문구가 있는 것도 의외가 아니다. 수사학에 대한 이 같은 오해는 수사학이라는 단어가 영어에서 널리 쓰인다는 점과도 관련 있다. 수사학이라는 단어를 일상대화에서 끄집어내어 정당한 학문적 용어로 정립하려면 수사학이 단지 일반 커뮤니케이션 이론 전체를 내려다보는 것이 아니라 특정한 것을 칭하는 것이 되도록 해야 한다. 수사학은 일반 커뮤니케이션 이론이 아닌, 고도로 전문화된 영역이다. 일반 커뮤니케이션 이론은 1949년 섀넌(Shannon)과 위버(Weaver)가 고안한 고전적 커뮤니케이션 모델에 따라 행위자 간 쌍방 상호작용 전체를 다룬다. <그림 3>과 <그림 4>는 일반 커뮤니케이션 이론과 수사학의 차이를 나타낸 것이다.

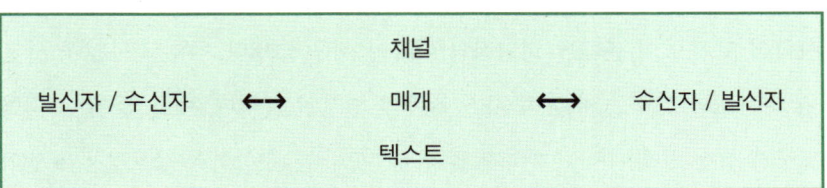

<그림 3> 쌍방향 의사소통의 일반적 모델

```
┌─────────────────────────────────────────────────────────┐
│                            채널                          │
│   웅변가 / 연설가    →      매개      →      청중         │
│                           텍스트                         │
└─────────────────────────────────────────────────────────┘
```

〈그림 4〉 수사학 벡터 모델

위 두 모델의 결정적인 차이는 벡터 또는 화살표다. 수사학 이론의 관심사는 오직 모델의 좌측에서 우측으로 향하는 의사소통에 의한 영향력 전달에 있다.[17]

5) 수단이라는 오해

다음으로 살펴볼 오해는 상호작용에 대한 수사학 모델 전체를 개별수단, 도구, 의사소통 프로세스로 혼동하는 것이다. 수사적 사례와 수사적 사건은 그 사건에서 사용된 도구로 환원될 수 없다. 이 같은 환원은 계속해서 이론적으로 '명확성'의 부족을 야기한다. 특히 수사학적 현상의 보편성 또는 '수사학적 보편소'의 존재에 회의적인 이들의 경우 그렇다.[18] 특정 사건에 사용된 의사소통 도구는 수사적 사건 전체의 일부일 뿐이다. 예를 들어, 그러한 도구가 특정 문화에서 존재하지 않을 때 '도구'는 수사학적 상호작용 모델의 존재를 전혀 뒷받침하지 못한다. 조지 케네디(George Kennedy) 등의 저명한 서구 수사학자들은 고대 그리스와 로마에 기원을 둔 기술적 용어인 '수사학'을 이질적 문화에 부주의하게 적용하려고 시도함으로써 수사학이 수단이라는 오해를 부추기는데, 이는 양립할 수 없는 문제만 낳을 뿐이다. 우리는 단지 수사학의 의사소통적 사실(수사학적 상호작용 모델)이 상이한 문화에서 전혀 다른 수단이나 도구와 작동하며 상이한 사회적 상황에서 발생한다는 사실을 받아들여야 한다. 따라서 수사학의 근본적 구조는 같지만 서술은 매우 다양할 수 있다. 그러므로 "대조 수사학의 기본 전제는 수사학이 문화에 따라 상이하다는 것"[19]이라는 잉의 견해에 대해 우리는 "수사학적 수단은 문화에 따라 상이하다"라고 보다 정밀하게 답해야 한다.

6) 스크립트라는 오해

스크립트라는 오해는 일반 커뮤니케이션 이론이라는 오해와 동일한 이론적 층위에 위치한다. 일부 연구자들은 고도로 관습화된 스크립트 중심의 의사소통을 수사학이라고 칭해 왔다. 이러한 상호작용 모델은 수사학적 영향력과 사실상 관련이 없는데도 말이다. 사회적으로 결정되는 의사소통 패턴 연구는 수사학 이론에서 파생된 것이 아니다. 스크립트 중심의 의사소통(어느 정도 자동화되어 있어 수사학적 노력이 필요하지 않음)은 수사학적 이론체계와 반대로 공평성과 비의도성을 가진 모델이라고 할 수 있다. 이러한 의미에서 문화적으로 패턴화된 수사학에 대한 하임즈의 사고는 수사학의 체계적, 이론적 기반을 바탕으로 한다기보다 '수사학'이라는 용어가 일상대화에서 부주의하게 사용되는 방식을 답습한 것이다. 잉은 하임즈의 사고를 다음과 같이 설명한다.

하임즈에게 의사소통의 민족지학이란 '문화적 수사학의 특정 패턴'(1964a: 7)을 비롯해 특정 문화집단 내의 패턴화된 언어 사용을 의미한다. 그의 주장은 기본적으로 언어에는 자신만의 패턴화가 존재하며 이러한 패턴화 조직은 문화적이라는 것이다. 나아가 하임즈는 언어 사용에 '글쓰기의 존재 또는 부재'를 비롯한 중대한 '문화 간 차이'가 존재한다고 말한다(1962: 26). 따라서 의사소통의 민족지학이라는 맥락에서 언어 사용의 상이한 양태는 서로 구별되는 문화적 패턴과 체계적으로 연관되어 있다.[20]

일련의 상호작용적 스크립트라는 민족지학적-의사소통적 개념은 설득행위가 대체로 불필요함을 암시하며 그러한 설득의 가능성을 사실상 없앤다. 안타깝게도 하임즈는 수사학에 대해 같은 오해를 가진 여러 연구에 영감을 주었다. 에델 알버트(Ethel M. Albert)의 「부룬디의 수사학, 논리학, 시학: 발화 행동의 문화적 패턴화(Rhetoric, Logic, and Poetics in Burundi: Cultural Patterning of Speech Behavior)」(1964), 그리고 '고대 세레모니와 에티켓'과 '다양한 의례와 의식행위'에 초점을 맞춘 로버트 올리버(Robert T. Oliver)의 『고대 인도와 중국의 의사소통 및 문화(Communication and Culture in Ancient India and China)』(1971) 등이 그 예이다.[21]

7) 자연(생물학)에 적용된다는 오해

마르쿠스 툴리우스 키케로부터 한스 블루멘베르크(Hans Blumenberg)에 이르기까지 여러 철학자들은 수사학의 어원인 그리스어 '레시스(발화활동)'를 분석함으로써 수사학을 인류학적 구성물로서 언어성 일반과 연결시켜 왔다. 블루멘베르크에게 수사학은 모든 인간의 사회적 획득이다. 수사학은 아곤(agon 경쟁, 나아가 전쟁과 침략)을 상징 층위로 옮겨 놓음으로써 인간화에 기여하기 때문이다.[22] 이처럼 수사학은 전쟁을 의사소통 활동의 반열에 올려놓는다. 수사학은 인간사회가 이해관계의 균형을 평화롭게 유지하게 해주는 사회적 관습이자 문화적 현상으로 이해되어야 한다. 실제로 수사학은 폭력에 의지할 필요성을 없애는 장치다.[23]

이러한 맥락에서 우리는 미국 연구자 조지 케네디(George Kennedy)가 수사학에 대해 『비교 수사학(Comparative Rhetoric)』(1998)에서 제시한 생물학적 오류를 거부해야 한다. 케네디의 입장에 대해서는 적어도 두 가지 반론이 존재한다. 하나는 의사소통 이론, 다른 하나는 문화이론에 근거한다. 케네디는 수사학을 자연법칙과 연결시키면서 수사학을 "동물이든 인간이든" 모든 개체에서 발견되는 일종의 '정신적, 감정적 에너지'로 보았다. 케네디에게 수사학은 동물의 왕국에도 존재하는 것이다. "동물에서도 발견되는 보편적 현상"이며 동물이 "타 개체를 설득하려는" 모습을 자신이 직접 관찰했다는 것이다.[24]

물론 이는 이치에 맞지 않는다. 동물의 의사소통 방식은 인간과는 다르기 때문이다. 영장류를 제외하면(사실 영장류도 불확실한 부분이 있음) 동물은 직접적인 자극-반응 모델에 해당하는 신호체계만 있으며, 이는 유전적으로 거의 전적으로 고정된 것이다. 이러한 의사소통 방식은 텍스트와 상징으로 이루어지는 인간의 복잡다단한 의사소통 방식과의 연관성이 미미하다. 인간 사이에서 이루어지는 상징적 상호작용에는 자극과 반응 사이에 텍스트 또는 상징을 처리하는 경우, 즉 인간의 의식이 있다. 수사학적으로 인간 사이의 의미 전달은 '자극-처리-반응'이라는 3단계 모델에 따라 일어나는데, 동물에게는 처리단계가 사실상 없다. 반면, 처리(따라서 해석)의 자유로 수사학의 "영혼에 대한 영향력(영혼 인도술)"[25]에는 상당한 위험이 따르고 이는 불확실성을 품고 방향을 찾아나가는 일이다. 존 스톤(John Stone)이 말했듯이 "주장은 본질적으로 실패의 위험을 감당한다는 의미"로 볼 수도 있다.[26] 케네디처럼 수사학을 생물학적으로 고정시키는 가정이 무엇인지 의문스럽다. 이제 '수사학 유전자'가 있다고 주장할 일만 남은 게 아닌가 싶을 정도다.

우리는 이런 오해에 대한 마오루밍의 문화이론적 반론에 동의할 수밖에 없다. 마오루밍은 대단한 절제력을 발휘하며 케네디의 테제를 다음과 같이 정확히 평가한다.

> 엄밀히 말해 케네디는 자신이 이러한 가정을 주창한다고 말한 적 없지만 그의 접근법은 수사학적 다원주의라는 이념과 연관되지 않을 수 없다. 둘의 유사성이 이상할 만큼 커 이를 간과할 수 없기 때문이다. 케네디는 이 점을 부정하지만 모든 문화에 대한 수사학 이론의 개발을 목표로 하는 프로젝트에 그러한 유사성이 조금이라도 존재할 수는 없는 일이다.[27]

2. 근본 수사학: 수사학적 사례

'수사학에 대해 갖고 있는' 오해들에 관한 논의는 이제 충분하다. 그렇다면 수사학의 긍정적 정의는 무엇일까? 여러 오해들을 다루었지만 나는 현대 수사학을 학문적으로 확고히 정의할 소재가 아직 충분하다고 생각한다. 그러나 다음으로 넘어가기 전에 한 가지 밝혀둘 점이 있다. 앞서 수사학에 관한 오해에서 언급된 여러 학문 분야(언어학, 미학, 사회학, 인류학 등)의 지식은 중요하며, 그 지식의 결과는 진정한 수사학 연구에 항상 통합되어야 한다는 것이다. 동시에 수사학에 대해 여러 학문 분야와 구별되는 분명한 정의를 내려야 한다.

지금까지 필자는 수사학이라는 용어를 타 비학문적 용례에서 분리하고 소거법으로 수사학 영역과 범위를 규정했다. 지금부터는 수사학에 대한 긍정적 서술을 두 부분으로 나누어 제시하고자 한다. 첫째는 수사적 사례를 둘러싼 문제에 집중하는 근본 수사학, 둘째는 의사소통적(수사학적) 우려가 어떻게, 어떤 도구와 방법으로 기술적 도움을 받고 전달되는지를 묻는 도구적 수사학이다. 수사학 이론의 관점에서 대조 수사학의 과제들은 이 두 분야에 집중되어 있다.

일부 연구자들(특히 인류학계)은 수사학이 유럽중심주의의 또 다른 예라고 주장해왔다.[28] 논쟁의 핵심은 수사학에 대한 학문적 설명을 최초로 한 것이 그리스인이라는 이유로 수사학을 순전히 유럽인이나 미국 백인의 산물로 볼 수 있는가 여부다. 나는 다음과 같은 질문을 던짐으로써 이에 답하고자 한다. 최초의 물리학자가 고대 그리스인이라는 이유로 물리학을 유럽인의 산물로 볼 수 있는가? 나치가 1945년까지 주장한 '독일 물리학'은 과연 존재하는가? 문화는 다른 국가들에는 없는 미국적 현상인가? 의사소통은 동양이 아닌 서양에서만 발생하는가? '독일 생물학', '독일 수학', '독일 논리학'이라는 것이 존재하는가? 수사학은 서구 국가에만 존재하는가?

로버트 카플란의 저서를 볼 때 이 질문에 대한 대답은 언뜻 불확실해 보인다. 카플란은 다음과 같이 말한다.

(논리학자가 아닌 대중이 이해하는 의미에서) 논리학은 수사학의 기초이며 문화에서 진화한다. 그것은 보편적이지 않다. 그러므로 수사학도 보편적이지 않으며, 문화에 따라 나아가 특정 문화 내에서도 시대에 따라 상이하다. 수사학은 특정 시대, 특정 문화 내에 존재하는 전범의 원칙의 영향을 받는다.[29]

앞에서 밝혔듯이 카플란이 말하는 '수사학'은 상호작용의 수사학적 모델이 아니라 텍스트성 또는 작문을 뜻한다. 그렇게 볼 때 카플란의 주장은 옳다. 하나의 언어 및 문화적 규범은 텍스트의 구성/작문에서 역할을 분명히 수행하지만 근본 수사학의 관점은 어떨까? 문화 간 대조 수사학 이론을 수립하려면 제3의 영역을 비교할 수 있는 이론적 모델이 필요하다. 그것이 없으면 어떤 비교도 불가능하기 때문이다. 2000년 미국 언어학자 마오루밍은 훌륭한 방법론을 제안했다. 그는 언어학적 데이터에 대한 에믹(emic) 관점과 에틱(etic) 관점의 언어학적 구별을 언급했다. 마오에 따르면 특정 주제의 에틱적 성격 규정은 추상적, 이론적 내용의 반역사적 분류에 근거를 두고 있으며, 에믹적 성격 규정은 주제의 구체적, 경험적, 현상학적 실현에 중심을 둔다. 마오루밍은 다음과 같이 설명한다.

비서구적 수사학의 전통을 연구하려면 출발점이 필요한데, 주로 연구자가 위치한 곳에서 연구자에게 친숙한 용어와 개념을 출발점으로 삼게 될 것이다. 즉 타 수사학 전통을 서술할 때 자신의 전통에서 발견된 프레임과 용어를 모색하며 시작할 수밖에 없다. 그러나 타 수사학적 전통을 해당 전통 용어로 연구하는 것이 궁극적 목표라면 에틱 접근법에서 에믹 접근법으로 바꾸어야 한다. 그래야만 그 전통 고유의 소재와 여건에 주목할 수 있고, 상이한 전통의 유사성뿐만 아니라 차이를 적절히 다룰 프레임과 언어를 개발할 수 있기 때문이다.[30]

나는 이러한 입장에 분명히 동의하지만 수사학의 제3의 비교영역을 구성하며 수사학의 학문적 초점을 규정하는 추상적 학문 범주에 도달하는 방법에 의문이 남는다. 그 학문 범주들은 무엇일까?

먼저 수사학의 연구 대상 요건을 충족시키지 못하는 광범위한 의사소통 현상은 수사학 이론이 배제한다는 점을 짚고 넘어가자. 일반적 의사소통 개념과 구별되는 수사학의 범주는 자의적으로 사용되지 않을 때, 즉 의사소통 현상의 특정 부분집합에만 적용될 때에 의미가 있다. 이때 인류학적 보편소와 사회심리학적 보편소도 역할을 수행한다. 둘 다 문화적으로 독립적 수사학의 근본 구조를 추상적으로 공식화된 상호작용 모델로 정의하도록 해주기 때문이다. 이 모델에 따르면 수사적 사례는 아근적 상호작용, 즉 경쟁과 갈등 형태로 나타나는 일종의 의사소통적 대립에 기인하는 정신적 비대칭성을 요구한다. 앞에서 살펴보았듯이 스크립트에 기반한 의사소통은 이런 불협화음 없이 발생하는데 이는 그런 의사소통은 어떤 방식으로든 관습적으로 의례화 되어 수사학적 노력을 요구하지 않기 때문이다.[31] 근본 수사학 이론과 마오가 제안한 에틱 관점에 따라 현대의 과학적 수사학은 학문적으로 다음과 같이 정의할 수 있다. 수사학은 인간 행위자들이 특정 방식, 즉 설득적 방식으로 행동하는 사회적 상호작용 모델이다. 따라서 수사적 사례는 누군가 다른 사람을 설득할 때 발생한다.

누군가를 설득한다는 것은 타인의 '의견'이나 '태도'를 변화시키는, 즉 의사소통을 통해 A 관점에서 B 관점으로 변화를 일으킨다는 뜻이다. 그리고 이에 토대한 학문적 관점에서 수사학 이론 내의 모든 질문이 발생한다.[32] 그러므로 수사학 연구는 오직 한 가지 문제, 바로 수사학적 커뮤니케이터(웅변가, 연설가 또는 그 집단[33]) 스스로 정당하다고 믿는 사항을 잘 전달할 방법에만 주목한다. 이때 근본적인 방법론적 구조는 설득적(의사소통적) 행위이며, 이는 전략적 계산에 기초하고 사회적으로 허용되는 의사소통 도구를 사용한다.[34] 이 의사소통 도구는 당연히 문화에 따라 매우 다를 수 있다. 한편, 영국의 의사소통 철학자 허버트 그라이스가 제시한 대화의 격률은 모든 수사적 사례에서 유효할 수밖에 없다. 그 격률이 유효하지 않다면 해당 의사소통 사례는 수사학적이지 않고, 오히려 조종, 선동, 기만 사례로 보아야 할 것이다.

정신적 조화가 온전히 지배하는, 아무도 타인의 정신에 자신의 우려를 전달하려고 하지 않는(그래서 설득적 행위가 발생하지 않는) 집단이 존재한다면, 이는 수사학이 부재한 문화라고 할 수 있다. 그러한 문화의 존재 여부에 대해 민족지학과 동양학은 다른 입장을 취해왔다. 마오루밍은 '결핍 모델의 함정'이라는 절에서 그런 성급한 주장을 경계한다.

심지어 아시아 수사학에 서구의 수사학적 특성이나 특질이 부재하다는 점을 직접 다루려는 시도도 있었다. 존 모리슨(John Morrison)은 「일본 문화에서의 수사학적 전통 부재(The Absence of Rhetorical Tradition in Japanese Culture)」라는 에세이에서 "일본 문화에는 수사학적 전통의 성장에 필요한 제도적 자양분이 없다"고 주장한다(90쪽). 그의 주장은 일본 가족의 위계적 구조에 근거를 두고 있는데, 일본의 가족은 결속과 조화를 중시하고 개인주의를 최소화하므로 수사학적 전통과 연관성이 사실상 없다는 것이다(90-93쪽). 모리슨은 0 처럼 과감한 주장을 뒷받침하고자 일본의 국민성을 검토하면서 그 특징을 '사회적 순종, 수사학적 비논쟁성, 종교적 사색, 논리적 프로세스를 따라가기 어려운 언어적 핸디캡'으로 하나로 묶어 규정한다(95-100쪽). 이러한 특징들이 일본 문화에서의 수사학적 전통의 부재에 자연스럽게 기여한다는 것이다.[35]

마오루밍은 "일본 문화에 서구의 수사학적 전통이 존재하지 않는다고 하여 결코 일본 문화에 수사학적 전통이 부재한 것은 아니다"[36]라며 모리슨의 입장을 비판한다. 일반적으로 볼 때, 비서구 사회에 수사학적 상호작용 모델이 존재하는지 여부는 한 사회가 이 모델을 어떻게 사용하고 자신의 에피스테메(지식)에 이론적으로 통합하는가의 문제와 구분되어야 한다. 그 결과 우리는 '수사학이 정신적 상태를 변화시키는 데 쓰이는 프로세스는 유교세계의 안정과 전통에 상반된 문화적 공준(가치)에 어떻게 반응하는가'라는 질문을 던질 수 있다.[37] 루싱은 이 주제를 더 확실히 하기 위해 기존 수사학적 접근법이 유가, 도가, 묵가, 법가, 명나라 전후 학파 등 5가지 철학적 전통에 통합되는 방법을 연구했다.[38] 루싱은 자신의 연구 결과를 이렇게 주장한다. "중국의 철학적, 문학적, 종교적 텍스트에 내재된 수사학의 암묵적, 다면적, 때로는 역설적 특성에 주의를 기울일 필요가 있다."[39] 루싱에 따르면 아시아 수사학이라는 현상학은 유럽의 범주에 대한 등가물을 모색하기보다 아시아만의 독립적인 용어로 서술되어야 한다.

3. 도구적 수사학: 수사학적 방법

도구적 수사학의 이론적 영역은 수사학적 상호작용 모델이 적용될 때 사용되는 특정 문화적 관습과 관련 있다. 이 영역의 연구에서 유럽의 용어와 개념은 어느 정도까지 타당하게 쓰일 수 있을까? 마오루밍은 다음과 같이 분명한 입장을 취한다.

> 케네디는 분명히 이 용어들을 목표 문화의 전통에 생각 없이 적용하는 것과 '시험 목적'으로 쓰는 것은 다르다고 할 것이다. 이에 동의한다. 하지만 그 '시험'은 비교를 피상적 일치 또는 불일치에 의존해 단순히 또는 억지로 유사성과 차이를 파악하는 행위로 환원시키기 쉽다.[40]

상이한 수사학적 도구의 차이가 수사학적 접근법 자체의 오류로 이어지는 경우는 결코 없어야 한다. 방법의 현상학을 수사학적 의사소통 모델 그 자체와 혼동해서는 안 된다.

문화간 대조 수사학의 맥락에서 유럽 수사학의 오르가논(즉 도구적) 독트린과 논리학에 바탕한 고전적 논법도 재고되어야 한다. 이처럼 인지적, 논리적으로 적용가능하며 핵심적 수사학적 도구는 상이한 문화에서 상이한 형태로 나타난다.[41] 예를 들어 2001년 실험연구에서 살와 카멜(Salwa A. Kamel)은 카이로의 아랍학생들이 영어 실력이 우수한 경우에도 유럽의 삼단논법의 논리를 이해하는 데 큰 어려움을 겪었다고 밝혔다.[42] 그로부터 도출되는 결론은 무엇일까? 아랍권에서는 유럽과 다른 인지적 스타일이 선호되며, 이는 삼단논법에 기초한, 엄격한 형태로 환원될 수 없다는 점이다. 이와 유사한 현상은 아시아 문화권에도 일부 존재하는 것으로 보인다.[43] 마오루밍은 그러면서도 '결핍의 함정' 또는 개념적 대조의 과장을 경고한다. "동양의 수사학적 전통은 우회(직설의 반대)와 논증에 반대하며(논쟁의 반대) 침묵을 장려하거나 중시한다는 주장이 계속되고 있다."[44] 마오루밍이 볼 때, 이런 대조와 일반화 자체가 서구적 사고방식에 기인한 것이다.

이제 인간 사이의 설득법에서 드러나는 문화적 차이가 향후 연구의 가치가 있으며 대조 수사학의 핵심주제가 되어야 함은 명백하다.

비서구적 수사학 전통 그 자체를 연구하는 작업은 앞에서 살펴본 연구의 일부처럼 '결핍'을 주장하는 결론 대신 그 전통의 긍정적인 재현으로 이어질 수 있다. 이러한 결과는 젠슨(Jensen)의 「아시아 논법의 가치와 관행(Values and Practices in Asian Argumentation)」에서 드러난다. 젠슨은 아시아 수사학의 논증 관행의 '부재'에 주목하는 대신, 그러한 관행이 권위나 비유, 기타 추론법에 기초해 아시아 수사학에 존재한다는 충분한 증거들을 제시한다(158-162쪽). 동양과 서양 간에는 수사학적 차이가 있을 뿐 수사학의 존재 여부는 논쟁거리가 못 된다(164쪽).[45]

메리 가렛(Mary Garrett)은 2004년 한 인터뷰에서 수사학의 문화적 사례에 대한 이러한 대조적 구분을 다음과 같이 옹호했다.

> 수사학은 어떻게 인식되는가? 논증과 논쟁으로? 제의적 특성을 포함하는 것으로? 상징적 유도로? 어떤 정의가 적용되느냐에 따라 무엇을 어디까지 보고 다룰 것인지가 좌우될 것이다. 나는 수사학을 논증과 논쟁으로 보는 것은 서구와 중국의 상황 모두에서 너무 협소하다고 생각한다. 그렇게 바라볼 때 중요하고 흥미로운 현상들이 너무 많이 간과된다.[46]

의사소통 영역이 고도로 다변화되어 있는 것은 사실이다. 하지만 의사소통의 수사학적 사례는 타 현상과의 차이를 드러내기 위해 정밀하게 정의되어야 한다. 수사학의 개념이 안정성과 의미를 획득하려면, 즉 전문용어가 되려면 분명한 학문적 개념을 지녀야 한다. 의사소통적 상호작용 모델의 근본적 비대칭성에 기초하며 설득을 접근법의 초점으로 삼는 대조 수사학 프로그램은 2003년 마오루밍에 의해 다음과 같이 적절히 공식화되었다.

> "사람들이 의사소통, 발견, 관계 형성, 공동체 가치 강화를 위해 경합하는 맥락에서 언어로 의사소통하는 한, 수사학도 존재한다."[47]

2장

역사주의와 현대과학을 잇는 수사학

현대에도 옛 수사학 이론, 특히 고대 수사학에 관한 책들이 정기적으로 출간되고 있다.[1] 그런 책들이 존재하고 '세계수사학사학회(International Society for the History of Rhetoric)'가 2년마다 꾸준히 학술대회를 개최하는 점을 보면 수사학의 역사적 연구가 여전히 필요하며 유용한 듯이 보인다.

그러나 이러한 현상은 수사학적 이론과 실천 연구가 수행되고 있다는 점만 입증할 뿐, 과거 지향적 연구들이 이론적 관점에서 타당성이 있는지에 대한 질문에는 답하지 못한다. 따로 떼어 생각해보면 순전히 역사적으로만 접근하는 연구는 사치에 불과하다. 역사의 테두리에 갇힌 연구들이 과연 사회적 효용성을 갖는지는 의문이다. 물론 수사학을 조명하고 수사학에 전문화되어 순전히 역사적 방법론으로 전개되는 학문의 경우는 예외다. 문헌학자, 사학자, 미술사가 등은 연구를 진행하다가 수사학적 문제에 직면하면 그것을 부수적 현상으로만 여긴다. 사실 학문 분야로서의 수사학의 역사를 논하려면 학제 간의 탐구가 필요하다. 전적으로 수사학자로서 활동하는 사람은 극소수에 불과하기 때문이다. 일례로 2007년 프랑스 스트라스부르에서 개최된 세계수사학사학회 참가자 명단을 보면 수사학자는 소수였다.

수사학이라는 학문 내에서 수사학 자체 역사에 대한 연구의 경우는 어떤가? 제도를 갖추고 수사학을 본격적으로 연구하는 수사학 연구의 중심기관이자 독일에서 공인된 수사학 학위를 수여하는 유일 기관인 튀빙겐대학을 살펴보자. 이러한 독점적 지위를 누리다 보니 우리 대학의 연구와 교육 프로그램에는 수사학의 역사에 관한 과정이 으레 들어 있다. 우리는 이것을 수사학 연구 및 교육에 있어 매우 필요한 부분으로 본다. 그래서 우리 학과는 수사학 사전 편찬 작업을 할 때도, 단순한 사전이 아닌 수사학 역사 사전을 발간한다. 이때 수사학에 대한 전통적 이해를 하기 위하여 그런 식으로 접근하는 것이 어떠한 의미를 지니고 있는지를 따져 보아야 할 것이다. 즉 유럽과 서구문화에 널리 퍼졌듯이, 고대 그리스와 로마를 수사학의 기원이나 '문명 발상지'로 당연시하는 태도만을 반영하는가?

만약 그렇다면, 그러한 역사적 접근 방식이 정당화될 수 있는지 물어야 하고, 우리의 학문인 수사학을 체계적으로 다루기 위해 역사적 접근이 필요한지에 관한 물음을 던져야 한다. 앞에서 말한 『수사학 역사 사전(Historisches Wörterbuch der Rhetorik)』 발간인들은 그러한 역사적 관점을 당연시했지만, 그들의 접근법은 교육 과정에서 더 이상 당연시되지 않을 뿐더러 근래에는 오히려 역사적 연구에만 집중하는 학문이 비난을 받는 추세다. 19세기까지만 해도 역사적 추론과 증거들은 근대 민족국가와 같은 사회적 기관의 정당성을 부여해주었다. 하지만 현대의 민주적, 과학적인 시스템은 결정의 정당화나 명확한 이론 진술에 있어 "과거에는 어떠했는가?"라는 질문을 사실상 고려하지 않는다. 현대 의학은 소문으로 퍼진 검은 담즙에 대한 아리스토텔레스의 의견을 전혀 알 필요가 없다. 오늘날 국가제도는 보통선거와 국민투표로 합법성을 검증받으며, 역사적 논의들은 기껏해야 감정적인 선동에나 동원될 뿐 이성적인 정당성 확보에서는 거의 쓰이지 않는다.

그러므로 지나간 시대의 역사주의에서 당연하게 받아들였던 이성의 역사적 궤적을 따라 생각하고 논증하는 것은 더 이상 당연시될 수 없으며, 순전히 역사적 논의들은 오늘날에는 설 자리가 없다. 수사학이 과학적 학문이 되려면 통시적이 아닌 공시적 관점에 초점을 두는 현대의 과학적 사고에 적응해야 한다. 이러한 적응 없이는 수사학은 대학 교과목의 지위를 잃을 것이다. 대학교육의 체계 내에서는 실증적이고 실험적인 자연과학이 표준이 된다. 현대 수사학의 인접 학문인 현대 행동학과 커뮤니케이션학 역시 이 패러다임을 따른다. 이들 학문은 현대 방법론과 이론에 기반해 질문을 형성하며, 이는 과학적으로 체계화된 수사학도 중시해야 할 부분이다. 우리가 현대 수사학을 오늘날 어떻게 하면 설득력 있고 효과적인 커뮤니케이션이 가능한지를 연구하는 학문으로 규정한다면, 아리스토텔레스와 고대의 다른 수사학자들에 관한 연구가 가치가 있는지는 의문이다. 현대사회가 지난 시대의 일들을 다루는 데 왜 시간과 돈을 들여야 하는가?

사회적 비용과 인프라 비용을 감수하면서까지 수사학 연구의 정당성을 확보하려면 해당 연구가 현재와 미래에 통용될 수사학 이론을 체계적으로 정립하는 데 기여해야만 한다는 것이 필자의 생각이다. 따라서 2장의 근본적 질문은 다음과 같다. "수사학의 역사적 연구가 오늘날의 연구와 연관되고 오늘날의 연구에서 도출되는 질문들에 타당한 답을 줄 수 있는가? 만약 그렇다면 그 역사적 연구는 우리에게 어떤 교훈을 주는가?"

나는 이어서 이 질문에 대해 몇 가지 답을 제시하고자 한다. 먼저 이 주제에 대해 외부 관점에서 접근하면서 위에서 언급한 주요 질문을 다음과 같이 보다 구체화하고자 한다. "수사학의 역사 연구, 특히 역사적인 수사학적 실천에 대한 탐구가 학제 간의 맥락에서 어떤 효과를 발할 수 있는가? 나아가 수사학에 대한 역사적 연구가 현대사회의 문제들을 논의하는 데 어떤 기여를 할 수 있는가?"

이 시점에서 사상의 역사와 구조 연구에 대한 인식론과 연구의 집합체의 중요성을 부각시키고자 한다. 이 영역들에서 자의적인 창조나 역사와 동떨어진 구조물의 창출이란 있을 수 없다. 의식하든 않든, 계속해서 깨지지만 계속 복구되는 문화적 전통사슬과 지식체계, 사상, 지성은 연결되어 있다. 감정과 사고는 모두 문화적, 역사적 발전의 결과물이기에 전제조건과 역사가 없이는 생길 수 없다. 예를 들어 수사학에 대한 역사적 연구는 학과목과 학문영역을 선택 및 차별화하는 과정을 거쳐 문헌학의 현대적 체계가 수사학의 오랜 연구에서 어떻게 비롯되었는지를 설명하는 데 도움을 줄 수 있다. 오늘날 문헌학의 현대적 체계 자체가 분화되고 있으며 나아가 문헌학은 문화학의 여러 갈래로 뻗어 차별화되고 있다. 이렇게 함으로써 역사적 연구는 수사학이 현재의 교과목들 사이에서 새로운 입지를 점하는 데 이바지할 수 있다.[2] 지성사(사상과 사고방식의 역사) 연구를 보면 역사를 거치며 발전, 변형, 개정, 전승, 촉진된 편견, 의견, 교의, 독단적 태도, 고정관념들이 거듭 나타난다. 로타르 보른셔우어(Lothar Bornscheuer)는 '토포스'에 관한 자신의 공식연구에서 이 요소들을 '사회적 상상'의 결과로 규정한다.[3] 토포스 체계에 관한 수사학적 연구는 과거를 돌아보지 않으면, 즉 역사적 차원 없이는 이루어질 수 없다. 과거를 살핌으로써 우리는 무수한 시공간에 있는 사람들의 인식과 정신세계에 대한 통찰을 얻을 수 있다. 이를 통해 설득의 어떤 역사적 기제가 현재의 사고방식으로 우리를 이끌었는지 설명할 수 있다. 어쩌면 우리는 그런 기제가 현대적 사고에 비추어 보면 시대에 뒤떨어지거나 부적절하다고 여길수도 있다.

필자는 이 관점을 수사학의 역사로부터 세 가지 예를 들어 설명하고자 한다. 첫째, 과학 텍스트에 나타나는 은유 등 그 어떤 수사적 영향에도 반대하는 17세기 말의 영국 왕립협회 캠페인이다. 왕립협회는 자연과학 발전을 위해 다음의 협회 공준을 표명한다.

"지시하려는 연구대상에 언어적으로 직접 접근할 때는 기본적으로 명료한 보통문체를 사용한다. 수사학적 꾸밈을 거부하는 것은 일종의 반수사학으로 이어진다."[4]

이러한 관점의 주요 대변자라 할 수 있는 존 로크(John Locke)는 1690년 『인간 이해에 관한 시론(Essay concerning Human Understanding)』에서 다음과 같이 말했다.

질서와 명료함을 제외하고는 지금까지 창안된 모든 종류의 수사학과 언어의 기교적이고 비유적인 적용은 잘못된 생각을 교묘히 스며들게 하고 정념을 움직여 오판으로 이끌려는 목적 외엔 없다.[5]

하지만 오늘날 "이러한 태도의 반전이 일어나고 있다."[6] 예를 들어 은유나 수사학적 방법 없이는 현대 물리학을 설명할 수 없음은 이제 자명하다.[7] 덴마크 학자 쇠렌 키오룹(Søren Kjørup)은 1996년 저서 『후마니티스(Humanities)』에서 이 사실을 다음과 같이 표현했다.

> 과학적 혁신은 새로운 용어로 표현되며 알려진 대로 이 용어들은 대개 은유를 비롯한 비유이다. 이러한 분석의 초기 사례로 과학에서 유추와 은유를 다룬 메리 헤이스(Mary Hasse)의 출판물을 들 수 있고, 이는 훗날 우리 일상의 사고가 은유로 구조화된다는 사실을 보여준 레이코프(Lakoff)와 존슨(Johnson)의 연구에서도 발견된다.[8]

이 연구에서 키오룹은 논의의 현황을 다음과 같이 요약하였다.

> 과학이론가들이 수사학에 처음 주목했을 때 그들의 관심사는 문체론이었다. 심지어 명료한 과학적 설명에도 원래 '문학적' 요소에 해당하는 비유와 설득전략, 장식 등의 수사적 수단이 적용되고 있음이 곧 밝혀졌다. 관련된 예로 요제프 구스필트(Joseph Gusfield)가 '과학의 문학적 수사학'(1976)이라는 제목으로 조사한 알코올에 관한 연구다. 또 하나의 예로 헤이든 화이트(Hayden White)가 역사적인 과학 텍스트를 분석한 '문학적 인공 유물로서의 역사 텍스트'(1978)를 들 수 있다. 이들 연구는 사실 과학보다 수사학에 대해 더 많은 것을 날카롭게 밝히고 있다. 엄밀히 말해 이들 연구는 수사학의 용어체계가 과학 텍스트를 충분히 커버할 만큼 폭넓다는 사실을 명백히 드러낸다. 하지만 이러한 연구 결과는 다소 도발적이었고, 당시까

지 과학과 수사학 사이, 사실에 입각한 확신과 언어로 인식하는 설득 사이에 분명한 경계가 있다고만 여겼던 이론가들이 수사학에 새롭게 눈을 뜨게 했다.[9]

이러한 '과학의 언어'는 바로크 시대와 오늘날의 수사학 개념의 역사적 차이를 이해하도록 해준다. 이 차이를 분석함으로써 우리는 흥미로운 현상, 수정, 오류를 식별해낼 수 있다. 수사학 역사에서 나타나는 이처럼 다른 입장들을 살핌으로써 우리는 과학이 어떻게 발전하며 어떤 인식론적인 역학이 작용하는지를 알 수 있게 된다. 동시에 우리는 언어적이고 지적인 반계몽주의의 지속적인 위험성을 인지하고, 언어의 부호화와 현실의 관계를 계속해서 세밀히 조사해야 할 것이다.

둘째, 고대 그리스에서 플라톤과 소피스트들 사이의 갈등은 수사학 역사뿐 아니라 지성사와 인식론 일반에도 중요한 역할을 하였다. 역사적 용어를 놓고 볼 때 이 갈등은 수사학에 대한 미래 논쟁의 패러다임으로 해석될 수 있다. 예를 들어, 스티븐 메일로(Steven Mailloux)는 미국의 네오 프래그머티즘의 중심에는 이 갈등이 있다고 보고 있다. "현대 신 실용주의는 소피스트 수사학의 포스트모더니즘적 수용으로 볼 수 있다. 이로 인해 현대 신 실용주의의 옹호론자와 반대론자들이 플라톤주의와 소피스트 학 간의 투쟁을 지속하고 있는 것이다."[10] 방법론적으로 말해 신 실용주의는 "역사를 실행함으로써 이론을 실천하기 위해 수사학"[11]을 활용한다.

이 '생각 무늬(figure of thought)'는 달리 설명할 수도 있는데, 바로 오늘날 수사학의 쓰임을 더 잘 혹은 조금이라도 이해하려견 시선을 과거로 돌려야 한다는 것이다. 역사상 수사학을 두고 나타난 영향력 있는 논의 및 대립 견해에 관한 연구는 '사려 깊음의 사고 공간'[12]을 창출해낸다. 통상적으로 면밀히 살피기에는 너무 안이한 태도를 취했던 현재의 구조에 대해 사려 깊음의 사고 공간 내에서는 더 뚜렷한 구조 인식이 가능해진다. 따라서 역사적 연구는 우리가 현재의 '수사학적 환경'에 대해 논할 수 있도록 해준다. 그와 같은 '환경'에 대한 지식에 현대 수사학이 관심을 두는 이유는 그 환경이 연설가의 성공적인 의사소통 행위가 일어나는 실용적 맥락이기 때문이다.

'실용주의'라는 용어를 통해 수사학의 역사적 관점의 장점에 대한 세 번째 사례가 등장하는데 이때 전혀 다른 문제 영역 또한 나타난다. 앵글로색슨 국가, 특히 미국에 뿌리를 둔 철학적 실용주의는 현대 민주주의 원리와 밀접히 연관된다. 실용주의는 사회의 개념과 가치가 확정된 것이 아니라 오히려 소통적 과정을 거쳐 발전한다는 가정에서 출발한다. 그 체제 안에서 수사학은 "커뮤니케이션의 역동적 요소"[13]가 되는데, 이 이유는 수사학이 "사회적 의미 구성에서 매우 중요한 역할"[14]을 하기 때문이다. 따라서 수사학은 "문화적 움직임의 핵심 요소를 이룬다"[15]로 "단언"할 수 있다.

이러한 배경 하에서 민주주의에 대한 수사학적 논지(민주주의는 수사학에 의존적이라는 사고)가 납득이 간다. 이 논지의 기원은 타키투스(Tacitus)가 공화정의 현존과 수사학 사이를 연결 지었던 것으로 거슬러 올라갈 수 있다. 타키투스는 '연설가들에 대한 대화(Dialogus de oratoribus)'(서기 1~2세기)에서 수사학의 번성을 제국시대 이전 로마공화정의 현존과 연계했다. 18세기 독일에서 요한 고트프리트 헤르더(Johann Gottfried Herder)는 당시 일각에서 지닌 견해를 대변하며 이 명제를 다음과 같이 설명하였다.

하지만 웅변은 공화국에서만, 자유가 지배할 때만, 공적 숙고가 모든 사안의 원동력인 곳에서만 생명력을 가진다. 냉랭한 공기에 둘러싸인 연단에 설 때를 제외하고는 우리가 공적 연설을 할 기회는 사실상 없고, 독일이 예식과 경직된 예속의 본거지이므로 기술 자체가 없는 기술에서 규칙을 발견하려는 것은 어리석은 행동이다.[16]

1965년 튀빙겐대학에 일반수사학과[고전수사학과는 1496년에 창설]를 만든 발터 옌스(Walter Jens)는 수사학적 민주주의 논지로 돌아가 18세기 독일 사상가들이 다음의 명제를 실현했다고 보았다.

"자유시대 때만 발전할 수 있던 공화국의 자녀인 수사학의 운명은 민주주의의 운명과 불가분의 관계다. 인간이 지배할 때 말이 지배하고 폭정이 지배할 때 군사적 북소리가 지배한다."[17]

이 세 번째 예시는 나아가 정치가 사회적이고 수사학적 행위을 구성하고 있음을 보여준다. 연설가는 문화적으로 부호화된 상황에서뿐만 아니라 항상 그의 행위 구조를 결정하는 구체적, 정치적 맥락 속에서 행동한다. 정치가 수사학에 사회 내에서 특정 지위를 부여한 예시는 수사학의 역사에서 숱하게 발견된다. 특정 시기나 정부 형태 하에서 수사학이 어떻게 이해되고 가르쳐지고 실천되느냐를 좌우하는 것은 수사학의 사회적 지위이다. 수사학은 아테네 민주주의의 정신에서 탄생했다. 동시에 수사학이 고대에 탄생했다는 개념은 고대 수사학을 체계적으로 설명할 때 반복적으로 나타나는 토포스이다. 정치적 문제에서 의사 결정을 끌어내기 위한 실천적 웅변의 중요성에는 반론의 여지가 없으며, 군주제나 전체주의의 맥락 안에서 실천적 웅변의 기능상 변화도 마찬가지이다. 연설의 성공 여부를 좌우한다는 점에서 역사적 변화에 관한 지식은 능숙한 연설가에게 꼭 필요한 것이다. 연설가적 능력 일부로서의 변화라는 문제는 본 에세이의 후반부에서 다시 다루기로 한다.

다음으로 오늘날의 민주주의에 관한 논의에 기여하는 수사학의 역사를 고려해보자. 2003년 출간된 『고전 수사학사 개괄(A Synoptic History of Classical Rhetoric)』의 저자는 책의 서문에서 유사한 견해를 표명하고 있다.

> "역사의 목적은 우리가 역사를 맥락 안에서 조명하고 역사에 지속성을 부여하여 현재를 이해하도록 돕는 것이다."[18]

미국적 맥락에서 이 책의 서문을 보면 그 역사적 설명이 '자유세계의 지도자'로서 미국의 역할을 간접적으로 드러내고 있고, 민주주의 특히 미국 민주주의의 뿌리로 돌아가 "대의민주주의는 완전히 싹튼 채로 하늘에서 내려와 거저 얻은 게 아니다"[19]라고 표명하고 있다.

우리가 수사학사를 살펴보면 수사학적 민주주의-논의가 특정 상황에서만 유효하다는 사실을 알 수 있다. 이 논의의 전제조건은 사회가 법적으로 "연사의 역할에 대한 접근(권)"을 기본적인 시민의 권리와 자유로 규정하는 것이다.[20] "연사의 역할에 대한 접근이 권력층만의 특권이 되면" 수사학은 더 이상 민주주의 역사의 요소가 아니라 오히려 다른 형태의 사회와 정부 역사의 중요 요소가 된다. 이는 마키아벨리식으로 수사학을 바라보면 또는 바로크 시대의 법정 연설이나 20세기 파시스트 혹은 전체주의 정권을 보면 알 수 있다.[21] 이 사례들은 역사를 통틀어 말의 힘에 관한 다양한 의견들이 있었음을 보여준다. 수사학사에서의 중단과 연속성을 연구하면 오늘날의 수사학 개념에서 그러한 다양한 의견의 잔재를 파악할 수 있다. 보다 일반적인 관점에서는 그런 작업은 정치적 의사소통의 질서와 사회 전반 간의 연관성을 설명하는 데 유용하다.

그렇다면 내재적 관점은 어떠한가? 수사학 분야에서 역사 연구는 어떻게 정당화될 수 있을까? 여기서 수사학의 역사에 대한 두 가지 접근법이 나타난다. 한편으로는 수사학에서 고대 이론의 우위를 기정사실로 받아들이면서 그 이론들을 현대적 문제에 바로 적용하는 연구들이 있다. 다른 한편으로는 그 역사적 맥락 안에서 수사학 이론을 체계적으로 분류해 현대의 요구와 질문들에 부합하도록 이론을 수정하는 연구들이 있다. 전자를 전통주의적 접근이라고도 할 수 있다. 이런 접근법을 주창하는 수사학자들이 일부 있는데, 대표적으로 미국의 문헌학자 에드워드 코벳(Edward P. J. Corbett)을 들 수 있다. 1963년 작 에세이 '고전수사학의 유용성(The Usefulness of Classcial Rhetoric)'에서 그는 창의적 글쓰기와 같은 '현대적' 교수법의 전횡에 반하는 고전적 수사학적 분류법의 유용성을 제시하고 있다.

그러나 자기표현의 문화가 교실에서 실제로 효력을 발휘했는가? 도대체 우리는 창의적인 작가를 몇이나 양성해냈는가? […] 우리 학생들의 대부분 영리하더라도 글쓰기의 전 과정에 대한 세심하고 체계적인 지도를 받아야 한다. 바로 고전수사학이

그러한 긍정적인 안내를 해줄 수 있다.[22]

코벳은 1965년 자신의 저서이자 교과서인 『오늘날의 대학생을 위한 고전수사학(Classical Rhetoric for the Modern Student)』에서 '우리 시대 수사학의 연관성과 중요성'이라는 제목의 장(章)에서 수사학의 보편성을 강조하였다. 이때도 코벳은 유사한 설명을 하는데, "수사학이 현대사회 안에서 그토록 만연한 행동이라면 우리는 이 고대 기예의 기본적 전략과 원리들을 알아야 한다."라는 것이다.[23] 이렇듯 수사학 전통주의자들은 고대의 체계를 오늘날의 수사학 교육이나 수사학적 활동의 비판적 수용모델로 수용하고 있다.

그런데 그런 접근법은 딱히 역사적인가? 그것은 역사적으로 구성된 수사학 형태와 역사에서 개발된 커리큘럼 내용을 참조하는 맞다. 그러나 이 학문적 전통에서 유래된 체계적인 교과서와 커리큘럼을 더 자세히 살펴보면 고대의 체계는 역사상 모든 시대와 장소에서 유효한 보편소라는 사실이 분명해진다.

그런 관점은 응당 비판을 불러일으켰다. 그 비판의 한 갈래에서는 보편적이자 교수법적으로 정당화된 고대 강령의 단순화를 겨냥하고 있다. 캐서린 웰치(Kathleen E. Welch) 같은 비평가들은 고대 텍스트에 보다 차별화된 접근을 하라고 강조한다. 웰치는 1987년 기고문 「고대 담론의 오늘날 전용」에서 이렇게 주장하였다.

'고전수사학'이 주로 익숙한 '연설의 세 가지인 의례형, 법정형, 심의형' 또는 '수사학의 다섯 가지 근본원리인 발견, 배치, 표현, 기억, 전달'로 또는 오로지 '특별한 경우 설득의 유용한 수단을 발견하는 능력'으로(아리스토텔레스, 수사학 1권) 구성되어 있고, 이 개념들이 그리스나 로마의 문화, 연설, 글쓰기, 정치와 연결이 안 된 채로 남아 있다면 고전수사학에서 '능력과 실행의 형태'(Eagleton 205)는 사라지는 경향이 있다.[24]

다른 사람들은 이보다도 한 걸음 더 나아가 고대 수사학 이론을 그런 방식으로 취급하는 자기반영성을 공격하였다. 그런 비평가들은 고대 지식이 현대에 적용되도록 업데이트되고 적절히 수정되어야 한다고 주장한다. 여기서 나는 웬디 옴스테드(Wendy Olmsted)의 2006년 저서를 언급하고자 한다. 책에서 옴스테드는 이렇게 적는다.

> 많은 학자들은 수사학을 설득과 커뮤니케이션 연구를 위한 지침을 제공할 구체적 원리로 '이론화하였다'. 그런데도 그런 이론들은 역사적 접촉과 다양한 묘사 방식은 적용하지 않으려는 경향이 있다. […] 그러나 수사학의 기예는 폭넓은 문화적 이해를 고려해 특별한 환경에 대한 추론을 할 것을 강조한다.[25]

최근 에드워드 시아파(Edward Schiappa)와 짐 햄(Jim Hamm)은 이와 같은 보다 문맥적인 접근이 두 개의 목표를 충족한다고 설명하였다.

> 그리스 수사학을 연구하는 학자들은 역사적 재구성과 현대의 전용이라는 기본적인 두 개의 목표에서 동기 부여를 받는다는 설명이 적합하겠다. 간단히 말해 역사적 재구성이 고전 텍스트에 관심을 갖는 것은 해당 텍스트가 그 시대에 수행한 지

적, 미적, 경제적, 정치적 업적 또는 고전 시대의 사람들에게 그 텍스트가 어떤 의미를 지녔을지를 묘사하기 위함이다. 현대의 전용은 대개의 경우 근래의 이론적, 정치적, 교수법적 필요에 따라 고전 텍스트로부터 영감을 얻는 것을 목표로 삼는다.[26]

지금까지의 논의는 이 에세이의 초반에 제기된 질문, 즉 수사학의 역사적 연구가 기여할 바가 있는가에 대한 대해 첫 답변을 제공했다고 본다. 이 질문에 대한 필자의 대답은 분명 '그렇다', 기여가 가능하다는 것이다. 수사학의 통시적 연구는 방법론상 결실 있고 이론적으로 유의미한 기여를 심지어 공시적 연구에까지 할 수 있는 것이 현대 수사학 이론의 정립에 필요한 특정 지식을 통시적 연구가 혁신하고 체계화할 수 있기 때문이다. 그럼에도 이런 질문들이 남는다. 우리는 어떤 종류의 지식을 다루고 있는가? 우리는 왜 역사적 휴리스틱스(heuristics 발견적 교수법)가 필요한가? 그런 지식은 단순히 공시적 실험이나 사람들의 현재 행동 관찰로는 생성될 수는 없는가?

이런 논의의 명료성을 부여하려면 수사학이라는 학문의 구체적인 내용을 살펴보아야 한다. 과학적인 수사학이라면 우선 관행, 기법, 성공적인 의사소통의 가능성에 대한 지식을 얻고 그로부터 얻은 통찰력을 탄탄한 이론으로 압축해야 한다. 이런 작업을 통해 궁극적으로는 유능한 연사를 양성하는 역량을 확보하는 것이다. 과학적 수사학으로 얻는 지식이란 '문화적 관행'이라 칭할 수 있는 인간의 행동을 말한다. 수사학과 수사학적 성공의 초점은 문화적으로 전수되어온 교류 관행의 복합체에서 나타난다. 이 관행들은 연사에게는 개인적인 상황과 때에 따라 계속 변하는 조건의 복잡한 맥락을 뜻한다. 이것이 수사학과 타 연구의 큰 차이점이다. 수사학이 세계 보편적인 '고전적' 체계로 손쉽게 설명될 수 있는 것이라면 좋을 것이다. 또한 수사학자들이 자연과학에 존재하는 '원칙'이나 '법칙'을 발견할 수 있다면 더할 나위 없겠다. 그런데 인간 상호작용의 어떤 특정 사례에서든, 특히 실제 의사소통의 관행에서는 변수가 많다 보니 수사학의 계산(연사 능력의 근본적인 부분)이 필연적으로 우발 상황의 전략적 협상의 사례가 된다. 그 경우 (역사의 구체적인 행위자로서의) 연사는 무엇이 의사소통적으로 납득이 되고 타당하며 설득력이 있는지를 인식하고 관찰해야 한다.[27] 이러한 중대한 분석 업무를 잘 수행하려면 연사는 의사소통의 조건과 맥락을 아우르는 포괄적 지식을 습득해야 한다. 이제 잠시 이 같은 의사소통의 맥락과 조건을 살펴보기로 하자.

이를 위해 공시적 연구가 인간의 인류학적 불변성(불편성이 존재한다면)의 중요한 측면들을 조명해줄 수 있다. 예를 들어, 현대의 심리학 실험연구는 인간의 심리와 불안, 기쁨, 열정에 대한 반응의 잠재력 관련 정보를 줄 수 있다. 현대의 철학 논리와 인지 과학은 논리적이고 논거에 기반한 사고에 대해 알려주는 바가 많다. 심리학은 또한 인간 창의력의 인지적 전제조건에 대해서도 알려줄 수 있다. 쇠렌 키오룹은 인문학 내의 현대적이고 공시적인 여러 학문이 현재 수사학으로 기울고 있다는 사실을 다음과 같이 묘사한다.

언어연구자들은 […] 언어 사용, 즉 언어학적 화용론에 다시 관심을 기울이고 있다. 다소 의외의 예로는 스튜어트 체이스(Stuart Chase)의 1938년 저서 『말의 횡포(The Tyranny of Words)』를 들 수 있다. 논리학자들은 수사학에 고무되어 논리학의 논증 이론들을 쇄신할 수 있었다. [이 전통에서] 가장 명망 있는 학자들의 이름을 꼽자면 1958년 『논변의 사용(The Uses of Argument)』을 집필한 스티븐 툴민(Stephen Toulmin)과 특히 카임 페렐만(Chaim Perelman)을 들 수 있다. 페렐만은 같은 해에 올브레이츠-티테카(L. Olberechts-Tyteca)와 논증에 관한 공동논문 「새로운 수사학(La nouvelle Rhetorique)」을 집필했으며, 이론적 방향이 논문의 제목에서 드러난다.[28]

인류학, 사회심리학, 경제학자들은 모두 수사학적 사고가 중요한 위치를 점하는 화용론에 기반하여 새로운 연구의 초점을 발전시켰다. 쇠륀 키오륩에 따르면 "이 학자들은 한결같이 자신의 사고를 '탐구의 수사학' 즉 '수사학 연구'라고 부른다. 앞서 언급한 '(페렐만의) 신 수사학'은 이와 밀접하게 관련돼 있다."[29]

전적으로 공시적인 연구가 해 줄 수 없는 한 가지는 우리가 창의성과 문화적인 규범에 대한 지식을 어떻게 사용해 특정 상황 조건 하에서 구체적인 수사 전략을 만들어낼 수 있는가에 답하는 것이다. 그런데 우연찮게도 이 부분은 공시적 연구, 그리고 고전적 수사학 체계의 반역사적 이해를 도모하는 학파에서도 발견된다. 그에 기초해 나는 역사 지식은 절대적으로 필요하다고 단언한다. 우리는 지침(praecpeta)에서 예시(exempla)를 거쳐 모방(imitatio)에 이르는 3단계 교수법을 추천한 옛 수사학 교사들의 탁월함을 인정해야 한다. 행동양식, 구조적 양식, 문화적-의사소통적 패턴, 규칙에 대한 지식은 연설 능력의 핵심을 이룬다. 또한 역사 연구는 이러한 구조 및 규칙 기반 지식을 습득하는 데 반드시 필요하다.

예를 들어 여러 수사학 논문과 교재의 핵심주제인, 연사의 이상적 자질에 대한 윤곽은 그들이 살았던 각 시대의 지적, 역사적 배경에서 도출된다. 또한 그런 자질은 해당 시대를 주도한 정치체제의 영향을 지대하게 받는다. 따라서 의사소통을 "잘", "성공적"으로 하길 원하는 사람은 역사에서 무엇이 "좋고" "성공적"인 것으로 여겨졌는지를 두루 분석하고 특히 그러한 가치평가의 이유에 집중하는 것이 바람직하다. 역사적 사건을 면밀히 조사함으로써 연사와 수사학자 개개인은 아주 구체적인 맥락조건 하에서 적용된 다양한 문제해결 전략에 민감해지기 때문이다. 뿐만 아니라 수사학 이론을 역사적으로 연구하는 연사는 표준사례들을 체계화할 지식을 갖추게 된다.

이 시점에서 급진적인 사람이라면 현대적 연사를 위한 모델, 사례, 문제해결 전략 및 커뮤니케이션의 규칙 역시 동시대의 경험적 연구에 기반해서만 수집이 가능하다고 주장할지 모른다. 그런 입장이 부분적으로 타당한 이유는 아리스토텔레스가 수사학에서 완전히 배제될 경우 손실이 발생하는가라는 타당한 질문이 얼마든지 제기될 수 있기 때문이다. 이는 달리 말해 오늘날에도 아리스토텔레스 같은 이론가들을 연구할 가치가 있는가라는 질문이다.

이와 같은 비판에 대해 나는 세 가지 논거에 따라 답하겠다. 첫 번째 논거는 지식 경제학에 기반한다. 바로 지금까지 쌓은 숱한 사례연구와 수사학 이론이 도출한 결과들을 무시한 채 그것들을 현시대의 거창한 연구로 대체하는 것은 비능률적이다. 고대로부터 얻은 의사소통에 대한 통찰력과 텍스트 이론들은 단순히 사변적이지 않으며, 경험적으로 수집된 것들이다. 이론은 긴 시간을 거치면서 정치적 실천 속에서 검증이 되어야만 했고, 이 이론들은 오늘날까지도 어느 정도 유효하다. 이제 와서 이미 발명된 바퀴를 새로 발명하려고 하는 것은 대개는 현명한 처사가 아니다. 오히려 그 반대로 역사의 결과에 기반한 현대의 연구는 열린 질문을 명백히 함과 동시에 기존의 통찰력을 현대의 조건에 맞추고자 한다. 예를 들어, 고대는 미디어에 대한 수사적 이론이나 주목할 만한 디미션 이론(즉 공간적이고 시간적 거리 조건 하에서의 수사적 의사소통)을 개발하지 않았다. 이렇듯 공백이 존재하는 경우, 현대 이론은 역사적 수사학이 남긴 틈새를 메워야 한다.

현대 수사학의 역사적 견해에 대한 두 번째 논거는 인식론적이다. 지식에 관한 이론은 글쓰기와 (프린트 미디어와 같이) 신체 밖에 있는 미디어가 발명되어 지식과 학문의 질적 수준이 대대적으로 향상되었다는 점을 간과할 수 없다. 5천 년이 넘도록 시공과 사회적 장벽을 초월해 정보를 문자의 형태로 유포할 수 있게 되었다. 그리고 이때부터 이론들은 거듭 재창조될 필요가 없어졌다. 실제로 선진 문화에서는 이론들을 중복적으로 거듭 개발할 여유가 없다. 자신의 문화 내에 귀한 통찰력을 저장하고 개발할 방법을 만들지 못하는 문화는 지적 활력을 잃는다. 문화, 즉 전 인류는 50년마다 불필요하게 바퀴를 재발명하지 않도록 주요 사상가, 학자, 과학자들의 업적을 보존해야 한다. 물론 이는 우리에게 전수된 모든 종류의 지식에 해당되는 것은 아니며, 우리에게는 단순 추측이나 난해한 생각(정신착란 체계)에 기반한 지식이 아닌 현재에 적용 가능한 지식이 필요하다.

오늘날의 신진 연구원들은 진정 새로운 것에 집중함과 동시에 이전 시대의 위대함을 발판으로 삼아야 한다. 새로운 지식을 만드는 데 가장 좋은 방법은 현재에도 적용 가능한 과거의 지식이 사회에 보존되고 이 지식이 접근 가능하도록 하는 것이다. 따라서 (의사소통과 텍스트학의 특별 학파로서) 철학과 수사학이 플라톤, 아리스토텔레스, 키케로 등의 주요 이론가들의 업적을 보존시켜야 한다. 이 학자들이 수사학 이론에 기여한 바는 여전히 값지다. 한편으로는 경험에 기초한 그들의 의사소통 모델이 오늘날에도 유익하게 사용될 수 있다. 다른 한편으로는 그리고 더 중요한 것은, 그들이 수립한 고도의 철학적, 이론적 기준이 새로운 세대에게도 그들의 저작물들을 가치 있게 한다는 것이다. 그만큼 새로운 세대에게 대인 커뮤니케이션과 텍스트의 기능성에 대한 깊은 통찰력을 제공해주기 때문이다. 즉 그들의 저작물을 잘 읽어내는 현대의 독자는 신선한 자극을 받게 된다.

그럼에도 불구하고 위대한 사상가들이 매력을 유지하려면 그들에게 지나친 역사적, 문헌학적인 의미 부여를 하지 말아야 한다. 옛 이론을 바로 이해해야 하기는 하지만 그 이론들을 새로운 맥락에 맞게 해석하는 용기 역시 필요하다. 고대 이론들을 현대의 사유체계에 통합시킴에 있어 오해와 독특한 해석뿐만 아니라 개인적이고 평가적인 해석도 수용해야 한다. 이런 측면에서 수사학은 역사주의로부터 계획적인 분리를 어느 정도 하는 것이다. 유명한 독일의 역사주의 이론가 레오폴트 랑케(Leopold Ranke)는 이러한 접근법을 다음과 같이 요약했다.

"역사는 과거를 판단하고 다가올 시대의 유익을 위해 현재를 가르치는 임무를 맡아

왔다. 현대의 연구는 과거와 같은 높은 지위를 점하지 않으며 오직 실제로 일어난 일이 무엇인지를 보여주고자 한다."[30]

랑케의 환원주의, 즉 "실제로 무슨 일이 있었나?"라는 질문 뒤에 숨는 그의 태도는 현대의 수사학 연구에 있어 미흡하다. 한편 랑케의 인용문은 평가적이고 교훈적인 요소를 아우르는, 역사에 대한 수용가능한 양면적 접근을 암시한다. 우리는 랑케가 뜻하듯 "실제로 무슨 일이 있었나?"를 살펴야 할 뿐 아니라 "과거를 판단하고" 미래를 위해 "현재를 가르치는" 원칙으로 돌아가야 한다. 이런 접근법을 따르는 수사학 이론가들은 잘 하고 있는 것이다.

수사학에서 역사주의에 관한 세 번째이자 마지막 논거는 방법론적이며, 본 에세이가 앞서 언급한 내용들과 연관된다. 우리의 가설적이고 급진적인 현대인에 반하는 또 다른 논거는 수사학의 역사적 접근이 이룬 구체적인 성과에 단순히 초점을 두는 것이다. 수사학의 역사적 연구를 정당화하는, 순전히 역사적인 세 가지 접근법이 있는데, 이는 모두 메타 구조적 요소들을 다룬다.

첫째, 모델의 차이에 관한 지식과 차이를 고려하는 사고

역사를 통틀어 반복적인 텍스트 유형과 상호작용의 의사소통 모델이 있었으며, 우리는 이를 발견하고 체계화할 수 있다. 차이의 문제가 이러한 체계화에 있어 결정적인 요인이 되는 이유는 역사와의 비교를 통해서만 패턴을 인지할 수 있기 때문이다. 사회적 발전과 변화는 현재와 과거를 비교해 봐야만 알 수가 있어 비교는 항상 역사에 의존한다. 그러한 비교는 고작 20년 된 이론을 언급할 수도 있고 2천 년 된 이론도 얼마든지 언급할 수가 있다. 보다 구체적인 수사학적 의미에서 보자면 역사를 되돌아봄으로써 우리는 친숙한 수사학적 관행과 관행의 체계화에 집중할 수가 있다. 따라서 우리는 다음의 요건들을 연설 능력의 핵심적 요소라고 명시할 수 있다. 바로 '상황에 필요한 것을 만들어내야 한다는 점을 항상 인지하라.', '다양한 수사학적 도구들을 적절히 사용하라.'이다. 역사적 연구는 특정 상황에 유용할 수 있는 다양한 잠재적 모델을 조명하거나 적어도 수사학적 모델을 적절히 사용하는 데 필요한 민감성을 부여할 수 있다.

둘째, 다양한 상황에 관한 지식과 구조적 차이를 고려하는 사고

현 시대의 표준모델만을 활용하는 연사는 좀처럼 성공할 수가 없다. 역사적 사례연구를 통해 연사는 각 상황의 차이가 의사소통의 성공을 가늠하는 데 어떤 중요한 역할을 하는지를 인지하게 된다. 이것이 우발상황에 대한 전략적 협상의 핵심이며 여기서 연설의 창의력이 요구된다. 이때 수사학적 예측이란 미래의 과업에 있어서의 차이를 예측하기 위해 과거에 드러난 차이를 관찰하는 것이다.

셋째, 역동적 힘에 관한 지식과 역동적 구조를 고려하는 사고

수사학의 역사, 특히 수사학 이론의 역사를 연구해보면 수많은 지속성이 존재했음을 분명히 알 수 있다. 때로는 죽은 많은 학술 자료가 역사에 끌려온 것처럼 보이기도 한다. 하지만 이와 동시에 발전, 업그레이드, 차별화 역시 일어났음을 알 수 있다. 예를 들어, 정식 수사 무늬의 경우 『헬레니우스를 위한 수사학(Rhetorica ad Herennium)』에서는 65개가 발견되었는데 후기 르네상스 시대에 이르면서 그 수가 200개로 증가한다. 그리고 바로크 시대에는 칭찬 기술, 결혼식 연설, 행동 수사학(예를 들어 독일의 크니게(Knigge) 수칙) 등 특정 의사소통 상황을 위한 다양한 새 이론들이 개발되었다.

따라서 변화, 발전, 적용은 살아 숨쉬는 수사학의 필수불가결한 요소들이다. 그런 역사적 요소들을 탐색하는 일은 수사학의 특정 역사 연구의 특징이다. 이 논거들과 이 에세이를 통틀어 드러난 요점들은 역사적 연구가 현대의 과학적 수사학에 방법론적, 이론적인 근간을 두고 있음을 보여준다.[31]

3장

연사의 이미지, 위신, 평판과 아리스토텔레스 수사학의 에토스

1. 현대 수사학에서 신뢰의 원천인 연사

수사학에 관한 일반 개념들은 설득의 수사적 과정을 능숙하게 논증하는 능력에 초점을 맞춘다. 이와 달리 근대 수사학의 과학적 이론은 설득행위를 더 다각적으로 다루며, 이는 일부 고대 사상가들의 이론적 접근법을 통해 이미 언급된바 있다. 우리는 이 고대 접근법을 설득의 가장 중요한 현대적 이론 모델 중 하나인 정교화 가능성 모델(Elaboration Likelihood Model; ELM)[1]에서 알 수 있다. 이 모델은 그 이름이 암시하듯, 커뮤니케이터(의사전달자, 예를 들어 구두 연설에서)가 자신의 수신인(청중)으로부터 기대하는 정보처리(프로세싱) 양의 개연성을 다룬다.

이 기본 모델은 화자가 고려해야 할 설득의 두 가지 경로를 주로 합리적 논증을 통한 중심 경로(central route)와 비언어적 방식을 포함해 다른 의사소통 수단과 부수적인 현상을 사용하는 주변 경로(peripheral route)로 구분한다. 그 이름이 암시하는 바와 달리 중심 경로를 통한 설득만 항상 가장 중요한 방식은 아니라는 사실이 다수의 심리학 연구에서 밝혀졌다. ELM의 근간에 대한 최근의 실증연구는 모델의 방법론을 발전시키고 개선했다. 이를 통해 설득의 세 가지 면이 조명되었다.

첫째, 화자의 텍스트와 밀접한 중심 경로의 전통적 요소들인 "설득적 논거"와, "논거의 질"[2], 둘째, 의사소통의 상호작용[3]에 관여하는 모든 주변 상황을 다루는 "메시지 프레이밍"[4]이 있다. 그리고 마지막은 "정보원천의 신뢰성"[5]이며, 이는 주변 경로의 요소이기도 하다. "원천신뢰성"과 그에 상응하는 "원천영향"[6]에 기반한 "원천요인"에 관한 연구들은 고전수사학 이론에서 연설가가 다루어지던 만큼의 중요성을 의사소통에 개입하는 여러 정보 원천들에 부여한다(수사학에서는 연설자를 전체 수사학 체계 내의 '아르키메데스 지점(Archimedean point)'으로 취급함).[7] 이는 주변 경로가 중심 경로 못지않게 중요하다는 말이다.

최근의 연구들은 "전문 정보원"으로부터 "더 강력한 설득"을 얻을 수 있다는, 수사학자들로서는 진부한 결론을 내렸다.[8] 달리 말해 청중들로부터 전문가로 인정받는 발언자(발언의 원천)가 더 설득력을 발휘하기에 유리하다는 말이다.

2. 이미지, 위신, 평판을 구성하는 것들

개인의 이미지, 위신, 평판을 구성하는 절차적 성질들을 찬찬히 따져보면 사회적 맥락에서 수사적 커뮤니케이터의 퍼스널리티가 부각된다. 그리고 연설자의 발언이 전문성과 신뢰성을 갖는 이유에 대해 궁금해 할 수 있다. 이와 같은 의문을 해소하는 데 있어서 발전 개념은 중요한 차원 중 하나다. 현대 수사학 연구에서 존경, 이미지, 위신이나 평판 등의 특성은 절차적 발생 결과로 간주되어 왔다. 즉 연설 청자들이 '이미지', '위신', '평판'의 범주에 속성을 부여할 때 그들은 (이 세 개의 개념에 국한하는 경우) 개개인의 경험으로부터 생성된 관념에 의존한다.

이렇듯 심리적으로 구상된 복잡성과 개인 간 다양한 변수들을 이 세 개의 개념을 사용해 따로 규정할 수 있을까? 그리고 이 세 개념들은 분명히 구분될 수 있을까? 이 주제와 관련된 연구를 보면 대체적인 중론은 이 세 가지가 상호 연관되어 있지만 특정 기준에서는 실제로 구분할 수 있다고 보는 것 같다.

첫째, 사회심리학과 커뮤니케이션학에서 사용되듯 이미지는 기술적(記述的, descriptive)이라는 사실에 특히 주목해야 한다. 이미지는 지시 대상(이 경우, 수사적으로 행동하는 인간)에 대해 양각과 유사한 모델링을 지향하며, 이미지는 대상을 특정하게 정의하는 방향으로 움직인다. 한편, 위신과 평판이라는 개념들은 지시 대상의 긍정적 평가에 의한 판단을 수반한다. 이 구분은 용어학적 차이의 주요 특징으로 사용될 수 있다. 일반적으로 이미지는 (절대적이지는 않지만 대체로) 기술적 용어라고 말할 수 있는 반면, 위신과

평판은 평가적 용어라고 할 수 있지만 아래와 같이 보다 자세히 구분할 수 있고 구분해야 한다.[9]

1) 지시 대상

과학적 용어로 이미지는 사회적으로 관련된 객체나 주체의 광범위한 스펙트럼에 사용되며 모든 종류의 '것'들(인간, 기관, 기업, 기술, 도시, 직업, 동물, 제작물, 제품 등)에 해당한다. 그와 반대로 위신과 평판은 대부분 "의식 있는 행위자, (집합적) 주체"[10]에 한정해 사용된다. 이런 맥락에서 바바라 브렌치코퍼(Barbara Brenzikofer)는 2002년 행동경제학 관련 연구에서 이렇게 언급했다. "평판을 가진 사람으로서 개별 행위자는 여기 사용된 이론적 접근에서 중요한 위치를 차지한다. 이는 사회적 수준에서 관찰된 행적이 방법론적 개인주의에 따라 개개인의 행위로 축소시키는 과학 분야에서 볼 때 전혀 놀라운 사실이 아니다."[11] 막스 베버(Max Weber) 이후 사회학적으로 식별 가능한 반응으로서의 위신 개념은 "특정 개인, 집단 또는 상황에 대해 타인들이 내리는 평가"[12]로 정의되어 왔다.

2) 성격 묘사의 선택과 확장

이미지 구축은 이미지 형성 모델에서 대상이나 주체 개인에 대해 인지가능한 모든 측면을 포괄할 수 있다. 그 결과 나온 "이미지"는 본 장 뒤에서 더 다루겠다. 한편, 위신을 유발하는 기폭제나 촉진제는 대부분 특정 분야에서의 사회적 성공("성공에서 오는"[13])이며 이는 재능과 경쟁력에 기초하며 남들에게 보여줄 특정 "매력"[14]과 관련 있다. 이 요소들은 '찬탄'과 '존경'이라는 사회적 반응을 창출해낸다.[15] '평판'은 성취, 실적, 업적, 우월한 자격이나 경쟁력, (판단의 준거가 되는) 재능으로 자극되거나 촉진된다. (행위자 내에 있는) 이 자질들은 특정 분야에서 행위자의 능력과 경쟁력을 증명하며 타인들이 그 분야에 존재하는 불확실성을 피하도록 돕는다. 이외에 '평판'의 특징으로 신뢰성과 준비성이 있으며 이 두 가지 요소는 리스크를 피하기 위해 관계자들이 항상 고려하는 부분이다. 수신인의 반응을 고려할 때 [화자의] '위신'과 '평판'은 높은 존경심과 매력에 의해 동일한 비중으로 결정된다. 특정 행위자의 평판을 정의하는 것은 특히 사회적(예를 들어, 전문적, 직업적) 영향력('결과')의 영향도 받는다.[16]

3) 가치 기호

우리 맥락 속에서 이미지라는 용어는 사람이나 사물에 대한 특별한 평가적 성질을 담고 있지 않으며 다른 모든 가치 성향과 관련될 수 있다. 따라서 사람들은 긍정적 이미지와 부정적 이미지 모두 말할 수 있거나 손상된 이미지에 대해서도 논할 수 있다. 반면, 학술적 용어로서 '위신'과 '평판'은 중요한 긍정적 평가를 담은 의미상 속성에 의해 부분적으로 정의된다.[17] 사회적 상호작용 맥락을 놓고 볼 때 이들은 종종 인정에 더한 반응이나 "화자의 매력"[18]에 대한 반응과 결부된다.

4) 타당성의 힘과 질서의 기반

'이미지', '위신', '평판'은 물론 궁극적으로 개인적 인상과 판단으로까지 거슬러 올라갈 수 있다. 하지만 위신과 평판은 집단적 발현으로 사회적 영향력을 내보인다. 반면, 이미지 창출은 청중 측에서의 지극히 개인적 반응이라고 할 수 있다. 분명히 이미지의 사회적 힘(예를 들어 대중 연설하는 동안 상황에 따라 집단이 보이는 반응 형태에서)은 집단 합의에 의해 효과적으로 만들어지지만 집단적 합의가 사회학적으로 정의 가능한 정돈된 특정 구조를 이끈다면 이 구조들은 매우 불안정할 것이다. 따라서 '이미지', '위신', '평판'은 정말 차이를 보여주기 위해 사용될 수 있다.

화자 입장에서 '위신'은 "기호들과 위신적 상징들"에 의해 나타날 수 있고 수신인 입장에서 상징적인 사회적 차별화 형태로 기능한다. 이 방식으로 위신은 "사회적 질서 요인"[19]을 구성한다. '위신'의 사회적 요인은 이미지의 그것만큼 정확히 손상되기 쉬운 것은 사실이다. 반면, 질서를 만들어내는 '평판'의 힘은 상당히 더 강하다. 평판이 가진 "'평가 기능' 때문에 평판의 사회적 자원은 사회질서를 설정하고 유지하는 데 중심 역할을 수행하는 속성이 있다." 그것이 주어진 분야에서 전문가 계층의 형성을 허용하기 때문이다. "평판은 사회적 과정의 필수불가결한 부분으로, 개인은 평판을 통해 사회 내에서의 지위와 위치가 주어진다."[20]

5) 타당성의 사회적 영역

의사소통 과정으로부터 탄생한 한 사람 또는 물건의 '이미지'는 개인적인 중요성이 있지만 (매체를 통해) 더 넓은 사회적 조율로 이어질 수도 있다. 따라서 이미지 창조는 사회적 주류부터 개인의 특수 신념까지 스펙트럼이 넓다.

'위신'은 집단과 전체 사회 내에서만 중요성을 드러낼 수 있으며 한 개인의 단일 의견은 사회심리학적 단위로서의 '위신'을 구성할 수 없다. 심리학적으로 볼 때 '위신'은 우선 "주관적 변수인 동시에 사회학은 그것이 구조의 객관적 장점으로서 타당할 것을 요구한다."[21] 심지어 "위계적 사회의 기본 구조"[22]까지 영향을 미친다. 한편, '평판'은 일반적으로 '특별한 사회적 선(善)'[23]으로 이해된다. 이것은 무슨 의미일까? '평판'은 보통 매우 좁게 규정된 집단(예를 들어, 전문가 집단) 내에서 그리고 판단자(관련 당사자)가 더 분명히 규정될 수 있는(예를 들어, 비즈니스에서의 고객이나 협력업자 또는 학계에서의 전문가 동료집단) 사회적 네트워크에서 생성된다.

6) 의사소통 맥락

오늘날 사회과학과 심리학 연구는 '위신'과 '평판'이라는 표현이 의사소통 과정에 배태되어 있으며 고립된 상황에서는 조성되지 않는다는 정서를 광범위하게 공유하고 있다. 이 점은 '이미지'에 그대로 대입하기에는 무리가 있는데 본 장 후반부에서 상세히 다룰 것이다. 여기서는 청중에게 심어줄 '이미지' 창출의 다양한 형태(예를 들어, 완전히 개인적인 경험 맥락 안에서)가 있음을 다시 인정해야 한다. 반대로 현대적 연구는 '평판'을 다루면서 커뮤니케이션에 대한 엄격히 제한 조건을 부과할 준비가 되어 있다. "공중 커뮤니케이션은 평판의 형성과 유지에서 '필수불가결한 조건'이다. 따라서 평판이라는 용어는 공중 커뮤니케이션을 위해 유보된 것, 특히 [기술적] 매체를 통한 커뮤니케이션을 위한 것이다."[24]

7) 시간적 차원

시간이라는 차원은 '이미지'의 창출과 지속, 소멸에 대해 자못 융통성 있어 보인다. '위신'도 비슷하다. 동시에 이 '위신'의 일관성과 비일관성에 관한 학문적 연구, 특히 위신이 한 개인에게 부여되었을 때의 상황 연구들이 존재한다. 브렌치코퍼(Brenzikofer)에 의하면 '위신'은 "상대적으로 강한 변화의 주체"이며 이는 그것이 "위신 소유자와 해석자 간에 지속적으로 갱신되는 상호작용에 의해" 창조되었기 때문이고, "반드시 인정받아야 하는 것"[25]이라고 한다. '평판'의 시간 차원은 더딘 발전과 위험천만한 사태가 발생하는 기간 속에서 형성된다.

> "좋은 평판은 유독 어렵고 지루한 일들로부터 발생한다. 그리고 불행히도 또 하나 분명한 사실은 그렇게 공들여 힘들게 쌓은 평판도 한순간 무너질 수 있다는 것이다."[26]

이런 언급과 더불어 '평판'이 비즈니스 세계에서 한 개인의 결정에 미치는 영향이 고려되는 등, '평판'은 사회의 지속가능성 측면에서도 중요한 요소임을 알 수 있다.

"평판은 긴 기간에 걸쳐 생겨나는 것이고, 그 유용성을 결정짓는 최적화라는 것도 역시 시간들이 흐르면서 만들어지기에, 한마디로 평판은 간-시간적 구성물이라고 할 수 있다."[27]

3. 이미지의 현대적 개념과 아리스토텔레스의 에토스

수사학적 접근법은 항상 '생산이론적' 시각과 '수용이론적' 시각을 분명히 구분한다. 물론 청중의 가능한 반응에 대해 우리가 알 수 있는 모든 것은 연사가 효과적인 연설을 계산하는 데 유용할 것이다. 그러나 수사학적 시각은 연사의 문제에 초점을 맞춘다. 따라서 수사학 이론은 특정 전략과 계산에 기초해 연사가 자신만의 퍼스널리티를 의사소통적 요소로 통합시킬 수 있는지를 주로 묻는다. 이 점을 고려하는 것은 현대 심리학과 사회학이 제공하는 무수한 이론들과 결부되기 쉽다. "문헌으로부터 찾을 수 있는" 거의 모든 "자기묘사와 인상관리 기법들은 개인의 긍정적 이미지 형성과 그 이미지를 청중에게 전달하는 기능과 관련 있다."[28]

이 인상관리 기법을 종합적으로 다루는 연구조사는 한스 디터 무먼디(Hans Dieter Mummendey)가 1995년 펴낸 『자기묘사의 심리학(The Psychology of Self-portrayal)』[29]에서 찾아볼 수 있다. 이 연구에서 다음의 자기묘사 요소들이 탐구되는 것을 알 수 있다. 높은 기준으로 나타내기, 지위 강조하기('직위와 자격 부각'), 경쟁력과 전문성 강조하기('전문지식'), 인기 있고 매력적이며 모범적인 인물로 자신을 묘사하기('예증'), 저명인사나 타인과의 친분관계를 통해 자신의 입지 높이기('후광') 또는 타인들과 자신을 구분하기 위해 이 요소들을 긍정적으로 사용하기('띄우기'). 면대면 의사소통 상황에서는 몸짓 언어나 표정 같은 요소들이 중요한 역할을 수행한다. 때로는 주어진 구체적 환경에 의존하기, 심지어 자존감(자기고양)이나 자신감을 과도하게 내비치기('과장')도 효과적일 수 있다.

이 지점에서 연구는 '자기홍보'를 언급하는데, 목표는 결국 청중에게 자신을 최대한 긍정적으로 묘사하는 데 있다. 수사학적으로 말해 그 전술들은 단지 아부나 아첨이 아니라 의사소통 과정에서 청중이 기대하는 자질, 즉 "지위와 위신, 믿음과 신뢰, 정직과 인간성"[30]을 나타내는 행위다. 사회학자 어빙 고프만(Erving Goffman)은 수많은 사회적 상황에서 우리는 특정 역할 도식을 떠맡거나 특정 역할기대를 실행할 수밖에 없다고 말한다. 그는 우리가 가정하는 사회적 '얼굴'(라틴어로 'personsa 페르소나')을 이야기한다.

"얼굴(face)이라는 용어는 특정 만남 속에서 자신이 떠맡을 것을 타인이 기대함으로써 자신을 효과적으로 주장하는 긍정적인 사회적 가치로 정의될 수 있다"[31]

고프만의 접근법은 페넬로페 브라운(Penelope Brown)과 스테판 레빈슨(Stephen Levinson) 같은 학자들에 의해 발전되었다. 그들은 내적 자기 이미지(적극적 체면)와 외적 자기 이미지(소극적 체면)를 구분했다. 이것은 상황 속에서 가변적이므로 개인적 표현을 자유롭게 진술한다.[32]

고대 그리스 도시국가 시대의 사회상에 대해 명철한 관찰자였던 아리스토텔레스는 위에서 논의한 고려사항들을 자신의 수사학 이론에서 에토스 개념으로 명쾌히 묘사했지만 그가 제기한 이론들을 말하기 전, 고대와 현대 수사학의 원칙들 사이의 접점, 즉 이미지 개념을 분명히 짚고 넘어가야 한다. 이 이미지 개념도 아리스토텔레스의 에토스에 관한 생각을 쉽게 연상할 수 있다. 이전에 언급된 과학적 범주로서의 이미지에 대한 개념 정립은 1955년 버레이 가드너(Burleigh B. Gardner)와 리 레인워터(Lee Rainwater), 1956년 케네스 볼딩(Kenneth E. Boulding)의 연구 이후 미국의 연구 중심으로 잘 발전해왔다. 이 연구들은 구체적인 의사소통 과정에서 우리가 연설자의 수사학적 이미지라고 부를 수 있는 것에 집중했다.[33] 앞 절에서 분명히 서술했듯 이미지라는 용어는 오늘날 사회심리학이나 시장연구 외에 기타 사회과학 분야 전반에서 특정 인물, 집단 또는 사물 등을 나타나는 데 널리 사용되고 있다.[34] 그러나 우리의 관심사는 이 용어가 수사학 이론의 고전과 어떤 점에서 잘 엮일 수 있는가이다. 수사학적 생산이론 관점에서 이미지는 연설자가 의사소통에서(앞에서 말한 인상관리의 일환으로) 청중에게 바치는 제물로, 청자가 받아들이면(또는 부분적으로 받아들이면) 연설자가 그들로부터 특정 반응을 기대할 수 있다는 의미다. 이때 연설자는 그 기대를 고려해 이미지를 계산한다.

경제심리학자 레인홀드 버글러(Reinhold Bergler)는 1991년부터 이미지의 심리학적 개념을 에둘러, 수용이론적 시각을 견지할 때 이런 발생적 이미지 제공을 통해 특정 인식적 반응을 청중들로부터 기대할 수 있는지를 설명했다. 우리는 이렇게 가능한 반응을 '수용적 이미지'라고 부른다.

[수용적] 이미지는 단순화되고 분명하고 평가적인 정신적 이미지(象)로 그 타당성

에 제약이 없고 경험적으로 충분히 보증되지 않는 준(準) 판단이다. 인간 인지와 경험, 사고에 접근할 수 있는 모든 객체, 즉 경치, 국가, 기술, 도시, 직업, 과학, 인간, 동물, 식물, 기후는 항상 이미지로 단순화된다. 이미지(판단)는 보편적 현상이다. 이미지는 현실을 사진에 찍힌 것처럼 세부적으로 드러내는 것이 아니라 중요한 자극이나 대표적 성취, 개인적 성과나 실패 등으로부터 내려진 결론을 대변한다. 첫인상의 심리학이 분명히 드러내듯 이미지는 최소한의 정보에 기초해 신속히 형성된다. 그에 필요한 심리학적 기제들은 대단히 빠른 속도로 작용하며 대부분 사고의 영향을 받지 않고 반사적으로 이루어지는 경우가 많다. 회의론이나 의심, '만약'이나 '그러나'는 용인되지 않는 대신 주관적으로 그럴듯하며 한눈에 알 수 있는 분명한 판단이다.[35]

그에 따르면 청중이 수용적 이미지를 창조하는 데는 다음 네 가지 메커니즘이 있다.

- 복잡성을 몇 가지 핵심자질로 환원하다는 의미에서의 분류를 통한 단순화
- 자신이 납득할 만한 개인적 경험을 통한 일반화
- 현미경으로 찾아내듯 다른 것들을 제외하고 특정 자질을 높이 평가하는 과도 분류- 불확실성으로 인한 미래행위 제약을 줄이기 위해 특별히 가능한 판단의 근본적 편파성[36]

그러나 수사학자들은 이 고려사항들의 상호보완적 측면, 즉 산출된 이미지

에 특히 관심을 가진다. 이 이미지는 표출된 구조, 그리고 의사소통 과정에서 관찰될 수 있는 구조에 대한 관찰을 수반한다. 아리스토텔레스에게 이 구조는 텍스트에서 1차적으로 드러나고 에토스라고 불린다. 에토스는 연설자가 의식적으로 드러내는 성격인데 연설 텍스트 상황에서 발견될 수 있다.[37] 이것을 언급하면서 롤랑 바르트(Roland Barthes)는 얼굴 표정과 목소리 톤을 연설자의 "속성"이라고 말했다. 연설자는 이것을 만들어 텍스트를 통해 실행해야 하고 청중들이 그들의 이미지 창조의 수용적 힘을 펼치기 전에 청중들에게 "보여주어야" 한다.[38]

왜 이 요소들이 필요할까? 논리적 논증 힘만으로는 부족한가? 아리스토텔레스도 이런 의문을 제기했고 그는 당대 다른 수사학 교사들과의 관계에서 분명한 입장을 고수했다. "수사학 교본을 쓴 일부 저술가들이 주장하듯 연설가가 드러내는 진가(epieikeia 공정 유연성)는 그의 설득력에 전혀 기여하지 않는다는 것은 사실이 아니다. 반대로 도덕적 성격(ethos)은 가장 효과적인 입증 수단이라고 할 수 있다."[39] 이렇듯 아리스토텔레스는 오늘날 우리가 '생산된 이미지' 개념 안에 포함시킨 자기묘사라는 수사학적 요소의 중요성에 대해 추호의 의심도 품지 않았다.[40]

어째서 그런가? 아리스토텔레스는 수사학적 의사소통의 특별한 속성에서 그 답을 찾았다.[41] 특정 상호작용이 수사학적 의사소통으로 간주될 수 있다면 그 의사소통 참여자들 사이에는(비대칭적 조건인) 심리적 차이가 반드시 있을 것이다. 어떤 것은 논쟁 중이어서 모순되는 판단이 있을 수 있다.[42] 수사학적 노력은 이 중 어느 한 방향이나 다른 방향으로의 결정을 끌어내기 위해 즉 의견이나 태도, 행태를 변화시키는 데 반드시 필요하다. 그래서 아리스토텔레스는 그의 『수사학(Art of Rhetoric)』 2권의 시작을 이미지 구축을 위한 다음의 변(辨)으로 시작한다.

> 그러나 수사학의 목표는 판단이다. 심의를 위한 수사에도 판단이 표명되며, 사법절차상 판결도 판단이다. 연설가는 자신의 연설을 과시하고 설득력 있게 보이도록 노력할 뿐만 아니라 자신의 성격도 보여주어야 하고 판단 주체를 특정 심적 틀 안에 넣는 법도 알고 있어야 한다."[43]

따라서 수사학적 상황에서 청중은 어떤 방식으로든 합리적 논증을 위한 추가 준비가 되어 있어야 한다. 이성적인 논증만으로는 모든 상황을 만족시킬 수 없다는 것이 분명하므로 때로는 의사소통적 틀(프레이밍 framing)을 요구하는데, 이 프레임은 창의적 이해를 돕는 추가층을 이룬다. 의사소통 연구에서 틀(프레임)은 "대중매체에서 다루는 주제들을 해석하는 패턴"으로 이해된다. 이 틀은 어스 다힌든(Urs Dahinden)이 "이 주제들과 다른 일반적인 해석 패턴으로서 타 주제로의 전환이 가능한 것"[44]이라고 다소 거칠게 언급했다. 이런 점으로 미루어 연설자에 대한 긍정적, 부정적 평가는 어떻게든 그의 이미지에 기초한 것이고 이 이미지는 청중에게 그에 대한 프레임으로 작용해 연설자의 논거를 이해하는 방향타가 될 수 있다.

수사학적 상황에서 순수하게 합리적인 논증만으로는 왜 부족할까? 이것은 아리스토텔레스가 말했던 수사학이 작용하는 구체적 의사소통 상황은 삼단논법과 같이 필연적으로 자명한 증명보다 순전히 개연적 전제에 기반한 개연적 입증을 다루는 장소(의회나 법정)에서 일어나기 때문이다. 이런 상황에서는 의사소통 참여자들의 합의도출(consensus)이 선행되어야 한다. (마틴 하이데거 Martin Heidegger가 해석한) 아리스토텔레스에 따르면 이 의사소통 상황의 주제는 "으레 항상 심의 대상"[45]이다. 하이데거는 아리스토텔레스의 수사학을 기술하면서 다음과 같이 부연했다.

> 이 때문에 대화 주제에 대한 분명하고 구체적인 방향이 존재한다. 그것이 […] 명확한 관점을 일궈낼 목적으로 일반적인 관점과 상반되는 일반적인 의견을 취하는 한, '통념(endoxon)'[의견 opinion], 이것은 토론(dialegesthai)[과학적 토의] 영역 밖이다.[46] 그 담론 안에서 특정 목표를 가진 것으로 생각되는 화자와 그가 말을 전하는 청자는 근본적으로 중요하다. 한편, 과학적 논증(dialegestahi)에서는 누가 말하는지, 나는 누구인지, 어떤 역할을 하는지에 대해 다소 무관심하다. 앞에서 언급된 의미를 말할 때 화자의 '에토스(ethos)'와 화자의 말을 듣는 청자의 '파토스(pathos)'가 관련 있다. 이 두 가지 결정요소들은 화자의 '의견(doxa)'[opinion]이 바탕으로 하는 태도와 방식에 기반하며 그가 그 관점을 청중에게 전달할 때 그 관점에 존경심을 담아내 전해지는 행동방식에 기반한다.[47]

따라서 결국 "연설자와 청중이 의사소통 안에서 그들의 의견을 스스로 어떻게 이끌어나가는지"[48]에 관한 것이다. 에토스, 즉 이미지 구축의 중요성은 사회생활의 수사학적 논쟁 과정에서 많은 의견들의 토대가 불확실할 때 부각된다. 이미지는 의사소통할 때 보장과 판단의 특별한 요소를 제공한다. 하이데거는 아리스토텔레스의 『수사학』에서 그와 연관된 부분을 다음과 같이 해석한다.

우리가 확실한 시각을 갖고 있다면 우리는 대부분 좋은 인상을 주는 '품위 있는 사람'을 빨리 믿는다. 사안이 논란의 소지가 있고 논쟁이 이런저런 면에서 모두 논거를 찾을 수 있고 사안이 불확실할 때 특히 그렇다. 그때는 화자 스스로 내보이는 태도와 방식이 유일한 해결책이다.[49]

똑같은 구절을 프리스(Freese)는 이렇게 번역했다.

연설자는 신뢰를 불러일으키는 태도로 연설할 때 도덕적 성격으로 설득하는 것이다. 우리는 대체로 모든 일에서 가치 있는 사람에게 훨씬 더 큰 신뢰를 보내고 기꺼이 그를 믿기 때문이다. 하지만 불확실하고 의심의 여지가 있는 곳에서도 우리의 확신은 절대적이다.

연설자가 텍스트를 전달하는 도중 잠깐 순간에도 청중은 논증을 받아들이기 위해(위에서 언급했듯 프레임을 통해 제공되는) 부가 지표와 추가 정보, 추가 증거를 필요로 한다. 이미 나타나고 있거나 제공된 행위자의 성격에 대한 이미지나 그들(실제 '전달자') 뒤에 선 1차 연설자의 이미지는 그들이 만들어낸 화용적 상황 속을 바라보는 통찰력을 제공한다. 그것이 내용에서 경쟁력이 있는지 아니면 그것이 청중에게 중요하고 관련된 것을 논하는 것인지에 대한 통찰 말이다.[50] 아리스토텔레스는 이것은 분명하게 표현하였다.

"설득수단은 증거를 보여주는 논증뿐만 아니라 윤리적 논증으로도 만들어진다. 우리는 특정 자질, 즉 선량함과 호의 또는 이 둘을 모두 보여주는 연설자를 신뢰하기 때문이다."[51]

4. 연설 순간의 수사학적 에토스

현대 수사학은 수사학적 개입의 절차적 특성을 분명히 인지하고 있다.[52] 그러나 이 점에서 고대 수사학과 비교할 때 분명한 차이점이 있다. 고대 수사학 개념은 그 초점이 절대적으로 특정 시간에 일어나고 상황적이며 구두연설에 국한되어 있다는 점이다. 물론 기원전 4세기 경 발전한 일부 수사학 이론들은 플라톤의 『파이드로스(Phaedrus)』나 알키다마스(Alcidamas)의 저작[53]에서 볼 수 있듯이 훨씬 더 나아간 것이었다. 이 두 저작은 사건의 순간에 준비하지 않고 즉석에서 행하는 연설을 수사학의 진정한 작업활동으로 보았다.

우리는 여기에 플라톤이 『파이드로스』에서 밝힌, 글쓰기의 무가치성에 대해 유명한 그의 이론적 설명을 덧붙일 수 있을 것이다.[54] 의사소통과 수사학의 역사적 관점에서 면대면 상황의 독창성이 이토록 중시되었다는 것은 분명히 흥미로운 점이다. 기본적인 "상황적" 배경의 구조적 조건은 모든 의사소통 참여자가 공간상 근접하는 것으로, 면대면 상호작용할 정도로 물리적으로 가까움을 의미한다. 이는 심리학적, 인지학적, 문자와 미디어 관련 이론 등 넓은 범위에서 시사점을 가진다. 아리스토텔레스식 에토스 개념을 예로 들면, 그 상황은 연설자가 반드시 그 순간 그의 이미지를 향상시킬 요소를 준비해 제공할 것을 요구한다. 아리스토텔레스는 수사학적 효율성에 대한 계산은 그 수사학적 효과가 이루어진 시간, 장소와 관련 있음을 분명히 하였다. 아리스토텔레스의 유명한 시학 이론에서 드러나는 시간, 장소, 행위의 통일도 이와 들어맞는다.[55] 여기서 의사소통 행위란 자연스럽게 고대 수사학 이론에서 텍스트 생산자와 수행자 둘 다로 항상 다루어진 연설자 개념과 결부된다.[56] 그러나 아리스토텔레스는 절대로 연설문을 사전에 작성하거나 준비하지 말라고 주장한 알키다마스만큼 멀리 나아가진 않았다. 아리스토텔레스는 연설에 사용될 텍스트를 사전에 준비해 연설자들이 우발적인 상황에 노출되지 않도록 하였다. 그는 수사학을 구체적 의사소통 상황에 적용될 수 있는 명시적 지식으로 이루어진 기술(techne)이라고 믿었으며 이 지식은 훗날 소피스트와 로마시대 이론가들로부터 발견할 수 있는 수사학 기술들과 미약하나마 관련 있다. 아리스토텔레스는 자신의 수사학 연구에서 논증과 설득의 맥락에서 수사학적으로 관련된 기본 요인들을 최초로 파악하고 체계화했다. 바로 로고스(Logos)와 에토스(Ethos), 파토스(Pathos)이다.

일반적으로 구술로 제시될 연설 텍스트인 로고스는 특히 중요하게 다루어졌다. 로고스 내부에서 구조가 반드시 세워져야 하는데, 이 구조는 청중의 인식과 인지적 한계가 고려된 것이어야 한다. 텍스트가 사전에 준비되었더라도 비지속적인 단일선상의 시간 흐름과 논리적 논증 순서를 구술 연설 텍스트[57] 안에 담아내기 위해서는 청자의 순간적인 인지 가능 범위 내에서 전달되도록 로고스를 조정해야 한다. 그래서 논증이 삼단논법(syllogism)의 수사학적 자매인, 엔튀메마(enthymeme 수사적 삼단논법 - 특별히 주어진 상황에 맞고 개연적인 전제로만 이루어져 있음)에 기반하면 로고스가 충족된 것으로 간주되고 구체적인 연설은 그럴 듯한 것이 된다. 아리스토텔레스는 물론 로고스에 이어 다른 논증적 요소인 에토스와 파토스를 이용한 상황 조율을 구상하였다.[58]

에토스의 중요성은 우선 그것이 설득적 맥락에서 주요 증거로 기능한다는 점이다. 타 요소들과 마찬가지로 에토스는 연설 텍스트 자체만으로도 발현되는데, 이것은 에토스가 로고스 내에서 발견되어야 한다는 것이다. 위에 나열된 세 가지 형태의 증거 중 에토스는 아리스토텔레스의 수사학 연구 작업 1단계에서 발견됨에 따라 위계적으로 중요한 위치를 차지한다.

"이제 연설의 다음 세 가지 요소에 의해 보완되면 입증(pisteis)이 완료된다. 첫 번째는 화자의 도덕적 성격('에토스')에 달려있으며 두 번째는 청자에게 일정한 심리적 틀(파토스)을 제공하는 것이고 세 번째는 증명되었거나 증명된 것처럼 보이는 한에서 연설 자체(로고스)에 있다."[59]

그러나 아리스토텔레스의 수사학 저술에서 에토스가 맨 먼저 대두되었음에도 불구하고 그 관련 주제를 다룬 그의 두 번째 책에서의 언급은 매우 간결하다. 이런 이유로 에토스 개념은 현대 들어 추가된 사고와 발전이 필요한데 이는 에토스가 현대의 인상관리와 이미지 관련 이론의 근간을 제공하기 때문이다. 1970년 프랑스 기호학자 롤랑 바르트는 '옛날 수사학(The Old Rhetoric)'에 관한 저서에서 에토스에 관한 고찰을 다음과 같이 정리하였다.

에토스는 연설자의 특성이지 청자로서 대중이 갖는 특성(파토스)은 아니다. 이것은

(그의 진실성과 무관하게) 연설자가 좋은 인상을 전하기 위해 대중에게 보여주어야 하는 기질이며 그의 분위기, 자질, 표현 등이 해당한다. 따라서 여기서는 표현심리학적 의문이 제기될 수 없는데 정신분석학적으로 이것은 가상심리학(Psychology of Imaginary)이다. 여기서 가상이란 이미지 레퍼토리다. 나는 타인에게 내가 되고자 하는 바를 보여줘야 한다. 바로 이 점이(연극심리학적 관점에서) 그의 성격보다 그의 톤(tone)을 더 중요하게 다루어야 하는 이유다. 톤은 고대 그리스 음악에서 음악적 개념과 도덕적 개념으로 동시에 다루어졌다. 에토스는 분명히 암시다. 연설자는 자신이 어떤 사람이고 어떤 사람이 아니라는 말과 함께 동시에 자신에 대한 정보의 한 조각을 제공하는 것이다.[60]

연설자가 연단을 차지하고 그의 텍스트가 시연되는 가운데 필연적으로 여러 일들이 동시에 발생한다.

우리는 이런 현상의 고찰을 상호작용의 3중계산법에 따른 '3중 발언' 개념 아래 현대 수사학 이론에 포함하려고 한다. 상황적 조건하에서 우리는 동시다발적 혹은 다인성의 상호작용의 필요성을 전제하고 연설자의 의사소통 개입 부분을 늘려야 한다. 아리스토텔레스는 그 필요성에 입각해 연설자의 주요 전달 매체인 텍스트에 대해 로고스 안의 세 가지 의미계층을 분명히 구분하였다.
첫 번째는 주제와 관련된 순수한 논증의 '논리적 단계'로 단순 정보 교환이 아니라 주로 수사적 논증 개념에 따라 설득력을 갖춘 관련 증거들을 다룬다(논리적 차원). 두 번째는 호의적으로 논거를 받아들일 준비를 하는 감정 상태(감성적 차원)를 즉시 불러일으킨다(정서적 차원). 세 번째로 연설을 수행하는 연설자의 특정 이미지

(에토스)를 즉각적으로 만들어 연설가의 논증에 호의적인 조건을 부여한다. 이것은 텍스트를 만들어 수행하는 연설자의 성격상 특질이 청자들 사이에서 잘 일어나도록 돕는다(원천 차원).[61]

각 단계는 아리스토텔레스의 신념을 대변한다. 즉 각각 설득, 증명, 입증 방법을 의미한다.[62] 이 방법들은 텍스트 내에서 동시어 발현할 수 있으며 각각 강조 정도가 다르게 주어지거나 독립적으로 작용할 수도 있다. 연설자가 자신의 개인적 특성을 바탕으로 특별한 연설을 기획한다면, 자기 이미지에 집중하는 자기표현적 연설은 이성적인 증명으로 채워지면 안 된다. 아리스토텔레스는 이에 대해 다음과 같이 말했다.

"자기 개인의 성격을 말할 때 수사적 삼단논법(enthymeme)을 동시에 사용하면 안 된다. 입증할 때는 성격(ethos)도 내면의 다짐[도덕즈 의도]도 관여해서는 안 되기 때문이다."[63]

5. 수사학적 협력 신호로서 에토스

아리스토텔레스에게 있어, 보통의 연설의 실행조건에서 결정적인 것은, 에토스와 파토스(이미지와 감정 요소)로 이성적 논증을 뒷받침하는 일이다. 청중은 구두로 전달되는 텍스트가 빠르게 이어져 진행될 경우, 때로(별도의 도움이 없으면) 연설자가 제공하는 정보를 이해하고, 개괄적으로 파악하기 힘들어, 그 안에 담긴 사실이나 내용들을 항상 분명하게 개관하고 검증할 수 없다. 그럼에도 불구하고 청중은 달리 증명되기 전까지는 연설자의 신뢰성을 가정하고 자신의 믿음을 유지하려고 노력한다. 이렇게 함으로써 청중은 그라이스의 격률이 적용되는 표준 의사소통 프레임에 맞춰지게 된다. 그라이스 원칙은 뒤에서 더 다루겠다.[64]

독일 언어학자 한스 위르겐 헤링거(Hans Jürgen Heringer)는 그라이스의 연구를 토대로 이런 청중 대응이 근본적으로 심리학적으로 일반적인 의사소통 과정에서 사람들이 기대하는 협력원칙과 연결된 것으로 보았다. 그가 말하는 의사소통은 "일반적으로 협력적 과제"인데 그 이유는 다음과 같다.

> 말하거나 글 쓰는 사람은 듣거나 읽는 사람들이 자신을 이해해주길 바라는 한편, 듣거나 읽는 사람들도 실제로 그들을 이해하길 원하므로 협력원칙은 양자가 서로 이해하는 데 반드시 거쳐야 하는 공동행위에서 발견된다. 기본적인 의사소통 과정이 모든 의사소통 프레임 중 맨 바깥을 구성하고 이 프레임 내부에 한정해 경쟁이 허용된다. 내가 누군가와 효과적으로 논의하거나 말로 논쟁하려면 상대방이 나를 이해해야 하고 같은 맥락에서 나는 전반적으로 그를 이해하는 것처럼 행동할 것이다. 이 과정은 내가 협력원칙을 따르도록 할 것이다.
> 심지어 거짓말쟁이도 이 원칙에 따른다. 그도 거짓말을 듣는 사람이 이해할 수 있는 무엇인가를 말하기 때문이다. 그리고 실제로 그는 심지어 자신의 발화를 자기의 피해자에게 맞출 것인데, 자기 거짓말이 확실히 그럴듯하게 들리기를 원하기 때문이다. 의사소통은 협조적 목표 설정과 경쟁적 목표 설정의 상호작용이다. 다만 그 바깥 경계는 서로 공유하는 규약과 지식으로 구성된 협력이 차지하고 있다.[65]

헤링거가 밝힌 이 거짓말 리스크에 의해 한편으로 실수나 앞뒤가 안 맞는 넌센스와 오류들이 어느 텍스트에서든 발견될 수 있으므로 청중은 반드시 텍스트나 논증 바깥에서 그 진의와 관련해 최소한의 안심(협력에 대한 기대)을 선사할 다른 지표를 찾아내야 한다. 연설자의 이미지가 그중 하나인데 화자에 대한 신뢰를 구축하는 수단(삶을 살아가며 갈고 닦아나가는)으로서 기능한다. 이 방법은 우리가 미심쩍은 의사소통 상황에서 협력원칙을 얼마나 이행해야 할지 모를 때 자동적으로 사용하는 것이다.

"인간의 의사소통 격률은 놀랄 만큼 뒤늦게 발견되었다. 서로 다른 문화권에서 그와 유사한 통찰이 격언에 담겨 전해져왔지만 그 반대 상황을 얼마든지 경험할 수 있었기 때문이다."[66]

체계화된 일련의 의사소통 원칙은 1967년 그라이스에 의해 처음 세워졌다.[67]

"그의 기능적 관점은 인간 의사소통 원칙들의 가치를 규명하였다. 그라이스는 다른 형태의 의사소통이 있을 것이라는 사실을 인정했지만 인간의 의사소통은 이성적이고 협조적으로 이루어진다는 가정에서 출발했다."[68]

그라이스에게 협력원칙은 매우 근본적인 것이었다. 서로 합의된 대화의 목적이나 방향에 부합하도록 기여하는 것이 대화의 기본이라고 본 것이다.[69]

이 핵심 원리로부터 그라이스는 다음 4가지 원칙을 끌어냈다.

- 양(Quantity): 정보를 제공하라! "필요한 만큼의 유용한 정보를 제공해"

모자라거나 과하지 않게 말하라.
- 질(Quality): 정직하라! 스스로 사실이라고 믿을 이유가 없거나 "스스로 거짓이라고 믿는 사항에 대해" 말하지 말라.
- 관계(Relation): 관련된 것을 말하라! 상대방이 진정 중요하다고 생각할 것만 말하라.
- 방식(Manner): 명료하게 말하라! 변덕스럽게 말하지 말고 충분히 이해되도록 간단하고 잘 짜인 형태로 말하라.

헤링거에 의하면 "1~3번 원칙은 무엇을 말하는가에 맞춰져 있다면 네번째 원칙은 어떻게 말할지를 나타내고 있다."[70] 특히 수사학적 설득 경쟁을 시작해야 하는 지점에서 다음과 같을 수 도 있다.

"그라이스가 협력원칙을 위 원칙들의 근간으로 삼았으며 심지어 그 협력이 합리적이라고 천명했다는 사실이 놀라운 것일지도 모른다. 너무 안일하거나 원래부터 우리의 의사소통이 갈등과 속임수, 기만을 비롯한 경쟁으로 가득 찼던 건 아닐까? 이에 대해서는 다음 두 가지를 고려해야 한다.
(i) 인간의 협력은 진화론적으로 안정된 전략으로 발전해왔으므로 우리는 이를 원칙적으로 경쟁보다 우월한 전략이라고 말할 수 있다.
(ii) 언어적 행위, 즉 대화는 협력적이어도, 경쟁적이어도 안 된다. 판단의 서로 다른 수준에서 일 수는 있지만 양쪽 모두가 될 수 있다."[71]

이에 관해 노골적으로 명시하진 않았지만 아리스토텔레스도 수사학적 경쟁과 근본적인 의사소통의 협력관계를 가정하였다. 그의 에토스 이론은 이 배경을 살펴보아야 한다. 그는 에토스를 고려하면서 이미지를 생산적으로 구성하는 세 가지 요소를 알아냈다. 각 요소들은 부족할 경우 협력원칙을 뒤흔들 수 있는 것들이다.[72]

하이데거는 이 세 가지 요소를 다음과 같이 설명하였다.
- 신중함(phronesis 현명함)은 '주변 살펴보기'로, 연설자는 그의 이야기에서 주변 상황을 살펴보는 자로 표방되어야 한다.
- 우수함(arete 탁월함)은 '진중함'으로 종전에 성실함(spoudaios)으로 설명되었다.
- 선의(eunoia 호의)는 '선한 자질', '선한 의지'를 뜻한다.[73]

이 세 가지 요소를 고려해 실제로 연설에 반영할 수 있는 연설자는 "진정한 신뢰를 얻을 것이며 그 자신이 바로 그가 말한 내용, 즉 그의 로고스에 대한 입증(pistis) 수단이 될 것이다"[74]

이미지의 이 세 가지 요소는 한편으로 그라이스의 원칙에도 반영되어 있는데 하이데거의 표현을 빌려 이 원칙들을 아리스토텔레스의 개념들과 묶을 수 있다.

첫째, 전문지식

"연설자는 담론에서 자신이 말하는 사안에 대해 적합한 관점을 지닌 자로 드러날 수 있고 […] 그가 전하는 관점은 […] 그 문제가 진정 무엇인가로 향한다."[75] 이미지의 이와 같은 측면은 그라이스의 첫 번째 원칙인 정보의 원칙과 직접 연관될 수 있다. 이 기능은 그 분야에 경쟁력 있는 자를 통해 이루어진 서술의 정확성을 보장하는 것이다.

둘째, 성실로 표현되는 진실성

연설자가 말하는 모든 것은 그가 가진 최고의 지식과 양심에 바탕하며 "그 자신에게 확실한 것이어야 하며, 그가 가진 시각을 드러내주는 것이어야 한다." 그 스스로 입지나 사안에 대한 관점을 숨기려고 하지 않고 뒤로 물러나지도 않으며 "그가 청중에게 말하는 것"에 대해 스스로 "진지함"을 분명히 드러낸다.[76] 이 이미지 측면은 그라이스의 두 번째 원칙인 진실성의 원칙과 연결될 수 있다. 그 기능은 잠재적인 의심을 받는 사안에 진정성을 불어넣어 진실을 입증하는 것이다.

셋째, 청중을 향한 격식과 긍정적 태도

"연설자는 조언을 하는 상황에서 청중을 완전히 휘어잡을 가장 결정적인 기회와 가능성을 버리고 싶지 않을 것이다."[77] 그는 선한 의지를 의사소통 참여자에게 표현해 상대방으로부터 공감과 교감을 받길 기대한다. 그 자신이 사람들의 일에 관심을 가지며 그들에게 헌신하고 최선을 전하고 싶을 뿐임을 분명히 한다.[78] 이 부분에서 그라이스의 세 번째 연관성 원칙을 발견할 수 있다. 자애로운 연설자는 청중들에게 관련 있고 그들에게 중요한 이야기만 할 것임을 알린다. 따라서 이 이미지 측면의 기능은 정서적 호소를 통해 주제정보를 수용가능한 것으로 만드는 것이다.

이 세 가지 분류로 연설자가 수사학적 상황에서 반드시 염두에 둘 의사소통을 계산하고 전달하는 3중 전략이 명백히 밝혀졌다. 설득적 텍스트가 경쟁력을 높이고 모든 가용수단을 동원해 의견을 조정하는 동안, 이미지 구축은 협력관계를 강조해야 한다. 그렇게 함으로써 논증을 원하는 방향으로 제시해야 한다. 이 과정은 파토스 효과로 강화될 수도 있다.

로고스 내 논증 단계는 대단히 전투적이고 부담스러울 수 있지만 그 원천인 연설자는 상당히 구체적인 논증 구조를 갖춘 자로 인지되어야 한다. 이는 청중이 가진, 텍스트 원천으로서의 연설자라는 "이미지" 개념에 의해 확립되는데, 이 개념의 중심에 바로 협력원칙이 있다. 이미지는 청중에게 주어진 심리적 지원으로 작용한다. 텍스트 내용이나 논증이 자신과 대립하거나 자신이 원래 믿던 바를 제거하고 심리적 변화를 추구하게 하더라도 연설자에 대한 이미지로 형성된 프레임은 연설자가 당신과 협력하기를 원한다는 사실을 알림으로써 그 대립과 변화로부터 오는 두려움을 가라앉혀 줄 것이다. 이것이야말로 설득 기제인 것이 분명하다.[79]

4장

언어인가, 수사학인가?

───────────

이번 장의 제목과 같은 이분법은 실제로 존재하지 않는다. 그럼에도 필자가 이런 제목을 붙인 것은 [양자간의] 중요한 차이가 있다는 사실에 관심을 끌게 하기 위해서다. 학문적 범주에는 명료하게 정의된 용어와 명확히 정의된 연구 분야가 있어야 하지만 '언어'와 '수사학'이라는 용어는 대부분 부정확하게 사용된다. 학문적 의미와 일상적 의미가 혼용되는 사례가 그만큼 빈번한 것이다.

    생존 중인 학자들과 작고한 학자들로 구성된 아주 특별한 탐험대와 탐험을 떠난다고 상상해보자. 탐험 도중 모르는 섬을 발견한 탐험대는 섬의 고유문화를 처음 접하게 된다. 이것은 모든 인류학자가 꿈꾸는 상황이다. 탐험대는 미지의 섬의 시장 모습을 담은 영상을 녹화한 후 이를 근거로 섬의 문화 보고서를 작성해 유네스코에 제출하려고 한다. 섬의 생태와 문화체계가 외부 영향을 받지 않고 발전하도록, 우리 탐험대 이후로는 그 누구에게도 섬

출입이 허용되지 않을 예정이다.

영상에는 어떤 모습과 소리가 담겼을까? 북적대는 시장의 다채로운 모습 등 카메라는 여러 장면을 확대해 보여준다. 첫 번째 장면에서는 바람이 불어 좌판을 가득 메운 나무통들이 땅에 떨어진다. 지나가던 행인 여럿이 말없이 나무통을 주워 상인을 도와 제자리에 올려놓는 친절을 베푼다. 두 번째 장면에서는 한 무리의 여성들이 옷 한 벌을 두고 시끄럽게 흥정하는 듯하다. 세 번째 장면에서는 한 상인이 멜론을 홍보한다. 사람들이 바로 옆 가게는 외면한 채 유독 그 상인의 멜론만 사는 모습도 보인다. 네 번째 장면은 둘러앉아 대화를 나누는 듯한 남성의 무리를 담고 있다. 마지막으로 다섯 번째 장면에서는 행인들에게 연설하는 남성 하나가 보인다. 행인들은 가던 길을 계속 가거나 멈추어 선다. 몇몇은 그의 말에 동의하는 듯 고개를 끄덕이고, 다른 몇몇은 동의하지 않는다는 신호를 보낸다. 연설하는 남성은 손을 흔들다가 가만히 서있기도 하는데, 그 와중에도 계속 소리를 낸다. 그는 자리에 앉아 웅크리더니 팔짱을 낀 채 고개를 떨군다. 얼마 후 다시 일어나 하늘을 향해 손을 든다. 소리는 한순간도 멈추지 않는다. 다시 자리에 앉아 울더니 제스처는 점점 차분해지고 마지막에는 웃는다. 이 과정에서 그는 때로는 시끄럽게, 때로는 조용하게 쉬지 않고 계속 말을 이어간다. 그러다가 갑자기 시장에서 자리를 뜨는데 연설을 듣던 다수가 그를 쫓아간다. 그 후의 상황은 영상에서 보이지 않는다.

영상은 그 밖의 모습도 담고 있지만, 방금 묘사한 5개 장면에 집중하도록 하자. 주어진 짧은 시간 안에 보고서를 최대한 신속히 작성하려면 탐험대원들은 각자 이들 장면 중 한 가지 면에만 집중해야 한다. 다소 난처한 상황인 것이 다양한 영역에서 관찰할 수 있는데 하나만을 택해야 하기 때문이다. 결국 대원들의 최종 판단은 무엇에 집중하기로 정했는가에 달려 있다. 우선 관찰 대상 장면을 하나 정하고 연구의 이론적 초점을 정한 후, 관찰에 집중해야 한다. 각자 흩어져 연구에 착수하기 전, 탐험대원들은 서로 다른 관심사와 관점에 대해 대화를 시작한다.

탐험대장을 맡은 클로드 레비스트로스(Claude Lévi-Strauss)가 먼저 자신의 목표를 밝힌다. "저는 네 번째 장면에 등장하는 사람들의 행동을 관찰하고, 대화 과정에 어떤 의례적 규칙성이 있는지 살펴보고 싶습니다. 이를 위해 사람들의 제스처와 전반적인 행동을 관찰할 겁니다."

마가렛 미드(Margaret Mead)도 입을 연다. "저는 첫 장면에서 떨어진 그릇을 줍는 남성과 여성의 상호작용을 관찰하려고 합니다. 행동 관찰만으로 성별 간의 위계가 존재한다고 볼 수 있는지 알아보고 싶습니다."

움베르토 에코(Umberto Eco)는 지금까지 시장에 알려진 문어적, 회화적 표상과 유사한 기호학적 코드가 부재해 보인다는 점에 집중하고자 한다. "언뜻 보면 관습적 코드가 전혀 없는 것 같습니다." 칼 융(C. G. Jung)과 아비 바르부르크(Aby M. Warburg)는 이에 의문을 품는다. 그들은 다른 문화권에서 인식되는 상징, 예를 들어 뱀의 상징과 같은 것이 존재하는지를 고찰하고자 한다.

막스 베버(Max Weber)가 말한다. "시간 여유가 없으니 사회학자로서 첫 번째 장면에 등장하는 인물들의 행동과 상호작용이 '일(work)'로 해석될 수 있는지에 관해서만 살펴보겠습니다."

한동안 이런 식으로 대화가 진행되다가 멈춘다. 다음으로 탐험대의 두 번째 그룹 일원들이 주저하다 입을 열기 시작한다. 스테판 타일러(Stephen Tyler)가 먼저 나선다. "저는 네 번째, 다섯 번째 장면에서 이야기가 나타나는지, 나타난다면 어떻게 구조화되며 정형화된 패턴이 적용되는지 알아보고 싶습니다." 레비스트로스와 클리포드 기어츠(Clifford Geertz)가 이에 관심을 표한다. 레비스트로스가 말한다. "제가 매우 중시하는 부분은 이야기의 특정 콘텐츠입니다. 그것이 신화인지, 날것과 조리된 것의 대비와 같은 이항대립이 등장하는지 말입니다."[1]

역시 두 번째 그룹의 대원인 한스 큉(Hans Küng)이 말한다. "'세계윤리'라는 저의 원대한 프로젝트를 위해서는 네 번째, 다섯 번째 장면에서 다른 문화 간 비교 가능한 윤리적 원리가 드러나는지를 파악하는 것이 중요합니다."

두 번째 그룹이 밝힌 관심사는 대체로 첫 번째 그룹 일원들의 동의를 얻는다. 잠시 후 레비스트로스가 묻는다. "여러분은 왜 자신의 생각을 바로 말하지 않았나요? 왜 말하기를 주저한 거죠?"

스테판 타일러가 답한다. "첫 그룹의 분들은 시장에 나온 사람들의 행동, 환경 현상, 문화적 상징을 관찰할 수 있겠네요. 우리가 익히 아는 세계문명과 자신이 관찰한 것을 비교해 분류와 설명을 시도할 수도 있죠. 하지만 우리의 관찰은 제한적일 수밖에 없습니다. 우리의 학문적 연구대상인 섬 주민들의 공식, 내레이션, 신화, 윤리에 다가갈 관문이 없기 때문입니다." 누군가 혼란스러워하며 묻는다. "관문은 무슨 뜻입니까?" 타일러가 답한다. "언어죠! 우리에게 텍스트 형태로 나타나는 학문적 대상을 '관찰'하고 분석하려면 먼저 언어라는 문을 통과해야 합니다. 그런데 그 문이 우리에게 닫혀 있습니다.

타일러의 대답에 탐험대원들은 웅성거린다. 누군가 외친다. "하지만 융과 바르부르크도 사람들의 상호작용에 사용되는 상징을 연구하고 싶어 합니다. 이는 언어적 커뮤니케이션과 비슷하지 않습니까?" 타일러는 이렇게 설명한다. "그 둘을 비슷하다고 보기는 어렵죠. 뱀과 같은 상징을 우리는 '동기화된' 것이라고 부릅니다. 뱀-상징의 기표(또는 형태)는 기의인]snake] 형태로 결정됩니다. 그러므로 우리가 서로 다른 문화권에서 동기화된 회화적 상징을 더 쉽게 인식하고 이해할 수 있는 것입니다. 그런데 이집트 상형문자처럼 뱀-상징이 실제 '언어' 요소가 되는 순간, 모든 것이 달라집니다. 실제 '언어'라면 '자의적'이고 관습적인 기호를 갖습니다. 인식할 수 있는 형태의 상징이 지닌 의미는 그 언어를 사용하는 사람들만 안다는 거죠. 이 기호들은 해당 스피치 커뮤니티만 아는 규칙에 따라 조합됩니다. 이 모든 것을 통틀어 언어의 '문법'이라고 부릅니다. 모든 '언어'는 자의성 때문에 고립되면서, 해당 언어를 모르는 사람들에게 미스터리가 되는 것입니다. 이것이 문제의 핵심입니다. 영상에 많은 발화가 담겨 있지만 아무것도 이해할 수 없습니다."

파울 파이어아벤트(Paul Feyerabend)가 말한다. "잠시만요. 그 섬의 주민들이 실제로 언어를 사용하고 있는지 어떻게 알 수 있죠?"

노엄 촘스키(Noam Chomsky)가 끼어든다. "전형적인 파이어아벤트식 회의론이군요! 주민들이 인간이라면 자신만의 언어일지언정 언어를 갖고 있습니다. 그들은 다른 모든 인간이 그렇듯 언어구사력을 태생적으로 지니고 있습니다. 유전적으로 입력된 일반 언어능력을 보유하고 있다는 말입니다."

파이어아벤트가 반박한다. "저는 그 견해를 전형적인 촘스키식 언어생물학주의(linguistic biologism)라고 부릅니다."

이때 언어학자 존 라이언스(John Lyons)가 중재에 나선다. "이 문제로 다투지 맙시다! '언어'에 대한 논의가 어디까지 왔는지 일단 정리해보겠습니다. 우리는 특정 화자집단의 특정한 상징적, 표현적 관습을 논하는 한편, 인간의 생물학적 구성을 이야기하고 있습니다. 이제 우리의 구체적인 과업으로 돌아가 봅시다. 영상에서는 시장 사람들이 계속 만들어내는 소리들이 들립니다. 전혀 알아들을 수 없지만 말처럼 들립니다. 충분히 말일 수 있죠. 말하기에 부합하는, 진정으로 완벽한 신체기관을 가진 건 인간뿐입니다. 영장류는 신체적으로 부족한 면이 있는데, 이 부분은 음성학자가 더 정확히 설명할 수 있을 겁니다. 또 새는 여러 소리를 계속 낼 수 있지만, 이는 언어와 전혀 무관합니다. 따라서 저는 우리가 언어학자로서 이 섬에서 관찰해야 할 것을 분명히 하고자 합니다. 바로 이 섬사람들의 입에서 나온 소리입니다."

내가 묻는다. "하지만 섬사람들의 소리를 연구할 때, 우리는 정말 그들의 '언어'를 관찰하는 걸까요? 우리 귀에 들리는 발화의 흐름은 이미 일종의 '텍스트'를 표상할 수밖에 없습니다. '언어'는 실재할까요? 아니면 우리가 담화에서 관찰하는 '텍스트'일까요?"

라이언스가 답한다. "언어체계는 실제적인 '자연어'와 동일시될 수 없습니다. 언어체계는 언어학자가 특정 언어공동체 구성원들의 언어행동에서, 더 정확히 말해 언어행동의 산물인 언어-기호에서 발견한 규칙성을 설명하고자 가정하는 이론적 개념입니다. 우리가 영상의 소리를 인간의 말로 보고 언어학적 관점에서 체계적으로 연구한다면, 모두가 각자 다른 방식으로 말하는 모습을 관찰할 것입니다. 하지만 공통의 근본적인 언어체계가 존재한다는 가정이 유용성과 학문적 정당성을 지니려면, 일반적으로 같은 언어를 말하는 것으로 간주되는 이들의 말에 충분한 안정성과 동질성이 존재해야 합니다. 빌헬름 폰 훔볼트(Wilhelm von Humboldt)는 1836년에 이미 이렇게 주장했습니다. '언어의 살아있는 본질을 파고드는 모든 연구에서는 대체로 '연속적인 담화'만을 진실되고 주된 연구 대상으로 간주해야 한다. 단어와 규칙으로 분절하는 식의 학문적 분석은 무의미하며 임시변통일 뿐이다'라고 말이죠."[2]

내가 끼어든다. "말씀하신 내용의 논리를 도출해보면 이렇습니다. 예를 들어 영어는 실생활에서 전혀 존재하지 않으며 단지 스피치 커뮤니티에서 일군의 구두 발화만으로 구성될 뿐이고, 그로부터 관찰자는 영어라는 '언어'를 하나의 '체계'로 분리해낸다는 거죠. 그러면 이는 우리의 동료 페르디낭 드 소쉬르(Ferdinand de Saussure) 선생도 견지하는 문법학자의 관점이 됩니다. 현대 언어학 교과서에 나오는 '언어체계'의 구성요소는 항상 같습니다. '소리', '단어', '문장'이 등장하거나, '소리', '문장', '의미'가 나오기도 하고, '형태론과 통사론', '의미론', '음성학과 음운론'이 등장하는 교과서도 있죠."[3]

이에 소쉬르가 입을 연다. "네, 맞습니다. 언어(랑그)는 화자의 기능이 아니라 개인에 의해 수동적으로 동화된 산물입니다. 교과서를 위해서라면 언어는 하나의 체계로 구성될 수 있습니다. 이를 사회적 제도라고 말하는 언어학자들도 있습니다. 제도 역시 항상 추상적이며 개인의 상위에 위치합니다."[4]

"그래서 롤랑 바르트(Roland Barthes)가 언어를 '파시스트'라고 부른 겁니까?"[5] 내가 묻는다.

위르겐 트라반트(Jürgen Trabant)가 답한다. "그렇습니다. 벤자민 리 워프(Benjamin Lee Whorf) 같은 학자들로 뒷받침되는 유명한 '언어 상대주의' 이론 때문입니다. 워프는 호피족 원주민들이 평균적인 유럽어 화자와 전혀 다른 방식으로 사고한다는 설명으로 유명합니다. 워프에 따르면 호피족은 '시간' 개념을 상상하기 힘듭니다. '시간'을 적절히 표현할 언어적 도구가 그들에게 없기 때문입니다. 따라서 워프는, 사고가 언어들마다 다를 뿐만 아니라 각 언어의 구체적인 특이성에 완전히 둘러싸여 있다고 봅니다. 이렇게 볼 때 레오나르드 블룸필드(Leonard Bloomfield)와 언어적 행동주의가 언어(그리고 언어학)에서 도출한 정신은 하나의 언어 안에 갇혀버립니다. 호피족에 대한 워프의 언어학적 발견을 다시 살펴보면 잘못되었다는 사실과 별개로 언어 구성의 다양성이나 언어적 상대성에 대한 이념적 과장에서 언어 개념에 대한 그의 '아마추어리즘'이 드러납니다. 마치 하나의 언어와 독립적인 사고는 존재하지 않는 듯, 마치 언어가 생각을 강제하는 체계인듯, 하나의 언어가 가진 의미론적 구조가 사람들의 사고를 일방적으로 결정한다고 주장하는데 이는 사실이 아닙니다."[6]

나는 말한다. "그렇지만 완전히 미지의 존재였던 섬 주민들과 어떤 식으로든 공통분모를 발견할 희망은 아직 남아 있습니다. 그러나 먼저 그들의 언어라는 문을 통과해야 하는데 다른 방법이 없습니다. 섬 주민들의 '언어'를 배우려면 그 언어의 체계적인 구조를 서술해야 합니다. 그런 후에야 다섯 개의 장면을 관찰하면서 이러한 언어학적 '건설자재'로 어떤 텍스트가 형성되며 그 의미는 무엇인지를 파악할 수 있습니다. 인간의 언어를 연구하려면 우선 이해할 수 없는 소리의 모음을 관찰해야 합니다. 위대한 언어이론가 한 분이 이런 현상을 경험한 바 있습니다." 나는 말을 마치며 칼 뷜러(Karl Bühler)를 바라본다.

뷜러는 고개를 끄덕인다. "실생활의 구체적인 상황에서 아이들이 처음 말하는 단어를 기록하고 언어학적 분석 규칙에 따라 인간의 말하기가 시작되는 순간을 근래 연구한 바 있습니다. 그러면서 저희 연구진은 문자가 없던 시절의 분석적 이해가 어땠을지 조금 알 것 같았습니다. 말로 나온 것을 이해하거나 해석하는 어려움보다 그 관련 구조들이 불확실하고 가변적인 음성학적 특성이나 흔적을 지녔다는 점이 분석에서 가장 큰 어려움으로 작용했을 겁니다."[7]

갑자기 소쉬르가 고개를 든다. "우리가 '언어'를 처음 접할 때 그것은 항상 '빠롤(la parole)'이 발화된 개별적 형태, 다시 말해 개별 화자의 실천적-경험적 발화를 수반합니다."

뷜러는 동의하며 계속 말한다. "그래서 섬 주민들의 발화에서 생각보다 빨리 '언어'를 도출할 가능성이 크죠. 우리에게는 이미 수백 년 동안 축적된 문법적 추상화의 경험이 있지 않습니까? 문자가 아주 훌륭한 표기체계를 선사한다는 점을 기억해야 합니다. 구어의 구조를 문자로 시각화하고 고정시켜 가능했던 선행분석 없이 언어학이라는 학문이 과연 탄생하고 발전할 수 있었을까요? 청각적 소리를 시각적으로 변환해주는 문자 덕분에 숱한 사람들이 내뱉는, 구별하기 어려운 소리의 흐름에서 특정 언어의 진정한 '소리', 나아가 '단어'를 분리해낼 수 있습니다. 이 섬의 경우도 마찬가지입니다. 먼저 영상에서 들리는 소리를 전사해야 합니다. 이를 위해 라틴문자를 시범적으로 써볼 수 있습니다. 어쨌든 과거에 게르만어의 발화를 외국어인 라틴문자로 모두 표기했으니까요. 게다가 당시의 문제는 라틴문자의 코드로는 화자의 실제 소리현상을 모두 기록할 수 없었다는 것입니다. 저는 과거에 문자라는 수단으로 분석된 언어텍스트에 기초한 고대 및 현대 언어연구에서 현대인 다수가 생각하는 것보다 많은 기본적이고 필수적인 통찰이 도출되었다고 확신합니다. 영상에서 들리는 소리, 바람소리나 단순한 명칭, 음파를 전사해 우리는 언어연구자의 논리적 귀납법의 첫 단계를 밟습니다. 먼저 영상 속 화자와 함께 경험하는 '구체적인 발화 사건'에서 출발합니다. 그 사건은 낙뢰나 천둥소리, 카이사르의 루비콘 강 도하처럼 고유한 것입니다. 지리적 공간과 그레고리우스 달력에서 특정 위치를 점하는, 지금 이 순간의 해프닝이지요. 언어연구자의 기본적인 관찰 대상은 구체적인 발화 사건이며 연구자는 관찰 결과를 학문의 최초 명제에 고정합니다. 음소는 발화의 소리 흐름에서 의미론적으로 중요한 단위를 인식하고 그 소리 흐름 안에서 분리할 때 사용되는 '자연적 특성(자질)(또는 인식의 표지)'입니다. 이는 언어적 추상화에서 맨 처음 이루어지는 작업입니다. 섬과 관련해 우리는 현대 음운학을 최초로 발견한 자들과 같은 상황에 놓여 있습니다. 우선 유럽 언어연구자들은 백인 언어의 소리 목록을 만들었고, 여러 소리를 듣는 귀를 발달시키고 언어를 익혔습니다. 다시 말해 외국의 소리 이미지를 살피면서 음성 구분학적으로 연관성이 있는 것이 무엇인지를 알아냈습니다. 거의 같은 방식으로 어휘학자는 외국어 어휘를 파악해야 하고 통사론자들도 외국어의 상징적 영역을 파악해야 합니다. 이것이 가능한 것은 이들이 언어연구자로서 받은 교육과 궁극적으로 자신도 말하는 화자로서 앞에서 언급한 시그널을 보내는 파트너들의 관습에 참여하는 일반적인 능력이 있기 때문입니다. 분석자는 녹음된 모든 발화 중 추상적 연관성이 있는 부분만 해당 '언어'의 구성요소로 지정합니다. 따라서 영상 속 특정 화자의 말에 나타나는 음의 높낮이나 특이성은 섬의 언어가 가진 문법적 규칙이나 규범과 결합되지 않으며, 그보다 우리가 이 섬의 '외국어'를 배울 때 필요한 정보일 뿐입니다. 발화된 소리의 전사 기록에서 규칙성, 반복 구조, 범주를 발견하는 경우가 있을 것입니다. 어쩌면 규칙들의 집합을 처음 도출해 발화에서 특정 질서를 정립할 수도 있을 것입니다. 나아가 최초의 문법규칙을 정리할 수도 있을 것입니다."[8]

타일러가 손을 든다. "하지만 저는 여전히 어떤 텍스트도 해석할 엄두가 안 납니다. 단순히 소리의 규칙성과 음성의 배열은 제게 아무 의미도 없습니다!"

빌러가 말한다. "맞습니다! 중요한 이슈는 의미입니다."

그가 말을 채 잇기 전, 소쉬르가 큰 목소리로 끼어든다. "언어, 즉 랑그는 기호체계이며 여기서 중요한 것은 의미와 소리-이미지의 결합뿐입니다."[9]

빌러가 덧붙인다. "이는 우리의 목적을 위해 무엇보다 영상 속 사람들의 상호작용이 그들의 말과 어떻게 상응하는지를 검토해야 한다는 뜻입니다. 그러면 단어의 의미에 대한 첫 통찰력을 얻을 것입니다. 거기까지 나가야 섬 주민들의 발화를 '언어'라고 부를 수 있겠습니다."

내내 침묵하던 윌러드 밴 오먼 콰인(Willard van Orman Quine)이 고개를 든다. "그리고 우리는 개별 단어의 의미부터 시작해야 합니다." 빌러는 그에게 의미 문제의 해결법을 묻는다. 콰인이 답한다. "물론 최선의 방법은 현장에서 직접 단어의 의미를 실험하는 것이겠죠. 섬 주민들에게 사물이나 동물, 예를 들어 토끼를 보여주고 그들이 뭐라고 부르는지 기다려보는 겁니다. 섬 주민들 모두 토끼를 'gavagi'라고 똑같이 발화한다면, 새 언어사전에 입력할 첫 단어가 발견된 겁니다. '토끼=gavagi'라고 말이죠.[10] 그런데 우리가 가진 건 영상뿐이므로 여러 장면을 관찰하고 여러 사람이 같은 사물을 지칭하면서 같은 말을 사용하는지 확인해야 합니다. 물론 이때 사람들이 쓰는 말이 하나의 의미만 가진 한 단어만 지칭하며 '토끼는 빨리 달린다'라는 문장을 뜻하진 않는다고 확신하긴 어렵죠."

존 라이언스가 대화를 이어간다. "이미 '단어 차원'을 논하시는군요. 그런데 그 하위층위의 분석은 어떻습니까? 섬 주민들의 발화를 관찰만 해도 음운학적으로나마 내재된 규칙성을 파악할 수 있습니다. 예를 들어 이 섬에서 발견되는 소리의 개수와 종류죠."

"잠시만요. 지금 우리가 전체 언어체계 내에서 단어를 이해해야만 부여한 의미를 확신할 수 있다는 말씀인가요?" 촘스키는 콰인의 방법론상의 어려움을 지적하며 다른 우선순위를 제시한다. "제가 볼 때 주민들이 문장을 어떻게 구성하는지를 분석해야 의미가 있습니다. '언어'의 진정한 핵심은 통사적 규칙과 규범이라고 생각합니다."

"물론 그러시겠죠! 체계언어학자의 세계관의 한계가 다시 드러나는군요." 파울 파이어아벤트가 끼어든다.

"체계언어학을 비웃지 마세요." 마르가 라이스(Marga Reis)가 부드럽게 말한다. "그 접근법 덕분에 우리의 언어를 더 잘 이해하게 됐고 또 기억할 점은 체계언어학이 아니었다면 인공지능, 컴퓨터 언어학, 우리가 최근 경험한 언어 번역 프로그램 등의 분야에서 큰 진전을 이루지 못했을 거라는 사실입니다."

라이언스가 설명한다. "여러분의 이견은 모두 유효합니다. 모든 언어는 폐쇄적이고 독자적인 문법체계로서 관찰의 다양한 분석 차원에서 연구, 서술되어야 하지만 언어의 폐쇄적이고 독자적인 성즈 때문에 우리는 새로운 언어를 배울 수 있습니다. 멀리 떨어진 곳에서 섬 주민들과 물리적으로 접촉하지 않더라도 말이죠."

잠시 침묵이 흐른 후, 스테판 타일러가 말한다. "빌러 선생, 계속하시죠. '언어' 이슈 접근법이 처음부터 맘에 들었습니다."

빌러가 설명을 잇는다. "지금까지 우리는 시장에 나온 사람들의 행동을 '주제 연관적' 현상으로 구체적으로 관찰할 때 언어적 현상을 만난다는 사실을 인식했습니다. 이 현상은 후설(Husserl)이 실재 역사 속 인간들의 '생활세계'라고 부르는 데서 직접 도출됩니다."[11]

"이것은 별도의 이론적인 차원으로 분리해야 하며 스피치라고 부를 수 있습니다." 소쉬르가 갑자기 끼어든다.

빌러가 말을 잇는다. "그렇습니다. 예를 들어 로마 원로원의 카토(Cato) 이야기를 생각해봅시다. 그는 원로원 회의 때마다 카르타고가 섬멸되어야 한다고 주장했습니다. '그런데 저는 카르타고가 파괴되어야 한다고 생각합니다(Ceterum censeo, Carthaginem esse delendam)'라고 말이죠. 여기서 우리는 인간생활에서 속담이나 격언의 일반적인 지위를 엿볼 수 있습니다. 속담이나 격언이 어떤 경우에 결정을 뜻하는지, 화자와 다른 사람들의 운명을 어떻게 좌우하는지, 외교관을 어떻게 존중하는지 등 말입니다. 익숙한 인용구와 말로 나왔지만 인용할 만하지 않은 모든 것이 인간의 '행위'로 간주될 수 있습니다. 구체적인 모든 스피치는 한 개인의 의미 있는 행동과 필수적으로 결합되어 있어, 스피치는 행위 '안에' 존재하며 그 자체로 하나의 행위입니다."[12]

여기서 내가 끼어든다. "이제야 제가 관심을 두고 있는 연구 분야까지 왔네요."

레비스트로스가 말한다. "그렇군요. 지금까지 선생은 시장에서 무엇을 관찰하려는지 말씀이 없으셨습니다."

내가 답한다. "저는 시장에서 수사학을 연구하고 싶습니다. 수사학은 사람들의 행위로 일부 체현됩니다. 아마도 뷜러 선생은 이런 부분을 고려하고 계시겠죠."

뷜러가 답한다. "그렇습니다. 특정 상황에서 사람들이 실체가 있는 물리적 사물에 손을 뻗고 그것을 다루는 모습을 봅니다. 영상의 첫 번째 장면에서 흐트러진 좌판이 복구됩니다. 어느 순간 상인이 입을 열고 말합니다. 두 경우 모두 우리가 관찰할 수 있는 사건이 특정 목적, 달성되어야 하는 뭔가를 지향한다는 것을 알게 됩니다. 이것이 바로 심리학자가 행위라고 부르는 것입니다."[13]

"바로 그것이 수사학자가 특정 스피치 행위에서 항상 발생하는 '수사적 요인'이라고 부르는 것입니다." 내가 덧붙인다.

뷜러는 계속 말한다. "학문적으로 쓰기 적절한 용어가 일상 독일어에 있는데 바로 'Handlung(행위)'입니다. 우리는 일상 속에서도 일반화를 합니다. 실제로 손이 움직이는 역할뿐만 아니라 특정인의 목적을 띤 모든 행위를 행동, 즉 손의 핸들링이라고 부릅니다(우리는 심지어 일상생활에서도 일반화를 합니다. 그러니까 우리는 손이 실제로 역할을 하고 '행위'를 하는 것, 즉 핸들링(조작, 처치)의 경우를, 조작(처치)이라고 부를 뿐만 아니라, 다른 활동, 즉 우리가 전체 사람들이 목표를 가지고 행하는 모든 활동을 행위(또는 핸들링)라고 부릅니다)."[14]

내가 말한다. "수사학자는 바로 그런 행위를 관찰합니다. 따라서 말하기는 의도적인 방향성을 띤 행위 복합체의 일부가 됩니다."

뷜러가 덧붙인다. "말하기가 다른 유의미한 행동과 결합되는 것에 새로운 용어가 부여돼 마땅합니다. 다양한 인간 경험과 결합된 언어적 발화는 '실제 발화(empractical utterance)[대화보다는 실제 행동이나 침묵으로 하는 소통방식의 발화]'라고 부를 수 있습니다."[15]

학자들은 뷜러의 말에 깊은 인상을 받는다. 동의를 뜻하는 낮은 탄성이 흘러나온다. 브리기테 슐리벤 랑에(Brigitte Schlieben-Lange)는 예정에 없던 말을 덧붙일 기회를 얻는다. "'행위'의 그리스어 어휘 영역을 다룬 만큼 '화용론'이라는 용어도 언급할 수 있겠습니다. 이 용어는 언어적 행위와 비언어적 행위의 관계를 관찰해 언어적 표현의 의미가 어떻게 결정되는지를 뜻합니다."

오이게니오 코세리우(Eugenio Coseriu)가 덧붙인다. "말씀하신 부분들은 중요하지만 선생은 수사학자로서 우리가 다루는 주제의 다른 면에 훨씬 더 관심을 가지셔야 할 겁니다. 바로 '텍스트'(언어학적으로 복잡하고 폐쇄적인 스피치 단위로서)가 실제로 어디에 존재하느냐라는 문제죠."

"물론 언어와 함께하고 언어 내에 존재하는 모든 것이 그렇듯 삶의 한가운데 있죠!" 루드비히 비트겐슈타인(Ludwig Wittgenstein)이 처음 입을 연다. "언어의 말하기가 특정 활동과 삶의 형태의 일부임은 아주 명백합니다. 사람들은 함께 살아가면서 마치 언어 게임을 하듯 언어 내에서 상호작용합니다. 지시, 이야기를 만들어 내기, 부탁, 감사, 욕설, 인사, 기도 등이 여기에 포함되죠."[16]

"여러분, 비트겐슈타인 선생이 화행, 즉 대화 상대방이 항상 관여하는 발화를 이야기하고 있다는 것을 알고 계시겠죠. 부탁, 감사, 인사는 항상 대상을 암시하고 있습니다." 존 오스틴(John Austin)은 이렇게 말하며 비트겐슈타인 쪽으로 다가간다. "의사소통은 언어의 현실입니다. 우리는 아무 목적 없이 말만 주고받는 것이 아니라 세상에서 항상 뭔가 하고 있는 겁니다."

"실용적으로 사고하는 앵글로색슨인이 나타났군요." 안드레아스 가르트(Andreas Gardt)가 들뜬 듯 말한다. "오스틴 선생 저서의 제목 『말과 행위(How to Do Things with Words)』는 화용론의 핵심개념을 담고 있습니다."

"그리고 의사소통과 행동 방법은 모두 다르므로 언어에 대한 정확한 분석 없이 진행할 수도 있겠군요." 촘스키가 빈정대듯 고개를 끄덕이며 중얼거린다.

"젊은이!" 비트겐슈타인이 촘스키를 돌아보며 친근하게 말한다. "내 머릿속도 한때는 이상적 관념으로 가득 찼다네. 이상적인 언어, 지극히 정확하고 일상 속 말의 부정확성에서 자유로운 완전한 언어를 떠올렸지. 하지만 부정확과 정확은 도대체 어떤 의미인가? 지구와 태양 사이의 거리를 피트로 말하지 않거나, 혹은 탁자를 주문하면서 폭을 몇 천 분의 1인치까지 정해주지 않으면 부정확한 것인가?"[17]

"물론 부정확하죠." 촘스키가 반항적인 어조로 답한다.

"하지만 그게 중요한 게 아니지." 비트겐슈타인의 목소리가 더 커진다. "특정 묘사가 '그 자체로' 거의 정확한지의 여부는 중요하지 않네. 언어학적 의미 영역에서 '그 자체'란 불가능하기 때문이지. 다만 유용한 묘사인지의 여부는 분명 중요한 문제라네. 중요한 것은 단어의 기능, 즉 언어의 작용뿐이지." 비트겐슈타인은 "설명은 언젠가는 끝나는 법일세"라는 말과 함께 촘스키로부터 시선을 돌린다.[18]

갑자기 불편한 긴장감이 감돈다. 잠시 후 아르님 폰 슈테코브(Arnim von Stechow)가 정적을 깬다. 한마디도 없어 잠든 듯 보였지만 눈을 감은 채 듣고만 있던 것이다. "선생의 관점은 합리적이고 세상에 대한 지혜를 보여주지만 그것이 과학적이기도 할까요? 정확한 기술법 없이 어떻게 단어를 정의한다는 말입니까?"

비트겐슈타인이 웃으며 말했다. "사실 아주 간단하죠. 단어의 의미는 언어의 사용에 담겨 있으므로 자신의 눈과 귀를 믿기만 하면 됩니다."[19]

소쉬르가 얼굴을 찌푸리며 이의를 제기하려는 찰나에 칼 뷜러가 헛기침한다. 뷜러는 불편한 긴장이 감도는 상황에서 화제를 바꾸려고 한다. "한 말씀 드려도 되겠습니까? 우리는 제기된 문제의 본질에서 멀어지고 있습니다. 바로 텍스트성의 문제 말입니다" 뷜러는 나를 향해 말한다. "선생이 '텍스트'라고 부르는 것을 저는 주로 게슈탈트 심리학적 관점에서 일종의 닫힌 전체로 봅니다. 여기서 아동심리학과 발달심리학에 관한 제 아내 샬럿 뷜러(Charlotte Bühler)의 통찰을 참고하겠는데요. 바로 아리스토텔레스의 용어 '프락시스(행위)'와 '포이에시스(제작)'로 정리할 수 있습니다. 아리스토텔레스의 극에서 2~4세 어린이는 사람들이 보는 가운데 먼저 프락시스, 이어서 포이에시스를 수행합니다. 어린이는 다양한 소재를 지나 샬럿이 '생산적 성숙(Werkreife)'이라고 부르는 지점에 도달할 때까지 천천히 한 걸음씩 전진합니다. 어린이의 첫 상상놀이에서 어른의 행동이 주제가 됩니다. 그 후 생산하는 게임 시기가 오면서 사람들이 만드는 것을 제작하는 것이 주제가 됩니다. 활동게임과 제작게임은 분명한 차이가 있습니다. 활동게임에서는 소재에 실제로 무엇을 하는 것인지는 순식간에 상징적으로만 암시되기 때문이지만,

그 후 어린이는 더 나아가 자신의 활동에서 나오는 산물을 작업으로 간주하게 됩니다(이는 결코 당연한 일이 아닙니다). 이런 사건이 발생하리라는 첫 번째 힌트는 자신의 솜씨에서 탄생할 바를 보고 감탄하며 다른 사람들도 감탄하게 만든다는 점입니다. 이후 결정적인 단계가 찾아옵니다. 이 단계에서 활동 결과는 관념적으로 예상되며, 따라서 소재의 작업을 미리 규율하기 시작합니다. 또한 이 단계가 되면 작업 완료의 때까지 활동이 계속됩니다. 삶의 실제 상황 가운데 말을 함으로써 당장의 일과 문제들이 해결되는 상황을 누구나 겪는데 이는 언어행위(Sprachhandlungen)에 해당합니다. 이와 달리 뭔가를 적절히 형성하는 생산적인 작업을 하고 언어저작(Sprachwerk)을 생산해 내는 상황도 있습니다. 이 언어저작은 그것을 창출한 자의 개인적 삶과 경험에서 분리되어 고려되어야 합니다."[20]

"그렇다면 선생은 정말 찰나와 지속, 순간과 연속, 즉흥적인 텍스트와 구조적으로 계산된 텍스트를 구별하시려는 건가요?" 내가 묻는다.

뷜러가 답한다. "그렇다고 할 수 있겠죠. 오해를 피하고자 덧붙이겠습니다. 사람이 입을 열면 항상 특정 산물이 나옵니다. 어린이의 순수 활동게임에서도 마찬가지입니다. 하지만 이 산물을 더 자세히 들여다봅시다. 원칙적으로 프락시스 놀이에서 놀이방을 채운 것은 고철에 불과하며 포이에시스 놀이가 될 때 산물은 비로소 '건물' 등이 되는 것입니다. 이는 어린이의 놀이방뿐만 아니라 어른들 세계에서도 발생합니다. 이 지점에서 예술작품과 문학작품을 생각해볼 필요가 있습니다. 작품 소재가 외적 사건이나 경험, 기타 무엇이든 언어 속에서 작품을 바라보는 것은 모두 '표현(Fassung)'에 관여하며, 많은 경우 엄밀히 말해 표현의 '고유성'에 관여하지만 각 경우들을 이해

하려면 적절한 일반 범주도 필요합니다. 모든 학문은 일반적인 '원리'를 토대로 삼기 때문입니다."²¹

내가 말한다. "이제 우리는 중요한 전환점에 도달했습니다. '원리'에 주목하는 순간 우리는 구체적인 현실에서 멀어져 추상화하기 시작합니다. 빠롤에서 랑그로, 스피치에서 언어로 넘어가는 지점이 여기일까요?"

뷜러가 답한다. "네, 추상화 현상이 관건입니다. 저는 이미 '추상적 관여성'이라는 용어를 언급했습니다. 모든 문법학자는 '카르타고는 파괴되어야 한다(Carthaginem esse delendam)'라는 '격언(문장)'이 원로원의 한 회의에서 카토에 의해 처음 언급된 후, 원로원 회의에서 거듭된 것을 알지만 그 어떤 문법도 이에 대해 아는 바가 없으며, 이는 문법의 관심사도 아닙니다. 사실 문법은 특정 사실에 관심을 갖는 것과는 전혀 무관하죠. 이 사례에서 추상적 관여성은 랑그 차원, 즉 라틴어의 구조적 차원에서 반복적으로 사용될 수 있는 표현 형태, 소위 '부정사 동반 대격 AcI(accusativus cum infinitivo)'만 중요하다는 의미이고 라틴어 사전과 관련해 이 사례에 반복 사용될 수 있는 단어 'esse'와 'delere'(이 경우 문법적 변형인 'delendam')가 포함되어 있다는 점이 중요합니다. 따라서 '언어'라는 용어는 주제와 무관한(subjektentbunden) 현상 간에 주관적으로 고정된 현상의 체계적인 재구성을 말합니다. 이에 따라 우리는 섬에서 사용되는 '언어'의 규칙을 도출하고 일종의 문법과 사전을 체계화하기 위해 섬 주민들이 반복적으로 사용하는 말과 단어에서 구조를 분리해낼 수 있습니다."²²

스테판 타일러(Stephen Tyler)가 끼어든다. "그렇다면 선생을 비롯한 언어학자들은 먼저 이 섬의 언어를 자율적인 체계로 재구성해 우리가 배울 수 있도록 해야겠군요. 하지만 그러기 전에 영상 속 낯선 소리에서 '언어구조'를 어떻게든 포착해내야 합니다."

뷜러는 동의하며 계속 말한다. "어떤 언어학자도 소쉬르 선생만큼 자신의 성공적인 연구를 직접 기초 삼아 언어구조(Sprachgebilde)의 논리적 특징을 적절히 기술하진 못했습니다."[23]

소쉬르는 생각에 너무 깊이 빠져 뷜러의 칭찬에 반응조차 않는다. 뷜러는 계속 말을 잇는다. "소쉬르는 랑그의 언어학(linguistique de la langue)의 대상에 대해 다음 사실을 열거합니다. 첫째, 랑그 언어학의 '대상'이 분명한 '분리가능성'을 가진다는 점이 방법론적 우선순위가 됩니다."[24]

프랑스어가 나오자 귀를 기울인 소쉬르가 설명을 덧붙인다. "스피치의 다른 요소들은 고려하지 않아도 됩니다. 사실 언어 관련 학문은 타 요소들이 배제되어야 가능하죠."[25]

뷜러가 웃으며 말한다. "성공한 실증적 연구자의 지혜를 나누어 주시는군요! 말씀하신 두 번째 요점에서 언어의 기호학적 성격에 따른 핵심명제를 적용하셨군요."[26]

소쉬르는 학자들에게 랑그의 의미를 상기시킨다. "랑그는 기호체계로, 여기서 본질은 의미와 소리-이미지의 결합뿐입니다."[27]

뷜러가 답한다. "그렇습니다. '언어'라는 대상을 구성하는 것이 '의미론적 관계'라는 점은 아주 중요합니다. 소쉬르 선생은 셋째로 모든 언어학적 구조에서 이 규범적 원리를 일관되게 실행해야 한다고 주장합니다. 넷째, 언어학적 구조의 간주관적인 특성과 '개별 화자로부터의 독립성'을 아주 분명히 기술했습니다. 이에 대해서는 소쉬르 선생이 충분히 주장하신 것 같습니다."[28]

소쉬르는 뷜러의 마지막 말을 무시한 채 다시 적절한 정의를 덧붙인다. "'랑그'는 화자의 기능이 아닙니다. 랑그는 개인의 외부에 존재하며 개인은 랑그를 스스로 창조하거나 수정할 수 없습니다. 랑그는 공동체 구성원들이 서명한 일종의 계약에 의해서만 존재합니다."[29]

타일러가 그의 말을 끊는다. "그렇다면 언어에서 혁신은 어떻게 일어날 수 있는 겁니까? 세상이 변할 때 '언어'는 어떻게 반응할 수 있죠?"

내가 설명을 시도한다. "제가 옳게 이해했다면 세상의 변화에 반응하는 것은 언어가 아니라 화자 자신입니다(빠롤 차원에서). 결과적으로 특정 언어의 체계적인 재구성은 특정 시점에서 사후적으로만 이루어질 수 있습니다. 몇 년이 지나면 언어의 화자 사이에서 어느 정도의 극적 변화가 생길 수 있고 그 결과, 언어는 랑그의 문법적, 어휘적 조건을 변화시킵니다."

"네, 그렇게도 볼 수 있죠." 뷜러가 말한다. "소쉬르 선생은 모든 언어학적 구조의 핵심이 지금 이곳의 구체적인 발화 사건을 둘러싼 온갖 세부사항으로부터 분리될 수 있다고 주장합니다. 이에 반박할 언어학자는 없을 겁니다. 예를 들어 그리스어와 라틴어 학자들은 호메로스 시대의 그리스인들이나 키케로가 실제로 사용한 언어가 어떻게 들렸는지는 자신들에게 매우 부차적인 것이라고 말합니다. 그리스어와 라틴어를 글로 적은 문서로만 읽을 수 있다고 해서 언어연구의 진정한 내용물이 왜곡되지는 않습니다."[30]

라이언스는 이견을 제시한다. "그에 대한 의견은 다양합니다. 적어도 현대언어를 볼 때 실용음성학과 음운학은 아주 중요합니다. 단어의 발음이 잘못되면 자신의 모국어가 아닌 언어를 구사하는 상대방과의 구두담화에서 의사소통에 부정적인 영향이 생깁니다." 라이언스가 고개를 끄덕인다.

뷜러가 다시 설명한다. "제게는 '언어'와 관련해 중요한 것은 따로 있습니다. 플라톤의 용어로 말해 언어구조는 이데아와 같은 대상입니다. 현대논리학의 표현에 따르면 숫자나 과학적 사고의 공식화의 고차원에 있는 대상과 같은 '집합의 집합'입니다. 이런 의미에서 저는 존경하는 소쉬르 선생과 관점이 다릅니다. 소쉬르 선생은 랑그를 구체적인 대상으로 봅니다. 저는 이것이 앞에서 설명한 추상화의 개념과 모순되는 중대한 오류라고 봅니다."[31]

뷜러는 소쉬르 쪽을 조심스럽게 바라본다. 소쉬르는 미소 띤 채 말한다. "선생은 제 말을 오해하신 것 같습니다. 저도 언어는 화자의 머릿속에서만 규칙의 집합으로 존재한다고 생각합니다. 랑그는 심리학적 단위입니다. 반면 빠롤은 구체적, 물리적인 음성이나 시각에 의한 텍스트적 현상을 구성합니다. 미국의 휘트니(Whitney) 선생도 같은 의견입니다. 그는 '언어'에서 특정 화자들마다 전혀 다른 신체기관을 사용한다고 볼 수 있다고 말했죠. 사람들은 제스처로 음성적 상징이 아니라 시각적 상징을 사용할 수도 있습니다. 발성기관은 말에서 분명히 부차적입니다."[32]

뷜러가 설명한다. "구체와 추상의 연결에 우려가 있습니다. 산술가는 견습생이 숫자 '4'라는 결과를 얻는 과정에서 인지적 단서가 된 것이 신발 한 켤레와 양말 한 켤레인지, 아니면 얼굴의 두 눈고 두 귀인지에 신경을 쓰지 않습니다. 산술은 눈이나 귀, 나무, 주판알이 아니라 숫자의 학문입니다. 따라서 산술 대상은 사물 자체의 특성이 아니라 '집합의 집합'으로 사물의 집단이 가지는 특성과 관련해 정의됩니다. 숫자와 언어구조를 비교하면 '집합의 집합'의 규범은 비유적으로 언어구조에 해당한다는 것을 알 수 있습니다. 우리는 특정한 문법적 예시 '대격 부정사 구문(accusativus cum intinitivo)' 대신 어휘적 예시를 논한 것일 수 있습니다. 개념적 대상이나 집합은 어디나 있지만 물리학에서 숫자가 중요하고 언어구조는 집합의 집합으로 언어학에서 중요하다는 사실은 아주 중요하며, 언어현상의 의미심장한 특성을 다시 보여줍니다. 어떻든 나무나 사과에 관한 명제가 순수 산술에서 차지할 자리가 없듯이, 구체적인 발화 사건에 관한 명제가 순수 음운론, 형태론이나 통사론에서 점할 자리는 없습니다."[33]

이제 하인리히 라우스베르크(Heinrich Lausberg)가 나선다. "집합의 집합은 언어사건의 다른 차원, 즉 수사학에서도 발생합니다. 수사학도 랑그, 즉 빠롤의 관습적인 표현 수단을 보여주고자 합니다. 예를 들어 시인은 유의어 사전을 들추며 어떤 수사학적 표현들이 가능할지 모색합니다. 이때 유의어 사전은 수사학적 랑그를 형성하는 긍정적인 사회역사적 전통으로 구성됩니다."[34]

스테판 타일러는 적극적으로 동의한다. "수사학적 도식(스키마)과 담화의 '기성품' 말씀이시로군요. '관용구'나 '고정표현'이라는 일반 용어로도 불리는 다중 어휘적 구성물은 부분과 부분의 합으로 기계적으로 예측할 수 없습니다. 이것은 하나의 도식적인 배열일 뿐입니다. 여기서 역할과 관계는 정해져 있습니다. 'I mean(내 말은)', 'gimme a break(설마)', 'take a break(쉬어)', 'break a leg(행운을 빌어)', 'stick 'em up(손 들어)', 'get off my back(그만 좀 괴롭혀)', 'he went 'n(그가 갔는데)' 같은 표현들이죠. 이 중에는 거의 고정된 표현도 있지만 대부분 다른 말을 덧붙이거나 형태를 바꿀 수 있습니다. 스키마는 문장과 명제보다 내적 언어와 생각의 형태에 훨씬 가깝습니다. 구두담화와 생각도 스키마의 배열이지만 이 순서에는 통상적인 문법적 제약이 없습니다. 대화 도중에 스키마를 만나면 험난한 길고- 같던 담화가 넓은 고속도로가 되면서 쉽게 속도를 낼 수 있습니다. 그래서 대화와 글쓰기는 대체로 새롭기보다 '공사 중, 우회하시오'라는 간판이 놓인 긴 고속도로로 이루어진 것입니다. 쉬운 관용구는 간극을 메워주고 익숙한 은유는 차들 사이를 편히 지나가게 해줍니다."[35]

하인리히 라우스베르크는 한동안 침묵을 지킨다. 타일러의 주장을 생각하는 것이 분명하다. 잠시 후 그가 입을 연다. "지금 언급하신 관용적인 고정표현들은 제가 말하는 수사학의 유의어 사전에 들어가지 않습니다. 그런 표현들은 부분적으로 복잡한 '다중 어휘적' 구성물이지만 여전히 단일 언어에서 어휘화된 표현입니다. 공식이나 관용구라고 부를 수 있겠죠. 단어와 마찬가지로 그런 표현들은 단일 언어 사전이나 특정 집단(법률가, 운동선수, 청년 등) 사전에 들어 있죠. 반면 수사적 무늬(rhetorical figures)는 단일 언어에 한정되지 않는 구성물입니다. 적어도 인도-게르만어에서는 유효한 보편적인 생산 규칙을 따르죠. 수사학자는 무늬를 세 가지 종류, 즉 비유/전의(tropes), 도식(schemes), 생각의 무늬(figures of thought)로 구분합니다. 은유, 수구 반복, 교차 대구 등의 수사적 무늬는 모든 언어에서 생성될 수 있으므로 제2의 수사학적 문법을 말할 수 있습니다. 그런데 그런 문법은 어떤 모습이어야 할까요? 수사학적 도식의 생성은 첫째, 구성 규칙을 따르고 둘째, 고정된 구조로 인식이 가능합니다. 예를 들어 모든 언어에서 '교차 대구'라는 무늬의 생산 규칙은 '통사적 차원에서 병렬적이지만, 상응하는 단어를 역순으로 배치해 특정 축을 기준으로 거울상 패턴이 되도록 두 문장을 구성한다'입니다. 이 패턴은 'abc|cba'와 같이 나타낼 수 있습니다. 몇 가지 예를 들면 '그러나

먼저 된 자로서 나중 되고 나중 된 자로서 먼저 될 자가 많으니라(But many that are first shall be the last, and the last shall be the first)', '난세에는 강자가 살아남는다(When the going gets tough, the tough get going)' 등이 있습니다."

"중요한 것은 그런 수사적 무늬로 우리가 무엇을 하느냐입니다." 스테판 타일러가 말한다. "수사학은 저자 의지의 표지이며 모든 인유, 풍유, 은유, 직유, 문체의 장식적 요소는 그 도구들입니다. 이들은 저자의 성격, 창의적 역량, 의도를 보여주며 주제가 가치 있음을 선언합니다."36

나는 말한다. "동의하지만 한 가지 제한을 두겠습니다. 롤랑 바르트는 『저자의 죽음(The Death of the Author)』에서 '말하는 것은 저자가 아니라 언어'라고 했습니다. 이 명제에는 명료성이 부족한데 바르트의 부정확한 언어개념 때문으로 보입니다. 저자가 말할 때 그는 텍스트를 형성하지만, 텍스트는 의사소통적 자유 영역에 속합니다. 그러므로 텍스트는 주제와 사안에 대해 의미를 자유롭게 구성할 권한을 부여합니다. 그 의미가 의사소통의 성공으로 이어지느냐는 전혀 별개의 문제입니다. 바르트는 모든 화자는 주어진 언어체계에 의지할 수밖에 없으므로 제약을 받는다고 했는데, 옳은 말입니다. 하지만 텍스트의 독특한 특성이라면 언어체계의 제약을 우회할 수 있다는 것입니다. 텍스트는 '건축자재'로서의 언어와 함께 작동하지만 우호적 여건에서 화자는 실제로 어떤 텍스트의 '집'을 지을지 결정할 수 있습니다."37

나는 계속 설명한다. "하지만 라우스베르크 선생이 제기한 주요 논점으로 돌아가 봅시다. 수사학의 '언어(랑그)'에 대해 말씀하셨는데 여기서 '제2의 문법'을 가정하는 것은 충분한 일관성이 있을 겁니다. 무늬 규칙은 실재하기 때문입니다. 하지만 저는 그 용어가 조심스럽습니다. 철학자 데카르트가 말하듯이 우리가 분명하고 뚜렷한 대화를 하려면 담화에서 도출된 단일 언어 '체계'에 대해 '언어'라는 용어만 사용해야 합니다. 그 밖의 모든 것은 언어 자체가 아닌 언어의 사용과 관련 있습니다."

촘스키가 못 참고 외친다. "언어연구에 진지하게 임하려면 관찰 대상을 분명히 정의해야 합니다. 지금부터 저는 '언어'를 길이가 유한하며 요소들의 유한집합에서 구성된 문장들의(유한 또는 무한) 집합으로 간주하겠습니다."[38]

촘스키는 조용히 창밖을 응시한다. 탐험대는 잠시 멈춘다. 얼마 후 존 라이언스가 촘스키의 말을 논평한다. "촘스키 선생의 관점은 환원주의적이라고 봐야 합니다. 그의 정의는 자연어나 비자연어의 의사소통적 기능을 전혀 다루지 않습니다. 언어의 요소나 배열의 상징적인 성격도 전혀 다루지 않습니다. 이런 정의는 순전히 언어의 구조적인 특성에만 주목하고 이런 특성이 정밀한 수학적 관점에서 연구될 수 있다고 주장하는 데 목적을 둡니다. 하지만 사실 언어학적 단위는 특히 단어와 문장의 의미와 관련해 사용의 조건이라는 특성을 지닙니다. 많은 학자들은 발화-의미가 언어학적 의미론 영역 밖에 존재하며 화용론에 속한다고 볼 겁니다."[39]

내가 묻는다. "제가 제대로 이해했다면 언어학적 의미론은 체계로서 '언어'의 의미를, 화용론은 언어(랑그, 빠롤)의 적용 속에서 의미를 다룬다는 말씀인가요?"

라이언스가 답한다. "그렇게 볼 수도 있지만 두 분야는 그 외에도 많은 접점이 있습니다. 촘스키주의적 생성문법 관점에서는 문장과 발화의 구별, 의미론과 화용론의 구별을 능력 및 수행과 등치시키는 경향이 있습니다."[40]

내가 덧붙인다. "여기서 능력이란 언어학적 규칙과 규정으로, 화자가 어느 정도 내면화하고 실제 언어 사용에서 '수행'으로 활성화할 수 있는 것을 말하죠. 하지만 제가 중요하다고 보는 것은 따로 있습니다. 우리는 텍스트의 구체적인 구성에 관한 이슈를 논의하는 순간 또 다른 차원, 즉 언어의 '사용'이라는 차원에 도달했습니다. 수사학자는 여기서 한 발 더 나아가 의사소통의 폭넓은 범위도 고려해야 합니다. 사람 사이에 발생하는 상징적 상호작용의 모든 조건이 이에 포함됩니다. 따라서 우리는 언어, 텍스트, 상호작용(담화 및 의사소통)의 이론적 차원을 서로 구별해야 합니다."

스콧 제이콥스(Scott Jacobs)가 나의 주장을 반기며 나선다. "언어와 의사소통 개념은 긴밀히 연결되어 있지만 사실 만족스럽게 결합된 적이 없습니다. 의사소통 연구자들은, 메시지를 만들고 사회적 행동을 수행하기 위한 언어의 사용이, 의사소통의 전형적인 사례에 해당된다는 점을 쉽게 이해할 것입니다. 의사소통 연구자들이 관심을 갖는 의사소통 사례에는 대체로 어떤 방식으로든 대화나 글이 들어 있습니다. 그러나 언어학적 형태와 기능이 어떻게 조직되는지를 상세히 설명하면서 '메시지 의미'나 '상징적 행동'과 같은 개념을 정립하는 일은 항상 너무 기술적이고 어려운 과업으로 간주되었고, 의사소통 이론을 구축하는 과정에서도 대체로 회피되었습니다. 마찬가지로 언어학을 배우는 이들도, 언어구조 이론과 언어의 패러다임 기능이 분명한 의사소통 이론을 결합하는 데 주저하는 경우가 많았습니다. 언어가 무엇을 하는지를 아는 것은, 언어가 무엇인지를 아는 데 불필요한 것으로 흔히 간주되었습니다. 물론 이런 태도는 점차 사라졌으나 '언어'라는 용어는, 기술적이고 구조적인 면에 대한 문장 문법학자들의 관심에 완전히 전유 되었고, 문장을 넘어 언어의 사용이나 구조를 연구하려면 완전히 새로운 용어인 '담화'를 사용해야 합니다. 담화 분석은 의사소통 프로세스와 언어의 구조 및 기능 개념 사이의 간극을 좁히려는 노력입니다."[41]

레비스트로스가 나를 돌아보며 묻는다. "이런 맥락에서 수사학은 어떤 역할을 하죠? 섬 주민들의 시장에서 선생이 연구하려는 것이 정확히 뭔지 아직도 모르겠는데요."

내가 답한다. "우선 저는 사람들 앞에 남자가 서 있는 다섯 번째 장면을 보고 싶습니다. 그 장면에서 연설가가 일군의 사람들에게 영향을 미치려는 고전적인 수사학적 연설 상황이 떠오릅니다. 주민들은 그 남자의 이야기를 듣고 그를 따라 시장을 나서면서 행동을 수행합니다. 하지만 여성들이 물물교환을 하는 두 번째 장면(실제로 물물교환을 하고 있다면), 멜론 상인들이 경쟁하는 세 번째 장면, 대화가 있는 네 번째 장면도 흥미롭습니다. 이 장면들을 분석하면, 우리가 설득, 즉 의사소통 과정에서 한 화자가 설득적 연설로 상대방에게 자신의 관점이나 의지를 내세우는 행위가 드러날 수도 있습니다. 짧게 말해 제 관찰은 의사소통에서의 '수사적 요인'에 주목합니다. 이 요인은 모든 의미에서 설득 현상입니다. 따라서 저는 단순히 주민들의 일반적인 의사소통 방식, 예를 들어 언어의 순서가 결정되고 작동하는 방식, 교환되는 텍스트의 종류, 이야기되는 주제 등에는 관심 없습니다. 저는 이 문제를 아주 구체적인 시각, 즉 '이 섬에서 성공적인 의사소통의 조건은 무엇인가?'라는 관점에서 바라봅니다. 이것이 수사학적 질문입니다."

레비스트로스는 나의 답에 만족하지 못한다. "방향이 분명한 질문이지만 선생이 분석하려는 현상은 라우스베르크 선생이 조금 전 '수사학'으로 제시한 바를 크게 넘어섭니다."

내가 답한다. "맞습니다. 라우스베르크 선생은 수사학적으로 오버코드된 텍스트 작성을 위해 지난 2,500년 동안 축적된 내적 규칙과 규범에만 집중합니다. 그는, 수사학을 훌륭하게 말하는 기술 'ars bene dicendi'로 보는 전통을 대변하죠. 이러한 수사학자들은 역사 속에서 나타난 언어적, 비언어적 오버코드에만 집중합니다. 여기서 오버코드란 텍스트 구성에서 문법적 규칙성과 만나는 규칙성입니다. 문법학자는 편리하고 올바른 문장에 관심 있고, '내재적' 수사학자는 대구나 교차대구 같은 형태의 오버코드에 관심 있습니다. 이러한 오버코드는 문법적 기반을 토대로 하며, 특정효과를 어떤 식으로든 보장합니다. 이런 내재적 관점은 오랜 전통에서 비롯되지만 큰 한계가 있습니다."

라우스베르크가 끼어든다. "그래서 제 책 제목을 『문학 수사학 핸드북(Handbook of Literary Rhetoric)』으로 한 겁니다."

나는 계속 잇는다. "그토록 방대한 내용을 담은 핸드북이 있다는 것은 고맙지만 우리는 수사학이 성공적인 의사소통 행위와 사람 간 상호작용을 다루는 학문임을 잊지 말아야 합니다. 그래서 특히 '외재적' 수사학이 중요합니다. 외재적 관점은, 화자의 의사소통적 수단 내지 도구와 그의 행동이 갖는 외적 여건의 관계에 주목합니다. 특히 외재적 수사학은 연설자가 겪는 저항에 관한 질문을 던집니다. '화자는 어떤 유형의 저항을 극복해야 하는가?', '특정 상황에서 어떤 의사소통적, 언어학적 수단이 특히 적절한가?', '설득하려면 몸, 목소리, 언어학적 텍스트는 어떻게 조율되어야 하는가?' 등의 질문입니다. 이런 의미에서 수사학은 고대 표현처럼 설득 기술 즉 'ars persuadendi'입니다.

우리는 다섯 번째 장면에서 군중 일부가 자신을 따르게 하려고 남자가 하는 모든 것을 연구할 수 있습니다. 다른 사람들은 왜 그를 따라가지 않는지 질문할 수도 있고요. 하지만 이 질문의 답을 모색하기에 충분한 정보를 영상이 담고 있는지는 의문입니다. 섬에 대한 정보도 아직 부족합니다. 언어학자들이 주민들의 언어를 의미 차원에서 분석해낸다면 내재적 관점과 외재적 관점의 상관관계에 방법적으로 주목해야 할 것입니다. 언어학적 단위의 의미는 행동의 연결을 관찰할 때만 명백해집니다. 이 작업이 마무리되면 문법과 사전을 만들 수 있습니다. 하나의 '언어'를 분리해낼 수 있다는 것이죠. 이처럼 특정 텍스트적 구조에 특정 성공 가치를 부여하는 제2의 문법 수립은 수사학자들이 항상 꿈꾸던 바였습니다. 라우스베르크 선생이 말한 수사학의 랑그는 바로 이것입니다."

스테판 타일러가 말한다. "좋습니다. 하지만 우리가 그런 수사학적 문법을 못 만들 이유가 무엇입니까?"

내가 답한다. "'문법'이라는 용어는 우리를 오도할 수 있다고 봅니다. 언어의 문법과 달리 수사학적 장식코드(수사적 무늬 등)는 정확성과 이해의 연결과는 무관합니다. 문법은 정확하고 편한 문장을 작성하고 그 문장을 이해하는 데 필요하지만, 수사학은 그 이상을 추구하며 이해뿐만 아니라 승인과 순응도 도출하려고 합니다. 이것이 설득의 핵심이죠. 누군가가 '세상은 잘못 됐어'라고 말할 때, 문법은 이 문장을 이해할 수 있게 해주지만, 문법 때문에 이 문장에 동의하거나 할 그럴 동기가 생기지는 않습니다. 제가 문장의 의미를 이해하더라도 완전히 다른 의견을 제시할 수 있습니다. 오히려 세상이 너무 멋진 곳이라고 생각할 수도 있죠. 그러므로 이해는 승인이 아니며, 이것이 수사학적 문제의 핵심에 있습니다. 수사학이라면 제가 이 문장에 '동의'하게 만들어야 합니다. 제가 동의한다면 행동할 수도 있겠죠(잘못된 세상을 바로잡기 위해 선한 일을 하는 등). 그러므로 견해의 변화는 행동의 변화로 이어질 수 있습니다."[42]

스콧 제이콥스(Scott Jacobs)는 의사소통적 상호작용에서 "메시지 의미를 말한 것의 축어적 의미와 등치시키는 이론에서는 응집성과 의미를 가진 메시지가 어떻게 생산되고 이해되는지를 놓칠 수밖에 없죠."[43]라며 동의를 표한다.

나는 이어 설명한다. "텍스트의 수사학적 층위에 머뭅시다. 여기서 어떤 수사학적 장식코드가 작동한다면 적절성과 생각의 변화의 연결이 항상 그 중심에 있을 겁니다. 문법은 언어 속에 우리의 이해를 돕기 위해 항상 존재하는 것이 무엇인지를 알려줍니다. 수사학은, 의사소통 파트너의 생각이 변화할 수 있도록, 특정 의사소통 상황에서 텍스트의 적절한 워딩이 무엇인지를 연구하도록 해줍니다."[44]

레비스트로스가 말한다. "모두 함께 영상을 다시 봐야 할 것 같군요. 이제 완전히 새로운 관점에서 보고 듣게 될 겁니다. 그럼 시작합시다!"

2부

DIALOG

대화

MODERN
RHETORIC

5장

대화의 수사학

1. 대화의 수사학

대화는 현대 수사학 이론의 한 요소인가? 아래에 간략히 기술한 고전 수사학의 전통에서 드러나듯, 대화와 수사학 이론의 연관성은 불분명하다. 키케로를 비롯한 여러 고대 철학자들이 잘 교육받은 커뮤니케이터는 대화의 요소도 다루어야 한다고 주장했지만, 엄격한 기준으로 보면 수사학 이론에서 대화는 새로운 영역이며 이 철학자들의 생각은 수사학의 주요 이론에 반영되지 못했다. "대화의 수사학은 실제로 온전히 정립된 바 없다. 고대의 수사학은 대화의 수사학의 보다 정밀한 체계에 대해 답한 바 없다."[1]

이처럼 대화가 수사학 분야의 엄격한 기준에서 배제된 것은, 언어학, 심리학, 사회학, 철학 등 학문의 역사에서 다이얼로그(공적 대화, 문답), 담화 및 대화가 연구 분야로 새로 발전해가는 데서도 알 수 있다. 이 접근법이 수사학 연구에 기반하거나 수사학적 관점을 활용해 발전하는 경우는 거의 없으며 오히려 일반적인 커뮤니케이션 상의 고려사항 및 언어학적 관점에 근거한 경우가 대부분이었다.

그러다가 바슈와 그로세(Bausch& Grosse, 1985), 칼마이어(Kallmeyer, 1996), 바이간트(Weigand, 2008), 간젤(Gansel, 2009) 등의 주요 연구로 불과 지난 몇 십 년 전부터 상황이 바뀌기 시작했다. 이 학자들의 연구를 비롯한 여러 연구 덕분에 대화의 수사학은 언어적 성찰의 대상이 되었고 "수사학이 수용되는 역사에, 대화에 관한 언어학적 연구를 통합시켰다."[2]

다음에서는 보다 협의적인 의미에서 수사학적 관점을 개괄한다. 어떻게 수사학이 커뮤니케이션 활동으로서의 대화와 접촉하고 접근하는지 서술할 것이다. 그에 앞서 그리스-로마의 전통부터 살펴보자.

2. 고대의 연설과 대화

고대 그리스 전통에서는 수사학, 즉 긴 독백 연설과, 문답기술인 변증술(dialectics) 간의 구분이 분명했고, 이 구분은 기원전 4세기경 플라톤의 『고르기아스』에서도 분명히 드러난다. 소크라테스는 자신의 대화 상대인 폴로스가 "논의(dialégesthai)보다 수사(rhetorike)라고 불리는 것을 더 많이 단련했다"[3]라고 강조한다. 또한 소크라테스는 고르기아스에게 장황한 연설을 지양하고 대화 형태의 화법을 계속 쓸 것을 주장하며 철학이 문답(dialog)을 선호한다는 점을 분명히 밝히고 다음과 같이 말했다. "그렇다면 고르기아스

님, 폴로스가 시작한 장황한 연설(lógoi)은 다음 기회로 미루고 질문과 대답을 반복하는 현재 방식의 대화를 이어 나가겠습니까?"[4] 반면 플라톤의 제자였던 아리스토텔레스는 진실을 규명할 방법으로(또한 대화적 논증 이론으로서) 최초의 상세한 수사학 이론서를 집필하고 "수사학(rhetorike)은 변증술(dialektike)과 짝을 이룬다."[5]라는 문장으로 이론서를 시작해 플라톤의 문답 제일주의를 극복했다. 이 문장은 수사학을 변증론과 동일시함으로써 아리스토텔레스와 플라톤의 이론을 직접적인 대립관계에 놓았다.

로마시대의 연설가는 수사학과 변증술 두 분야의 역량 모두를 함양해야 했다. 그래서 키케로는 기원전 1세기에 다음과 같이 말했다.

> 완벽한 웅변을 하는 연설가는 그렇다면 자신의 본분인 유창하고 방대한 연설 능력뿐만 아니라 인접한 경계인 논리학(dialecticorum scientia)도 있어야 한다. 물론 연설(oratio)과 토론(disputatio)은 다르다. 그리고 논쟁하는 것과 말하는 것은 같지 않다. 하지만 이들은 모두 담화와 관련 있다. 토론과 논쟁은 논리학자의 역할이고 연설가의 역할은 수려하게 말하는 것이다.[6]

키케로에게 분명한 것은 최고의 교육을 추구하는 화자라면 개별적인 학습으로 대화기술과 연설기술을 모두 습득해야 한다는 것이었다.

> 따라서 완벽한 연설가는 말하기에 적용 가능한 논쟁의 모든 이론을 숙지해야 할 것이다. 여러분이 관련 교육을 받아보아 알 듯, 이 주제는 두 가지 방식으로 교육되어 왔다.[7]

하지만 일반적으로 수사학 관련 고전에서 대화라는 주제에 대한 언급은 많지 않다. 퀸틸리아누스(서기 1세기)도 예외가 아니다. 그는 세 가지 수사적 연설(genera causarum)과 기능적 연설 장르를 설명하면서 대화라는 주제를 매우 간단히 언급한다. 또한 관련 이론가들을 개관할 때 플라톤의 『소피스트』(222c)를 언급하며 구어(proshomiletic)의 말하기 방식을 소개한다.

플라톤은 『소피스트』에서 대중적, 법적 웅변 외에도 '일상대화(proshomiletike)'라는 3번째 양식을 제시했다. 이를 '대화(sermocinatrix)'라고 부르겠다. 법적 웅변과 다르고 사적 논의에 맞게 각색되었으며 문답과 같다고 보아도 무방하다.[8]

3. 독백, 문답, 대화

키케로가 앞의 인용문에서 언급한 이중 방식이나 두 가지 교육법(duplex docendi via)은 연설과 대화가 별도의 커뮤니케이션 방법이며 각기 다른 웅변적 역량을 요구하므로, 별도의 과정으로 교육되어야 한다는 관점을 드러낸다. 키케로는 그리스 이론가들을 해석하면서 두 가지 커뮤니케이션 방식을 구분할 정확한 별도의 기준을 제공하지는 못했다. 그는 다음과 같이 말했다.

스토아 학파의 창시자 제논은 두 가지 기술의 차이점에 대한 실물 강의를 했다. 주먹을 쥐면서 논리(dialectica)가 이런 것이라고 말했고, 힘을 빼고 팔을 뻗으면서 웅변(eloquentia)은 펼쳐진 손바닥 같은 것이라 하였다. 하지만 일찍이 아리스토텔레스는 『수사학』 첫 장에서, 수사학은 논리학과 짝을 이루며 수사학이 보다 광의적이고, 논리학이 보다 협의적이라는 점이 명백한 차이라고 했다.[9]

키케로는 대화와 연설에서 발견되는 텍스트를 기반으로, 이 두 가지 형태를 구분 지으면서, 이를 다음의 모호한 대조 쌍으로 설명했다.

- 단문(대화) vs. 장문(연설)
- 주먹을 꽉 쥔(대화) vs. 주먹을 펼친(연설)
- 순수 논쟁적(대화) vs. 가끔 화려한(연설)

이 구분법에서 우리는, 철학적으로 엄격하고 직접적인 논의와 그리스 포럼에서 발견되는 더 길고 정교한 형태의 말하기를 구분한 한 가지(플라톤의 아카데미에서도 발전시킨) 생각을 찾을 수 있다. 이는 수사학과는 별개로, 철학자들의 대화가 궁극적으로 '진실'에 접근하는 '순전히 이성적인' 논증 교환을 수반한다는 생각으로 증폭된다(이는 강제성 없는 담화의 가능성에 따라 더 나은 논증의 강제성 없는 힘이 항상 승리해야 한다고 언급한 위르겐 하버마스(Jürgen Habermas)의 1981년, 1984년 연구에서도 발견됨).[10] 플라톤의 모델에 따른 철학적 담화의 전통은 철학자이자 교사였던 레오나르드 넬슨(Leonard Nelson, 1882-1927)이 언급한 '소크라테스식 대화법(socratic dialog)'에서도 발견된다.[11]

현대 수사학의 관점에서 수사학으로부터 완전히 자유로운, 목표 지향적인 커뮤니케이션이란 현실과 매우 동떨어진 추상적 개념이다.

사실 두 커뮤니케이션 유형에 대한 고전적 구분도 불충분하다. 각각의 구체적인 수사적 측면이 분명히 드러나도록 연설과 대화의 고유한 특성이 명쾌히 정의되어야 할 것이다. 이런 정의는 연설 상황에서 연설가의 수사적 계산에서 비롯되는 차이에서 도출될 수 있다. 경험에 의거한 수사학자에게 두 커뮤니케이션의 차이는 경험적 실행 모형, 세팅, 각 텍스트의 특성이라는 최소 세 가지 기준의 정의적 조합에서 모색이 가능하다.

〈연설〉

앞의 3가지 기준에 따라 '연설'이라는 커뮤니케이션 방식은 다음의 수사적 전제에 따라 정의가 가능하다.[12]

- 실행 모형: 독백적 행동. 일방적, 단방향적, 실행적으로 한 화자가 자신이 아닌 청자를 대상으로 주어진 행사에서 실행하는 지속적인 연설.[13]
- 세팅: 발언이 실행되는 동안 여러 화자가 '차례대로' 말할 것을 요구(또는 포함)하지 않는 커뮤니케이션 조건, 행사, 사회적, 의식적, 정황적 지침.[14]

이때 연설은 커뮤니케이션 프로세스에서 명확히 정의된 위치를 점한다. 한편 연설이 거시-상황적 맥락의 일부여서 커뮤니케이션 상황(예를 들어 의회 토론)의 관행, 의식, 절차적 규칙 때문에 여러 연설이 연속으로 이루어지면 특수한 상황이 발생하기도 한다. 발언이 다른 형태의 커뮤니케이션(예를 들어 후속 논의)과 결합되거나 평행적인 청자의 독백적 행동을 허용하는 경우(감탄, 준언어적 반응이나 기타 유형의 반응)[15]가 흔히 있다.

- 텍스트 특성: 단일의(집단적일 가능성도 있음) 화자와 그의 커뮤니케이션 전략이 언급되는 화합과 일관의 특성

<대화>
커뮤니케이션의 대화적 방식은 다음과 같이 정의된다.

- 실행 모형: 최소 2명 이상의 화자가 존재하는 문답 형태의 상호작용. 양자나 다자가 쌍방향이나 다방향으로 자신을 표현하며 다른 화자들과 직접 관련해 비연속적으로(말하기 차례갖기(turn-taking)를 통해) 발언을 수행한다. 다른 화자들은 수동적이지 않고 발언하지 않는 청자로 격하되지도 않는, 커뮤니케이션의 적극적인 파트너이다. 따라서 그들은 수사적으로 적극적으로 반박하는 화자로 간주된다.[16]

- 세팅: 커뮤니케이션 상호작용의 과정에서 구체적으로 여러 화자가 차례대로 발언할 것을 요구하거나 가능케 하는 커뮤니케이션의 조건, 행사, 사회적, 의식적, 상황적 지침.[17]

- 텍스트 특성: 최소 2명의 화자와 연관된 응결성(cohesion)과 응집성(coherence)의 특성. 차례대로 말하면서 전체 텍스트가 중간중간 끊기는 현상은 의미론적, 문체론적 수준에서 두드러진다(가령 의미론적 방

향의 급변을 특정 상황에서 가능케 하는, 구조적으로 정의된 격행 대화(stichomythia)의 원칙을 통해). 하지만 화용론적이고 일반적으로 주요 주제와 관련해 대화 텍스트의 개별 부분들이 하나의 단일(포괄적인) 텍스트를 전체적으로 구성한다.[18] 전반적으로 일관되지 않거나 그저 소폭으로만 일관된 연속적인 (궁극적으로 단독적인) 표현으로 이어지는 실패한 대화는 일탈로 명시해야 한다.

대화에 대한 현대의 연구는 다양한 분야(대화 문법, 담화 분석, 대화 연구, 대화 분석 등)로 파생되었으며 일반적으로 수사학에서 쓰이지 않는 전제로 주제에 접근한다. 이러한 연구는 대화 커뮤니케이션 방식에 따라 다양하고 세분화된 학문 분야를 정립했다.[19] 이 주제를 다룰 다음 연구에서 통용되는 2가지 개념을 간략히 설명하겠다. 대화적 보편성(문답적 세계)의 존재와 수사적 관점에서의 텍스트성과 대화적 유형의 연관성이다.

    첫째, 일부 이론가가 모든 형태의 커뮤니케이션에 영향을 미치는 것으로 인식하는 대화성의 문제다. 체코의 문학이론가 얀 무카르조프스키(Jan Mukařovský, 1891-1975)가 연설 기반인 심리적 프로세스에서 커뮤니케이션의 독백적, 대화적 요소가 "동시적이며 불가분"이라고 인식한 최초의 학자는 아니다. 따라서 독백과 대화는 "별도의 단계적인 순차적 형태"로 이해되는 것이 아니라 대화 과정의 두 세력으로 "지속적인 우위 경쟁관계"로 인식되어야 한다. 심지어 일반적으로 순수 독백 텍스트로 간주되는 단문의 명령이나 현존하지 않는 신에게 바치는 기도도 "언어외적 모형이 추가된 대화"로 이해되어야 한다.[20]

에다 바이간트(Edda Weigand)와 프란츠 훈츠누르셔(Franz Hundsnurscher)의 주목할 만한 연구에서 나타나듯 대화적 세계에 대한 가정은 당연히 언어학 분야 중 대화분석에서도 흔히 활용된다. 바이간트는 '기능적 대화'와 '공식적 대화'의 언어적 사용 사례를 구분했다. 그는 '독백(monolog)'에 대해 다음과 같이 말했다.

> 대화적으로 공식 발현되지 않은 언어적 사용 사례, 즉 실체가 있는 커뮤니케이션 파트너로부터 기대하는 구체적 반응이 목표는 아니지만 독백조차 대화적 언어사용의 표현이다. 기능상 독백도 대화 중심이기 때문이다. 독백은 서한과 다르게 정의되지 않은, 실체가 없는, 구체적이지 않은 커뮤니케이션 파트너를 향한다. 아무나 누구나 될 수 있는 것이다.[21]

이렇게 상정된 대화의 보편성은 '커뮤니케이션 파트너'를 향한 모든 커뮤니케이션 행동이 '기능적으로 대화적'이라는 가정에서 출발한다. 모든 커뮤니케이션 사건(상징적 상호작용)이 정의상 특정 형태로든 파트너를 수반하므로 바이간트는 모든 커뮤니케이션이 기능적으로 대화적이라고 가정한다. 이에 대해 외르크 킬리안(Jörg Kilian)은 2005년 "이런 배경에서 엄격한 잣대로 보면 단독적으로 말하는 행위가 존재하는지조차 의심스럽다"라고 말했다.[22]

대화분석에 대한 이론적 입장은 대화를 보편적인 것으로 인식하는 것이다. 하지만 이는 사실 의미론적 암시에 불과하다. 그와 대조적으로 (탄탄한 화용론과 생산과 실행 이론에 초점을 맞춘) 수사학은 실무적으로 (독백적) 연설과 (문답적) 대화는 화자에게 매우 다른 계산, 전략, 운영을 수반한다는 가정에서 출발한다. 이 접근법은 자연스럽게 이론적 결과에도 영향을 미친다.

예를 들어 수사학은 본 장에서 언급되었듯이 '독백적 실행'과 '대화적 실행'을 명확히 구분할 것을 강요한다.[23] 수사학 이론에 따르면 방향성 자체만으로 대화성이 구성되진 않는다. 이는 고유 용어의 필요성 때문이다. 즉 행동과 반응의 연계성, 그리고 수사학이 선제적인 수신인 계산이라고 부르는 것이 단순히 '대화성'이라는 용어로 충족되지 않는 것이다. 은유적으로만 사용될 때와 부적절하게 사용될 때도 마찬가지다. 과학에서 은유는 두 가지 경우, 즉 대체 용어가 없거나 어렵고 복잡한 주제를 설명할 때에만 활용되어야 한다. 커뮤니케이션 상황(커뮤니케이션 맥락 또는 화자 지향적일 수 있다)의 참여자들에게 내용에 대한 상호인지와 동시반응의 존재 자체로는 대화가 구성되지 않는다. 대화(dialog)는 대화(conversation)의 주요 테마와 관련된, 상호적으로 활동적인 작업이 필요하다.[24] 수사학자들에게 소위 '대화의 함축성(내재적으로 대화적)'이라는 말과 혹은 독백적 연설에서의 '대화성'은 방향성이 단순히 수신인으로 향한 것이다.

바이간트의 '독백(성)'과 '독백적'이라는 말에 대한 기초 정의도 논쟁이 가능하다. 그에 의하면 '독백적'이라는 용어는 "언어 사용이 […] 형식적으로 문답이 발현되지 않는다.", 즉 "실체적인 커뮤니케이션 파트너로부터 구체적인 반응을 이끌어내는 것을 목표로 하지 않는다."와 같은 사례를 지칭한다. 이는 독백(성)(monologicity) 개념을 특정 수신인의 반응에도 예외가 없는 언어 사용의 아주 특별한 사례로 한정한다. 더욱이 이 제한은 공간이나 거리상의 환경으로 한정되는데 "실체적인 커뮤니케이션 파트너"에 대한 접근을 부정하

는 구체적인 미디어의 도움으로 멀리서 이루어지는 커뮤니케이션 사례를 의미한다.[25]

반면 수사학은 독백 연설이 상황적 환경에서도 존재한다고 간주한다.[26] 커뮤니케이션 기본 환경이 커뮤니케이션에 미치는 역할을 말할 때 바이간트와 킬리안 모두 2가지 '현존 형태의 대화'를 상정했다. 첫째, 대화(상황적 환경에서), 둘째, 서면 서한(공간적 환경에서)이다.[27] 그러므로 '대화' 개념은 최소 2명의 파트너가 접촉해 슈퍼텍스트(또는 하이퍼 텍스트)와 협력하는 특정 커뮤니케이션 행동을 지칭한다. 수사적 이론은 '대화'라는 용어가 엄격히 말해 공간적 상황을 제외만 하면 이 개념을 수용할 수 있다. 선택된 용어 '서한'이 공간적 상황에서 발생하는 다양한 대화적 유형의 커뮤니케이션에 적절한지의 여부는 논쟁의 여지가 있다. 이런 상황에서는 얼굴을 맞대지 않고 거리를 두고 하는 대화보다 연설이 간단할 수 있다.[28]

대화 텍스트에 대한 유의미한 분류와 관련해 간략히 언급하고자 한다. 아리스토텔레스는 커뮤니케이션과 언어를 다루는 다양한 학문에 대해, 이론적으로 정의할 수 있는 설명을 도출하고 텍스트 유형 각각의 학문 분야로 나누는 것이 중요하다고 생각했다. 그에 따라 『시학』, 『수사학』, 『소피스트적 논박』 등의 저서에서 교훈적, 대화적, 실험적(peirastic)(실험-주장/논거) 및 논쟁적(논쟁적 주장/논거) 등 4가지 형태로 대화(conversation)를 구분하였다.[29] 아리스토텔레스 이후 대화(회화) 텍스트의 분류체계는 현저하게 확장되었다.[30]

현대 학문 분야인 텍스트 언어학에서 대화적(회화적) 유형에 '텍스트'의 지위를 부여하는 데 대한 반발이 있었다.[31] 이것은 일반적으로 이 용어가 의식적으로 "구어적 커뮤니케이션 텍스트, 특히 대화(회화)"와 구분되기 때문이다.

> 오랫동안 복합적인 단위로만 그리고, 파트너와 여러 기능적, 상황적 설명 사이에 공동의도가 없기 때문이더라도, 별개의 군으로 간주되어왔다. 최근 연구에서 발견되는 하위수준의 관념에서의 텍스트 현상에 대한 상세 분류에 대해서는 '대화 유형'이라는 유사 용어가 종종 사용된다.[32]

이는 "대화를 전체적으로 고려했을 때 분석적 접근에 의해 아무리 복잡해 보이더라도 특정 분류학-유형학 기준에 따라 하나의 단위로 설명할 수 있는 한, 궁극적으로 기능적으로 통일된 현상을 나타낸다."[33] 수사적 관점에서 텍스트 개념만으로 대화를 기초적으로 분류할 수 있다고 할 수 있다. 대화는 생산이론 내에서 '대화 텍스트'의 관련된 운영 수준에 배정되어야 한다. 이러한 분류가 유형을 정립하기에 불충분하더라도 말이다.

한편 대화의 원형적 개념과 관련해 대화분석 분야에서 발전한 근본적인 구분은 특히 수사학의 이목을 끌 만하다.

> 어느 정도까지는 대화의 상대를 의도적, 목표 지향적 단독 연설로, 그리고 기타에 대해서는 일관된 의도가 없고 처음부터 모든 참여자에게 유효하다고 파악할 수 있는 커뮤니케이션의 특정한 목표(telos)가 없는 것으로 묘사하는 대화가 있다. 그 근본적인 차이는 어떤 형태로는 유형 체계를 다양한 시도에서 발견되며 [...] 대략 목표 지향적이고 목표 지향적이지 않은 대화의 차이로 설명할 수 있다. 특히 해석학

전통하의 (기존의) 접근은 엄격하고 적격한 관점으로 '대화'를 바라보며 목표 지향적이지 않은 대화를 핵심 관심 분야로 간주한다. 반대로 커뮤니케이션 이론과 언어 화용론의 지대한 영향을 받은 (새로운) 개념은 의도적 행동의 일부로 설명할 수 있는 형태로 대화의 원형을 찾는다.[34]

4. 대화 수사학의 사례

앞의 인용문에서 '의도적 행동'을 언급한 것은 대화의 수사학의 고유성(proprium)과 직접 관련된다. 수사적 행동은 저항적 조건에서 전략적, 목표 지향적, 그리고 (가능한 경우) 계획되고 계산된 행동과 반응으로 구성된다. 앞에서도 언급했듯이 대화연구는 다양한 대화 유형을 가정하는데, 각각 특별한 목표(영업 대화, 자문 대화, 구애 대화 등)가 있다. 이에 더해 구체적으로 정의된 목표(telos)는 없지만 여전히 특정 사회적, 개인적 목적을 수행하는 대화 형태도 있다. 이 모든 대화 형태에서 수사학적 사례는 갈등(경쟁 agonality)과 설득(수사학의 기본 요건)이 공식에 포함되면 발생한다.

아리스토텔레스는 수사적 분석 역량의 핵심이 모든 상황(확대하면 모든 대화 형태)에서 신뢰를 유발하거나 설득 측면을 인지하는 능력이라고 생각했다.[35] 설득은 정신적으로 비대칭적인 환경에서만 요구된다. 즉 주제에 대해 대화 파트너 사이에 정신적 차이가 있고, 이 중 한 참여자(수사적 목표가 있는 커뮤니케이터로서의 연설가)가 A에서 B로 타인의 입장을 바꾸려고 할 때 요구된다. 이 비대칭성이 없으면 수사적 노력은 불필요하다.[36] 따라서 대화 중 수사학적 사건은 저항적 조건에서(antistasis) 누군가가 방어하거나 인정받고 싶어 할 때(경쟁구도 agonality) 발생한다. 대화는 자동적으로 모든 참여자가 화자 역할을 할 수 있음을 가정한다. 경쟁의 잠재력이나 통제적(dirigistic) 방법이 이용된다면, 칼마이어와 슈미트(Schmitt)는 대화를 "강제성이 있는", 혹은 "가중 속도"가 있는 것으로 기술한다.37

칼마이어는 대화연구를 웅변적 수사에 초점을 맞춘 수사학에 대한 이해와 잘 구별한다. 이러한 환원주의는 대화적 상호작용에 개입하는 복잡한 상황에 대한 제한적인 입장으로 이어질 수 있고, 학자들에게 단순히 "알려진 대화의 수사적 무늬를 파악하고 참여자들의 표현행위를 기술한다."는 정도의 동기를 부여할 수 있다.38 그 대신 설득이론에 기반을 둔 적합한 수사학적 접근법을 고수해야 한다. 이를 전제로 칼마이어는 다음의 설득력 있는 연구 프로그램을 설명한다.

따라서 대화의 수사학은 상호작용 환경에서 언어적 행동의 실무적인 수사학적 문제에 집중한다. 상호작용의 모든 참여자들이 긴 연설을 하는 경우가 없더라도, 자신의 기여를 수사적으로 형성한다. 이런 측면은 복잡한 발언에서 가장 분명히 드러나지만, 기여의 길이와 별개다. 단순히 공식으로 나타내면 '상호작용 프로세스에서의 수사학적 절차'에 관한 것이다. 개별적 행동의 특정 움직임은 이해 주장과 상호작용의 추가적 발전에 기회와 위험을 모두 제시한다. 수사적 분석은 특정 맥락적 환경에서 언어적 절차의 수사적 잠재성을 기술함으로써 이러한 요소를 고려한다. 이 수사적 잠재성은 행동의 기회와 위험을 보여주고 행동의 대안도 나타낸다. 기회와 위험을 설명할 때 규범적인 주장이 포함되지 않는데, 이는 대화적 수사학이 서

술적임을 보여준다.[39]

5. 대화 수사학의 핵심

수사학 이론의 관점에서 연구는 방법론적으로 대화적 환경에서 화자의 성공적인 커뮤니케이션과 관련된 문제에 집중해야 한다. 이를 위해 모든 질문은 화자의 관점에서 접근해야 한다. 이는 일반적으로 조감도적 관점에서 대화의 복잡한 상호작용 특성을 기술하는 전통적인 언어학 연구와 대조된다. 이러한 연구는 성공적이었고 수사적 접근은 다행히 이 연구 결과의 일부를 활용할 수 있다.

하지만 수사학자들에게는 전략적으로 커뮤니케이션 목표를 고려하고 행동이론에 토대한 가정을 커뮤니케이션 행동으로 통합시키는 화자의 관점이 주요 관심사다. 수사적 접근법의 이러한 초점은 『파이드로스』에서 수사학을 "(영)혼에 영향을 미치는" 영혼 인도술(psychagogy)로 묘사한 플라톤과 같은 고전 이론가들로 거슬러 올라간다.[40]

"조정, 지배, 비대칭성" 등의 개념에 대한 논의로 시작해 수사적 관점을 분명히 언급하는 리사 티툴라(Liisa Tiittula)의 글에서 보듯, 대화에 대한 현대 언어학 연구도 이러한 관점을 수용하기 시작했다.[41]

이런 배경에서 수사학은 성공적인 커뮤니케이션과 커뮤니케이션의 효율과 관련된 문제에 집중한다. 행동이론 관점에서 설득 전략과 계산이 중심 역할을 한다.[42] 대화에서 발생하는 상호작용 네트워크를 상상해보면, 누구의 목표가 고려되는지에 대한 질문을 제기한다. 대화는 물론 집단적 목표(가령 모든 참여자 간의 평화 유도)가 있을 수 있다. 이 경우 목표의 고립과 성공 여부에 대한 판단은 비록 수사적 관점에서는 각 참여자들이 (자체적, 개별적 전략 등을 가진) 별도의 화자일지라도 대화의 모든 참여자의 관심사가 된다.[43] 이 차이는 하위 목표, 전략, 감정 및 커뮤니케이션 운영을 집단적 환경에서 절대로 완벽히 조율할 수 없다는 경험에서 비롯된다.

하지만 수사학은 대화가 진행되면서 개별 참여자가 다른 참여자와 비교했을 때, 우위이거나 (일시적으로나마) 우위를 점할 것으로 기대한다. 그리스인들은 '프로테레마(prorhema)'[인지적으로 결정적인 우위]라는 용어로 이 우위를 설명했다. 타인 대비 맨 앞자리나 우위를 의미한다. 수사적 관점에서 이 우위는 많은 대화환경에서 개인의 전체 목표와 하위 목표를 적절한 대화 전략으로 달성하려는 참여자들에게서 나타난다.

'우위를 점하는(proterhematic)' 포지셔닝 주제도 커뮤니케이션 기술훈련을 위해 개발된 다면적 교육 과정의 한 요소로 수사학 교육의 핵심 주제다.[44] 수사학에 중점을 둔 교육은 커뮤니케이션 상황과 상관없이, 잠재 연설가가 우위를 점하는 데 도움을 줄 수 있는 분석적이고 능동적인 커뮤니케이션 역량 교육과 개선에 초점을 맞춘다. 이런 관점에서 대화의 기술을 개선할 목적으로 개발된 수업은 대화 여건에 대한 신속한 분석, 대화 내 개별 개념에 대한 긍정적인 실행 및 커뮤니케이션 저항을 다루는 방법을 바탕으로 현재 시점에서의 수사적 '대화 역량' 개선에 집중해야 한다.[45]

레기나 베르크만(Regina Bergmann)의 수사적 가이드에 대한 비판적 분석은 대화의 고유요소에 대한 이해가 아직 미미하고 이 작업이 독백연설에 초점을 맞춘 전통적인 수사적 관점을 확산시킨다는 것을 분명히 보여준다.[46] 커뮤니케이션 교육의 지배적 학설에 대한 분석에서 라인하르트 필러(Reinhard Fiehler)는 "도구주의자와 연설가 중심의 관점이 만연하다."는 결론에 이른다. 그는 다음과 같이 요약한다.

> 언어는 구체적 '기술'을 이용해 상대방을 가능하면 숙련되게 '기계화(machined)'하는 개인의 입의 도구다. 이 개념의 세부 내용은 대화를 '과정'과 '결과' 모두에서 개인 참여자의 의도와 일치하지 않을 수 있는 '집단적' 창조물로 인지하는 상호작용 모델과 비교하면 더 분명하게 드러난다.[47]

앞에서 말한 "상호작용 이론에서 발견되는 대화의 분석적 접근"은 이 인용문에서 지적하듯이 대화에 대한 현대 언어학 연구의 표준이 되었다.[48] 이 접근법은 어떤 면에서 방법론적으로 유효하다. 수사학자는 구체적인 수사적 관점이 포함된 대화의 문제를 인지하는 개념을 확대해 수용할 수 있다. 실무적인 이유로 화자의 수사적 관심은 수사학 이론의 핵심으로 남아야 하며, 이것은 이 접근법이 오해를 불러일으킬 때도 마찬가지다.[49] 필러는 비즈니스 커뮤니케이션의 현실에서 발견했듯이 이를 부인하지 않는다. 그의 "커뮤니케이션에 대한 이해"는 이 분야 교육의 기초로 다음과 같다.

> 또한 집요하게 교육관행과 관련해 새로 '구성'되고 있으며 따라서 지속적으로 업데이트되고 있다. 이러한 커뮤니케이션의 개념은 특히 노동 분업으로 조직되고 도구적 관계로 특징짓는 비즈니스 세계에서 기능적이고 두드러진다. 그럼에도 불구하고

이러한 개념은 이 분야에만 국한된 것이 전혀 아니다.[50]

주관적 카메라가 영화에서 문제에 대한 특정 시각과 관점을 정립하듯, 수사적 연설가의 관점도 실무적 교육, 학문적 연구, 지식의 초점으로 활용될 수 있다. 누리 오르탁(Nuri Ortak)의 연구는 이 접근법이 흥미로운 결과로 이어질 수 있음을 보여주었다.[51] 물론 수사적 관점이 전통연구에 까다로운 방법론적 과제를 제시한다는 점은 부인할 수 없다. 하지만 최소한 이러한 어려움은 다양한 분야의 연구 결과가 화자의 관점에서만 해석되지 않고, 해당 경험적 연구 자체가 이 관점을 바탕으로 계획될 때 발생한다.

6. 대화 화자의 업무와 대화 관리의 수사적 개념

대화의 수사학은 다수의 연설 참여자들이 지속적으로 상호작용을 해야 하는 압박, 구조적으로 내포하고 있는 우발성, 그리고 그처럼 순식간에 지나가는 의사소통 사례들에서 나타나는 낮은 예측가능성의 조건에서, 커뮤니케이터가 성공적으로 의사소통하는 행위의 가능성에 중점을 둔다.

즉 대화의 수사학은 개인이나 집단의 화자가, 여러 화자가 서로 다른 목표를 가지고 능동적으로 참여하는 상황에서 순식간에 벌어지는 커뮤니케이션 사건에서, 성공적인 커뮤니케이션을 스스로 어떻게 확보(화자가 관심사를 방어하고 정립도 할 수 있는지)할 수 있는지를 연구하는데, 이는 고도로 복잡하고 불확실한 상황적 패치워크로 이어진다.

대화하는 화자는 수사적으로 능동적이고 (수사)지향적인 이야기 상대로서 대화 준비와 실행을 위해 세 가지 역량이 필요하다. 수사적 대화에 대한 발전된 학문이라면 이 세 가지 즉 대화 계획, 대화 분석, 대화 관리에 대해 유용한 정의를 내려야 한다. 앞에서 말한 대화적 환경에서 찾을 수 있는 구조적 배경과 관련해, 화자는 언제 발생할지 모르는 상황적인 어려움을 극복할 순발력을 반드시 길러야 한다. 대화의 상황적인 본질 때문에 신속한 분석, 의사결정, 계획과 행동 능력이 포함된다.

이런 맥락에서 수사적 이야기 상대(대화 화자)를 위해 정의할 여섯 가지의 우선과업이 있다. 이 수사적 '공식대담(officia collocutoris)'은 분석적 수준을 정의하므로 임시적, 연속적, 절차적 단계로 이해되면 안 될 것이다.

- 사고(작용)
- 발견
- 프로세스 관찰
- 프로세스 해석
- 행동 계산
- 개입

1) 대화 전 전략적 계산

단련된 수사학자는 커뮤니케이션 프로세스를 실행의 순간이나 실무적 상황의 상호작용 속에서 시작하지 않는다. 완벽한 화자는 항상 사전에 계획하여 의도적으로 모든 맥락적인 조건을 고려하려고 한다.[52] 단련된 화자가 타 참여자보다 결정적으로 인지적 우위를 점할 수 있는 것은 커뮤니케이션 상황 이전의 신중하고 철저한 준비에서 비롯된다고 할 수 있다. 이 준비의 핵심은 항상 전략적인 수신인 계산 예측이다.[53] 전략 개념은 수사적 사고의 중심이다. 그렇다면 이런 맥락에서 전략의 의미는 무엇일까? 필자는 전에 다른 데서 다음과 같이 말한 바 있다.

> 수사적 전략에는 복잡한 커뮤니케이션 상황에서 화자가 생각하는 성공과 효과성 계산이 포함된다. 우선 관련 목표-저항-방법-관계 분석에 집중한다. 이러한 수사적 전략 계산은 예측에 의거한다. 분석적 관점에서 이 계산은 계획층위에서 나타나므로 실제 커뮤니케이션 행위의 일부가 아니다.[54]

<1> 사고 작용

수사학에서 화자가 대화 이전에 반드시 실행해야 할, 온전한 인지적 계산 및 준비활동은 일반적으로 '사고 작용'이라는 용어로 설명한다. 다양한 모든 환경 조건 특히 저항이 예상되는 상황은 반드시 예상되는 수신인과 도구적 계산의 지원하에 고려되어야 한다. 각 대화 장르(취업 면접, 영업, 중재협상 등)와 관련된 기회와 위험을 상대적으로 비교해야 하고, 장르의 가능한 단계적 프로세스나 표준 순차에 대한 지식이 예상행동 계획에 반영되어야 하며, 전략적 고려사항에 기타 참여자 정보가 확대, 통합되어야 한다.[55] 특히 대화 도중 발생할 수 있는, 예측 가능한 위기관리 전략을 고민해야 하는데, 이때 개별 참여자들의 성격을 기반으로 예상반응도 고려해야 한다.[56] 미디어 선정 계산도 현재 계획 단계에서 역할을 한다.[57] 화자는 가능한 일반 전략(갈등, 화해, 고집, 무관심 등)과 상호작용을 위한 가능한 전술(지지부진, 급진적인 선회, 회피 작전뿐만 아니라 칭찬, 공감과 연민 표현, 친밀감이나 유머, 냉정한 현실주의, 도발, 거리 두기, 대립 등의 감정적 전술) 모두를 준비해야 한다. 이 모든 것은 적절성(aptum)이라는 수사적 공준에 따라 실제 대화 파트너에게 맞게 측정되어야 한다.

<2> 발견

수사학에서 발견 단계는 전통적으로 텍스트의 실체를 다루는 첫 과업으로 간주된다. 여기에 화자가 추후에 수행하는 텍스트에서 사용하는 모든 정보, 즉 날짜, 수치, 이름, 인용문, 격언, 표현 작성, 주요 개념 등이 있을 수 있다. 추가로 이 단계에서는 창의적으로 생성한 주요 정의, 상상력을 자극하는 표현 형태, 다양한 테마 초점의 변주 등을 준비한다. 자신의 주장과 함께 가능한 이의와 반박 등도 준비한다.

2) 대화 중 관찰 및 전술적 계산

대화에 들어가면 화자는 실제 텍스트를 수행하는 자신과 만난다. 대화 이전의 전략적 계산은 대화 상황에서 완벽한 연설적 통제의 상실로 위협받는다. 대화에서는 종종 빠른 속도로 차례를 바꿔가며 말하므로 '경쟁' 화자(대화 상대 형태)의 움직임에 신속히 대응해야 한다. 여기서 목표는 대화에서 말할 차례 때마다 적절한 정신적 조정으로 가장 적합한 전술을 찾아 끊임없이 변하는 대화 상황에 적응해 나가는 것이다.[58] 이를 위해 앞에서 말한 분석적으로 필수적인 두 단계가 필요하다. 바로 지속적 관찰 및 대화의 해석, 그리고 후속 단계로 분초를 다투는 개입을 능동적으로 계획하는 것이다. 이러한 단계는 다양한 종류의 대화에서 볼 수 있는 양식과 규칙에 대한 친숙함을 그 바탕에 두어야 한다.

<1> 프로세스 관찰

대화 프로세스의 성공적인 관찰은 대화의 언어학 및 심리학적 요소를 기반으로 한 우수한 분석교육에 달려 있다. 이 교육은 화자가 대화 진행, 위기 국면 및 대화 파트너의 행동과 반응 구조를 인지하고 체계화할 수 있도록 해야 한다. 이 분석에서 최우선 순위는 상황과 일정한 인지적 거리를 유지해 자신의 우위(proterhema)를 점하는 것이다. 지속적인 분석활동을 통해 개별적 참여 때문에 발생하는 정신적, 감정적 손실 정도를 감축해야 하는 것이다. 특히 중요한 것은 자기 모니터링인데, 이는 자가 관찰기법을 토대로 자신의 감정과 사건으로부터 거리를 유지하는 것을 말한다.

<2> 프로세스 해석

대화의 빠른 전개속도를 고려한 관찰법 습득은, 분초를 다투는 대화 프로세스의 해석 능력이라는 점에서 연설적 포인트 분석의 전제조건이다. 잘 훈련된 사건 진단법은 신속한 전술 반영과 밀접한 관련이 있다. 이것은 제대로 된 훈련에 따른 분석적 역량과 경험에 기반한 전문성이, 비전문가들이 "타고난 능력"이나 "직관"의 신호로 여기는, 굉장히 빠르고 자동화된 반응으로 이어지더라도 마찬가지다.

<3> 행동 계산

대화 상황에 대한 수사적 체계화와 해석은 거의 동시에 매끄러운 연설적, 전술적 계산과 부분적인 계획 및 개입에 대한 새로운 계산을 수반한다. 이 프로세스에서 중요한 것은 '침착성', '재치', 혹은 다시 '직관'으로 함축되는 상황적인 창의성의 가속이다.[59] 수사적 관점에서 이 창의성은 대부분 집중적인 훈련의 결과다. 수사적 역량과 마찬가지로, 이는 가능한 상호작용 스펙트럼에 대한 지식을 성공적으로 습득하는 능력(인지적 우위)과 제대로 단련되고 최적화된 대화 준비 능력(준비 우위)에 달려 있다. 또한 대화 상황에 대한 경험적인 우위도 아주 중요하다. 지속적으로 특정한 종류의 대화(예를 들어 영업 프레젠테이션)를 하는 사람은 이러한 대화 유형 경험이 낮은 파트너들보다 우위를 유지하기가 수월하다. 이런 조건에서 상황적, 수사적 창의성에는 양식과 모델의 실체적 상황으로의 신속한 전환, 적용 규칙, 행동 관습 및 성격상 특이성 인지, 신속한 반복현상 평가, 마지막으로 시간에 민감한 방안의 행동 유도가 포함된다.[60]

3) 대화에서 행동하기

남은 것은 대화에서 화자의 중요한 분석 차원의 행동이다. 체계적으로 보면 이런 행동은 커뮤니케이션 파트너들과의 상호작용에 바탕을 둔, 이전의 전략적, 사건 유발적 분석 결과다. 하지만 동시에 화자가 대화 분위기에 휩쓸려

즉각적이고 무비판적으로 행동할 수 있다는 점도 고려해야 한다. 수사학의 엄격한 전제하에 이런 분출은 연설적 통제의 손실을 뜻하며 전략적으로나 전술적으로나 계획되지 않은 것이다. 이 경우 지속적인 대화의 관찰과 해석으로 화자가 이러한 손실의 '보수' 및 보상을 위해 개입하도록 할 수 있다. 화자가 이를 인지하지 못하거나 이러한 요소를 보상하는 데 실패하는 상황은 (수사학적으로) 성공하지 못한 것으로 간주된다.

<1> 개입

이 시점에서 분명한 것은 대화에서 고도로 불확실한 환경은 참여자로서 화자의 수사적 역량에 어려움을 준다는 점이다. 이런 상황에서 수사학은 '커뮤니케이션 위기관리'라는 설명이 정당화될 수 있다.[61] 이것은 수사학 및 설득 지향적 대화(텍스트 작성의 성공 지향적 전략 포함)가, 대화적 상호작용에서 발생할 수 있는 다양한 반응과 이해를 선별적으로 줄이려는 커뮤니케이션 활동으로 불확실성을 줄일 수 있다는 뜻이다. 이런 행동은 수신인의 사고와 감정 모두에 연설 유발적 질서 정립으로 이어질 것이다. 화자에게 결정적인 것은, 커뮤니케이션 철학자 그라이스(H. P. Grice)가 정립한 커뮤니케이션 협력의 규제적 원칙에 대한 노골적인 위반을 피하는 것이다. 독백적인 텍스트 유형용으로 설계된 여러 커뮤니케이션 환경은 화자가 보다 수월하게 임시로 또는 영구적으로 자신의 정신적 질서를 정립, 유지하도록 해준다(예를 들어 방해 받지 않고 긴 주장을 펼 수 있도록 허용함으로써).

반면 대부분의 대화적 환경에서 이 연설적 통제는 훨씬 어렵다. 여러 유형의 대화가 능동적인 행동과 반응, 조종과 반대 조종, 전략적 추정과 전술적 조정에 좌우되기 때문이다. 가끔 화자가 커뮤니케이션 목표 달성을 위해 순식간에 전체 전략을 수정해야 한다. '관리'라는 용어는 대화에서 차례대로 말해 발생하는 이 특별한 도전을 떠맡는 것을 말한다. 대부분의 대화에서 혼란이 생길 때 화자는 능동적으로 상호작용을 중재하는 동시에 대화 파트너의 모순적인 개입에 협력적으로 반응해야 한다. 화자는 통제력 상실에 대해 스스로 보상하고, 대화 장르의 정해진 구조를 수용하며 예측 불가능한 여건에서도 관심사나 전략을 결코 놓쳐서는 안 된다. 이런 관점에서 파트너로부터 긍정적 반응을 유도하고 유발해야 한다. 전반적으로 이 유발이 연설 프로젝트를 향한 모든 대화 참여자의 협력으로 이어지게 해야 한다. 즉 화자는 대화 파트너들이 합의된 노력에 참여하거나 특정 시각을 갖도록 이끌어야 한다.[62]

▶ 연설상의 대화 관리

수사적 사건은 화자가 자신의 관심사를 반영하고 자신의 목표 달성을 위해 대화에 참여할 때 발생한다. 이 경우 연설상의 관리 업무는 그라이스의 '경쟁적 환경하의 협력'[63] 공준을 따르면서도 목표를 설정할 수 있도록 대화를 적절히 중재(조정)하는 것이다. 수사학 이론은 사회적으로 허용되는 방법으로, 영향력 행사가 대화에서도 가능하다고 가정한다. 또한 '중재-유발 결합'이 존재하고 일부 '조정활동'이 특정 반응을 대화 파트너들로부터 유발하리라는 기대로, 화자가 상호작용 계산을 생성할 수 있다고 가정한다.[64] 이런 결론은 요구되는 상황적인 맥락이나 정확도, 적절성 및 의도한 효과의 지속가능성에 대한 언급이 없음을 인정할 수밖에 없다. 하지만 아리스토텔레스까지 거슬러 올라가는 수사학 이론은 화자가 목적성을 갖고 네 가지 방법으로 독백에 개입할 수 있다고 했다. 바로 관계 관리, 합리성 관리(논증), 이미지 관리, 감정 관리다. 대화에서(문답이나 복수 대화에서) 이 관리활동은 다르지만 연관된 수준에서 나타난다. 다음에서는 가장 널리 알려지고 중요한 면만 언급하겠다.

① 관계 관리

대화 참여자의 역할(논의의 편파적 참여자, 비공식적 논의 집단의 비구체적 포지션 부분, 토론 중 논의의 리더, 중재 중 좌장, 대화 쌍 부분, 취업면접 중 지원자)과 무관하게 참여자 자신을 화자로 본다면(또는 간주된다면) 집단 내 관계 유지에 특별한 관심을 두어야 한다. 이미지 관리 개념은 구체적으로 자기지시적인 계산에 집중하지만, '관계 관리'는 차례대로 말하는 대화의 구조적인 제한 속에서 파트너 간의 협력에 초점을 맞춘다. 이 분야의 연구가 이 두 가지 관리를 함께 취급하는 데는 타당한 이유가 있지만, 관계를 유지하는 구체적인 연설적 과제는 연설상의 이미지 관리와 체계적이고 별개로 간주되어야 하는 데는 변함이 없다.[65] 이 분리가 필요한 것은 화자가(프로세스상 행위자로서 의식적으로 행동할 때) 집단적 구성, 기대 역할, 전반적인 집단 내 역할, 자신의 상호작용적 존재감이나 심지어 지배력을 지지하는 대화 상황이 요구하는 여타의 모든 협력 원칙을 간과하면 문제가 될 수 있기 때문이다. 이에 더해 대화의 시스템적 특성은[66] 관계의 네트워크를 시사한다. 그러므로 연설적 개입은 이에 맞추어 마련되어야 한다. 예를 들어 한 명, 혹은 여럿 혹은 모든 파트너에게 관심을 집중할 이유가 있는지를 검토해야 한다. 처음에는 화자가 다양한 대화 파트너와 어떤 관계가 있는지 분명히 파악해야 한다. 관계는 2명 이상의 연결로 구성된다. 이 관계는 직접적으로 상호작용적 계산, 화자의 행동 그리고 특히 기타 참여자들을 대하는 예의에 영향을 미친다. 특정 파트너와의 관계는 생활세계 경험의 영향을 받거나 대화적 상황 자체에서 대두될 수 있다. 따라서 관계 해석은 집단적 화합에 대한 인식에 달려 있는데, 이러한 이해는 전략적, 연설적 계획의 기반을 형성한다. 연결의 종류, 즉 관계의 종류는 참여자 간 연결성을 조절하는 요소와 자신을 일부로 여기는 맥락 허용의 여부로 결정된다. 실제로 이 요소는 주어진 상호작용적 요건에서 참여자들이 인지하고 수용하는(또는 수용해야 하는) 상호작용의 규칙, 권리, 의무, 관행에서 비롯된다.

화자가 통찰력을 도출하는 첫 번째 단계는, 주디 버군(Judee K. Burgoon)과 제롤드 헤일(Jerold L. Hale)이 1984년 정의한 이분법적 포지션에 따라 관계를 분류하는 것으로, 지배 대 항복, 친밀감, 애정/적대감, 통합/분리, 깊이/피상, 개입/신뢰의 강도, 감정적 흥분/평정, 유사성/부동성, 공식적/비공식적, 구체적 업무 역할/일반적인 사회적 지향 등이다.[67] 학제 간 차원 분류학을 바탕으로 지배/복종, 반감/공감, 원거리/근거리의 이분법으로 제한되었던 심리학 3인방의 연구인 바츨라비크, 비빈, 잭슨(Watzlawick, Beavin, Jackson, 1967)을 버군과 헤일이 확대했다.[68] 이상적으로 이 모든 해석의 차원은 발화 행동 수준에서 찾을 수 있는 '관계 집약적 언어 형태 표현'으로 분석적으로 고립시킬 수 있을 것이다.[69] 화자는 이 구조를 자신의 언어적 개입의 출발점으로 활용할 수 있다.

긍정적인 경우, 이것 또는 이와 비슷하게 구성된 관계구조는 화자에게 개입할 기회를 주지만 갈등이 있는 부정적인 경우 개입해야 할 의무를 제시한다. 모든 경우 집단역학 맥락에서의 관계 유지가 화자의 가장 중요한 과제 중 하나이고, 이는 인사의 관례와 같은 예의에서 출발한다.[70] 보통의 경우, 이러한 관리는 갈등과 대립을 피하고 파트너들의 이미지를 보존하며, (개인적 발화양식에서 지배적 행동이나 경솔함을 피해) 협력적인 균형을 유지하고(예를 들어 어색한 이미징을 통해) 신뢰를 약화시키지 않으며[71] 대화 파트너들에게 아무 심리적인 방해도 안 하는 것[72] 등을 말한다. 화자의 역할 접근법은 파트너들에 대해 있어야 할 감정이 부족할 때 대화에서 차례대로 말하는 역할 때문에 어려울 수 있다(예를 들어 화자가 대화를 지배하기 위해 방해를 시도할 경우).[73] 현대의 대화양식 연구는 수사학 기술이 인습과 개별 화자의 행동의 능숙한 조합에 탄탄히 기반해야 함을 분명히 보여주었다.[74]

② 이미지 관리

믿음, 신뢰도, 인정, 수용 등 수사학적으로 중요한 조건들은 대화 참여자들이 화자를 "파트너"로 보는 방식의 영향을 크게 받는다.[75] 이 통찰은 아리스토텔레스 이론에서 중요한 역할을 했는데, 아리스토텔레스는 『수사학』 2권의 도입부에서 연설가의 새로운 특성, 즉 화자의 이미지를 설명하기 위해 '에토스(ethos)'라는 용어를 사용했다. 그러므로 화자의 기존 명성과 화자가 대화 내에서 구축하는 이미지 모두 수사적 성공을 위해 매우 중요하다.[76]

    이미지 연구에 대한 어빙 고프만의 고전문헌을 살펴보면 다음 정의가 나온다.

"체면이라는 용어는 특정 접촉에서 어떤 이가 취했을 것으로 타인이 추정하는 노선에 의해 스스로 효과적으로 얻어낸 긍정적인 사회적 가치로 정의될 수 있다. 체면은 인정받은 사회적 속성이라는 측면에서 스스로 그려낸 이미지이다."[77]

이 정의에서 중요한 것은 고프만이, 화자에게 구축된 "자기 이미지"에 대한 주위 사람들의 평가로 이끄는(어떤 이는 "스스로 효과적으로 얻어내는") 전략적 행동을 제안하고 있다는 것이다. 그러므로 원하는 대화 결과에 도달하기 위해 필요한 긍정적 이미지를 구현할 수 있도록, 가능하면 많은 커뮤니케이션 파트너가 그를 긍정적인 특성을 지닌 사람으로 보도록 설득하는 것이 화자의 목표가 되어야 한다. 화자는 대화 도중에 계속해서 자신의 이미지를 구축, 관리, 유지, 보수해야 하며, 자신의 이미지가 위협받을 수 있는 대화상의 위기가 발생하면 이미지를 재생할 준비가 되어 있어야 한다.[78]

대화 언어학자 베르너 홀리(Werner Holly)는 언어학적 사용을 기반으로 고프만의 접근법에서 결론을 도출하고, 대화 속에서 언어학적 행위의 특정 패턴에 따라 개인 이미지가 구축되는 방법에 관한 질문을 던진다.[79] 이미지 구축은 이미지 형성, 이미지 강화, 이미지 입증의 대화 단위를 사용함으로써 발생한다. 초기에 이런 구조들은 (질문이나 칭찬을 통한) 관심과 공감 표현, 공손한 제안, 초대, 소개, 환영, 비준과 같은 특정 형태의 확인이나 (모든 종류의 인정) 기타 공손한 행동을 포함했다. 고프만과 마찬가지로 홀리도 화자의 이미지에 타격을 줄 수 있고, 연설가 측의 시정조치를 요구하는 위협적인 사건(불손, 무례, 모욕 등)을 연구했다. 이런 시정조치에는 사과, 정당화, 잘못 인정, 공손한 간청 또는 부인 등이 있다. 이러한 연구는 타 연구자들에

의해 더 발전되고 대화 언어학의 영역 내에서 별도로 분리되었다.[80]

③ 합리성 관리

아리스토텔레스의 인지수사학적 접근법에서는 사고 과정(dianoia)이 수사적 활동에서 가장 중요한데, 이것은 사람들이 자주 합리적 이유(rationes)로 설득되기 때문으로, 정교화 가능성 모델(Elaboration-Likelihood-Model; ELM) 이론의 주창자 등 현대 이론가들은 합리성을 정신적 영향력의 '중심 경로'라고 말해왔다.[81] 이런 사고의 이면에는 논리와 합리성이 모두에게 비슷한 방식으로 기능한다는, 부정할 수 없는 가정이 있으며 이 가정 이후에야 합리성의 정도가 높은 설득의 가능성이 나타난다.

논증이론에 기원을 둔 현대 화용 변증론과 그 '비판적인 논의' 모델은 논의상 의견 차 해결을 위해 설계된, 공식화된 규칙성과 발화행위 시스템을 확립함으로써 이 가정을 따랐다.[82] 이와 관련된 것이 '전략적 움직임'의 개념으로, 이는 수사학적 관점을 체계적으로 통합한다.[83] 여기서 중요한 것은 4가지 기준에 기반한 논증전략의 체계적 분석이다.

- 어떤 논의 단계에서 어떤 결과를 얻을 수 있는가?
- 어떤 변증적(대화적) 윤곽과 논의 단계가 어떤 결과로 이끌 수 있는가?[84]
- 어떤 제도적 제약이 주어진 커뮤니케이션 상황에 적용되는가?
- 이 논증적 상황에 의해 어떤 공통 의무와 시작점이 정의되는가?[85]

이 분야 연구는 최근에서야 대화에서 논증이 발생하는 매우 분명하고 구체적인 조건에 집중하기 시작했다. 상호작용의 우연성, 사건의 순간적 속성, 차례 돌아가기, 바로 옆 파트너로 인한 정신적 압박 및 기타 비언어적 요소 등이 이 조건에 포함된다. 이 분야에서 이루어진 사회언어학자 아르눌프 데퍼만(Arnulf Deppermann)의 연구는 아주 흥미롭다. 그는 논증, 특히 일상대화(엄격한 의식 절차의 대상이 아닌 대화)에서 발견되는, 논증에 대한 새로운 경험적 접근법을 요구했다. 이와 관련해 그는 여섯 가지 필요물(desiderata)을 만들었는데 향후 더 발전될 필요가 있다.[86] 논증에 대한 전통적 이론들의 기저에 있는 규범적 접근법에 중요한 비판이 가해지는데, 이 비판에 대해 옹호자들은 대화 과정에서는 실제로 나타나지 않는 이상적인 구조변화에 근거한 대화 분석이 때로는 아무 문제가 안 된다고 주장한다.[87] 그 예시로는 중복정보 삭제, 진술 순서 변경 또는 명확성 부족으로 인한 특정 암시 추정 등이 있다.[88]

이로부터 수사학자가 이끌어낼 수 있는 결론은 무엇인가? 가장 중요한 것은 합리적 전략이 대화 조건(특히 차분한 심사숙고를 방해하는 시간 압박과 통제되지 않는 화자의 변경에 관한) 하에서 유지될 수 있고 유지되어야 한다는 것이다. 이 전략은 주어진 상황의 개연성을 기준으로 측정할 수 있는데, 이 기준에 따르면 특정 주장은 다양한 상황에서 유용해 특히 수사학적으로 효과적이다.[89] 실질적 대화에서는 주장의 응집성과 일관성 모두에 빈틈이 자주 생기는데, 이 때문에 화자는 적극적인 전술 전환과 임시변통을 고려해야 한다. 수사학은 항상 실제 상황 속 자신의 관심사에 대한 주장과 관련되므로, "방해요소(특히 정신적 현실을 다루는 것들)를 없애기 위해 단순화되고, 진실과 올바름에 대한 의지로 합의에 도달할 수 있는 커뮤니케이션적 조건 모델을 상정하는 이상적인 대화 상황을 요구할 수 없다."[90] 그러므로 잠정적이고 임시변통적인 사고, 파편화된 논리, 편향적 판단은 영구적인 고려 대상이어야 한다.

이 모든 것을 통해 화자는 논증적 과정(논리적 구조에 기반한 논의)이 돌아가게 할 수 있고, 주장이나 고집 전략으로 저항(주제에서 벗어나기 또는 대화 중단)에도 불구하고 그 과정이 살아있도록 유지할 수 있으며, 영구적인 논증 투입으로 결론에 도달하도록 시도할 수 있다.[91] 여기서 다루지 않은 것은 인지적 체력문제로, 논증적 공격을 주고받는 과정에서 반대편 화자의 개입을 막기 위해 필요한 정신적 도구와 준비에 대해 살펴본다.

④ 감정 관리

보통 '무드', '분위기' 등으로 부르거나 특정 주제에 대한 특정 감정과 관련해 묘사되는 대화 파트너 사이의 감정조율은 성공적인 대화에서 중요한 역할을 한다.[92] 아리스토텔레스는 화자가 선제적으로 자극하는 방식으로 대화에 감정적으로 개입할 것을 기대했다. 이론학자 라인홀트 슈미트(Reinhold Schmitt)는 심지어 '감정적 참여의 스테이징(staging)'을 언급했다.[93] 이 스테이징의 전략적 하위목표는 특정 주제나 특정 개인에 대해 대화 파트너들의 감정적 친밀감이나 혐오를 만드는 것이다. 감정은 순수합리성과 그에 수반되는 측정할 수 있는 생리적 증상을 넘어선, 세상의 특정 현상에 대한 주체의 친밀감이나 혐오에 영향을 미치는 경험의 주관적 특성과 관련된 정신의 흥분 상태다.

화자는 행위를 통해 "자신과 타인의 감정에 영향을 미칠 수 있고, 반대로 그의 감정도 자신과 타인의 커뮤니케이션 행위에 영향을 미치거나 변화를 가져올 수 있다."[94] 실질적으로 볼 때 영향의 상호 과정은 '감정 발현'(떨림, 창백해짐 등을 통해 생리적으로 또는 웃음 등을 통해 음성학적으로), '감정 해석', '감정의 상호처리 과정'(수용, 면밀한 검토, 이의 제기, 무시 등의 처리전략으로)에 반영된다.[95] 또한 화자는 다음을 사용할 수 있다.

> 커뮤니케이션 행위의 형식적 측면 [… 예를 들어] 감종 촉발의 커뮤니케이션 기능을 가진 관습적인 언어 장치 또는 그런 기능이 있다고 여겨지는 장치. 정서적 속성이 있는 문체상의 장치와 전략으로 여겨지는 장치는 문체론과 수사학 이론의 중요한 대상이다. 이들은 언어적 수단으로 보통 관심, 슬픔, 신남, 고양, 경외 및 이런 감정의 느낌을 생성하길 추구한다. 이 장치들은 구두 커뮤니케이션뿐만 아니라 글로 써진 텍스트의 감정촉발의 순간에도 그 기능을 한다.[96]

필러는 커뮤니케이션에서 감정적 사건의 규제를 돕는 네 가지 규칙을 발견했다.

- 상황의 감정적 규칙: 다양한 상황에서 적절한 감정을 결정한다.
- 발현규칙: 특정 상황에서 어떤 감정이 허용되거나 드러나도록 요구되는 것을 규제한다.
- 상호(correspondence)규칙: 다양한 대화 단계에서 대화 파트너에게 허용되는 감정을 결정한다.
- 부호화(coding) 규칙: 특정 감정과 관련된 정상적인 행위의 레퍼토리를

만든다.⁹⁷

특정 대화에서 연설가는 이와 같은 규칙을 굳히거나 위반하는(주제에서 벗어나기, 충격, 놀라게 하기) 방식으로 행동할 수 있다.

⑤ 주제 관리

앞으로 다룰 보다 전문적인 관리는 앞에서 기술된 모든 관리영역에서 중요하지만, 단순히 체계적 명료성을 위해 분리해 기술했다. 이 전문영역 중 하나는 주제나 테마 관리인데 리사 티툴라는 2001년 대화조종(conversational steering)의 관점에서 이 영역에 각별한 관심을 보였다.⁹⁸

수사학적으로 보면, 테마는 화자가 텍스트 형태의 신호로 커뮤니케이션에 도입하고자 하고, 이것의 발전이나 결론을 위해 때때로 커뮤니케이션 과정에 화자의 적극적인 참여나 자극이 요구되는 인지적 구성체이다. 텍스트와 문장 수준에서의 테마는 그것에 대해 뭔가 말해지는 대상이다. 즉 "테마는 텍스트/텍스트 구절 또는 담화/담화 일부분의 지속적인 주제인, 커뮤니케이션으로 구성된 대상이나 사안이다."⁹⁹ 대화에서 테마는 커뮤니케이션 사건의 일시적 또는 지속적 대상으로, 게르트 샹크(Gerd Schank)는 이를 "핵심 상호작용의 중심에 있는 의도적 대상"이라고 불렀다. 이는 대화 텍스트 내에서 참가자들에 의해 "분명한 말로 표현"되는데 "참가자들이 이것이 관련 있다고 느끼기" 때문이다.¹⁰⁰ 이는 모두 "자신의 커뮤니케이션 경험에 기반해 대화 속 표현이 테마에 속하는지의 여부를 직관적으로 분류"할 수 있다는 사실에 기반한다.¹⁰¹ 이에 더해 다음과 같이 말했다.

대화의 테마는 테마 변화, 테마 시작, 테마 종료 등 테마 범위를 한정하는 절차와 메커니즘에 따라 구성되는 한편, 이 테마의 한계 내에서 생산되는 테마별 과정의 발전으로 실현된다.[102]

테마에 대한 집중은 대화 파트너들의 인지, 감정, 공상(또는 상상)을 일시적 또는 장시간 구속하므로 테마 관리는 가장 중요한 연설적 과업에 속한다. 테마 결정과 테마 통제는 화자가 대화적 상호작용을 조종하는 데 가장 중요한 도구이다. 테마 조종으로 화자는 대화 속에서 자신의 관심사를 유지하고 표현을 통해 관심사를 전달할 수 있다. 또한 테마 도입은 경험적으로 동기 부여될 수 있고 대화 파트너들이 테마를 다루는 방식으로 잘 모르는 대화 파트너에 대한 정보를 얻을 수도 있다.

화자는 미래를 예상하는 계산을 하는 동안 자신에게 "어떤 주제를 왜 꺼낼 것인가?"에 대한 질문을 던져야 한다. 테마는 특정 사안과 관련되거나 특정 청자, 환경, 집단에 맞추어진 것일 수도 있다. 수사학적 관점에서 테마는 항상 "커뮤니케이션의 특정 시장"을 요구하고 항상 화자의 관심사를 (사실에 기반한 사안, 이미지, 감정 차원에서) 지원하도록 기능해야 한다.[103] 보통 위험 부담이 있는 주제는 회피되며, 때로는 대화하는 동안 적극 억제되어야 한다.

테마를 정할 때 화자는 항상 수사학적 주제를 유념해야 한다.[104] 아리스토텔레스에 의하면 주제는 "보편적으로 받아들여지는 견해에서 우리 앞의 특정 문제에 대해 생각하게 해주는 수단"을 제공한다.[105] 저서 『수사학』에서 그는 토포스를 논증에 효과적으로 통합될 수 있는 보편적인 명제로 묘사했다.[106] 담화 특유의 주제가 있으므로 (샹크에 의하면 "집단 테마와 집단 특성의 고정관념"[107]) 잘 훈련된 화자는 어떤 대화에 대해서도 주제 테마의 적절한 레퍼토리를 구성하고 대화에서 이것을 임의로 도입할 수 있을 것이다.[108] 한편 주제 테마는 필요하면 자발적으로 대화에 도입될 수 있다. "사회적 상황에서 성공적인 커뮤니케이션은 이 테마 레퍼토리의 숙달에 달려 있다."[109]

관리능력은 테마의 대화 도입뿐만 아니라 테마 발전을 위해서도 필요하다. 이때 테마의 분할, 연상, 포섭, 구성이 일어난다.[110] 대화 전체에 하나의 테마를 사용하는 것이 자신의 목적에 가장 부합하는지 또는 여러 무작위적 테마가 대화 속에 개입 없이 등장하도록 두는 것이 더 부합하는지는 전략의 문제이다. 그러므로 화자는 대화 이전과 대화 도중 다양한 상황에서 어떤 테마가 유용할지 고려해야 한다(테마 전술). 대화의 보편적 단계(서론, 본론, 결론)를 살펴보면 모든 테마가 모든 단계에 적절하지는 않다는 점은 분명하다. 높은 친밀도의 테마는 일반적으로 첫 대화 초반에 제시하기에는 너무 위험할 것이고, 가벼운 이야기 테마는 대화 시작 단계에 사용하기에 무방하겠다.

화자가 자신에게 중요한 테마를 대화에 효과적으로 도입하려면 기술이 필요하다. 화자는 지적인 연결기술과 테마적 다리놓기와 같은 연상기술 감각이 있어야 한다. 대화 연구는 대화에 테마를 도입하는 데 질문하기와 메타커뮤니케이션의 역할을 강조해왔다.[111] 사고의 수사적 표현의 무기고(비교, 암시, 인용, 일반적인 문장 등)도 이런 면에서 가능성을 제공한다. 또한 테마의 서술적 처리는 (적절한 예시 사용, 중요한 일화, 감동적인 이야기 등을 통해) 연설의 관심사를 발전시킬 수 있다.

⑥ 표현(표현 생성) 관리

전통적으로 수사학은 수사학적 표현원칙과 표현기술 등 성찰적 언어화와 텍스트 표현기술에 대해 별도의 체계적 고려를 해왔다.[112] 이 주제에 대한 최신 연구도 '어휘적 다양성', '언어강도', '말하기 양식 구성요소의 힘'에 각별한 관심을 기울여왔다.[113] 그러므로 화자가 대화 내 텍스트 생산이라는 특수 조건하의 표현 가능성에 신중을 기하는 것은 당연하다.[114] 이런 고려는 단순히 대화에서 주제를 불러오는 것에 대한 것만이 아니며, 오히려 화자가 언어적 자기관리에서 대화 파트너의 언어적 행동에 영향을 미칠 수 있는 고려사항과 행동으로 이행할 수 있어야 한다. 언어와 참가자 사이의 전반적 연관성은 여기서 구체적으로 강조될 필요는 없다.[115] 그러므로 화자는 자신의 표현을 통제할 뿐만 아니라 (예를 들어 자신의 표현에 항상 신중하기, 적절한 언어 사용하기, 중심개념에 대한 창의력 발휘하기, 언어적 복잡성을 집단 맥락에 맞추기) 집단의 전반적인 스타일에 영향을 미치는 것도 중요하다.

화자의 관점에서 '스타일'이라는 용어는 텍스트 글 기저의 일관된 원칙들을 정의하는 텍스트화 전략과 연관되어 탄생했다. 하지만 당시 연구자들은 더 보편적으로 커뮤니케이션의 중요 요소로서 스타일의 '통합적 힘'을 인식하게 되었다.[116] 그러므로 공통의 표현 스타일에 대해 그룹에서 협력한다는 것은 의미론 및 집단역학의 양면에서 일관성의 문제를 다루는 것도 의미한다.

공식/비공식, 참여도 등의 해석의 틀을 제안하는 것 외에도 스타일은 정체성을 나타내거나(또는 정체성 기인을 촉발하거나) 특정 집단에 대한 충성을 나타내는, 잠재적으로 문화적이거나 하위문화적인 구체적 상호작용자원으로 활용될 수 있다

(Gumperz 1983, Tannen 1984 참조). 주고받는 말 속에서 우리는 말하기 스타일과 대화 스타일을 구분해야 한다(Sandig/Selting 1997, 5쪽 참조). 이때 '말하기 스타일'은 주고받는 말 속에서 말하는 방식, 예를 들어 어휘 의미론적, 통사론적, 형태 음소론적, 음성학적, 운율적 단서를 광범위한 의미에서 말하기의 수사학적 구조와 결합시키는, 상호작용적으로 의미 있는 방식을 나타낸다. 반면 '대화 스타일'은 참가자들이 여러 상황에서 대화를 조직하는 반복적 방식을 나타내는데 여기에는 말하기 스타일의 사용과 변화(교체) 및 대화에서 차례가 돌아가는 (복합)활동/행동과 주제 및 양태 표현(modalities)을 조직하는 다양한 방법이 포함된다(Tannen 1984 참조).[117]

⑦ 실행 관리

관리의 중요한 영역 중 마지막은 실행 관리이다.[118] 수사학의 보편적 이론에서 이 개념은 제시, '보여주기', 텍스트 스테이징과 관련된 커뮤니케이션의 모든 구성요소를 말한다.[119] 자기관리 아이디어는 여기서도 중요하지만 유일한 고려사항은 아니다. 또한 실행은 중간 틀 전체를 나타내는데 특히 제스처, 얼굴표정, 목소리 패턴 등 커뮤니케이션의 비언어적 측면을 드러내며 다음을 포함한다.

(1) 정서 표시(감정 표시), (2) 조절자(regulator) (대화흐름을 관리하는 제스처), (3) 설명자(illustrator) (발언을 동반하며 발언의 의미를 보충, 수정하는 제스처), (4) 엠블럼(단어를 대체할 수 있는 상징적 제스처), (5) 적응자(adaptor) (긁기, 문지르기, 훌쩍이기, 트림하기 등 정신적, 육체적 불편 완화를 위해 개인적으로 수행되는 행

동)¹²⁰

이런 다양한 수단을 관리함으로써 화자는 적극적 논증(인정이나 반대 의사의 비언어적 표현)으로 자기 이미지 구축(예를 들어 지배의 자제를 발휘해)과 대화의 일반적인 감정적 조건(예를 들어 미소를 지으며 대화 파트너 쪽으로 몸을 돌려 분위기를 개선함으로써)에 영향을 미칠 수 있다.¹²¹

3부

Rhetoric of Verbal Texts

언어 텍스트의 수사학

MODERN
RHETORIC

6장

중세의 역사서술 방법으로서 수사학

역사 서술 텍스트는 사실과 관련 있다. 이러한 이유로 아리스토텔레스는 『시학』 9장에서 이 텍스트의 철학적 성과는 시보다 적다고 했다. 역사 편찬은 이해의 표준적인 의사소통의 틀에 국한된다. 이 때문에 키케로는 역사 서술 텍스트 구성을 수사학자의 업무로 규정하였다. 동시에 키케로의 이러한 규정은, 그가 사실적 히스토리아(factual historia)에서도 발견되는 '당파성'이나 '편견'을 확신했음을 분명히 드러낸다. 생활세계에서 텍스트는 항상 기능적이며 저자는 늘 특정 방향성을 일정 부분 제시하는데, 수사학자들은 이 요소 전체를 일컬어 '메시지'라고 부른다. 역사 서술은 현실세계의 사실에 구속되지만, 시간이 흐르면서 사실에 대한 가용정보는 모호해지고 파편화되어 해석이 필요해진다. 해석하는 순간, 연대기 편찬자는 수사적 연설가가 되며, 마찬가지로 발표 형태에 대한 의사결정을 내리는 순간, 수사학자가 된다.[1] 그렇게 함으로써 그는 여타 글쓰기와 대비되는 형식을 택하는 동시에 자신의 텍스

트에 지향성을 부여한다.

1. 연대기는 과거 흔적을 기념한다

과거는 그것이 언급되는 시점에는 항상 이미 종료된 것이다. 살아있는 사람들은 역사적 사건이 남긴 흔적을 읽어야 과거를 관찰할 수 있다. 과거 사건의 흔적은 항상 현실의 그림자 이미지일 뿐이지만 과거 사건에 대한 지식의 유일한 원천이기도 하다. 역사 연구는 이 흔적에 대한 해석을 포함하는데 흔적은 둘로 분류될 수 있다.

첫째는 진본(authentic)이자 직접적 흔적(문화적 유물, 기념비, 문서 등 원재료 플랫폼으로 간주되는 모든 것)이고 두번째는 기념된 흔적이다. 수사학자로서 후자 형태의 역사적 자료가 우리의 관심을 가장 끈다. 기념된 흔적은 이전 세대가 이미 해석한 과거의 흔적이며 텍스트에서 가공되어 암호화된 것이다. 역사 서술, 즉 지나간 사실을 과거 사실로 재구성하는 모든 명시적 저작은 여기 속한다. 오늘날 우리가 이 저작을 해석한다는 것은 이미 문화적으로 해석이 완료된 흔적을 해석하는 행위다.

역사 서술에 대한 가장 오래된 명시적 이론은 키케로의 『연설가에 대하여(De Oratore)』 제2권에 등장한다. 18세기까지 '히스토리아(역사 서술)'에 대한 이론적 성찰은 수사학 소관이었다.[2] 키케로는 히스토리아(historia)의 텍스트는 사회적 기억의 실재 생활형이고 연설가의 수사적 과제는 이 특정 텍스트상의 생활형을 만드는 것이라고 했다("historia est …; vita memoriae 기억을 생생하게 만드는 것").³ 이에 따라 키케로는 역사 서술 개념을 자료 저장의 일환으로 정리했다. 키케로는 저서에서, 텍스트에서 과거 흔적(오늘날 역사적 자료라고 부르는 흔적)을 다루는 데 아주 다른 텍스트적 절차가 있음을 분명히 했다.⁴ 이 과정에서 그는 암호화 자유 원칙을 언급했는데, 이는 역사 서술가가 명료함과 생생함을 창출하기 위해 (예를 들어 양식화된 연설이나 묘사 등을 활용해)독립적으로 역사적 사건을 문학적으로 구성하는 것을 허용한다는 원칙이다.

역사 서술가들은 과거의 기호학적 재현을 다룬다. 과거의 모든 '사건'은 오늘날 기호로만 표시된다. 우리는 과거의 복잡한 구조를 줄여든 흔적들로부터 결론을 도출하고, 그 흔적들로부터 머릿속 가상현실을 생성하는 새로운 텍스트를 만들어 재구성한다. 가상현실은 과거에 실재했던 복잡한 현실을 재구성한 것이다. 이에 따라 키케로는 『연설가에 대하여』에서 히스토리아의 텍스트는 과거 메신저("historia est…; nuntia vetustatis 옛날의 소식")라고 했다.⁵

2. 역사적 관찰의 세 가지 양상

오늘날 우리가 오래된 역사 서술물을 관찰할 때면, 다른 원천 텍스트의 도움으로 과거를 텍스트로 재구성해 과거에 그런 흔적이 어떻게 관찰되었는지 알 수 있다. 그 경우, 우리는 2차 관찰을 하는 것이다. 과거의 특정 관찰법에 대한 우리의 현대적 관찰을 논하거나 중세 시대(즉 역사 서술)의 흔적이 다루어진 상세한 방법을 논할 때, 우리는 수사학이라는 문제에 근접하기 시작한다. 하지만 그 전에 중요한 구분을 지어야 한다. 키케로가 '진리의 빛'('역사는… 진리의 빛 historia est…; lux veritatis')을 히스토리아 정의의 한 기준으로 제시했을 때, 그는 자료 타당성의 원칙을 의미했다. 이 원칙은 이전 시대 사학자들이 준수해야 할 의무로 느꼈다.[6] 현실적으로 이 원칙은 '원천 타당성' 원칙으로만 사용되었다(원천 신뢰 Quellentreue). 당시 자료의 타당성을 입증할 '비평적' 방법이 없었기 때문이다. 원천 타당성의 원칙은 역사 서술가들의 세부 업무를 설명하는데 그들은 기호 외적 현실의 암호화로 인지하는 안전한 자료나 정보를 찾아 새로운 텍스트에 포함시키려고 한다. 사학자들에게 이 자료는 과거 현실에 대한 무오류의 재구성을 의미한다. 언어이론과 관련해 역사 서술가들은 언어의 재현적 기능(모사 기능 Abbildungsfunktion)에만 집중하는데 그들에게 텍스트는 현실 이미지를 반영한다. 오늘날 회의적인 사학자들은 이와 달리 (최소한 역사 서술물에서 발견되는 기념 흔적과 관련해) 이미 텍스트로 축소된 현실 이미지를 다시 텍스트로 축소한 이미지를 다루고 있음을 인정한다. 이런 시각의 사학자들은 기호 외적인 복잡한 현실, 텍스트 바깥의 과거 세상에 대한 최종 참조는 결코 완벽할 수 없음을 인정한다. 과거 질문과 관련해 우리는 담론세계 내에 있어야 한다. 하지만 현대 사학자들은 과거에 대한 자신의 이론을 더 탄탄히 뒷받침할 역사적 흔적 탐색에 고도로 복잡하고 다양한 방법(예를 들어 고고학적 방법론 등)을 활용한다.

과거를 재구성할 적에, 우리는 다양한 텍스트의 세계로 진입해야 한다. 그럼에도 이 텍스트의 지위는 시대에 따라 달라진다. 우리는 텍스트의 사실성을 논하고 중세의 역사 서술처럼 암호화에서 높은 수준의 자유도를 채택하더라도 자료-타당성 자료를 부여한다. 반대로 시와 같은 텍스트의 허구성을 논할 때 암호화의 자유뿐만 아니라 자료-타당성으로부터의 완전한 자유도 부여한다.[7] 체계적인 텍스트 비평의 현대적 관행은 텍스트의 사실 또는 허구를 결정하는 데 도움을 주며, 이 비평에는 원천에 대한 교차조사가 포함된다. 모든 사실적 자료는 모순 없이 진본(authentic 고고학적, 외교적 원천)이나 기념된 흔적(역사 서술 원천)의 체계적 연결망에 통합될 수 있어야 한다.

일반적으로 궁극적인 목표는 사실의 '재구성'인 해석적 1차 관찰이다. 이 관찰로 역사적 자료가 (살아있는) 우리에게 t1이라는 시간(44 B.C 3월 17일)에 발생한 x사건(예를 들어 카이사르 암살)의 재구성을 가능하게 해준다고 가정한다. 또한 기념된 흔적은 우리가 암호화에 대한 관찰이라고 부르는 2차 해석적 관찰을 하게 해준다. 카이사르 사건을 예로 들어 t2라는 시점에 (1143년, 오토 폰 프라이징(Otto's von Freising)의 연대기(Chronica[8])), t1이라는 시간에 발생한 x사건에 특정 텍스트 구조가 부여되었는지 알고 싶은 것이다.

언어이론과 관련해 이러한 2차 관찰은 항상 언어의 재현적 기능을 다룬다. 연대기는 사실적 진술의 확언 발화로 간주된다. 3차 관찰로 한계에 더 들어가면(메시지 관찰) 완전히 다른 수사적 관점에 이르게 된다. 이 관찰은 세 번째 형태의 흔적에 집중하는데, 이는 바로 텍스트 생산의 흔적이다. 애당초 수사학은 생산이론에 1차적으로 기울어 있었기에, 텍스트가 어떻게 생산되고, 왜 그렇게 생산되는지에 초점을 맞춘다. 역사 분야의 수사 연구와 관련해 이것은 모든 개별적인 경우에 대해 텍스트 생산의 구체적 조건을 질문하는 것이다.

3. 분석 수사학은 의사소통 행위를 살핀다

분석 수사학은 텍스트 자체를 해석하지는 않는다. 오히려 특정한 전략적 의도가 있는 저자나 연사로부터 시작된 의사소통 행위나 프로세스를 해석한다. 수사적 연구의 초점은 텍스트의 의사소통 전략상 기능이다. 수사학자는 역사 서술 텍스트를 과거에 대한 누군가의 진술로 간주하지 않으며 오히려 누군가의 의사소통 행위로 파악한다. 따라서 수사학은 오토 폰 프라이징이 x사건에 대해 t2 시점에서 어떤 역사 서술적 진술을 했는가를 묻지 않는다. 대신에 수사학은 오토 폰 프라이징이 x사건에 대해 t2 시점에서 역사 서술적 진술로 어떤 전략적 의사소통을 했는지를 묻는다.

이론적 배경 설명을 위해 우선 화행이론의 선구자적 저서인 존 오스틴의 『말과 행위(How to Do Things with Words)』를 인용하겠다. 이 책 제목은 여기서 쟁점인 텍스트적 수사 유형 안내서로 간주될 수 있다. 오스틴은 다음과 같이 말했다.

> '진술'의 기능이 특정 상태를 '묘사'하거나 '특정 사실을 진술'하는 것뿐이라고 철학자들은 너무 오랫동안 가정해왔는데, 이것은 참 또는 거짓 중 하나일 것이다. 종종 문법학자들은 모든 '문장'이 진술을 만드는 데 사용되진 않는다고 지적해왔다. […] 질문, 감탄, 명령, 소망, 양보도 있다는 것이다. […] 진술처럼 보이는 많은 발화가 사실에 대한 직접적인 정보를 기록하거나 전달할 의도가 전혀 없거나 일부만 그런 의도가 있다는 생각이 보편화되었다. 예를 들어 '윤리적 명제'는 어쩌면 감정을 피력하거나 행동을 처방하거나 특별한 방법으로 행동에 영향을 미치려는 전적인 혹

은 부분적인 의도가 있을 수 있다.[9]

여기서 오스틴이 언어철학의 실용적 전환으로 상정한 것은 수사학자들에게 2,500년 동안 내려온 불문율이었다. 즉 언어는 단순한 사실만을 재현하는 것이 아니라 행동도 항상 함께한다는 것이다. 그럼에도 수사학 이론은 이 진술의 수정을 요구한다. 언어가 말하도록 하고 언어로 의사소통 행위를 하는 '대상'이 항상 있다. 마찬가지로 의사소통 그 자체는 언어를 수반하지 않으며, 언어로 이루어진 텍스트의 구성에 달려 있다. 텍스트는 구체적 의사소통 행동의 주창자이다. 따라서 커뮤니케이터가 단순히 텍스트로 뭔가를 묘사하는 것이 아니고(지식적 기능) 동시에 '행동'한다(실용적 기능)고 할 수 있다.[10]

특정 수사적 관점은 항상 커뮤니케이터가 의사소통 속에서 텍스트를 전략적으로 도구화하는 데 초점을 맞춤으로써 최소한 두 가지 요소인 사안(정보)과 의사소통적 주제(메시지)를 다룬다. 나아가 의사소통을 위해 저자는 텍스트성과 암호화의 기호적 조건을 다루는 자신만의 방법을 정립해야 한다. 텍스트의 수사적 요소가 의도된 의사소통 방식의 성패를 좌우한다. 이 모든 것을 고려하면 여전히 텍스트성과 의사소통이라는 이론 분야를 구분해야 한다. 우리는 물려받은 모든 기록된 텍스트를 각자의 가상세계로 인지해 읽을 수 있다. 하지만 텍스트는 저절로 작성되지 않는다는 것을 우리는 안다. 따라서 상황적 의사소통 세계에서 저자가 이야기한 것으로 가정하는 것이 합리적이다.

일반적으로 이런 현상은 순수 기호학적 사실주의에 기반해 작업하는 역사학자, 심지어 문학사를 다루는 학자에게는 문제가 안 되지만, 관심이 1차

텍스트에만 국한된 텍스트 이론가에게는 분명 문제가 된다. 수사학자는 텍스트성과 의사소통의 이론적 연결성을 주장해야 한다. 커뮤니케이터로서 저자(Autor)의 생산적 행동과 그의 텍스트 연관성을 찾아야 한다. 이 과정에서 커뮤니케이터를 이론적으로 세 위격(hypostases; 이를 커뮤니케이터-기능이라고 부름)으로 나눌 수 있다. 이를 통해 하나의 동일한 프로세스에서 세 가지 층위에서의 텍스트적 의미를 만든다. 서로 다른 이 기능들은 〈그림 5〉와 같다.[11]

저자		텍스트	
커뮤니케이터 -기능	뷜러 / 야콥슨 언어의 기능	모리스(Morris) 기호학적 텍스트 - 수준	텍스트 - 의미 차원
정보제공자 (Informer)	재현 (representation) / 지시적, 정서적	의미론	정보 (언어의 문법적, 체계적 의미)
표현작성자 (elocutor)	표현 / 시적, 메타언어적	통사론	구조적 가치 (심미적 의미)
연사 (orator)	호소 / 의욕적, 의례적	화용론	메시지 (수사적 의미)

〈그림 5〉 의사소통-이론과 텍스트-기호학 모델의 기능 및 수준의 상관관계

4. 텍스트의 세 가지 수사적 제스처:
오토 폰 프라이징의 『연대기』와 『황제연대기』

뜻이 통하는 방식으로 텍스트와 해당 역사적 상황의 전반적인 의사소통 환경을 연관시키기 위해 분석 수사학은 각 개별 텍스트를 다룰 수밖에 없다. 역사 서술자는 자신의 텍스트에 자료와 정보를 암호화한다. 그는 이 텍스트에 특정 구조를 부여하고, 해당 텍스트에는 그가 내재화한 메시지가 있다. 후자는 수사적 분석에서 결정적이다. 텍스트의 의사소통 기능과 수사적 행위는 텍스트가 전달하는 메시지에 포함되어 있기 때문이다.

화행(발화-행위)론이 단일 문장과 관련해 상정하는 것은, 수사학이 텍스트 전체에 혹은 부분적으로 적용되어야 한다는 것이다.[12] 텍스트-행위에 대해서도 비슷한 이야기를 할 수 있으나, 개인적으로 '텍스트의 제스처'라는 표현을 선호한다. 텍스트나 텍스트 섹션의 수사적 제스처의 결과로 텍스트에는 항상 메시지가 엮여 있다.

게스투스(Gestus)라는 용어는 실행의 전통적 수사학 이론에서 사용하는 기술적 용어로 종종 연기술(actio)로 불린다. 이 이론은 연설가가 자신의 텍스트적 개념을 연설 도중 행동으로 옮기는 방법을 다룬다. 따라서 우리의 맥락에서 제스처는 '방향성 측면'[13]이나 화행론이 '발화수반 방식(illocutionary mode)'이라고 부르는 것과 비슷하다. 텍스트에는 기본적으로 세 가지 수사적 제스처가 있다. 즉 명령, 타당성 확보를 위한 주장 구성, 평가다. 이 세 가지 수사적 제스처는 텍스트에서 발견되는 기본적인 수사적 동작인데, 항상 텍스트 바깥의 의사소통 조건과 어떻게든 상관관계가 있어야 한다.[14]

히스토리아의 텍스트 구성에서 연설가는 이 수사적 제스처를 모든 서사학적 층위에서 전개할 수 있다. 제라르 주네트에 의하면 이 층위는 '스토리'나 플롯(histoire), 텍스트성(discours narratif), 의사소통(narration; '생산적 서사행위' 텍스트 내부 혹은 외부에 존재)을 포함한다.[15] 이것을 설명하기 위해 오토 폰 프라이징이 라틴어로 쓴 연대기(Chronica sive historia de duabus civitatibus, 1143-1146년 집필)와 독일어로 쓴 황제연대기(Kaiserchronik, 대략 1147-1172년)에 나와 있는 카이사르 암살사건의 다양한 수사적 구조를 조사하고 비교해보겠다.[16]

1) 지시

지시적 제스처에는 두 가지 방안이 있다. 첫째, 사안 지시(Sachinstruktion)로, 저자가 사실에 대한 특정 규정에 근거해 구체성(Derartigkeit)을 구성한다.

저자는 사건의 이러한 판본을 유일한 사건 해석 방법으로 제시하고 그의 서술이 불가피하다고 주장한다. 의구심에 대한 고백(confession of doubt, 제시된 바와 사실이 다를 수 있음을 인정함으로써)은 예외의 경우다. 이런 지시를 다룰 때 수사학의 관심은 사안 지시에서 역사 서술가들이 사용한 구체적 기술에 있다. 두 번째 방안은 행동 지시(Handlungsinstruktion), 즉 행동에 대한 요구('당신은 행동해야 한다')로 텍스트에 의거한다('당신은 이렇게 행동해야 하고 이것이 유일한 방법이다').

이 사례에서 사안에 대한 지시는 율리우스 카이사르와 카이사르 시대(기원전 1세기) 로마제국의 상황을 다룬다. 본질적으로 연대기 편찬자는 두 가지 절차를 통해 역사(histoire) 수준에서 사안에 대한 구체적 지시를 달성한다. 첫째, 연관 있다고 생각하는 개인적 자료나 사실을 선택한다. 이용 가능한 다양한 자료 중 오토 폰 프라이징은 카이사르를 '훌륭한 덕(vir bonus)'으로 특징짓는 사실을 택한 반면, 로마인을 부패하다고 특징짓는 사실을 택했다. 또한 이탈리아 내전 상황과 카이사르가 튜턴족과 긴밀했음을 강조하는 사실을 택했다. 이와 대조적으로『황제연대기(Chronicles of the Emperors)』는 카이사르의 모든 결정적 행동은 게르만의 도움을 받아 이루어졌다는 인상을 주는 정보를 택했다. 심지어 텍스트는 카이사르가 게르만에서 왔다고 분명히 밝히고 있다.[17]

지시의 두 번째 절차는 암시 '전개'와 관련 있는데 다양한 원천에서 취합된 개별 정보와 새로 추가된 정보에 대한 암시와 영향을 고찰한다. 이러한 역사적 암시는 이후 독립적으로 정리, 발전시킬 수 있다. 오토 폰 프라이징이 간단명료하게 카이사르가 모든 민족 중 가장 호전적인 게르만족마저 격파했다고 적은 것은, 스와비아, 바바리안, 색슨, 프랑크족 4개의 주요 게르만족을 함축적으로 언급한『황제연대기』의 저자에게 원천정보를 제시한 것이었다('카이사르의 오래된 관계들').[18] 결과적으로『황제연대기』는 장문의 여록을 통해 이 민족을 소개하고 있다. 이 두 가지 절차의 도움으로 각 저자들은 카이사르의 세상과 관련해 사안에 대한 구체적 명령을 잘 제공하였다.

원하는 대로 텍스트를 전략적으로 구성하는 기술은 고대 삼학(trivium)의 문법학자들이 가르쳤다. 좋은 사례로 중세의 가장 유명한 시-수사학(poeto-rhetoric)이 있으며 1,200년에 담화의 수사이론을 정립한 빈소프의 제프리(Geoffrey of Vinsauf)가 문장을 재구성해서 쓴 '새로운 시(Poetria nova)'를 들 수 있다. 문법학자 제프리는 텍스트 선택의 다양한 모델을 제시해 동일 주제로부터 다양한 텍스트 버전을 구성할 수 있음을 보여주었다.

텍스트에 존재할 수 있는 행동에 대한 지시는 연대기의 청자나 독자에게 향한다. 이 지시는 다양한 형태가 가능하다. 연대기 작자가 텍스트 수준에서 명확한 지시를 직접 내리거나 스토리로부터 행동규칙을 도출하는 것이 대표적 예다. 이런 실용적인 암시가 없다면 우리는 장르로서의 연대기가 전반적으로 어떤 행동명령을 할 수 있는지 물어야 한다. 연대기는 통치자를 위한 지시의 집합을 제시하는가? 『황제연대기』는 통치자의 삶을 추적하는데 '군주의 거울(Fürstenspiegel)'로 읽을 수 있다. 즉 왕자 교육을 위한 교훈적인 작품이다. 이 경우 카이사르의 일생에 대한 기술은, 모델을 모방하는 방식의 학습을 위해 완벽히 사용되었을 수 있다.

2) 타당성 주장 구성

타당성에 대한 주장을 구성할 때, 저자는 한 사건이 사회적으로 타당하거나 행동이 정당함을 확인하려고 한다. 중세 연대기는 항상 법률적 명령 형태로 이해될 수 있다. 권력의 태동과 본질, 법률적 구조는 역사 수준에서 자세하고 분명한 방식으로 표현된다('이런 방식으로 해야 하며 다른 방식이란 없다'). 삶의 정점에서 카이사르는 전 세계의 유일한 통치자가 되어 게르만 국 로마황제의 전형이 되었다. 이 지위와 전형에는 어떤 타당성이 있는가? 두 연대기 모두 그렇다고 주장한다. 카이사르는 최고 덕목을 갖추었고 그것을 전쟁터와 정치 모두에서 보여주었고 그의 덕목은 궁극적으로 황제가 됨으로써 보상받았다는 것이다. 덕목의 중요성을 간과하자마자 야만인의 결점이 드러나고 카이사르는 암살당했다. 또한 그는 게르만족에게 선물을 선사했다. 타락하고 부패한 로마에서 충성스러운 튜턴족의 도움 덕분에 권력을 잡았고 (『황제연대기』에 의하면 그의 군대는 게르만인과 로마인으로 구성되어 있었다), 처음부터 로마황제의 권력은 게르만족의 손에 달려 있었다. 카이사르의 문학적 세계에서 카이사르와 게르만족은 황제 통치권을 얻기 위해 충분히 함께 노력했다고 볼 수 있다.

해설 방법을 통해 히스토리아는 특정 모델과 관련하여 타당성에 대한 명백한 주장을 할 수 있다. 더욱이 저자는 여타 명시적인 방법으로 타당성에 대한 주장을 텍스트 층위에서 할 수 있다. 카이사르 이야기에서 의도적으로 배치된 주석은 서사와 텍스트의 논쟁적 상부구조를 능숙하게 연결한다. 『황제연대기』는 권력의 정점에서 '젊은 청년' 카이사르가 "모든 제국을 독차지한 것에 얼마나 기뻤는지" 말하고 있다.[19] 결과적으로 코마는 폐하를 부르는 호칭으로 '군주의 복수(pluralis maiestatis; 독일어 Ihrzen, 라틴어 vobisare)'를 도입하고, 단수의 구어체로 된 호칭(독일어 Duzen, 라틴어 Tuitare)을 포기했고, 심지어 게르만에서도 "다방면으로 나누어져 있던 기존 권력을 이제 그가 홀로 독차지했기 때문에" 포기했다.[20]

이 시점에서 이야기가 중단되고 주제에서 벗어나 성서 속 다니엘의 꿈과 관련된 우화를 비롯한 긴 부록으로 넘어간다. 다니엘의 꿈에 등장하는 4마리 동물은 4개 제국을 뜻한다. 세 번째 동물인 돼지가 "친애하는 율리우스 카이사르를 의미한다"라고 설명한다.[21] 돼지는 우화적으로 매우 상세히 묘사되며, 이후 이와 대조적으로 카이사르 암살은 몇 개 단어로만 설명이 끝난다.

오토 폰 프라이징은 비슷한 양식을 따랐다. 그도 카이사르의 이야기를 (4개 제국을 포함한) '세속도성(세상의 국가(civitas mundi)'가 종속된 파도와 같은 움직임에 대한 이론을 발전시키는 논쟁적 문단으로 마무리 짓는다.[22] 궁극적으로 그는 이 고려사항을 곧 있을 예수 탄생에 대한 고지로 연결 지었다. 단 몇 문장 전에 오토 폰 프라이징은 키케로가 카이사르에 대해 "신과 비슷했다"라고 한 말을 인용하고 추후 사도 바울을 인용해 태어날 예수를 진정한 평화의 통치자로 지목했다.[23] 카이사르의 통치와 예수의 논쟁적 연결성은 의식적으로 구성되었으며 『황제연대기』와 마찬가지로 오토 폰 프라이징은 세속적인 히스토리아를 구원의 역사(historiasalutis)인 성경과 연결 지었다. 이 연결성은 오토 폰 프라이징의 유형분류적 생각 무늬(figura-thought)가 원인이며 이 사고에 따라 게르만 로마황제들은 비슷한 관계 속에 자신을 놓아 왕위 주장을 정당화하기 위해 각자의 선황제를 언급했다. 세속적인 '카이사르 모델'에 대한 타당성 주장은 성경의 불가역적 권위를 참조해 뒷받침함으로써 신의 지위를 빌린 것이다.[24]

상위 권위에 대한 호소는 『황제연대기』의 돼지 비유에서 분명히 나타난다. 여기서 카이사르의 행동과 그가 이룬 제국의 지위는 성서의 동물 신체에 은유되어 특별한 방식으로 정당화되었다.

Daz dritte ain fraislich eber was,
세 번째는 끔찍한 돼지였다
Den tiurlîchen Juljum bezaichnenet daz.

이것은 고귀한 율리우스를 상징했다

Der ebir zehin horn truoc,

돼지는 10개의 뿔이 있어

Mit ten er sine vîande alle nidir sluoc.

모든 적을 물리쳤다

Er zebrach al daz er ane quam

누구든지 접근하면 부수고

Unde zetrat iz undir sine klawen

발톱으로 짓밟았다

Jûlius betwanc alle lant.

율리우스는 모든 나라를 정복했고

Sie dienden alle sine hant.

모두 율리우스를 받들었다

Wol bezeichenet uns daz waltswin

돼지는 우리를 잘 설명한다

Daz daz riche zuo Rôme sol immir vri sîn,

로마제국이 영원히 자유로울 것임을

(『황제연대기』 571~578행)

두 연대기에서 타당성 주장은 카이사르의 통치에 국한되지 않고 텍스트와 연대기 자체를 위해 구성되었다. 반복하지만 권위에 대한 언급은 매우 중요하다. 히스토리아에서 오토 폰 프라이징은 카이사르 스토리의 서사에 요세푸스, 루칸, 살루스티우스 등의 원천자료를 두 번 언급하는 논쟁적 문단을 삽입했다.[25]

3) 평가

평가 제스처 방식은 사실이나 행위에 가치를 부여한다. 이것은 합리적 가치판단(선하다/악하다)이나 정서(좋다/싫다)의 생성으로 이루어진다. 다시 말하지만 저자는 텍스트의 세 가지 층위 모두에서 작업할 수 있다. 역사 차원의 플롯은 도덕적 가치판단의 근거가 될 수 있다. 예를 들어 오토 폰 프라이징은 두 집단 사람들 간의 선하고 악한 행동으로 나누었고, 카이사르는 선한 행동(암살을 부른 한 가지 예외는 제외)만 한다. 반면 로마의 적대자였던 폼페이우스와 크라수스는 사회 윤리적으로 지탄받는 행위(예를 들어 크라수스는 순전히 욕심 때문에 예루살렘 성전의 보물을 훔쳤다)만 보여준다. 오토 폰 프라이징은 폼페이우스의 잘린 머리를 보고 카이사르가 울게 해 그의 인간성에 대한 긍정적 정서를 만들었다. 이 부분은 수사학의 규칙에 따른 것이며 심지어 퀸틸리아누스조차 다른 사람들을 눈물짓게 하려면 연설가가 반드시 눈물을 흘려야 한다고 적은 바 있다.[26] 이 수사적 지식은 중세에 널리 퍼져 있었다.[27]

텍스트성 층위에서 이 판단은 더 강조될 수 있다. 가장 중요한 강조 수단은 모든 유형에 대한 속성 부여다. 이 절차의 예는 매튜 방돔(Mathew Vendôme, 1175년 이전)의 유명한 담화 수사학과 그의 '사람의 속성(attributa personae)' 11가지와 '일의 속성(attributa negotii)' 9가지에 대한 이론에서 찾을 수 있다.[28] 예를 들어 그의 『연대기(Chronica)』에서 오토 폰 프라이징은 국보에서 선물을 하사하는 데 대해 "매우 관대하다 또는 도량이 매우 넓다(magnificentissime)"라고 표현했는데, 이것은 황제에게 공통적으로 부여되는 긍정적 속성이다. 이와 대조적으로 크라수스의 연속된 절도행위에 대해서는 악덕 교리에서 따온 용어로 묘사했다(탐욕 avarita).[29]

    오토 폰 프라이징은 그의 텍스트 세 번째 의사소통 수준에서 평가를 능숙하게 삽입했다. 카이사르의 이야기가 끝나갈 무렵, 카이사르가 로마 최고의 철학자이자 수사학자인 키케로와 어떻게 화해했는지를 설명한다. 그는, 카이사르에 대한 칭송으로 가득한 키케로의 '마르켈루스를 위한(Pro Marcello)' 연설에서 장문을 인용해 카이사르의 독보적으로 넓은 아량을 말했다. 즉 오토 폰 프라이징은 그의 대상(카이사르)에게 긍정적 평가를 부여하기 위해 영리한 묘사로 텍스트(유명한 권위의 연설)에 또 다른 의사소통 행위를 통합시켰다.

5. 메시지

오토 폰 프라이징과 『황제 연대기』 저자의 메시지는 모두 카이사르의 세상에 대한 텍스트적 재구성으로 유익한 정보를 제공하는 진술이었다. 그들은 '로마제국 쇠락 이후 황제로서 카이사르의 관대한 행동을 바탕으로 한 로마의 부활, 게르만족과의 긴밀한 관계, 궁극적으로 전 지역을 다스리는 절대적

황제로의 등극'에 대한 이미지를 만들었다.30 저자의 문학적 성과는 아리스토텔레스적 포이에시스(poiesis)와 미메시스(mimesis) 면에서(즉 현실의 문학적 시뮬레이션 생성) 이미지 생성에 달려 있다. 동시에 두 저자 모두 수사적으로 행동했다. 텍스트적 분석과 관련해 수사적 질문은 수취인의 태도를 통제하고 궁극적으로 행동 촉발을 위해 텍스트를 만들어 전달하려는 메시지에 초점을 맞춘다.

키케로가 정의한 히스토리아의 또 다른 요소를 되짚어보자. 역사 서술물은 "인간 실존에 대한 지침을 제공한다."("historia est…: magistra vitae 인생의 스승")31는 것이다. 카이사르 이야기에서 발견되는 다양한 메시지 중 일부는 다음과 같다.

- 로마제국은 불가피했고 그 핵심은 긍정적이었다.
- 카이사르의 행동은 신이 의도한 사건 진행과 일치했고 선한 것이었다.
- 카이사르는 로마제국이라는 제도의 정당한 건국자다.32

카이사르 이야기가 텍스트 전체적으로 어떤 역할을 하는지 여전히 의문은 남는다. 두 경우 모두 전반적으로 일반 개념과 일치한다. 카이사르의 통치는 네 번째 세계제국의 시작이었고 그것은 이후 기독교 제국으로 넘어간다. 오토 폰 프라이징이 강조했듯이 예수는 제4제국이자 마지막 제국, 즉 로마왕정의 시민으로 태어나길 원했다.33 이런 관점에서 유일한 신은 유일 통치자 지배하의 유일 제국에서 섬겨져야 하며, 카이사르는 이 사건들이 가능하도록 전제조건들을 완성했다.

아직 답하지 않은 다른 질문은 12세기 당시 논쟁에서 카이사르 이야기의 역할이다. 이 주제는 너무 광범위해 에세이를 쓸 수 있을 정도다. 명확한 것은 오토 폰 프라이징이 자신의 작품으로 당대 논의에 대한 자신의 입장을 분명히 했다는 점이다. 영적 제국과 세속 제국의 근본 갈등에 대한 그의 이론은 교황과 황제의 팽팽한 긴장관계, 12세기 후반 교황권(sacerdotium)과 황제권(imperium)의 갈등을 분명히 언급했다. 카이사르 이야기만 따로 살펴보면, 황제 역할의 강조와 게르만족의 연계는 오토 폰 프라이징의 이복형제인 독일 콘라트 3세가 목표로 했던 도전을 시사할 수도 있다. 이 도전은 필연적으로 로마로의 여정을 시작하고 수 세기 동안 독일 왕들의 의무여서 황제의 왕관을 결국 독일로 가져오기 위한 것이었다.

7장

문학 수사학의 고려사항

───────────

> 우리 안에 철학적인 것이 숨어 있다면 그것을 옥죄지 마라.
> 이는 숨바꼭질 놀이다.
> - 토마스 베른하르트 『세계의 개혁자(Der Weltverbesserer)』, 1979

한 사람이 말을 한다. 다른 사람은 그 말에 포함된 의사소통 행위가 폭력에 해당하는 모욕이 될 수 있으므로 재판에 부칠 수 있다고 본다. 갈등 상황이 발생하고 첫 번째 사람은 본인이 특별한 의사소통적 지위를 갖는다고 주장한다. 이런 상황에서 법원은 이미 이루어진 다양한 의사소통 행위의 지위를 결정해야 한다. 그렇다면 이 갈등 상황에서 수사학은 어디에 있는가? 이 질문의 답을 하기 전에 분명히 할 점이 있다. 오스트리아 작가 토마스 베른하르트(Thomas Bernhard)의 사례에서, 우리는 연설 상황에서 퍼포먼스의 의미를 갖는 실제 발화를 말하는 것이 아니다. 이런 면에서 눈에 띄는 예외는 많지 않다. 베른하르트는 사람들 앞에서 연설한 적이 거의 없다. 그 대신 자신이 '말'했을 법한 것에 주의하면서 이 말을 글로 남겼다.

가끔 그는 자신의 여러 문학작품들과 같이 일상적인 생활세계의 의사소통과 전문적 의사소통의 경계에 도전하는 놀라운 편지들을 작성했다. 그의 글은 유명 출판사들이 인쇄해 널리 유통되고, 때로는 극화되어 최종적으로 무대 위 배우들의 대사가 되기도 했다. 이 모든 활동은 현대의 공적인 삶의 일부가 되었다. 수사학 연구는 오직 '의사소통적 사실'을 재현할 때만 문학에 관심을 둔다. 이런 면에서 토마스 베른하르트의 사례는 특히 중요하다.

1978년 (부제에 '설화', '단편소설', '일화' 등이 붙듯이) 장르가 특정되지 않은, 『목소리 모방자(Der Stimmenimitator)』라는 제목의 베른하르트 단편 산문집이 출간되었다. 이 책은 오스트리아 잘츠부르크와 그 주변지역에서 잠포니(Zamponi) 가문 출신의 아네로레 루칸-슈투트(Annelore Lucan-Stood) 여사를 비롯한 여러 사람들의 주목을 받았다. 베른하르트는 자신의 과거 작품에서 잘츠부르크에 대해 언급한 내용으로 인해 1970년대 이 도시에서 화제의 인물이 되었다. 이 때문에 머잖아 잘츠부르크 나흐리히텐(Salzburger Nachrichten) 신문은 1979년 1월 20일자에 명예훼손 혐의로 "작가 베른하르트를 상대로 민사소송"을 제기한다고 발표했다. 린츠 고등지방법원 법원장이자 전 잘츠부르크 검사의 조카인 라이울프 잠포니(Reinulf Zamponi) 박사는 "아네로레 루칸-슈투트는 베른하르트의 신작 『목소리 모방자』 내의 '본보기(Example)'라는 이야기에서 부친에 대한 모욕 내용을 발견했는데, 그의 부친은 권총 자살을 하지 않았고 그래서 '비기독교적' 방식으로 세상을 뜨지 않았기 때문"[2]이라고 설명한다.

일반적으로 '내레이션(narration)'으로 간주되는 이 산문은 성격이 비슷한 다수 작품들과 함께 모음집 형태로 출간되었다. 이 작품들은 주제와 언어구조 면에서 하인리히 폰 클라이스트(Heinrich von Kleist)가 1810-1811년 출간해 몇 개월 후 종적을 감춘 일간지 베를리너 아벤트블래터(Berliner Abendblätter)의 일화 및 단편 산문과 비슷하다. 베른하르트의 이 작품은 독일어 판으로는 5개의 문장으로만 이루어졌다. 영문 번역본에서는 6개 문장이다.

본보기(Example)

법원 출입기자는 인간의 고통, 부조리와 그 누구보다 가깝고, 그 특성상 짧은 기간 동안만 이러한 경험을 견딜 수 있으며 미치지 않고서는 평생 이 일을 할 수 없는 것은 분명하다. 가능하다고 생각한, 가능하다고 생각하지 못한, 다소 믿을 수 없고 가장 믿을 수 없는 일로 인해 사람들이 그가 있는 법원에 매일 드나들고 그는 실제로 발생했거나 발생했다고 주장되는, 그러나 어느 쪽이든 특성상 수치스러운 범죄를 보도해 일용할 양식을 구해야 하므로 무슨 일이 발생하든 더 이상 놀라지 않는다. 하지만 필자는 법원 출입기자로 일하며 지금까지 가장 생생히 기억나는 사건 하나를 말하고자 한다. 잠포니는 수년간 요직인 잘츠부르크 지방법원의 항소 판사였고 필자는 이 지방법원에서 생각할 수 있는 모든 것을 보도하는 상황이었다. 내가 분명히 기억하는 것은 마라우 출신의 소고기 수출업자이자 선고 요약문에 의하면 비열한 협박범인 피고에게 징역 12년, 벌금형 800만 실링을 선고 후, 잠포니는 자리에서 다시 일어나 자신이 이제 본보기가 되겠다고 말했다. 이 특이한 발표 후, 그는 빛의 속도로 법복 안 코트에 손을 넣어 이미 안전장치가 풀린 권총을 꺼내 자신의

왼쪽 관자놀이를 쐈고, 이를 지켜본 법원에 모인 모든 사람은 경악을 금치 못했다. 그는 즉사했다.[3]

이 텍스트는 클라이스트의 작품과 문학적 구조가 대우 비슷하다. 실제로 클라이스트적 서사의 격렬함과 거의 같은 느낌을 준다. 이 또한 베른하르트의 글에서 자주 볼 수 있다. 물론 소송 원고인 루칸-슈투트 여사는 이에 관심이 없다. 그는 글에서 발견되는 추정적 성격의 역사적 연관성에 주목했다.

첫째, 서술자가 본인을 법원 출입기자라고 밝힌 점에서, 이는 베른하르트가 1959년대 법원 출입기자로 활동했을 당시 그의 행적에 대한 언급일 수 있다. 둘째, 잠포니라는 이름을 가진 판사의 등장은 원고의 부친을 암시했을 가능성이 있다. 셋째, 잠포니가 '지방항소법원 판사'이면서 '잘츠부르크 지방법원에서 요직을 유지'했다고 설명했는데 이것은 실제로 이 판사와 그의 의무에 대한 역사적 사실과 일치한다. 잘츠부르크 나흐트리히텐도 1979년 2월 8일자에 "이 작가는 라인울프 잠포니 박사가 소송 절차 후, 잘츠부르크 법원 심리실에서 권총 자살하는 장면을 목격했다고 주장한다. 그러나 앞에서 언급했듯이 잠포니 박사는 자연사로 사망했으므로 이 작가의 설명은 사실과 다르다"라고 보도하면서 이 이야기가 사실에 기반했다는 입장을 표했다.

명예훼손 혐의에 대한 베른하르트의 반응도 이상할 만큼 모순적이라 그의 작품의 중요한 요소에 집중하게 된다. 가끔 그는 자신의 작품이 '허구'가 아니라고 주장했다. 그는 자신이 작가가 아니라 글 쓰는 사람이라고 자주 말했다.[4] 하지만 잠포니 사건에서 베른하르트는 그가 허구의 작가 지위를 갖는다고 주장했다.

우리는 베른하르트의 행동에서 이중적 의사소통 전략을 확인할 수 있다. 그는 묵시적으로 예술적 자율성을 주장하면서도 그의 문학적 과정은 그것과 반대되는 의사소통 과정과의 유사성을 보였다. 그는 반복적으로 실제로 일어난 사건들을 암시했고 실화를 그의 문학적 작품 군데군데에 꿰어 넣었다. 이 과정에서 일반적이거나 일상적인 의사소통의 기대치에 대한 국사조칙(國事詔勅 pragmatic sanction)을 준수했다.[5] 위의 사건에서 베른하르트는 편지 2통을 적어 자기 글의 독특한 성격에 대해 해명했다. 이 에세이에서 그의 문학적 방법을 '시적 사실성 패러독스(poetic facticity paradox)'의 개념으로 요약할 수 있다. 위의 사건에서도 이 패러독스를 발견할 수 있다. 베른하르트는 한편으로 사실과 실제세계의 상황, 사물, 사람을 묘사할 권리를 주장하고 싶으면서도, 다른 한편으로는 그의 상상력에 따라 환상을 창조할 권리를 유지하고 싶어 한다. 그 결과 하이브리드 픽션은 높은 수준의 대중적 관용을 필요로 하지만, 이 관용은 글에 포함된 사실적 내용과 이에 덧붙여지는 허구적 내용의 영향을 받는다. 이런 면에서 베른하르트의 희곡 『사냥 클럽(Hunting Party)』 3막의 '작가'는 그의 글을 '예술적 자연재해'라고 설명하고 "어쨌든 모든 것은 우리의 상상 속에 존재하지 […] 우리가 이에 대해 말하면 / 우리는 마치 / 우리가 말하는 것이 / 실존하지 않는 것처럼 / 말하지"[6]라고 덧붙였을 것이다.

그를 고소한 루칸-슈투트 여사에게 보낸 편지에서 베른하르트는 "나는 내 책을 집필하면서 법학자로서 당신 부친의 보기 드문 성품을 떠올렸고 그렇게 나는 '본보기'라는 이야기를 쓰게 되었다"[7]라며 자기 작품의 사실적 성격을 설명했다. 여기서 베른하르트는 '칭찬'이라는 발화행위를 제시했는데 이

행위는 실용적으로 사용되고 진정한 의미의 실제세계의 의사소통 상황에서만 발생할 수 있다.[8] 베른하르트는 그가 잠포니라는 실제 역사적 인물을 언급하면서 칭찬했음을 강조한다. "당신의 부친이 '수년간 잘츠부르크 지방법원에서 요직을 유지'"해왔다고 "'본보기' 산문[…]에 분명히 명시"되어 있고 "이보다 더 큰 칭찬은 없다"라고 기재했다. 이런 칭찬에도 불구하고 베른하르트는 다음과 같이 이어간다.

> 당신이 부친에게 경의를 표하는 철학적 허구인 '본보기' 자체를 받아들일 수 없다는 점을 나는 좀처럼 믿을 수 없다. 지금까지 당신 부친의 훌륭한 성품을 기억하므로 그에게 존경을 표하기 위해 그의 이름을 '본보기' 우화에 썼다. 적어도 그는 이 사실에 조금 기뻐했을 것이다.[9]

여기서 베른하르트는 그의 이야기가 루칸-슈투트 여사의 부친 이야기임을 아주 분명히 했지만, 동시에 이를 '우화' 형식의 '철학적 허구'라고 표현했다. 그는 1979년 2월 8일 작성해 검사와 잠포니의 조카 해리에게 개인적으로 보낸 두 번째 편지에서 이 산문의 시적 특성을 한층 더 강조했다. "그래서 나는 잠포니 수석재판관이 실제로 자살했다고 주장한 적이 없다. 실제로 나는 허구를 집필했으므로 실제 인물, 법적 인물이나 성격으로서 그에 대해 어떤 주장도 한 적 없다." 베른하르트는 그의 저서 『목소리 모방자』를 "104가지 자유연상과 사고-발명"의 출판물이라고 표현했다.[10]

1974년 발표된 전작 희곡 『사냥 클럽』에서 '작가'라는 인물은 3막에서 이 주제에 대한 자신의 의견을 표했다.

신사로 묘사되는 사람은 / 실제 모습이 다르듯 / 신사가 아니오 / 모든 것이 다르다고 / 철학적인 것이라고 / 장군은 말할 수 있소 / 외팔이 장군이 내 작품에 등장하더라도 / 그는 다른 장군이오 / 그리고 부인 만약/ 내가 내 희곡에 등장하더라도 / 그는 내가 아니오.[11]

잠포니 측 원고들은 시적 사실성 패러독스에 기초한 베른하르트의 설명에 만족하지 않았다. 그들은 베른하르트의 작품에 허구라는 특별한 지위를 부여해야 한다는 그의 주장을 받아들일 수 없었다. 그들은 법률체계에 의해 사생활 보호가 보장되는 실존인물의 이름으로 이 이야기의 주인공을 익명으로 바꿀 것을 요구했다. 그들은 베른하르트가 그의 문학적으로 가능한 세계에서 사실로 장난치고 실세계 인물을 그의 이야기에 등장시켜 이 인물에게 피해를 주지 못하게 하고 싶었다(적어도 영향을 받은 친척은 이 사건을 이렇게 평가했다). '생활세계' 법률체계의 면에서 두 가지 법적 보호가 충돌한다. 바로 사생활 보호와 예술적 표현의 자유다.

베른하르트는 고소인들의 요구를 받아들였고 공개편지에서 "앞으로 책을 인쇄할 때 잠포니라는 이름을 페라리(Ferrari)나 마키아벨리(Machiavelli)처럼 다른 이름으로 바꾸겠다"[12]라고 확답했다. 그리고 확답을 받은 잠포니는 소송을 취하했다. 이 결과는 베른하르트가 1977년 자서전 『원인(Die Ursache)』을 출간한 후, 자신에게 제기된 명예훼손 소송 결과와 비슷했다. 이 소송은 잘츠부르크 마을 교구인 프란츠 베젠나우어(Franz Wesenauer)가 제기한 것으로, 자신을 '프란츠 아저씨(Uncle Franz)'라고 묘사한 것에 대해 베른하르트를 고소한 것이다. 베른하르트는 그를 '분홍색 소농의 얼굴' 뒤에 숨은

'역겨운 사람'으로 묘사했다.[13]

이제 수사학 문제를 다룰 시점이다. 이 특정 상황을 더 자세히 살펴보기 전에 나는 문학에 대한 수사학적 접근법의 이론적 초석들에 대해 몇 자 더 적겠다. 수사학자들은 문학연구자들이 매우 중시하는 "문학이란 무엇인가"라는 체계적 질문에 관심이 덜하다.[14] 그 대신 이들은 세계의 모든 의사소통에서 수사학이 어디에 있고 어떻게 등장하며, 향후 수사적 행동을 위해 이 사례로 어떤 결론을 내릴 수 있는가라는 질문을 훨씬 더 중시한다. 문학으로 분류되는 글도 의사소통적 사실이 있으면 수사학적 범주에 속한다고 볼 수 있다.

잠포니 사건이 재판에 회부되었다면, 베른하르트라는 법인격이 잠포니라는 인물에 대한 진술 특히 그가 권총으로 자살했다는 진술이 '진실'인지 질문했어야 한다. 이 진술이 사실이나 보도된 사실적 사건에 기초한다는 점은 상관없다. 궁극적으로 이 사건이 다루는 질문은 '베른하르트의 글은 '표준적인' 또는 '전문화된' 의사소통 틀에 속하는가'이다.

잠시 쉬어가자. 한 사람이 비슷한 다른 작품들과 함께 모음집으로 프랑크푸르트 주어캄프(Suhrkamp) 출판사에서 출간한 '산문'을 집필한다. 이 출판사는 동일 출처, 동일 저자의 여러 저서들을 이미 여럿 출판한 경험이 있다. 그러나 이 특정 산문과 관련된 명예훼손 소송이 개시되었다. 토마스 베른하르트라는 동일 저자나 출처는 잘츠부르크 나흐리히텐에 공개된 편지를 작성했고 이 편지 내용 때문에 소송은 취하되었다. 이것이, 자신이 피해 입었다고 주장하는 원고 잠포니 판사의 딸 입장에서 본 전체적인 소송 절차였다.

반면 토마스 베른하르트는 이 상황을 전혀 다른 관점에서 보았다. 그는 '범죄 사실'인 '명예훼손'을 몰랐고 "당신의 생각이나 감정을 따라갈 수 없고 나는 당신에게 본보기라는 작품을" 다른 리딩 사인(leading signs)하에 "신중히 읽어보고 주의 깊이 공부하길 정중히 권한다"라고 고소인에게 보낸 편지에서 적었다.[15] 베른하르트에 의하면 고소인이 그의 권고대로 했다면 그가 잠포니 판사에게 "시적이면 더 좋겠지만 영원히 남을 기념물을 만든 것"임을 깨달았을 것이라고 한다.[16]

여기서 '리딩 사인'이라는 표현은 베른하르트의 글을 이해하는 데 꼭 필요한 개념이다. "이해의 리딩 사인"은 유효성이 인간 의사소통의 결정적 기준이라고 강조하는 공식과 차별화된다. 원고 루칸-슈투트에게 발화자 베른하르트의 모든 표현은 실제세계의 일상적인 의사소통에서 나타나고, 이로 인해 영향을 받는, 동일한 책임의 지위를 지니고 있었다. 그의 서신에도 나와 있듯이 베른하르트는 그의 일상 의사소통 표현(예: 법적 문제를 다루는 표현들)과 구체적으로 문학작품으로 표시된 전문적인 의사소통 표현을 차별화하길 원했다.

분명히 베른하르트는 문제가 되는 특정 작품과 관련된 법률적 메타담론에 대해서만 이런 입장을 취했다. '이해의 틀'의 지평을 규정하는 고전주의적인 예술적 표시 말고도 텍스트의 유형과 장르라는, 앞에서 언급된 표시들도 있다. 이해의 틀은 텍스트가 상황으로부터 자유롭게, 그리고 역사적으로 규정되지 않은 작품으로 해석되는 것을 허용한다. 장르의 정의는 독해에 관한 일련의 지침을 함축한다. 일부 저자들은 허구임을 알리는 신호를 사용한 반면,(예: 표지 내 부제를 이용해) 토마스 베른하르트는 장르를 구체적으로 알리는 대신 '암시', '흥분', '우정'과 같은 다른 표현들을 사용했다. 대부분 그는 아무 신호도 제공하지 않았다.[17] '소설'이나 '희극'(베른하르트의 1978년 작 『임마누엘 칸트』)과 같은 고전적 문학 장르의 표시는 더 이상 찾아보기 힘들었다. 우리가 분석하는 이 설화에도 아무 장르 표시가 없다. 베른하르트는 그의 메타담론에서 이 글을 '산문'으로 표현했고, 그렇기 때문에 모든 것이 불분명하다. 수십 년 동안 그가 발표해온 작품들의 맥락에서 볼 때, 이 작품은 '프레임(틀) 해체' 전략의 일부임이 분명하다. 베른하르트는 그의 작품에 분명한 틀을 제공하지 않고 분명한 기대치를 이용하지도 않는다. 이런 면에서 우리는 클라이스트와 비슷한 점을 또 하나 발견한다 베를리너 아벤트블래터에 실린 클라이스트의 일화와 단편 소설들(클라이스트의 모음집에서 찾아볼 수 있다)도 출간되자 실화의 느낌을 풍겨, 독자들이 이 책이 클라이스트의 상상력으로 만든 이야기인지 '저널리스트적' 기고인지 구별하지 못했다.[18]

내가 답하려는 것은, 문학적 의사소통에 수사학적 질문이 얼마나 적용될 수 있는가이다. 이 질문은 특히 명시적으로 허구적 미학 범주 내에서 집필된 글과 관련 있다. 이러한 글들은 전문적인 의사소통 틀의 적용을 받아 그에 맞는 기대치를 만들므로 수사학 범주에 포함되지 않는다고 할 수도 있다. 그리고 이 기대치 중 하나는 이 글은 실제세계의 판단이 적용되지 않고 상상력을 위한 '가능세계'를 만든다는 것이다. 즉 이 글은 탈실용화된 것이므로 의사소통에서도 진실성을 주장하지 않는다. 그렇다면 수사학은 이러한 글을 시, 미학, 문학 연구 분야에 양보해야 할까?

이 질문들은 나를 다시 잠포니 사건으로 돌아가게 만든다. 모든 예술이 그렇듯 문학도 전문적인 의사소통 지위를 주장할 수 있으며 태고 때부터 이 주장은 있어 왔다. 보통 미학으로 표시된 이 의사소통 참가자들은 예술적 또는 허구적 계약에 따라 조용히 흔쾌히 행동한다. 예를 들어 그라이스의 격률이 수정되거나 중단될 것을 기대한다(예를 들어 허구에서 진실의 격률이나 경제성의 격률에 어긋나는 반복, 혼란 및 기타 기법이 사용되는 문학작품). 또한 예술적 의사소통 참가자들은 일반적으로 '예술'의 구체적인 문화적 환경을 수용한다.[19]

한편으로 재판 의사소통에 관한 표준적 의사소통적, 화용론적 틀은 모든 참가자들에게 높은 수준의 유효성을 요구하고, 참가자들은 이 유효성을 제공하지 못하면 제재 대상이 된다. 반면 미학의 게임 조건은 수신자, 독자, 청자가 작품의 개념적 내용을, 위의 경우 허구의 재판사건이 그의 물질적 세계와 관련 있는지 여부를, 본인이 스스로 판단해야 하는 데 있다.[20]

토마스 베른하르트는 '본보기'의 이야기를 분명히 '허구'라고 설명했고, 이에 따라 그가 좀처럼 하지 않는 분명한 결정을 내렸다. 내가 한 이전 설명을 보고 수사학적 질문은 이 이야기에 적용되지 않는다고 결론 내렸을 수도 있다. 모든 유형의 작가와 예술가에 대한 박해, 차별의 역사를 보면 분명히 표시된 예술작품들도 여러 번 재-현실화 압박의 대상이 되거나 수신자들에 의해 진실성의 개념적 맥락으로 소환된다는 점을 알 수 있다. 시(허구) 예술은 재-현실화되고 상황으로부터 자유로운 것으로 이해되어야 한다. 하지만 실제로 재미있는 문학작품으로 이해되기보다 지속적으로 높은 수준의 생활세계상의 법적 책임이 제기된다. 앞에서 언급했듯이, 틀 해체현상을 체계적으로 이용한 작품을 만들어 의식적으로 이런 오해를 일으키는 베른하르트와 같은 작가들에게만 적용되는 이야기만은 아니다.

수신자의 반응은 정보수신 과정에서 분명히 순수한 허구의 텍스트를 읽을 때도 통합기능을 하는 인지 메커니즘과 관련 있다. 많은 시인들은 작업할 때 이 메커니즘을 고려한다. 달리 말해 순전히 허구적인 글을 집필할 때도 순수미학 이외에 다른 요소들을 고려한다는 의미다. 작가들은 주로 구체적인 아이디어나 세계관, 철학적, 정치적 개념을 그들의 작품을 통해 수신자(관객)에게 전달하고자 한다.

아리스토텔레스는 『시학』(19장)에서 허구의 인지적, 지식기반 층위를 수사적 층위(rhetorical layer)라고 지칭했다. 아리스토텔레스에 의하면 허구적 글에서 인식능력이나 '사고의 흐름'(diánoia의 번역)과 같은 요소들은 수사학의 영역에 해당된다. 여기서 우리는 '가능세계'와 '실세계'의 접점을 찾았다. 나는 생활세계에서 통찰력을 제공하는 허구의 이 요소들을 문학의 '수사적 요인(rhetorical factor)'이라고 부르고자 한다.[22]

생산이론 시각에서 수사학은 허구-미학적, 언어-예술적 계산과 더불어 이 두 가지 계산을 유리하게 사용할 수사학적 계산이 추가되길 주장한다. 수신자들은 보통 이러한 계산을 기대하고 찾는다. 그들은 작가가 의도한 메시지가 없었는 데도 불구하고 메시지를 추론하고 그들만의 결론을 내린다. 이것은 수신자들이 실제세계와 관련된 통찰력과 지식 전달을 가능케 해주는 생산의 계산인 수사학적 계산을 기대한다는 뜻이다. 수신자들은 이 메시지를 저자의 명시적 조종 없이도 잘 찾아낸다.[23] 모든 수신자의 언어적 의미론의 세계는 본인의 해석 방식을 사용하고 본인만의 결론을 내리려는 자들에게 다양한 해석을 가능케 한다. 이 현상에 비추어 보면, 수사학자들은 '수사적인' 것을 말하려는 작가들만 사회적 의사소통 행위자로서 의미를 갖는다고 결론 내려야 한다. 실제로 수사학은 이러한 조건이 충족되어야만 '작가'나 '시인'들의 의사소통적 역할에 관심을 둔다.

하지만 잠포니의 이야기에서 독자들은 해석의 자유를 활용하거나 그들만의 메시지를 찾을 필요가 없다. 앞에서 언급된 이 특정 이야기와 관련된 메타담론에서 (이것이 실제인물인 잠포니에 대한 것인지 여부와 상관없이 설화론적 의미에서 이야기라는 점은 분명하다) 베른하르트는 이 이야기가 '철학이 없지 않은 산문'인, 수사적 요소가 있는 '철학적 허구'라는 점을 이미 분명히 밝혔다.[24] 실제로 그는 이 이야기를 구체적 장르인 '우화'로 규정까지 지었다. 이것은 독자가 수사학적 메시지를 추론하도록 만든다. 우화의 현대적 정의를 보면, 우화는 "시 또는 산문으로 쓰인 짧은 허구적 서술로, 전이신호를 사용해 독자가 문자 그대로의 의미 외의 실생활에 도움이 되는 다른 의미를 찾도록 한다"[25]라고 나와 있다.

이미 언급되었듯이 많은 독자들은 허구에서 "의미 있는" 메시지를 찾기 위해 '이전 신호'를 필요로 하지 않는다. 그들은 단순히 문학의 수사적 요소에, 사람들의 양심에 영향을 미치는 메시지가 포함되어 있다고 추측한다. 이에 따라 사람들은 문학적 가능세계를 상상으로 경험하는 것만으로는 만족하지 못하고 추론과 가설 유도적 추리를 발동시킨다. 그러나 위 사건에서 토마스 베른하르트는 실제로 '본보기'라는 제목으로 이전 신호를 제공했다. 많은 책을 읽은 독자들은 '본보기'에는 명시적이든 묵시적이든 논지(thesis)나 의도(design)가 포함되어 있음을 안다. 생활세계와 관련된 유의미한 교훈(moralisatio)이 있어야 하고 이 교훈을 실천해 본보기가 되어야 한다. 이 글은 장르(우화) 규칙에 따라 2개로 나뉘었다.

우선 교훈(moralisatio)이 앞에서 설명되는 '프로뮈티온(promythion)'[우화 앞에 덧붙여지는 교훈]으로 시작된다.[26] 실제로 '본보기'에 대한 내용은 뒷부분에 나온다. 이것은 자동적으로 베른하르트식의 공상적 사회개혁론자(Bernhardian do-gooder)가 한 말을 떠올리게 한다. "이것은 예술작품이 아니다 / 철학을 다루기 때문이다 / 반면 가장 예술적인 것이다 […] 한편으로는 / 음악이다 / 하지만 음악은 철학에 정신의 나체를 제공한다."[27]

실제로 '본보기'는 결론 부분에서 찾을 수 있고 그 구조는 예술적으로 연결된 3개의 문장으로 구성되는데 여기서는 클라이스트-베른하르트적 구조는 논하지 않겠다.[28] '본보기'의 핵심은 이야기 자체에 있다. 이 이야기는 잠포니 판사가 범죄자에게 유죄를 선고하고 판결문을 읽은 후 일어나 자신이 본보기가 되겠다고 말하고 권총으로 자신을 쏜 과정을 묘사한다. 이것이 최소한의 줄거리다.

우리는 그의 동기나 배경, 맥락적 요소를 모른다. 이러한 일련의 과정의 중심에서 판사는 판결 직후 "본보기가 되겠다"라고 말한다. 모든 전통적 기대를 깨고, 역설적이게도 총 맞은 사람은 범죄자(일반적인 상황에서 범죄자가 본보기가 된다)가 아니라 표면상 아무 죄가 없는 판사였고 심지어 스스로 목숨까지 끊었다. 이 장면은 이 상황에 대한 독자의 가설추리 능력에 실질적 도전을 제기한다.[29] 가장 가까운 해석은 이 사건들이 일반적인 상황의 분명하고 극단적인 반전을 보인다는 것이다. 죄와 범죄의 화신이 아닌 그 반대편에 서 있는 법률체계의 화신이 본보기가 되었다. 판사에 대한 판결은 판사 자신이 내린다. 그 자신도 유죄였을까?

베른하르트는 '프로뮈티온(promythion)'에 좀 더 폭넓은 가능한 해석을 내놓았다. 그에게 이 글은 "철학적" 차원이다. 이것은 저자가 우리에게 제공하는, 생활세계와 연관된 의미의 차원을 뜻한다. 베른하르트는 분명히 학구적 의미에서는 아니지만 자신을 철학가로 보았다. 적어도 철학적 사상가로 여겼을 것이다. 어쩌면 그는 자신을 완벽한 관객이라고 보았을 것이다. 『사냥 클럽』 3막에서 장군과 작가는 이런 대화를 나눈다.

> 당신은 당신의 글이 희극이라고 말하지만 / 내가 당신이 쓰는 글이 / 완전히 철학적이라고 한다면 / 내 말이 옳은가 / 아니면 당신이 철학적인 글을 / 쓴다고 주장하는데 / 내가 / 당신이 쓰는 것은 희극이라고 한다면 / 내 말이 옳은가?

예술적 의사소통의 독특한 면은 문학적 수신자들이 이미 문학이 제공하는 재미있는 것들(시적 모호성이라는 성격을 보유함)을 다룰 방법을 학습했다는 것이다. 이 전제하에서 수사학자는 원문을 분석해 저자가 영향을 미치기 위해 선택한 문학적 전략을 찾으려고 시도할 수 있다. 위의 경우, 이 전략을 아리스토텔레스 본인이 제안한 귀납법을 이용한 증명으로 찾아볼 수 있다. '프로뮈티온(promythion)'은 일정한 논지를 제공하는데 '본보기'는 이 논지를 귀납법으로 증명해야 한다. 베테랑 법원출입 기자가 무대 위 조명처럼 법원에 빛을 비추고, 우리는 판사와 피고의 정의와 불의 또는 죄와 속죄의 '부조리'한 제도적 연합에서 세계의 '인간의 비참함'을 보게 된다. 아무도 이 상황을 "미치지 않고서는" '평생' 참을 수 없는 것은 자명하다. 우리는 자동적으로 클라이스트의 아벤트블래터(1810년 11월 7일자)의 '마하엘 콜하스(Miachel Kohlhaas)'나 그의 일화 '시사(Current Event)'('Tages-Ereignis')를 떠올릴 것이다. 베른하르트는 나아가 "매일 법원에서" 참관인은 "실제로 발생"했거나 "발생했다고 주장되는" "가능하다고 생각한, 가능하다고 생각하지 못한, 다소 믿을 수 없고 가장 믿을 수 없는" 범죄를 목격한다고 설명하고, 잠포니 판사가 본보기를 보이려고 했던 것은 바로 이 부조리에 대한 본보기다.

베른하르트는 글쓰기로 우리와 '말하고' 있고, 이를 통해 우리가 그의 사유에 참여하도록 초대한다. 한편으로 그가 하는 말은 수사적 진술의 성격을 띨 수 있으며, 다른 한편으로 예술적 가능세계를 제시하는 것일 수도 있다. 이 과정에서 허구가 창조되지만 세계에 대한, 실존인물에 대한, 국가들에 대한, 그리고 해석이 가능할 수도 있는 것들에 대한 판단도 생긴다. 그에게는 말들의 평범한 흐름으로 느껴지는 것이 매체를 통해 책, 저널, 잡지, 신문 등의 형태로 사회에 발표되면서 장르에 따른 기대치가 생긴다. 각 사례에서 전문적인 의사소통 지위에 대한 의문이 새로 제기된다. 그가 추후 작성한 공개 발표문 중 특별한 문학적 규칙을 따른 것은 무엇인가? 토마스 베른하르트는 의심의 여지없이 본인이 특수한 의사소통적 역할, 즉 예술가의 역할을 맡는다고 생각했다. 그가 이 역할을 특히 더 독특하게 이해했을 수 있지만 그는 특별히 설득하려는 의도도 없어 보였다. 그는 1986년 그의 시적 의도에 대한 크리스타 플라이쉬만(Krista Fleischmann)과의 인터뷰에서 "본인이 받은 인상을 적으면 된다"라고 했다. "미래 비전도 있다. 나 같은 사람도 비전이 있다." 하지만 그는 자신의 작품에서 발견되는 역사적 암시의 지위나 이러한 암시와 허구의 결합처럼 학자들이 관심을 가질 만한 주제에 대해서는 거의 언급하지 않았다. 대신 자신의 문학작품으로 사람들에게 전달하고자 하는 바는 작품에서부터 '발산'되어야 한다고 강조했다. 그뿐이다.[30]

8장

파라텍스트와 문학의 수사적 요인

세바스찬 브란트와 캐서린 앤 포터

1497년 야콥 로허(Jakob Locher)가 라틴어로 번역한 세바스찬 브란트(Sebastian Brant)의 『바보들의 배(Narrenschiff)』가 독일 도시 세 곳과 스위스 바젤에서 출판되었고 라틴어 번역본은 브란트의 국제적 성공 토대가 되었다. 12년 후인 1509년 알렉산더 바클레이(Alexander Barclay)가 작업한 최초 영역본이 출판되었다. 그러나 이 일들은 시점 상 나중인 것이, 브란트의 『바보들의 배』의 원본은 1494년 요한 베르그만(Johann Bergmann)이 바젤에서 독일어로 이미 출판했기 때문이다.[1] 『바보들의 배』 초판의 중심 텍스트는 모두 5개의 파라텍스트(paratext, [본문을 보완하는 텍스트])로 구성되어 있다.

① 목판화와 글귀로 구성된 두 페이지의 표제지(두 번째 목판화는 1962

년 캐서린 앤 포터도 사용했다. <그림 6> 및 <그림 7> 참조)
② 브란트의 서문(<그림 8> 참조)
③ 브란트의 저자 후기: 『바보들의 배』의 결말(End des 『Narrenschiffs』)'
④ 출판연도 '1494년'이 포함된 출판사 심볼, 출판사의 표어 "모든 일에는 이유가 있다(Nüt on Vrsach)"(모든 것에는 이유가 있다/nihil sine causa), 발행인 이름 "요한 베르그만 폰 올페(Johann Bergmann von Olpe)"

1962년 캐서린 앤 포터의 『바보들의 배(Ship of Fools)』가 미국 보스턴과 캐나다 토론토에서 출판되었다. 총 13개 파라 텍스트를 담고 있다.

① 표지에 덧 댄 텍스트
② 제목과 『바보들의 배』에서 가져온 장식적 손질(브란트의 원본에서는 제5장부터 등장, <그림 10> 및 <그림 11> 참조)이 포함된 책등
③ 앞표지의 저자 친필 서명
④ 앞표지 뒤 간지의 약 표제지
⑤ 포터의 기타 작품을 소개하는 별도 페이지
⑥ 목판화를 비롯한 실제 표제지(<그림 7> 참조)
⑦ '이 소설'이라는 장르 지칭이 든 뒷 표지
⑧ 미국인 발행인 바바라 웨스콧(Barbara Wescott)에게 전하는 감사의 말
⑨ 같은 페이지에 실린, 해당 소설이 쓰인 기간(1932~1962년)의 포터 약력
⑩ 저자 서문(<그림 9> 참조)
⑪ 목차

〈그림 6〉 브란트의 『바보들의 배』속 표제지(1494년, 바젤)

〈그림 7〉 포터의 『바보들의 배』 표제지(1962년)

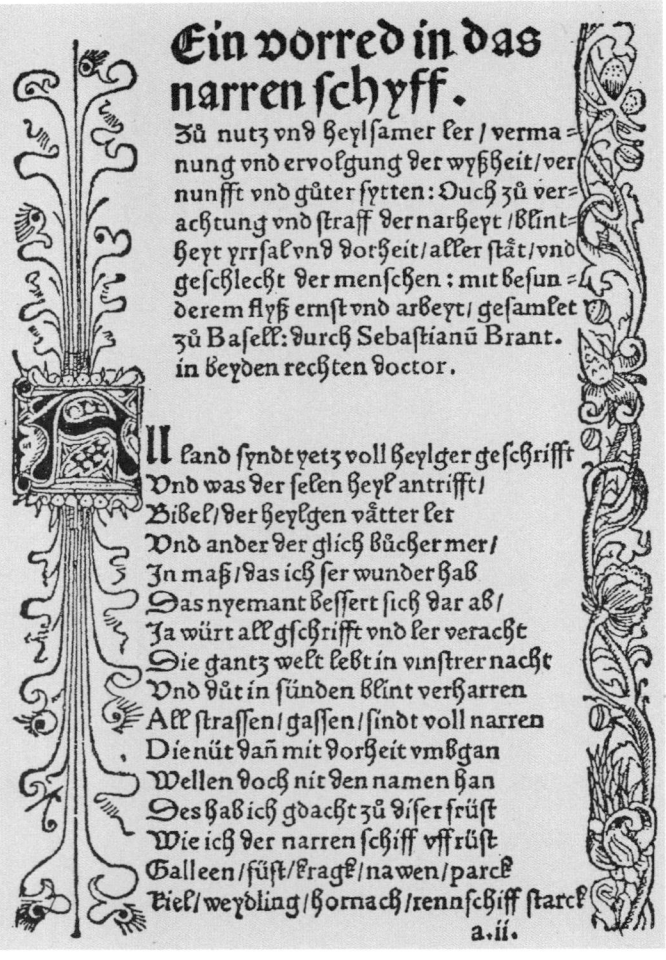

〈그림 8〉 브란트의 『바보들의 배』 서문(1494년, 바젤)

> The title of this book is a translation from the German of *Das Narrenschiff*, a moral allegory by Sebastian Brant (1458?-1521) first published in Latin as *Stultifera Navis* in 1494. I read it in Basel in the summer of 1932 when I had still vividly in mind the impressions of my first voyage to Europe. When I began thinking about my novel, I took for my own this simple almost universal image of the ship of this world on its voyage to eternity. It is by no means new — it was very old and durable and dearly familiar when Brant used it; and it suits my purpose exactly. I am a passenger on that ship.
>
> K. A. P.

〈그림 9〉 포터의 『바보들의 배』 서문(1962년)

〈그림 10〉 포터의 『바보들의 배』 책등(1962년),
브란트의 『바보들의 배』 제5장 사이드 바(1494년, 바젤)

〈그림 11〉 브란트의 『바보들의 배』 제5장 첫 페이지(1494년, 바젤)

⑫ 연극대본이나 영화시나리오, 탑승자 명단 등의 등장인물 목록. 등장인물은 독일, 스위스, 스페인 등 국적에 따라 분류되었다. 1963년 출판된 독일어 번역본에는 국적을 비롯해 파라 텍스트의 일부 구성요소가 실리지 않았다.

⑬ 중심 텍스트의 마지막에 적힌 2개의 날짜: "1941년 8월, 야도(Yaddo)", "1961년 8월 피전 코브(Pigeon Cove)"(497페이지)

책 앞쪽의 파라 텍스트는 별도 내용으로 분명히 표시되었다. 아라비아 숫자가 부여된 주 텍스트와 달리 각 페이지에 로마자가 쓰였기 때문이다. 내가 파라 텍스트를 이처럼 길게 논한 것은, 이 구성요소들이 소통적 행위의 수사학적 측면과 문학적 사건의 수사학적 요인을 일부 보여주기 때문이다. 물론 소설 자체가 주로(전적으로는 아니지만) 소통의 미학적-시적 측면을 대변하기도 한다.

프랑스 문학이론가 제라르 주네트(Gérard Genette)는 이 책의 부록 부분에 대한 1987년 저작에서 파라 텍스트를 다음과 같이 정의한다.

텍스트가 책이 되고 독자에게, 보다 일반적으로 대중에게 책으로 제시되도록 하는 것. 파라 텍스트는 경계 또는 밀폐된 경계에 그치지 않으며, 발을 안으로 들여놓거나 돌아서거나 둘 중 하나의 가능성을 세계 전체에 제시하는 문턱(threshold)[2], 혹은 -서문에 대한 보르헤스(Borges)의 표현을 따르면,- '연결통로(vestibule)'라고 할 수 있다. 내부와 외부의 '정의되지 않은 영역', 안쪽([중심] 텍스트를 향하는)이든 바깥쪽([중심] 텍스트에 대한 세계의 담론을 향하는)이든 확고한 경계가 없는 영역,

가장자리, 혹은 필립 르죈(Philippe Lejeune)의 표현처럼, '인쇄 텍스트의 주변부로 현실 속에서 누군가의 [중심] 텍스트 독해 전체를 통제하는 것'이다.

주네트는 이 구성요소에 분명한 수사학적 기능을 부여한다. 그가 볼 때 인쇄된 중심 텍스트와 그 파라 텍스트의 공생은 다음과 같다.

> [중심] 텍스트와 오프텍스트(off-text) 사이의 영역, 전환(transition)뿐만 아니라 거래(transaction) 영역을 구성한다. 이것은 화용론과 전략의 특권적 공간이며 대중에 대한 영향력, 즉 - 이해와 목적 달성이 잘 이루어지든 아니든 - [중심] 텍스트의 더 나은 수용과 더 적절한 독해(물론 저자와 그 지지자들의 시각에서 더 적절한)에 기여하는 영향력 공간이다.³

우리의 주제는 내부와 외부, 소설의 허구적 세계와 저자 및 독자의 실제세계, 내재적 관점과 외재적 관점, 즉 미학적-시적 관점과 화용론적-수사학적 관점을 다룬다.

포터의 주 텍스트에서 가장 중요한 파라 텍스트적 구성요소인 서문을 살펴보자. 포터는 서문에서 우리를 위해 자신의 작품을 포지셔닝한다(<그림 9> 참조). 주 텍스트의 수용 방향에 영향을 미치기 위한 파라 텍스트적 전문에서 포터는 총 7개 진술을 제시한다. 원래와 다른 순서로 이들을 살펴보자.

포터의 첫 번째 진술은 "이 책의 제목은 1494년 'Stultifera navis'라는 라틴어로 첫 출판된 […] 독일어 제목 'Das Narrenschiff'를 번역한 것이다"인데 이는 사실이 아니다. 포터가 제목 페이지에 사용한 목판화는 사실 1494년 출판된 원본에서 가져온 것이며, 원본은 바젤에서 독일어로 출판되었다.[4] 포터의 1962년판 책등에 사용된 가장자리의 장식도 1494년 독일어판에서 가져온 것이다(<그림 10> 참조).

포터의 두 번째 진술은 다음과 같다. "이 책을 읽은 것은 첫 유럽여행의 기억이 여전히 생생하던 1932년 여름 바젤에서였다." 즉 포터는 유럽인에 관한 자신의 경험을 브란트의 바보 시리즈와 연결한 것이다. 포터가 바클레이의 영역본을 읽었을 것으로 짐작할 수 있다.[5] 또는 다소 저렴하게 출판된 융한스(Junghans)의 신고지 독일어 번역본을 봤을 수도 있다. 신고지 독일어 번역본은 1877년부터 꾸준히 출간되고 있었다(1930년 판본이 발견되었다).[6] 혹은 포터가 바젤에서 출판된 원본의 1912년 팩스 본을 접했을 수도 있다. 이 사본에는 원본 이미지와 그래픽 요소가 모두 들어 있었다.[7]

포터는 브란트의 작품을 명시적으로 언급하고 제목을 빌려오면서 자신의 작품과 브란트의 『바보들의 배』 사이에 분명한 텍스트 관계를 형성하고자 했다. 이 관계는 독일 근대문학 최초 대작의 유명한 초기 판본이자, 르네상스 유럽의 도덕적 사상에 대한 독일의 가장 중요한 시적 기여인 『바보들의 배』와의 상호 텍스트적 결합(intertextual nexus)이다.

포터가 서문에서 제시하는 세 번째 진술은 바보로 가득한 배라는 발상이 "새롭지 않다. 브란트가 그 발상을 적었을 때도 이미 오랫동안 존재해 매우 친숙했으며, 나의 목적에 정확히 부합한다"는 것이다. 즉 포터는 매우 오래된 모델을 작품 착상의 뿌리로 활용하고자 했으며 브란트도 그 모델을 우연히 사용했다는 이야기다.

〈그림 10〉을 살펴보자. 『바보들의 배』의 독일 교훈시 'Spruchgedichte (가사/노랫말)' 112편은 중세 '격언시 노래(Sangspruchdichtung)' 전통의 일부로 그 뿌리는 지혜시로 거슬러 올라간다. 『바보들의 배』 사이드 바의 부엉이 목판화(〈그림 10〉 및 〈그림 11〉 참조)[9]는 작품의 핵심원리를 잘 보여준다. 바로 현자와 어리석은 자, 지혜와 어리석음의 대조다. 목판화는 생명의 나무를 표현하는데 맨 아래와 중간에는 바보 모자를 쓰고 어리석음을 상징하는 바보 둘이 나무를 오르려고 애쓴다. 이들은 브란트(자신의 롤 모델인 로마 시인 호라티우스를 따라)가 "바보(fools/stulti)"라고 표현한 멍청하고 어리석고 비이성적인 109개의 성격 유형의 표상이다. 바보들은 궁극적으로 통찰, 지식, 지혜를 얻기 위해 생명의 나무를 기어오른다. 이 목표는 나무꼭대기의 부엉이로 표현되며 부엉이는 지식과 지혜의 여신 팔라스 아테나(Pallas Athena)를 상징하는 동물이다. 특히 『바보들의 배』의 후반부인 107-112장은 부엉이로 상징되는 지혜의 공준을 주제로 삼는다.

『바보들의 배』 속에서 어리석음의 panopticum(원형교도소)은 하나의 거울, 궁극적으로 독자 모두 개인적으로 인지할 수 있는 방식으로 악, 결함, 나약함, 우둔함, 죄악[10]을 비추는 거울이다. 이를 통해 독자들은 각자 새로운 깨달음을 얻을 수 있게 된다. 브란트는 규범을 다루거나 바른 길을 모색하는 과정에서 문제를 겪는 어리석은 자들을 삶의 여러 영역에서 발견했다.[11] 브란트가 관찰한 "문제 영역"은 교육, 우정, 신의 분노에 대한 도전, 특정 상황에 대한 바른 평가, 강렬한 육체적 유혹의 절제, 세속적 영역과 신성한 영역의 균형, 지혜와 부의 관계, 세계에 대한 애정과 인간의 발전, 결혼과 부부 간 관계, 사회적 영역에서의 두려움, 인간의 완고함, 종교인에 대한 태도, 노동윤리, 아랫사람과 윗사람의 관계, 치명적 죄악, 정치와 법률, 만족 및 신과 세상의 선물, 인간의 자기 돌봄과 자각, 남성과 여성의 관계, 거짓에 대한 신념, 자각과 타인에 대한 깨달음, 무례함, 거짓된 사제직, 행복한 사회생활, 사회적 역할 속의 행실, 부, 인간의 발전, 신의 심판에 대한 태도, 구원에 대한 세속적/종교적 관념에 대한 태도, 탐욕, 고단한 일상 등이다.[12] 학문으로서의 심리학이 부재한 브란트 시대에는 이처럼 다양한 모든 주제가 도덕적/교훈적으로 설명되었다. 포터의 작품도 같은 주제를 다루지만 방식은 브란트와 다르다.

브란트에게 삶은 자각의 탐색이며 추구다. 그는 다른 글에서 델피의 아폴로 신전에 새겨진 유명한 문구처럼 "너 자신을 알라!"라고 쓴 바 있다.[13] 1497년 출판된 라틴어 번역본에 덧붙인 글에서 브란트는 이렇게 썼다. "일어나라, 일어나라! 네가 삶의 길과 인간의 끔찍한 종말을 찾으려는 그 거울을 들여다보라."[14]

포터의 『바보들의 배』 초판 책등(<그림 10> 참조)에는 나무를 기어오르는 바보 둘만 남아 있다. 장식용 일러스트 윗부분은 삭제되었다. 1962년 출판된 이 책에는 과거 브란트가 부엉이를 배치했던 생명의 나무 꼭대기에 다음 이름이 적혀 있다.

캐서린
앤
포터

포터의 이름은 '새로운 지혜의 부엉이'를 상징하는 것일까? 그녀의 작품에서 지혜와 깨달음에 대한 논의는 어떻게 이루어질까?

이런 의문은 포터의 네 번째 진술이 다루는 일련의 시학적, 미학적 질문으로 연결된다. 포터가 볼 때 브란트의 『바보들의 배』는 "도덕적 알레고리"이다.[15] 수사학에 관한 퀸틸리아누스의 고전 교과서에 의하면, 알레고리는 "단어와 다른 의미 또는 정반대 의미를 제시하는" 발화로서 "일반적으로 은유에 의해 생산"된다. 예를 들어, 호라티우스의 작품에서 "호라티우스는 배와 유사한 상태(navis pro re publica)를 표현"한다.[16] 이런 정의는 브란트에게 가장 중요한 영감의 원천인 호라티우스를 상기하기도 한다. 호라티우스는 '국가라는 선박(Ship of State)'에 대한 송시에서 다음과 같이 썼다.

이제 너에게 온전한 항해는 하나도 없구나,
사람들이 곤경 속에서 부를 신조차(1.14.9쪽)

이런 부분도 있다.

너는 주의해야 한다
그저 바람의 장난감으로 전락하는 것을(1.14.15쪽 ; 2003년 A. S. 클라인 번역)

여기서 보듯이 호라티우스가 사용한 배의 알레고리에도 반드시 비관적이라고 할 수는 없지만, 분명히 나중에 살펴볼 브란트와 포터의 작품에서와 같이 명랑하지 않고 기본적으로 우울하고 비판적인 어조가 드러난다. 간단히 말해 바보들의 배는 행복의 장소라기보다 누추함과 정신적 취약함의 공간으로 작동한다. 미셸 푸코는 이런 문학적 픽션을 오독했고 1961년 작 『광기의 역사(Folie et Déraison)』에서 중세에는 정신장애자들이 강을 오르내리는 바보들의 배에서 생활해야 했다고 쓰기도 했다.[17]

포터의 다섯 번째 파라 텍스트적 진술, "내가 소설을 생각하기 시작했을 때"라는 문장의 일부로 넘어가보자. 여기서 포터는 소설을 쓰기로 한 결심과 작품 구상 단계를 언급한다. 이런 고려는 확실히 시학 영역 내에 있다. 포터의 진술은 작품의 장르에 대한 선언이기도 하기 때문이다. 작품은 현대소설이어야 하며, 브란트의 '바보들로 가득한 배' 이미지에 나타난 어리석음의 유형에 관한 교훈시 112편과 분명한 구조적 차이가 있어야 한다. 이것은 중대한 차이이며, 포터와 브란트의 작품 사이에 존재하는 차이의 미학적 핵심과 맞닿아 있다.

브란트는 109개의 바보 유형을 각기 별도의 장에서 다루었다. 각 장에는 '모토, 이미지, 교훈시'가 들어있다. 부정적 일탈행위를 다루는 시들은 본질적으로 논증적이며, 수사학적 기능의 내러티브나 서술적 요소가 포함된 경우는 드물다. 허구성은 배의 알레고리라는 프레임워크와 각 바보 유형에 대한 텍스트 내의 스케치로 주어진다. 포터의 소설에서 이러한 역학은 뒤집힌다. 포터의 허구적 가상세계는 내러티브로 구축되며, 논증적이고 서술적인 요소가 사용되는 경우는 드물다. 간단히 말해 브란트의 우선순위가 '논쟁'인 반면 포터의 우선순위는 '이야기하기'이다.

포터는 자신의 현대소설에서 30명 혹은 30개 이상의 집단(가족, 커플, 쌍둥이 등)에 대한 이야기를 한다. 브란트의 작품에서 나타나는 목판화 같은 스케치나 상대적으로 추상적인 유형의 죄인과 달리, 일부는 실제인물처럼 다가온다. 그러나 포터의 작품에서 모두 대등하게 제시되는 인물들은 분명히 브란트의 109명의 바보와 구조적 유사성을 보인다. 다만, 브란트의 등장인물들이 모두 부정적인 도덕성에 관한 추상적 논의에 의해서만 묘사되는 반면, 포터의 등장인물들은 각자의 행동, 저자가 언뜻 내비치는 사고 과정에 따라 주로 심리학적으로 묘사된다. 윤리적 담론의 요소는 부차적으로 나타날 뿐이다(예를 들어 주인공이 릭(Ric)과 랙(Rac)이라는 어린아이의 도덕성이나 비도덕성에 대해 생각할 때). 따라서 포터는 심리학적으로 해석된 도덕적 세계를 제시했다. 포터는 등장인물들이 대서양을 가로지르는 평범한 여행에 관한 평범한 이야기를 한다. 이때 포터의 내러티브에서는 서로 번갈아 제시되는 순차적 말짜임과 함께 샷 앤 컷(shot and cut)이라는 필름 몽타주 기법이 사용된다. 이로써 포터는 비선형적 흐름의 내러티브를 선택한다. 이런 부분적 에피소드는 -중요한 부분인데 각 등장인물의 특성이 제시되는 방식과 동일하게- 모두 동등하게 제시된다. 이처럼 등장인물 묘사가 작품 전체에 분절적으로 제시되면서 독자는 상상력을 동원해 각 등장인물에 대한 총체적 종합을 시도할 수밖에 없다.

A갑판에는 본 줄거리는 물론 2차 플롯도 없다. 브란트가 윤리적 개인주의로 바보를 개념화한다는 점에서(브란트가 바보를 각각 따로 다루는 이유) 이는 중요한 대비를 이룬다. 포터는 등장인물 개인을 묘사할 뿐만 아니라 배 전체를 묘사해 상호작용의 사회적, 사회윤리적 맥락을 구성한다. 이는 브란트의 작품에는 없는 부분이다. 포터의 작품을 읽는 독자들은 두 개의 층위로 구성된 베라-세계를 상상할 수 있다. 착취당하고 소외된 이들은 제3계급

("억압받고 겁먹은 이들")의 "3등 선실"에 있는데[18] 이곳에서는 혁명적 가능성이 고개를 든다. 갑판 위, 언뜻 비추어지는 제1계급과 제2계급에서는 망상, 이데올로기, 상투적으로 낭만화된 신념세계가 드러난다. 심리학적으로 볼 때, 독자는 불행, 걱정, 두려움, 오해, 노이로제와 마주한다. 배에 탑승한 "신랑과 신부"(세계에 존재하는 인간행복의 표상)가 내러티브에서 아무 역할을 하지 않는다는 점이 주목할 만하다. 이들의 존재는 잠시 언급될 뿐이다. 우리는 유태인으로 낙인찍힌 뢰벤탈(Löwenthal)과 프라이타크(Freytag)가 내면의 속박 때문에 분노의 소용돌이에 빠져드는 과정도 경험한다. 이들은 스스로를 해방시키지 못한다. 미국의 두 예술가도 자유로운 사고로 나아가지 못한다. 브란트의 작품에서 지배적인 도덕적 고려가 주관적인 편견이나 학습된 집단적 에고에 불과한 것으로 심리화되는 세계인 것이다. 이곳은 상호간의 인종주의, 사회적 차별, 경계, 구조적 폭력의 세계이기도 하다. 또한 상류계급 전체의 결속은 3등 선실 승객에 대한 상호적 계급의 경멸로 일시적으로 유지될 뿐이다.

따라서 우리는 포터의 작품에서 자신의 권위주의적 구조를 제거하지 못하는 고대 유럽적 사고세계를 경험한다. 이것은 이야기 내에서 독실한 가톨릭 신자(우연이 아니다)인 슈만 박사가 상세히 설명하듯이 미리 자리 잡은 질서이자 끝없이 반복되는 동일성이다.[19] 이러한 일련의 사고와 행동은 선장에게서 가장 확실히 드러난다. 선장은 잃어버린 군주제의 대체물로서의 권위주의-파시즘 사회모델을 표상한다. 그는 특권과 위계적 질서로 구성된 사회적 관계라는 권위주의체제의 근본 모델을 신의 질서의 일부로 이해한다.[20] 이런 세계 이미지(이야기 내의 시간인 1931년에는 쇠퇴하기 시작한)를 배경으로 세계에 대한 비관적 전망이 제시된다. 이를 드러내는 대사로 "자유는 존재하지 않아"(그라프 씨),[21] "이 세상에서 뭘 기대하는 거야?"(루츠 여사) 등이 있다.[22] 스페인에서 온 학생들과 스페인 사르수엘라(Zarzuela) 극단의 수상한 댄서들은 악역으로 이 사회질서에 침입한다. 그들이 갑판 위로 올라가도록 누군가 돈을 내준 것이다. 그들은 독일인, 스위스인들과 달리 일탈과 혼돈이라는 반대 모델을 표상한다. 이는 사악한 도깨비 같은 아이들, 릭과 랙의 관점에서 가장 확실히 관찰된다.

소설을 읽으면서 우리가 상상하는 것은 가상의 세계, '베라호'라는 가상의 우주다. 그런데 배 이름 '베라'는 사실주의의 계획적 진술을 내포한다(이는 우연이 아니다). 라틴어로 'Vera'는 진실, 사실을 뜻하기 때문이다. 등장인물의 총합과 사건의 총합은 소설에서 가상의 베라-세계의 기초를 구성한다.

포터는 여섯 번째 파라 텍스트적 진술에서 이 세계를 해석한다. "나는 영원을 향해 항해하는 이 세계의 배라는 단순하면서도 거의 보편적인 이미지를 가져왔다." 세바스찬 브란트도 작품 속에서 배의 주제 이미지를 끝없이 반복해 상당한 일관성을 확보했다. 포터에게 배는 등장인물들이 벗어날 수 없는, 확고한 경계를 가진 구체적 상호작용의 공간이다. 앞에서 인용한 서문의 표현에서 포터는 중요한 용어 두 가지, '세계'와 '이미지'를 사용한다. 포터는 소설 속 상상의 가상공간에 허구적 세계를 창조한다. 이 세계는 사울 크립키(Saul A. Kripke)의 '가능세계론(Possible World Theory)'의 의미에서 하나의 '가능세계'다.[23] 베라호의 세계는 '잠재적으로 사실적'이고, 간접적 반영이며, 포터의 표현대로 하나의 "이미지"다. 그런데 베라호는 무엇을 반영하는가? 당연히 저자의 기억과 해석 속에서 발견된 1931, 1932년 실제 세계의 일부다.

이 이미지는 있는 그대로 옮긴 것도, 실제 사실을 반영한 것도 아니다. 이것은 구성된 직유, '사실과 유사함(verisimile)', 즉 구체적 지시대상(실제세계 속의, 텍스트 외부에 존재하는 인간-지시물)이 알려지지 않은 '진실과 유사한' 어떤 것이다. 하지만 우리는 독자로서 포터의 작품이 '소설'이 아니라 '역사적 기행문'에 가깝다고 볼 때 등장인물을 역사 속 인물과 연결할 수 있다. '소설'이라는 장르 지칭은 이것을 어느 정도 분명히 해주는 것으로 보인다. '소설'이라는 용어가 의미하듯, 작품은 서유럽 미학의 특정 전통, 즉 주네트의 표현에 의하면, 픽션의 미학적 전통을 따른다.[24]

작품 장르를 지칭해 제시된 것으로 보이는 명료성은 포터의 일곱 번째 파라 텍스트적 진술로 의문의 대상이 된다. 서문의 마지막 문장은 다음과 같다. "나는 그 배의 탑승객이다." 이것은 무엇을 의미할까? 실제 역사 속 인물이 소설의 허구적 배에 탈 수 없는 것은 자명하다. 하지만 이 문장이 실제 세계의 작가 캐서린 포터가 1931, 1932년에 떠난 실제 역사 속 여행(서문의 두 번째 문장에서 언급된 "나의 여행"을 뜻하지 않음도 분명하다. 보다 적절한 해석은 이 문장이 자신도 바보들의 배에 앉아 있다고 표현한 브란트의 파라 텍스트에 대한 소구일 수 있다는 것이다. 심지어 브란트는 '시인의 사과(Apology of the Poet)'에서 표현했듯이 스스로 바보들의 대열에 속해 있었고,[25] 따라서 바보들의 배에서 자신의 자리를 찾아야 했다.[26]

이런 코멘트를 통해 브란트와 포터는 모두 가상세계와 실제세계, 허구성과 사실성의 존재론적 차원을 의식적으로 뒤흔든다. 이들은 우리가 상상력, 감정적 공감능력, 추상적 사고를 활용해 허구성과 사실성의 차원을 연결할 것을 제안한다. 몰입이나 허상의 순간이더라도 우리가 그러한 시적 세계의 일부라고 상상할 수 있다는 것이다. 이런 상상적 참여의 순간, 시는 떠올릴 수 있는 모든 형태의 경험을 우리 안에 창조한다. 이것이 허구적-미학적 문학의 시적 커뮤니케이션 수행이다.

포스트모던 문학이론의 예상과 반대로 우리는 브란트와 포터가 모두 수사학적으로 행동했다고, 즉 독자에게 특정 메시지를 전달하고자 했다고 가정할 수도 있다. 나는 포터의 여섯 번째 파라 텍스트적 진술을 말하는 것이다. 포터는 자신의 '바보들의 배'가 "영원을 향해 항해하는 이 세계의 배"라고 말한다. 이것은 알레고리에 대한 집념으로, 현대소설 작가로서는 매우 놀라운 일이다. 따라서 이것은 수사적 무늬에 대한 집념이자, 우리가 그 무늬의 도움으로 가령 철학적 관점과 관련된, 시적으로 암호화된 레퍼런스(지시)를 해독할 수 있다. 파라 텍스트는 저자가 자신의 시적 구성물이 실제세계와 연관성을 갖게 하려는 수사학적 전략의 일부다. 이런 의미에서 포터의 작품에서 분명히 드러나는 알레고리에 대한 집념은 중요하다. 알레고리 속에서 미학적-시적 세계 차원과 수사학적-실세계 차원의 커뮤니케이션은 함께 작동한다. 알레고리는 우리가 텍스트에서 언급된 것으로부터 제2의 진술을 해석하도록, 구체적 픽션 뒤의 제2의 뭔가를 바라보도록, 그리고 우리가 원한다면 그 뭔가를 에드문트 후설(Edmund Husserl)의 표현에 의하면, 생활세계[27]의 사실성으로 옮겨올 것을 제안한다.

캐서린 포터는 힌트를 제시한다. 베라호라는 구체적인 배는 가상세계에서, 멕시코 베라크루즈(Veracruz)에서 독일 브레머하펜(Bremerhaven)으로 항해한다. 이것은 이해의 첫 번째 차원이다. 하지만 포터가 파라 텍스트에서 말하듯, 베라호는 영원을 향해 항해하는 세계를 표상하기도 하며, 이는 이해의 두 번째 차원을 도출해낸다. 이 같은 이해의 프로세스는 구체에서 추상으로의 진전이라고 볼 수 있다. 그 과정에서 우리는 미학 화된 텍스트 의미론(지시와 함축)을 우리 삶에 통합할 수 있도록 변형한다. 즉 허구세계에 대한 우리의 내면적 경험에서 뭔가를 꺼내 실제세계에 적용하는 것이다. 이것이 문학의 수사학적 실행이다.

그렇다면 포터의 경우, 무엇을 수사학적 메시지라고 말할 수 있을까? 이 마지막 질문에 대해서는 두 가지의 일반적인 답과 하나의 구체적인 답이 있다.

- 모든 독자는 원한다면 개인적이고 독특한 추론이나 삼단논법을 활용할 수 있다. 모두 자신에게만 의미 있는 메시지를 도출할 수 있다.
- 전문 해석자는 해석학적 문학비평 방법을 활용해 역사적 정당성을 지닌 메시지 도출을 시도할 수 있다.
- 혹은 저자가 제시하는 파라 텍스트와 에피 텍스트(epitext, 중심 텍스트와 관련된 기타 사료)를 해석함으로써 저자 스스로 말하게 둘 수도 있다.[28] 제시된 에피 텍스트가 없으면 1, 2번 외에 방법이 없다.

위의 모든 경우 우리는 저자의 역할에 관해 역사적으로 지배적이었던 사회적 인식을 항상 고려해야 한다. 법학교수이던 세바스찬 브란트는 1500년경 자신을 교수자로 인식했고 『바보들의 배』에 다양한 해석 여지를 거의 남기지 않는 명시적 공리 및 그를 뒷받침하는 주장을 활용했다. 그의 작품은 생활세계의 표준 커뮤니케이션과 예술의 배타적이고 전문화된 커뮤니케이션의 경계에 있다.[29] 캐서린 포터는 현대작가의 역할을 선택했으며 그에게 '소설'의 지위는 매우 분명하다. 이런 유형의 작가는 자신을 분석자, 세계의 향배에 대한 지진계이자 기록자에 불과한 것으로 이해하는 경우가 많다. 따라서 포터는 브란트와 반대로 명시적 지시를 전혀 제시하지 않는다. 그러나 우리가 베라-세계에 대한 포터의 개념화를 진지하게 받아들인다면 세계에 대한 특정한 -다소 불쾌한- 통찰을 그녀의 수사학적 메시지로 볼 수 있을 것이다. 그리고 이런 통찰은 포터에게도 중요했다고 필자는 생각한다.

9장

신수사학과 해체의 수사학

커뮤니케이션 일반 이론에서 의사소통의 복잡한 세계는 방법론적 근거로 볼 때, '발신자-채널-수신자'의 3단 모델에 기초한다. 텍스트 연구자들은 종종 이를 '저자-텍스트-수취인'으로 해석한다. 종종 그들은 타당한 근거를 들어 그 상황을 일방향적으로 접근하려고 하는 경향이 있다. 즉 모델의 양쪽이 아닌 한쪽에만 초점을 맞춘다. 일반 수사학 분야는 모델의 왼쪽에 집중한다. 일반 수사학은 '저자-텍스트'에 관심을 두고 작업한다. 반면, 문학의 '해석적' 연구의 많은 분야는 '텍스트-수취인'을 집중분석해 시선을 모델 오른쪽에 고정시킨다. 구조주의와 같은 타 연구 전통들은 연구 분야를 훨씬 더 시각을 좁히려고 한다. 그들은 마치 일종의 고립된 지질학적 형성물을 연구하듯이 커뮤니케이터와 주체 모두를 고려 대상으로부터 제외하면서 모델을 철저히 텍스트에 기반해 만든다. 이들이 방법론에 기초한 시각이 고유한 학술적 결실을 얻은 것은 분명하다. 필자는 더 일반적인 논평으로 논의를 시작했기 때문에 이 연구가 다루려는 케네스 버크(Kenneth Burke)와 폴 드 만(Paul de Man) 두 사람이 수사학을 이해한 것과 다른 방법을 더 잘 찾을 수 있다. 우리가 보려고 하듯이, 버크가 수사학을 이해하는 태도는 이 모델의 왼쪽을 반영하는 반면, 드 만은 오른쪽을 반영한다. 나는 수사학이 모델의 왼쪽을 본다고 주장했기 때문에 함축된 모순으로부터 어느 정도의 긴장이 발생할 수 있다. 수사학의 역사적 기원과 일반 특징 모두를 고려하면 이 긴장을 다른 시각에서는 볼 수 없다. 한편 폴 드 만은 확실히 버크, 리처즈(Richards), 그리고 다른 사람들의 제안을 받아들여 이를 자신의 이론 안에 포함시키면서도, 다른 한편, 그의 이론은 버크가 강조했던 부정의 원리에 따라서 모델의 오른쪽에 고정시키고 있다. 또한 이는 드 만이 이론적으로 그의 후기 저작에서 생산과 수용의 이분법을 부정한다는 사실을 바꾸지 못한다. 결국 이 두 이론이 어느 정도로 화해할 수 있는지 우리는 물어야 할 것이다.

1897년 피츠버그에서 태어난 케네스 버크는 폴 드 만이 다루었던 신비평(New Criticism)운동의 대표적 인물로 종종 여겨져 왔다. 하지만 버크의 다양한 저작들은 그의 생각을 이런저런 식으로 명확히 정의하는 것을 어렵게 만든다. 다니엘 포거티(Daniel Fogarty)는 1959년 글에서 미국 '신수사학' 창시자의 한 명으로 아이버 리처즈(Ivor A. Richards)와 다른 일반 의미론 주창자와 나란히 버크를 지목했다. 이 미국 신수사학파는 고전 수사학 교리를 현대의 과학적 방법과 결합해 접근한다. 특히 언어학과 커뮤니케이션학 원리들과 말이다. 버크의 방대한 관심사는 그의 작업을 미국 스피치학과뿐만 아니라 전 세계 이론가들로부터 표준으로 인정받게 했다. 폴 드 만은 유럽의 이론가들뿐만 아니라 버크의 저작에 대해서도 확실히 알고 있었다. 유럽 이론가들이

드 만에게 미친 영향은 이미 잘 정리되어 있어, 나는 버크와 드 만의 다수의 이론적 연결점들 가운데 이 둘의 유사점과 차이점의 관점에서 몇 가지만을 지적할 수 있을 것이다.

1. 춤과 드라마(극)

드 만의 『독서의 알레고리(Allegories of Reading)』에서의 주요 개념들 중 하나를 예이츠(Yeats)의 시 "우리는 춤에서 춤추는 자를 어떻게 알 수 있는가?"라는 연에서 찾을 수 있다.[1] 이 시연 자체가 여러 이유로 드 만의 이론적 입장을 이해하는 데 중요하다. 우리가 '춤'을 텍스트와 동일시한다면 그 의미와 지시성의 변화는 어떻게 일어날까? 드 만은 지시와 메시지의 기능이 (야콥슨을 따라서) 보통 언어의 주요 기능으로 간주된다는 사실을 인정한 것이 분명하다. 이것이 드 만이 '의미의 권위'에 대해 말하는 이유이지만 우리가 예이츠의 시연을 수사적 무늬와 순수한 질문 모두로 읽을 수 있다는 사실(텍스트의 전반적 해석이 갖게 될 모든 결론과 함께)은 우리를 처음에는 해석학적 '아포리아(aporia)'로 이끈 후, 해석의 필연적 긴장으로 이끈다.

두 가지의 독해는 직접 서로 대립하는 방식으로 관련되어야만 한다. 한 가지 독해가 정확히 다른 독해에 의해 오류로 비판되고 원상복구 되어야 한다. 우리는 독해의 어느 쪽도 다른 독해 방법에 대한 우선권이 있다는 타당한 결정을 절대 내릴 수 없다. 다른 것의 부재 속에는 아무것도 존재할 수 없다. 댄서 없는 댄스는 있을 수 없고 지시체(referent) 없는 기호(sign)도 있을 수 없다. 한편, 문법적 구조로 산출되는 의미의 권위는 무늬(figure)의 이중성 때문에 완전히 애매해진다. 이중성은 무늬가 감춘 것을 구별할 수 있길 간절히 바란다.[2]

전통적 커뮤니케이션 모델의 오른쪽에 영원히 초점을 맞추는 것은 (언어학적 이유와 텍스트 이론적 이유 때문에) 필연적으로 해석적 긴장을 창출한다. 이 긴장은 문학 텍스트의 독자의 존재에 함축된 고독에 의해 야기된다. 일부는 이것을 해석학적 핵심 난제나 해석적 고통으로 보고, 다른 일부는 자유의 왕국으로 가는 관문으로 본다.

따라서 춤의 은유는 그것이 완전히 다른 방식으로 사용되었더라도 신수사학의 이론적 틀 구성에서 특별한 역할을 했다. 일반 수사학의 전반적인 전통을 따르면서 케네스 버크의 시각은 커뮤니케이션 모델을 주로 왼쪽에서 바라보았다. 따라서 그의 근본적 고려사항은 커뮤니케이션 모델의 부차적 요소(채널, 텍스트 등, 수사학적으로 볼 때, 저자의 수단으로 버크가 이해한 것)와 연결된 의사소통행위의 촉진자, 주창자, 저자로서의 개인에서 출발했다. 행위이론 요소로서의 커뮤니케이션 문제를 바라보겠다는 버크의 이론적이고 예비적인 두 번째 결정도 수사적 전통과 맞아떨어진다. 버크에게 이런 시각은 인류학적 성격을 띤다. 1966년 저서 『상징적 행위로서의 언어(Languages as Symbolic Action)』에서 그는 이 관점을 이렇게 정리하려고 했다.

인간은 상징을 사용하는(상징을 만들거나 잘못 사용하는) 동물로, 부정성을(또는 부정성을 통해 도덕화된) 발명한 자다. 인간은 자신들이 만든 수단에 의해 자연적 조건으로부터 분리되고 위계정신에 의해 괴롭힘을 당하는(아니면 명령의식으로 동기 부여되는), 그리고 완벽주의에 찌든 존재다.[3]

이런 배경을 고려하면 버크는 허구적(시적) 커뮤니케이션을 저자의 상징적 행위로 보았다. 여기서는 행위 도구로서의 상징, 그리고 그 자체로 행위인 상징화에 관한 버크의 이론적 관점에 관한 세부사항을 다루지는 않을 것이다. 대체로 버크는 실제 행위와 상징적 행위를 일반적으로 구별했고 의미 생성에서 의미론 명명과 시적 명명을 구분했다고 할 수 있다. 드 만은 『독서의 알레고리』에서 문법과 수사학의 텍스트 수준을 분명히 구별했다. 버크의 이론은 드 만에게 정말 실마리를 주었다. 드 만은 이 사실을 자신의 저서에서 다음과 같이 서술했다.

> 케네스 버크는 (그가 구조적으로 프로이트의 전위와 비교한) 편향을 언급하는데, 이는 '약간의 편차나 심지어 의도하지 않은 실수'까지 모두 언어의 수사적 토대로 정의된다. 이때 편향은 기호와 문법적 패턴 내에서 작동하는 의미 사이의 한결같은 관계의 변증법적 전복으로 이해되었다. 이런 이유에서 문법과 수사학의 차이에 대해 잘 알려진 버크의 주장이 나온다.[4]

우리는 이 두 수준을 버크의 명명의 두 유형과 동일시할 수 있다. 그리고 동시에 그것을 외연과 내포의 구별과 연결할 수 있다. 『문학 형식의 철학(The Philosophy of Literary Form)』(원본은 1941년 출간)에서 버크는 이 둘을 지시적 행위로 해석한다. '의미론적 의미'(외연)의 구성이 기호 차원의 외부대상을 지시하는 반면, '시적' 의미 구성은 대상이 아니라 저자 자신, 특히 그의 '태도'를 지시한다.

의미론상의 의미는 의자를 가리키는 방식일 수도 있다. "그것은 의자다"라고 말할 수 있지만 목수에게 그의 조직된 기술과 어울려 '특정 행위로 나는 의자를 생산할 수 있다'로 의미 될 수 있는 반면, 시적 가리킴은 경로가 많은데 보통 다음 세 문장으로 정리할 수 있다. "'체! 의자!', '호, 호! 의자!', '당신의 주의를 의자로 환기해도 될까요?'"

"체, 의자!"와 "호, 호! 의자!" 같은 문장들은 "감정적 가치와 분명히 있을 것을 '의미'[...]하는 '태도'에 편중되어 있다. 태도가 행위의 암시된 계획을 포함하기 때문이다."[5] 반대로 폴 드 만은 텍스트에서 잠재적 의미론적 의미와 시적 의미의 차이를 수취인 쪽으로 옮겨놓았다. 그리고 그것들을 언급하기 위해 '의미화(signification)'와 '상징화(symbolization)'라는 용어를 사용했다.

"어떤 독해든 항상 의미화와 상징화 사이의 선택을 포함하고 있고, 이 선택은 대상에 대해 비유적인 것으로부터 축자적인 것을 구별할 가능성을 상정했을 때 만들어질 수 있다."[6]

버크는 그 순수한 의미론적 단계로 의미를 만들려는 저자들(논리 실증주의자)은 높은 단계의 무관심을 성취하려고 "자신들의 어휘목록에서 태도적 요소를 없앴다." 반면 '시적 이상'은 드라마티즘에 의해 구성된다. 이것은 '감정적 요인들을 최대한 쌓아 올린 것으로부터 전망 끌어내기'를 시도하려는 과정이다. 그러므로 "의미론적 이상은 드라마를 회피하는 어휘목록을 상상한다. 시적 이상은 드라마를 관통하는 어휘목록을 상상한다."[7]

버크의 수사학적 사고의 규모는 상징화가 저자의 표현 형식이라는 그의 믿음으로 입증되었다. 그러나 '춤' 범주는 (심리적으로 전제된) 개념의 자동적 코드화를 발전시키기 위해 운문(시) 텍스트 구성에 수사학적 계산의 전통적 개념을 포기하는 방향으로 이끈다. 이런 의미에서 저자는 무의식적으로 자신을 텍스트에 새기고 계산되지 않은 구조들을 만들어낸다.

> 상징적 행위는 태도의 춤추기다(이것은 태도를 실제 내용 안에서는 매우 희박해 보인다는 리차즈의 강령이자 주장인데 내가 보기에는 큰 의미가 없어 수정하고 싶은 생각까지 든다). 시의 태도화하는 성향에서 마침내 전체 골격이 만들어질지 모르지만, 방식을 놓고 보면 행동주의 학설에서 제안된 것이라고 할 수 있다.[8]

따라서 콜레리지(Coleridge)의 시를 읽을 때 우리는 그의 "미궁 속 마음을, […] 그 속도에서 나타나는 퍼즐을, 걷기 행위에서 '춤추는'" 모습을 "잠깐" 포착할 수 있다.[9] 버크는 작가가 개인적이고 심리적인 방향에서 고려하는 글쓰기의 '오토마티즘'을 논하지 않았다. 오히려 글쓰기에 미치는(예를 들어 사회적으로 대표하는) 무의식적인 다른 영향을 고려했다. 이것은 텍스트를 의식적으로 구성하는 수사적 공준을 제한한 것이다. "그리고 그가 비록 글쓰기 행위를 완전히 의식하고, 특정 화법을 강화하기 위해 특정 이미지를 의식적으로 선택하더라도, 이 모든 등식들의 연관성을 의식하지 못할 것이다."[10]

따라서 텍스트를 쓰는 과정조차 의식적으로 완벽히 통제될 수 없다. 작가는 계획과 목적(상황에 따라 의도라고 부르는)은 있지만 제작물 계산 자체에 한계가 있다. 항상 작가는 통제에 대한 시적 상실에 노출되어 있다. 폴 드 만은 이것을 '작가의 장님 되기'라고 표현한다. 그래서 '비판적 독자'는 수용의 마지막 단계에서 "보이지 않는 것을 보이게" 만들어야 할 의무가 있다.[11] 버크는 생산 과정에서 해체가 어떻게 일어나고 의미의 의도적 구성이 수행적으로 문제시 될 수 있는지에 관한 것으로 루크레티우스(Lucretius) 사례를 들었다.

> 유물론자(철학적 과학자)로서 통각상실증[여기서는 시적 명명에 대한 분명한 부인으로 이해됨]의 목표와 결합해, 루크레티우스는 그럼에도 극도로 감정적 순간을 강화시켰다. 예를 들어, 신을 근절시켜 겪을지도 모를 큰 위로를 느끼게 할 의도로, 자신을 종교적 경외심의 엄격성을 지키는 사람으로 드러냈다. 그는 우리가 '경외감'을 실현하도록 만든 것이 분명하다. […] 그래서 그 자신의 명제에 저항하는 소수 지지자를 얻었다. 경외감을 완전하게 이루고 이 경뇌감이 사라지게 할 수도 있는 자유를 완전히 이루도록 그는 경외감 자체의 잊을 수 없는 이미지를 우리에게 남겼다.[12]

2. 비유와 무늬

폴 드 만은 『미학적 형상화: 클라이스트의 인형극에 대해(Aesthetic Formali

zation: Kleist's Über das Maionettentheater)』에서 자신의 시각을 버크의 방법론인 모델 왼쪽으로 옮기길 거부했다. 일부 연구자들이 제기해온 클라이스트의 자서전적 관심의 질문에 대한 반어적 논평으로 말이다.

  클라이스트가 자신의 텍스트가 자서전으로 혹은 순수한 허구로 알았는지 결정하는 것은, 그가 인간이자 작가로서 자신의 운명을 결정하는 것과 같다. 이것은 어떤 철학박사가 항아리라는 우스운 이름을 참으면서 일어난 사실로 봉인되어 있다. 누가 그것을 어떻게 해석하더라도 그 안의 수많은 K(칸트, 클라이스트, 크루그, 키에르케고르, 카프카, 케이)를 가진 한, 이야기는 수상할 수밖에 없다. 클라이스트조차 그렇게 임의로 과잉 결정된 혼란을 지배할 수 없었다. 이것을 분명히 참고 견딘 유일한 장소는 하인리히 폰 클라이스트가 쓴 이야기 속이다.[13]

드 만이 버크의 연구시각을 받아들이길 거부했음에도 '인형극'에 나타난 그의 논거는 버크의 글에 나온 '드라마-춤-비유' 해석의 중요 범주와 놀랍게도 일치한다. 드 만이 이 드라마적 범주를 적용할 때는 그가 '텍스트의 연극성'[14]을 말할 때다. 이것은 "연극 상연에서 넘쳐나고"[15] "분리된 내러티브 세 개가 연출된 장면의 대화적 틀에서 연속되도록"[16] 구성되어 있다. 그가 "미학적 형식의 핵심은 […] 고통 자체를 위해 고통의 스펙터클을 대체하는 것 아닌가?"[17]라고 물을 경우도 마찬가지다.

  폴 드 만이 춤 생각에 사로잡힌 것은 같은 방식일 수 있다. 이것은 그가 인형극 주제를 선택해 일어난 일인가? 이 상황에서 버크의 범주를 언급하는 것이 완벽하게 뜻이 통하게 된다. 클라이스트의 텍스트에 집중해 다양하게 연구한 것을 보더라도 춤 은유는 "해설자에 의해 실행된 춤은 혼란만 줄 뿐이다"[18]로 나타나고 "전체 해석학적 발레는 낭비를 표출하고 있다."[19] 젊은이의 이야기를 묘사하면서, 그는 의미의 방법이 "춤추는 동작의 기호체계로 뒤바뀐다"라고 말했다.[20]

인형극을 설명하면서 드 만은 춤 모델을 텍스트 단계로 전환하는 데 관심 있었다.[21] 일반 수사학의 비유와 무늬는 비슷한 요소들을 대신한다. 따라서 '인형극'에서 가장 중요한 '텍스트 모델'은 "전환과 일탈체계, 즉 비유체계로서의 텍스트 모델이다."[22] 무늬 구조 찾기는 '해석상' 중요한 절차가 된다. 폴 드 만은 무늬의 차별화에 애매한 관심을 보였다. 그에게 생략법과 우화의 전통적 무늬는 비유로 고려될 수 있었다. 그리고 독립형 비유인 '제유'는 "가장 중요하고 매력적인 은유"다.[23] 드 만의 무늬 개념은 위르겐 포르만(Jürgen Fohrmann)이 볼 때 너무 도식적이었다.

> 예를 들어 은유와 환유, 상징과 알레고리 사이의 구별은 열림과 닫힘 등의 이분법적 가치를 재생산해낼 뿐이다. 아니면 이것은 고대부터 '수사학'으로 불려왔던 것(드 만이 논의했듯이 알레고리의 정의에서 볼 수 있는 것처럼 다양한 무늬를 구별하고 진단하는 방식)을 계속 이어온 것이라기보다 무늬의 새로운 이론이 아닌 새로운 기능에 대한 것이라고 해야 하는가?[24]

폴 드 만은 수사적 무늬의 전통적 분류 체계에 별 관심이 없던 것이 분명하다. 오히려 텍스트 원리로서의 비유적 표현에 관심 있던 것이 분명했다. 이 관심은 텍스트를 미학적 수준에서 더 상세히 드러내려는 욕망에 근거한다.

미학적 힘은 인형이나 인형 조종자에 있지 않고 그들 사이를 도는 텍스트 안에 있다. 이 텍스트는 변형적 체계이고 선을 변태적으로 바꿀 수 있고 생략법, 우화, 과장법의 비유로 비틀고 변하게 할 수 있다. 비유는 움직임의 수량화된 체계다. 모방과 해석학의 불확정성은 드디어 수학적 형태를 갖추게 되었다. 더 이상 역할 모델이나 의미론적 의도에 의존하지 않는다는 말이다.[25]

따라서 드 만은 미학적 구조 차원을 드러내기 위해 의미의 의미론적 차원을 배제하는 데 초점을 맞추었다. 이때 시적 명명은 형식적 원리를 향한 의지가 된다. 버크가 드 만에게 말하는 '드라마'는 지나치게 작가와 그의('욕망' 개념으로 표현되는) 의식적, 무의식적 관심에 기반을 두고 있다. 그러나 미학 영역은 이러한 수준이나 텍스트의 차원을 벗어나 시작된다.

춤은 뭔가를 표현하지 않으므로 드라마와 달리 진정 미학적이라고 할 것이다. 춤의 움직임의 법칙은 욕망으로 결정되지 않고 수적, 기하학적 법칙이나 우아함의 균형을 절대로 위협하지 않는 토포스로 결정된다. 춤추는 인형들에게 '꾸밈(Ziererei)'이나 미학적 효과의 허용을, 비유의 형식적 법칙보다 표현된 열정이나 감정의 역동성에 의해 결정되는 위험요소는 없다. 이런 관점에서 보면 드라마와 춤만큼 양 극단에 서 있는 예술 형식도 없다.[26]

(의미론적 명명을 없앤) 텍스트의 미학적 수준에 대한 드 만의 집중은 비유와 무늬가 텍스트 구조에서 가장 중요한 요소들로 여겨지게 만들었다.

균형 잡힌 움직임은 특권을 가진 은유를 눈을 못 떼게 무게중심으로 이끈다. 우리가 경이로움을 측정할 때 미학이 암시하듯, 미술이나 서정시와 같은 공시적(동시발생적) 예술에서 빛의 은유처럼, 이야기나 춤과 같은 순차적 예술 형태에서 은유의 무게(중력의 은유)는 절대 피할 수 없다.

인형들의 움직임은 "오직 비유를 위해 존재한다."[27] 드 만은 다시 저자의 관점으로 돌아와 무늬 구성에서 나타나는 독특성을 더 특별히 정의했다.

클라이스트의 또 다른 서사적 텍스트['말하는 과정에서 생각의 점진적 발전에 대하여']에서 알 수 있듯, 기억에 남는 가장 성공적 비유들('박수갈채')은 오히려 작가가 의미에 대한 모든 통제를 완전히 포기하고 극단적 형식화, 문법적 일탈(사건)에 대한 기계적 예측에 빠지는 순간(복귀) 나타나는 즉흥적인 것들(묘안)이었다.[28]

드 만은 『인형극(Marionettentheather)』 서두에서 '비유와 인식론'의 관련성을 말했다. 둘의 관련성은 비유론을 한층 넓혀 더 이상 비유가 텍스트 구조에 제한된 것이 아니라 무늬구조에서 인식될 수 있는 것으로 여겨질 수 있음을 보여준다.[29] 이 개념은 신수사학에 의해서도 잘 알려져 있다. 그러나 드 만은 종종 버크가 미학에 대한 질문과 관련해 인용부호로 표기했던 '진리'의 관점에서 말하진 않는다.

버크는 1945년 출판된 『동기의 문법(A Grammar of Motives)』에서 '가장 중요한 네 가지 비유'로 은유, 환유, 제유, 아이러니를 설명하는 데 전체 장을 할애했다. 거기서 버크는 "네 가지 전통적 비유들의 '문학적', '현실적' 적용"[30]

에서 벗어나고자 하였다. 대신 그는 그것들을 "'진리'를 발견하고 기술하는 역할을 하는"[31] 생각의 표현으로 인식했다. 하지만 우리가 주목할 것은 버크의 이 개념이 1931년 『반박(Counter Statement)』[32]이라는 책에서 밝혔듯이, '일종의 은유적 진리'가 펼쳐지는 '미학적 진리'라는 특별한 개념을 포함한다는 점이다. 무늬에 대한 버크의 인식론적 접근은 은유를 '관점', 환유를 '축소', 제유를 '재현', 아이러니를 '변증법'을 드러내는 데 사용되는 방법론적 작업으로 인식한다. 폴 드 만과의 연관성을 고려할 때, 버크의 표현에 대한 분석이 문학 해석으로 옮겨갔다는 것은 그 변화가 단순해 보이더라도 그의 관점이 모델의 오른쪽으로 이동했다는 점에서 매우 중요하다. 버크에게 제유는 특히 매력적인 요소였다.

시의 구조와 시 외부의 인간관계를 연구할수록 나는 이 제유법이 연설의 '기본' 무늬임을 더 이해했다. 그것은 형식적 비유 외에도 다양한 방식으로 일어난다. 나는 우리가 같은 단어로 감각적, 미적, 정치적 표현에 사용하는 것이 언어의 단순한 사건이 아니라고 느낀다.[33]

그리고

제유적 기능은 또한 시의 형식으로 드러날 수도 있다. 예를 들어 사건 2가 사건 1을 따르고 사건 3을 일으킨다면 각 사건은 제유적으로 다른 것을 표현할지도 모른다(종종 이 뒤섞임은 객관적으로 그 과정의 '전조'로 드러난다). 알바트로스가 죽임을 당하기 위해 거기 놓였다면[콜러리지의 작품 『늙은 선원의 노래(The Rime of the Ancient Mariner)』에서] 그것은 다음의 의미상, '범죄 참여'라고 할 수 있는데, 사냥에 성공한 후 야만인이 모험에 협조한 것에 대해 사냥감에게 감사를 표했기 때문이다. 선원의 죄책감의 '자극제'로서 배치되면서, 살해될-어떤-것으로서의 그 기능은 살해를-유도하는-것으로서의 기능도 갖게 되었다. (제유법의 기능 중 결과가 원인을 대체하고 원인이 결과를 대체하는 것도 있음을 상기하라).[34]

분명한 것은 폴 드 만이 버크의 관점으로부터 많이 배웠다는 사실이다.

3. 부정성

폴 드 만처럼 버크도 프리드리히 니체(Friedrich Nietzsche)의 기본 위치와 '무늬'의 수사적 범주에 대한 그의 언어학적, 철학적 실험을 알고 있었다. 버크가 위에서 언급한 명명의 두 과정을 『선악의 저편(Beyond good and evil)』[35]이라는 표제의 세부항목 밑에 둔 것은 우연의 일치가 아니다. 니체가 언어에 나타나는 리얼리즘을 재통일한 것은 언어학적 범주인 자의성, 규범성과 언어학적 기호의 지시성에 대해 지금 언급하는 문제들에 초점을 맞추었다. 니체는 『비도덕적 의미에서의 진리와 거짓에 대하여(On Truth and Lies in a Non Moral Sense)』에서 이렇게 물었다. "게다가 이 언어학적 규약들 자체는 어떤가? 아마도 지식, 즉 진리라는 감각의 산물인가? 명칭은 사물과 일치하는가? 언어는 모든 실재를 적절히 표현할 수 있는가?"[36] 신수사학에서 의미 이론은 이 질문의 답을 찾았다. 니체와 달리, 버크의 관심은 세계로부터 기호학적 거리 두기의 실례적 모델로서의 형상화에 대해 철학적으로나 언어학적으로 회의적이었으며, 기호의 환원불가능성도 여기에 포함된다.

개인이 언어를 가지고 의도적으로 행동할 수 있다는 그의 수사학적 공준이 우선하게 되었다. 의미의 의미론적 차원과 시적 차원에 대한 버크의 구별은 그것이 (제유와 같은) 비유의 다양성을 더 잘 분류하게 만드는 한, 중요하다. 이것들은 기호 차원이 아니라 텍스트의 이론적 차원에 속한다. 기호이론 연구는 기본적으로 지시성의 물음과 관련 있다. 이것은 언어, 세계, 인지의 연결에 대해 니체가 제안한 것이다. 한편, 수사학과 시학은 실체론과 리얼리즘 뒤에 언어의 기본적인 문제를 남겼다. 텍스트가 구체적으로 생산되는 순간, 실제의 의사소통 행위를 고려한 결정이 이미 만들어진다. 송신자와 수취인은 보통 문법적 코드 사용에서 화용적으로 동의했다. 의미의 두 번째(세 번째조차도) 차원은 버크와 드 만이 논의했듯이, 구체적 텍스트에서는 비유로 산출되는데, 이것은 문법적 차원에서 볼 수 있는 것과 완전히 다른 것이다. 버크가 모든 인간에게 상정한 부정성의 원리는 이 절차에서 중요한 역할을 한다. 따라서 이것은 형상화에서 구조적으로 볼 때 조형적이다. 그러나 첫째, 개인들은 이 부정성을 어떻게 행사할지를 배워야 한다. 그들이 배워야 하는 것은 의미에서의 변화는 부정 조작으로 모든 텍스트 차원에서 생성될 수 있다는 사실이다.

모든 단어를 사용하는 능력에는 부정성이라는 함축된 감각이 존재한다. 이 단어들을 적절히 사용하기 위해 우리는 이 단어들이 그 단어들이 의미하는 게 아니라는 사실을 알아야 한다. 다음에는 언어는 은유에 의해 확장되므로, 은유는 점점 추상화라는 죽은 은유가 되어간다. 따라서 우리는 은유가 문자 그대로의 뜻이 아님을 알아야 한다. 나아가 우리는 아이러니하게도 가정에서 자유자재로 부려 쓸 수 있기 전에는 언어를 원숙하게 사용할 수 없다.(즉 날씨가 나쁜데 누군가 '얼마나 아름다운 날인가!'라고 한다면 그 단어가 무엇을 의미하는지 얼굴을 보자마자 알 수 있다. 아이들은 '이성의 나이'에 도달하기 전, 보통 이렇게 꼬여 매우 불편하게 하는 것을 발견하고, 그것이 좋은 날이 아닐 개연성이 있음을 안다. 물론 극적 아이러니는 그와 같은 부정성의 원리를 가장 복잡한 쪽으로 완벽히 옮겨 놓는다).[37]

버크의 부정성에 관한 생각은 그것이 오직 상징체계의 요소이고 자연적 현상에서 나타나지 않는다는 사실에 근거한다. 버크는 자신이 명시적으로 언급했듯이 베르그송(Bergson)에 의해 영감을 받았다. 하지만 그는 베르그송이 부정성의 인식론적 면에 방점을 둔 것이 문제라고 생각했다. 다음 인용문은 그 사실을 분명히 보여준다. 버크는 우리가 의사소통적이고 엄격하게 행위 이론적 '드라마티즘(dramatism)'에 기초한 새로운 접근법을 취함으로써 베르그송의 이론적 난제를 해결할 수 있다고 제안한다.

나는 베르그송이 책에서 풍성하게 설명하며 강조한 것을 바꾸려고 한다. 그의 강조는 특별히 '드라마적' 목적을 위해 어쩌면 너무 '과학적'이다. 따라서 지식의 문제에 대한 강조와 조화를 이루어, 그는 명제적 부정문, '그것은 아니야'에 강세를 두었다. 극적으로 강세는 권고적 부정문인 '하지 말라'에 두어야 할 것이다. 그 부정문은 정의나 정보의 출처로서가 아니라 'Don't'처럼 명령으로 시작한다. 그것의 더 많은 '과학적' 잠재성은 나중에 발전한다. 그리고 베르그송이 우리는 '아무것도 아닌 것의 아이디어'를 가질 수 없다고 관찰한 것에서는 옳은 반면(우리가 상상할 것은 위험 지점이나 전멸당할 것, 깊은 심연 등이다), 나는 우리가 'No라는 생각', 'don't라는 생각'을 가질 수 있다는 사실을 제안한다. 실존주의자들은 그들 스스로를 즐겁게 할지도 모르고 무(le Neant)에 대한 패러독스로 우리를 혼란시킨다. 난해한 것으로 아무것도 아닌 것을 다루는 순수 언어학적 속임수로 말이다. 이것은 훌륭한 쇼맨십이지만, 'don't'의 생각에 대한 패러독스가 없다. 그래서 아이들은 그 의미를 쉽게 배울 수 있다.[38]

이런 식으로 부정성은 주로 행동원리로 이해된다. 그러니까 텍스트 이해를 위한 연구자의 행동을 위한 결론으로 말이다. "종종 '양극단의' 용어로 불려지는" 현격한 대조 표현에서, 하나는 부정적 부분과 긍정적 부분 중 어느 쪽이 주도적으로 고려되어야 할지 결정할 필요가 없다. 둘은 상호의존적이다. 버크는 이 맥락에서 헤겔식 변증법을 말했음에도 불구하고 결정을 강요받을 때 그런 표현에서 부정적 표현의 우선권을 주장했다.

이런 이유로 (1) 예와 아니오는 각각을 함축한다. (2) 이 둘이 반대 역할을 할 때, 이들은 서로 제한한다. (3) 하지만 제한성 자체는 '양의 원소를 나눈 것 중 부정'이다(브리태니커 백과사전 11판, 피히테(Fichte) 항목 인용).[39]

4. 수사학

버크가 낱말과 비유를 사용하는 토대로 그 안에 나타나는 '부정성의 함축된 감각'을 말했을 때, 텍스트 해석자들이 행동을 위한 지시로서 부정성의 원리를 인식하고 있다는 것은 유일하게 한결같다. 이것이 폴 드 만의 사례에서도 마찬가지라는 것은 의심의 여지가 없다. 예이츠 시구에서 나타나는 '질문'이라는 그의 핵심 사례가 분명히 보여주듯 말이다. 이 입장은 유명한 '완고하고 독선적인 백인 노동자 장면'에서도 유효하다.

> 완전히 분명한 통사구조(질문)는 적어도 두 개의 의미를 갖는 문장을 만든다. 하나는 주장하고 다른 하나는 고유한 발화수반 행위 양식을 부정한다. 거기에는 단순히 2개의 의미, 즉 축자적 의미 하나와 비유적 의미 하나가 있는 것이 아니다. 우리는 이들 의미 가운데 어떤 것이 이 특정 상황에 딱 들어맞는지 정해야 한다.[40]

만일 우리가 커뮤니케이션 전체 모델을 활성화한다면 분명한 결정을 내릴 수 있다. 그런 경우는, 우리가 '추가되는 텍스트 의도의 개입'을 허용할 때, 또 송신자와 의사소통 상황 양자를 고려사항 속에 포함시켜 독자가 고립되어 텍스트를 떠나지 않을 때이다. 하지만 드 만이 의사소통 모델의 오른쪽 측면을 보고 있는 것은 이것을 감안한 것이 아니다. "이 개입은 무늬로 구성된 미니 텍스트의 일부가 정말 아닌데, 이때 우리의 관심을 끄는 무늬는 그것이 유예되고 미해결된 상태로 유지될 때만 가능하다." 폴 드 만은 전적으로 오른쪽에 관심을 둔 모델에서 문자적으로 '읽기' 세계를 유지하려고 추구했다(마치 롤랑 바르트의 공준으로 상상되었듯이 "독자는 글쓰기를 구성하고 있는 모든 인용문들이 기입된 공간이다").[41] 이 '읽기의 세계'에서, 텍스트의 무늬 구조는 수수께끼가 되고, 이 세계는 특별한 종류의 문학 수사학을 함유하고 있다.

> 나는 이 기호학적 수수께끼를 '수사적'이라는 용례를 따른다. 질문의 문법적 모델이 수사적이 되는 경우는, 한편으로 우리가 문자적 의미를 갖고 있을 때가 아니라, [중심 텍스트 수준에서 독자]가 (전적으로 양립할 수 없는) 두 개의 의미 가운데 어느 것을 선택할지, 문법적 장치나 다른 언어학적 장치에 의해 결정하는 것이 불가능할 때다. 수사학은 근본적으로 논리학을 유예하고 지시적 일탈의 아찔한 가능성을 가능하게 한다. 그리고 그것이 보통의 용례로부터 다소 요원해지더라도, 나는 언어의 수사적, 무늬적 가능성이 문학 자체와 같다는 사실을 의심하지 않을 것이다.[42]

일반 수사학은 전통적으로 저자의 관점에 초점을 맞추어 항상 전략적 의사소통 분야로 여겨진다. 어떻게 이것이 폴 드 만의 문학적 무늬 수사학 개념에 어울릴 수 있을까? 드 만의 글쓰기에 앞서 아이버 리처즈의 의미생성 이론은 실체론자들의 언어 개념을 명확히 부정했다.[43] 그에게 언어는 모든 면에서 근본적으로 화용적인 현상이다. 버크도 의미가 의사소통적 상호작용에서 처음 생성된다는 사실로부터 출발했다. 그러나 텍스트에서의 기호 의미의 결과로 초래된 불안정성은 언어를 의사소통의 문제적인 형태로 만들었다. 니체 역시 이러한 정서를 분명히 표현했다. 수사학자 버크는 텍스트 사용에서 언어의 구성적 힘을 실제로 믿었지만, 그것이 항상 독립성을 추구한다는 사실을 자각해 인간의 의사소통적 힘에 의문을 가졌다. "우리가 그저 단어들을 사용하는 것일까, 아니면 단어들이 우리를 사용하는 것은 아닐까?"[44] 리차즈에게 분명한 것은 의미 이론이 반드시 오해를 방법론적으로 다루어야 하고, 과학적 수사학은 '오해와 오해 해결책 연구'[45]라는 사실이다. 궁극적으로 이러한 개념은 낙관적이고 오해 장벽이 극복될 가능성에 초점을 맞추고 있다. 폴 드 만의 '오독'의 범주는 리처즈의 '오해'에 의해 영감을 받았을지도 모르지만, 두 개념은 메울 수 없는 간극에 의해 분리된다. 더 새로운 구성주의자들의 이론들에 의해, 정보교환을 위해 필수로 여기는 의사소통 모델의 왼쪽과 오른쪽 사이의 중재적 상호작용은 드 만의 이론에서 고려되지 않았다. 텍스트 바깥의 개입 요소들은 언급되었듯이 그의 이론에서 분명히 배제되었다. 드 만에게 텍스트는 풀리지 않는 수수께끼로 남아 있다. 그는 심지어 지금까지 오로지 이런 종류의 문학적 텍스트들만 중요하다고 주장한다 ("이 텍스트 자체에 주목한다.").

일반 수사학의 역사적 관점으로부터, 드 만의 개념은 제라르 쥬네트(Gerard Genette)가 『줄어든 수사학(La rhetorique restreinte)』이라는 제목의 자기 비판서에서 개탄했던 제한된 수사학 형태를 나타낸다. 그리고 카임 페렐만은 1977년 저서 『수사학 제국(Lempire rhetorique)』에서 이것을 맹렬히 공격했다.[46] 드 만은 논의되는 것과 같은 것을 인정했다. 즉 표현-수사학의 지배적 형태는 루마니아와 앵글로 색슨 문학비평에 대한 현대문학 연구에서 찾았다는 사실 말이다. 그는 비유나 무늬가 '문법'으로 분류되지 않고 수사학에 의해 정의된 것이고, 그것들은 "논평이나 웅변이나 설득에서 파생된 지각이 아니"⁴⁷라고 강조했다. 어떻게 이런 관점이 일반 수사학의 더 폭넓은 개념과 조화를 이룰 수 있을까? 핵심 논점은 드 만의 이론이 특별한 텍스트, 즉 무늬구조만 다루고 미학적으로 두드러진 텍스트에만 초점을 맞춘다는 것이다. 이것들은 대개(전적으로는 아니지만) 문학, 소설, 시적 텍스트들이다. 이것은 그와 같은 텍스트를 구성하는데 영향을 미친다. 필자는 이것을 여기서 간략히 짚어보고자 한다. 생산이론에 초점을 맞춘 의사소통 모델의 왼쪽으로 치우친 관점으로부터 "전략적" 의사소통의 수사학적 공준은 구체성을 띤다. 텍스트란 결정의 맥락적 과정에 따라서 사람들이 텍스트와 유의미하게 상호작용할 수 있는 방식으로 언어기호가 배열되는 구조적 장소다. 문학 장르의 경우, 저자는 자신의 구성적 집중을 다른 쪽으로 돌린다. 생산의 미적 전략은 그가 선택한 장르에 기반한다. 즉 '시적 명명'(버크)을 향하거나 '언어의 시적 기능'(야콥슨)을 향한다. 그는 언어의 일반적인 정보기능을 넘어, 원칙적으로 문법으로부터 독립적인 문학 텍스트에 골격을 세우고 미학적 자기 지시성에 자유재량을 부여한다. '의미론적' 과잉결정 전략은 텍스트를 생산할 때 유보되어야만 한다. 그렇지 않으면 저자는 시 외적인 메시지들이 자신의 자유로운 문학적 언어게임에 섞여 들어갈 수도 있음을 반드시 받아들여야 한다. 추가로 이런 게임은 다른 텍스트 장르보다 잠재의식적 의미를 더 만들어내는 구성을 위해 문을 더 활짝 연다. 의사소통의 보다 새로운 구성주의자들의 이론은 (텍스트와 같은) 의사소통 수단이 그런 정보 내용을 담고 있지 않다고 지적한다. 사람에게 적용했을 때, 정보는 의사소통 모델의 왼쪽과 오른쪽 사이를 기술적 메시지 형태로 돌아다니지 않는다. 의사소통에 관여하는 모든 인지체계는 자신의 고유한 개인적 수용성과 능력에 기반하여 메시지를 생성한다.

텍스트들은 오직 사회적 상호작용, 학습 과정과 규약화 경험을 통해서만 의사소통적으로 기능할 수 있다. 문학적 의사소통에서, 발신자와 수신자 모두 문학적 허구나 시적 형상에서 발견되는 것과 같은 분명한 특징을 반드시 알고 있어야 한다. 단순히 요리책으로 귄터 그라스의 『넙치(The Flounder)』를 읽은 사람은 그 텍스트가 갖고 있는 중요한 차원을 놓치고 있다. 송신자와 수신자의 완벽한 상호조정은 불가능하기 때문에, 언어는 오로지 텍스트 구축에 있어서 특정 정도로만 억제할 수 있기 때문에, 저자는 자신의 텍스트를 완벽히 통제할 수 없고 문학 텍스트는 열린 공간을 추구하기 때문에(그리고 종종 문학으로 인정받기 위해 그렇게 해야 한다) 수령인은 반드시 무늬 구조에 참여할 수 있어야 하고 그렇게 해야만 한다. 그렇게 함으로써, 그는 저자가 구축해 놓은 것을 해체시킨다.[48]

4부

Intersemiotic Rhetoric

기호간 수사학

MODERN
RHETORIC

10장

음악의 수사학

 1787년 초연된 오페라 『돈 조반니(Don Giovanni)』의 1막을 보면 주인공이 섹스중독의 신경증 환자라는 사실을 곧 파악하게 된다. 그는 확실히 이제는 '돈 후안증'이라고 불리는 것의 완벽한 사례다. 오페라의 8, 9장에서 볼프강 아마데우스 모차르트(Wolfgang Amadeus Mozart)와 오페라 대본작가 로렌초 다 폰테(Lorenzo da Ponte)는 미니 드라마에 등장하는 유혹자를 다시 한번 보여준다. 그 유혹자의 행동을 보면, 그가 처음부터 끝까지 여인을 유혹하기 위해 접근하는 전 과정을 알 수 있다.

 액션은 조반니가 시골의 유쾌한 젊은이로 구성된 합창단을 가로질러 나오면서 시작된다. 그는 그곳이 결혼식 자리임을 금방 알아차리고, 즉시 성적으로 거부하지 않는 한 여인의 "냄새를 맡는다"(그는 오페라 대본상의 여러 장에서 이런 행위를 보여준다). 의사소통 이론의 틀에서 보면, 낯선 사람 간 대화의 시작 부분이라고 할 수 있는, 첫 번째 레치타티보[오페라에서 낭독하듯 노래하는 부분]에서 돈 조반니는 유혹자로서 자신의 성공기회를 입증한다. 여기서 기회란 젊은 신부가 자신 쪽으로 그를 끌어들이기 위해 접근하는 것을 말하는 데, 바로 그 기회가 절호의 타이밍인 것이 입증된 셈이다(추파 던지기에 관한 실제 경험과 현대 행동주의 연구에서 이런 행위는, 그녀가 그를 매력적인 섹스파트너로 본다는 것을 암시한다).

돈 조반니는 결혼식 파티에 참석한 모든 하객을 호화로운 식사에 초대해 섹스파트너를 끌어들이기 위해 필수적인 호의를 자진해 보여주어 반응한다. 그는 모든 방면에서 더 매력적인 섹스파트너로 보여주고 자신의 인물과 지위가 우월하다는 것을 활용하는 데 있어서 주저하지 않을 뿐만 아니라, 상류층의 도도함을 보여줌으로써 순진하고 무력한 신랑 마제토를 능가하고 있다. 자신의 파트너를 위해 결국 마제토는 물러서지만, 심술부리며 저항하지 않거나 불만과 좌절감에 휩싸여 단호하고 애통한 아리아도 없이 물러선 것은 아니다. 새 파트너의 에로틱한 매력은 어떤 면에서 보면 수사적 설득의 고전적인 설정이다.

모차르트와 다 폰테는 그런 설득을 무대 위 사례로 완벽히 묘사하는데, 특히 유혹할 때 수사적으로 노련한 시도를 계속 보여준다. 두 번째 레치타티보에서 돈 조반니는 체를리나와 단둘이 남아 대화를 나누는데, 보통 섹스파트너를 확보하기 위해 필요한 대화로 자신의 논증을 시작한다. 칭찬과 아첨 같은 전형적인 발화행위가 등장한다. 이때 연주되는 하프시코드는 편안하고 매혹적으로 이야기하고 있는 그의 스타일을 자연스럽게 반영한다. 귀족 돈 조반니는 소박한 농부보다 섹스파트너로서 자신이 더 적합하다는 사실을 분명히 선언한다. 심지어 그는 결혼 약속까지 하기에 이른다. 이것은 모차르트

시대의 귀족들이 여성을 유혹하기 위해 시도하는 악명 높은 술책으로 여겨졌다. 이것으로 그는 체를리나의 관심을 끄는 데 거의 성공한다. 그 유명한 마지막 2중창에서

> 저기서 우리 손을 잡아요 (La ci darem la mano).
> 저기서 당신은 내게 '네'라고 말할 거예요 (la mi dirai di si).

그는 마지막 일격을 날린다. 이때 대화는 간단하고 더욱 감정적인 격행 대화로 바뀐다. 이 대화에서, 노래 부르는 사람들은 훨씬 빠르고 무분별한 표현으로 서로를 방해한다. 그들이 추파 던지기로 시작해 첫날밤 치르기로 가는 길을 찾는 것과 같다. 돈 조반니는 점점 더 유혹자의 역할에서 요구되는 행동으로 압박하는 반면, 체를리나는 주저하지만 꺼리지 않는 젊은 여인으로 점점 덜 망설인다. 성적 긴장은 체를리나가 동의하고 긴장 상태가 깨져 "가자!(Andiamo!)"라는 말이 나올 때까지 계속 상승한다. 두 파트너는 행복하게 듀엣으로 "가자, 가자!(Andiam, andiam!)"를 부르기 시작한다.

그 다음엔 무슨 일이 일어났는지는 잘 알려져 있다. 섹스를 기대하고 제법 공을 들인 돈 조반니의 노력은 갑자기 등장한 돈나 엘비라 때문에 수포로 돌아갔다. 복수에 불타 여신 차림을 한 채 나타난 그녀는, 돈 조반니의 하룻밤 섹스(one night stand)를 정확히 좌절시켰다.

수사학자는 이론적-의사소통적 관점을 활용해 수사학과 다르지만 유사한 연극적, 음악적 장면을 특정 방식으로 연구할 수 있다. 즉 수사학자는 자신만의 특별한 작업방식으로 특정 수사적 과정이 오페라에 출연하는 등장

인물들의 상호작용에서 즉흥적으로 일어나는지 질문의 답을 찾는다. 사실 (텍스트 자체에 초점을 맞추어 내면을 지향하는) 내재적 관점은 옛 음악이론과 현대 음악학 모두에서 개발되었다. 그중 음악학은 음악에서 수사적 문제에 집중하는 현대의 수많은 작업을 포함한다. 그런 작업에 의하면, 수사학적 특성(수사성)은 담론에 의미를 부여하는 요소들이 부족한(오페라 대본, 서정시, 연극 조의 상연을 통해 언어학적 의미론화를 만들어내는) 순수 음악적 텍스트에서 발견된다.

'음악학에서의 수사학과 문체론'을 다루는 매우 훌륭한 연구를 보기로 하자. 오스트리아 빈의 음악학자 하르트무트 크로네스(Hartmut Krones)는 과거의 음악이론과 현대 음악학이 수사학 개념을 사용하면서 이뤄낸 발전을 체계적으로 묘사한다.[1] 수사학자는 '수사학' 개념을 음악에 이론적으로 적용할 때 나타나는 분명한 역사적 오류와 혼란을 통시적 관점에서 재빨리 알아챈다. 공시적 관점(현대적이고 순수하게 체계적인 관점)에서 보면 수사학 질문에 대한 접근에서 범주적이고 이론적인 애매함도 쉽게 발견된다. 이런 양상은 음악이론에서만 보이는 현상은 아니다. 이 이론적 불안은 미술과 문학에서도 쉽게 발견된다. 마찬가지로 수사학 문제를 자신의 분야로 포함하려는 다른 학문 분야에서도 쉽게 발견된다.[2]

역사적으로 수사학은 기원전 4세기 아리스토텔레스 이후 잘 만들어진 제작이론(기술; technai, 라틴어로 예술; artes)으로 계속 발전해왔다. 중세부터 음악이론가들은 수사학 제작이론을 자신의 목적을 위해 계속 차용했다. 수사학과 음악의 관계에 대한 특정한 가정 때문에 이런 수사적 제작이론은 모범으로 여겨졌다. 그 가정 중 하나는 언어 텍스트와 마찬가지로 음악텍

트도 의사소통 역할을 하므로 결과적으로 음악은 의사소통적 사실이라는 것이다. 이 점은 논쟁의 여지가 있지만, 수사학자들은 음악이 정확하게 이러한 유형의 사실을 재현하는 한에서 오직 음악에 대해서만 관심을 두었다.

수사학 이론요소들을 타 예술 분야와 역사적으로 통합하는 작업은 적절한 것으로 여겨졌다. 수사학자들이 다른 기호체계를 가진 분야에서 텍스트를 제작하는 데도 유용한 다양한 요소들을 이미 체계화시켰기 때문이다. 이런 점에서 옛 수사학 이론이 체계화한 기호학적 보편소를 말할 수 있으며, 이는 타 예술 분야에서도 마찬가지로 어느 정도까지는 사용될 수 있다.[3] 특히 5단계 제작 원칙은 광범위하게 다른 분야로 통합되었다. 따라서 우리는 우선 음악이론에서 첫 번째 제작단계로 발견('착상 inventio')을 찾는다. 그 후 음악텍스트 부분들이 구성, 배열되는 배치단계를 찾는데 이것이 바로 제작의 두 번째 단계다. 그런 후 세 번째 수사학 원리인 '표현(elocutio)'과 다르지 않은 단계를 찾는다. 이 단계에서 음악텍스트는 다듬어지고 세련된다. 마지막으로 (텍스트 저장이론인) '기억(memoria)' 단계와 (실행원리로서의) '연기(actio)' 단계는 음악이론의 요소들을 묘사하는 데 쉽게 포함할 수 있다.

더 철저히 관찰하면, 수사학과 음악의 비슷한 구조를 발견하는 문제는 우선 구체적 구조를 다루는 전이의 더 낮은 차원에서 처음 일어난다는 것을 알게 된다. 이 문제는 음악적 토포스가 거기에 있는지 아니면 음성언어에서 발견되는 그러한 요소들을 반영하는 음악적 은유가 있는지에 대해 답해야 한다.

더 나아가서 수사학적 음성언어 무늬의 전체 집합이 어떻게 음악이론으로 전이될 수 있는지에 대해서도 답해야 한다.[4] 크로네스의 글은 비록 여전히 수사학과 음악의 유사성을 나타내는 데 매우 회의적인 입장을 취하는 사람들이 존재하지만, 수사학에서 음악제작 구조로 옮겨가는 체계적인 전이를 제안하는 사람들의 숫자가 점점 늘어나고 있다는 사실을 보여준다. 하지만 동시에 구두로 말하는 수사학 분야에서 빌린 요소들은 (음악에서 용어적으로 선택할 것이 부족하므로) 거의 항상 수사학 용어를 은유적이고 부적절하고 모호하게 사용해 그 실행방식이 거의 늘 의심받고 있다. 수사학적 용어를 사용해 음악 구조나 음악적으로 중요한 구조를 규정하는 일은 모호할 수 있어 아무리 낙관적으로 봐도 수사학에서 음악으로의 전이는 문제가 없을 수 없다는 말이다. 필자는 이러한 접근 방식들에 더 심각한 우려를 표하고자 한다. 아울러 이런 식으로 제안하는 많은 사례가 수사학과 조금이라도 관련되는지에 대해서도 의문을 제기하고 싶다. 이렇게 함으로써 필자는 통시적 관점을 배제하고 공시적, 과학적 관점에만 초점을 맞출 것이다. 즉 이론적으로 정리되어 있고 체계가 잡혀있는 관점에서만 이 문제를 볼 것이라는 말이다.

크로네스의 글에 이런 인용문이 나온다.

"골드슈미트(Goldschmidt, 1971)는 베토벤의 기악 멜로디가 대개 절(verse)과 스탠자(stanza)의 기본 패턴으로 이루어졌음을 증명했고, 니묄러(Niemöller, 1980)는 그 역사적 요소들에 더해 개략적으로 설명했다. 그 설명을 보면, 음악의 언어학적 성격을 지닌 더 새로운 이론이라고 할 수 있다."[5]

이 글의 사례를 보면 설명이 납득된다. '수사학과 문체론(Rhetoric and

Stylistics)'이라는 제목의 핸드북은 음악에서의 스타일 이론 개념을 일반적으로 다루기 때문이다. 하지만 이 항목들이 순전히 수사학의 물음과 관련된 연구물에서 발견된다면 비판의 대상이 될 수 있다. 그 이유는 가장 일반적인 범주의 두 가지 오해를 영속화하기 때문이다. 여기서 말한 오해는 수사학 이론의 기반에서 야기되는 오해다. 수사학과 미학을 잘못 파악하는 것과, 언어성과 수사성을 혼동하는 것을 말한다(이 책 44~48쪽 참조). 시, 절, 그리고 스탠자에서 나타나는 패턴을 체계적으로 분석하는 사람들은 '미적' 제작이론에서 빌리는데, 이 분야는 고대로부터 수사학과는 다르지만 유사한 이론적 전통이다. 이와 비슷하게 음악의 '언어학적 성격'에 대한 질문은 수사학과 직접적인 관련은 없지만, 그 대신 언어학 관련 분야에서 가져온 것이다. 그것은 '언어성' 이슈와 음성언어의 문법성을 그 구조들이 어떻게 음악과 유비적으로 적용될 수 있는지(필요하면 변형하여)에 대한 적합한 질문을 포함해서 말이다.[6]

물론 이 질문은 '수사학의 관점에서' 이른바 수사학적 무늬와 음악의 언어성을 감안할 때, 우리가 유비관계를 다루는 방법에 관해 제기될 수 있다. 그래서 필자는 음악 수사학에 대한 핵심질문에 초점을 맞출 간명한 대답을 여기서 제시하고자 한다. '언어성' 또는 더 표현하면 음악의 언어적 유비에 대한 질문은 수사학자에게 중요하다. 음악이 상호주관적, 규약적, 기호학적 토대에 기초하는지를 묻는 한, 청중 공동체의 수신인들이 이해하고 해석할 수 있다. 그렇다면 음악을 의사소통적 사안으로 정의하는 것을 허용할지도 모른다. 만일 그렇다면 음악은 수사학에 관심을 가져야 할 것이다. 음악이 언어적 형식을 취하는지, 아니면 적어도 독자적인 의사소통적 구조를 갖는지를 결정하기 위해 중세기 조약들에서의, 소위 필요원인(causa necessitatis)이라고 불리는 것을 가지고 작업할 필요성을 느낀다. 그것은 바로 올바른/그른 기준(문법성)에 따라 기호학적 체계(언어적 체계나 표현체계) 내의 규칙을 정할 필요성을 말한다.

수사적 무늬(rhetorical figure)는 단지 그것이 수사학 이론 안에서 일차적으로 성문화되어 왔기 때문에 수사적 무늬라고 불린다. 하지만 실제로 수많은 무늬 원칙들은 문법적이고 언어학적인 코드 바깥쪽에 있는 표현 구조를 묘사할 뿐이다. 따라서 '옳고 그름'의 문법적 기준에 따라 코드를 분류하면 안 될 것이다. 수사학의 고전이론들 안에서 모든 무늬는 오르나투스(ornatus; 장식이나 꾸밈)라고 하는 규정 아래에 자리를 잡고 있다. 이 용어는 사안에 주목하게 할 것이다. 왜냐하면 그것이 미학구조의 방향을 제시하기 때문이다. 구조적 현상으로 보면, 비유(trope)와 무늬 (figure) 둘 다 다양한 기능이 있어 결코 수사학적 기능에만 한정할 수 없다. 실제로 사용되는 제작이론에 따라 '아름다운/추한'이라는 '미학적' 기준이나 '의사소통상 적절한/부적절한'이라는 '수사적' 기준으로 통합된다. 이런 설명은 비유와 무늬가 제작이론을 고려하면 기능적으로 '중립적' 표현 형식임을 분명히 해준다. 이것들은 생성규칙에 따라 순전히 구조적으로 규정된다. 그리고 오직 그 제작 과정에서 (미학의 '시학'인지 아니면 '수사학'인지) 그 이론이 사용되는 언급에 관한 기능적 기준을 나타낼 뿐이다. 즉 비유와 무늬는 위에서 언급된 기호학적 보편소처럼 더 많이 사용된다는 말이다. 그리고 체계적 관점에서 보면, 그것들 자신 안에서 아니면 그것들의 관점에서 볼 때도 단순히 수사적인 것이 아니다. 그 이유는 그것들이 역사적으로 수사학 이론의 틀 아래 함께 묶여 있었기 때문이다. 역사 자체를 관찰해보면, 그와 같은 요소들은 최소한 중세 이후 시학 이론의 핵심적 부분을 구성해왔다. 그리고 그것들은 '시학'과 '수사학'의 가장 중요한 이론적 교차점을 대변하고 있다. 하지만 시학은 미학적 기준에 초점을 맞춘 제작이론에 근거한다. 수사학의 역사적 과정을 보면 수사학과 시학은 종종 분명히 비체계적으로 오염되어 서로 악영향을 미쳐왔다.

게다가 무늬 학설들은 반복적으로 '수사학'이라는 표지 하에서 자신만의 고유한 삶을 살았다. 이는 수사학에 대한 환원적 논점으로 이어지거나, 아니면 현대 프랑스 수사학 이론가들이 수사학에 대한 '제한적' 관점[7]으로 이어졌다. 일찍이 고대부터 이는 학교에서의 정의를 낳았다(문자적으로 '학교' 정의). 즉 수사학을 훌륭하게 말하는 기술(ars bene dicendi)로 묘사하고, 학교 수업을 위한 수사적 '제2 문법'을 상정한다. 음악과 관련해 우리는 '소리를 잘 내는 기술 또는 목소리를 잘 다루는 기술(ars bene sonandi or vocandi)'[8]이라고 말해야 할지도 모르겠다.

중세 이론가들은 이미 이 문제들을 알고 있었다. 무늬와 관련해 가장 널리 사용된 교과서는 13~15세기까지 광범위하게 사용되었는데 쉬운 장식(ornatus facilis)과 어려운 장식(ornatus difficilis)(가벼운 무늬장식과 무거운 무늬장식) 사이의 차이를 다룬다. 이 교과서는 13세기 초 '수사학'이 아니라 '새로운 시학(poetria nova)'으로서 제프리(Jeoffrey of Vinsauf)의 저술이다. 빈소프라는 이름은 시(poetria)와 함께 시의 의인화에 사용되곤 했다. 전체적으로 12~13세기 시적-수사학자들은 무늬에 관한 시학과 수사학 이론의 교차오염(cross-contamination)을 강력하게 입증한 셈이다. 17~18세기까지 수사학은 삼학(trivium)이라는 이름으로 시학과 같은 하위이론을 지칭하는 총괄적 용어로 지정되어 사용되었다. 오직 현대 초기의 학문적 분류체계에서 시학은 체계적으로 보면 독립적인 것으로 상상되었다. 학문적 관점에서 시학은 바움가르텐(Baumgarten)의 1750년 작 『미학(aesthetica)』과 함께 처음 출현했다.

현대 수사학 이론은 수사학을 좋은 형식예술이라고 정의하는 것이 복잡하고 충분치 않은 정의라고 보는 유일한 관점은 아니다. 이런 정의에 대한 날카로운 비판, 그리고 학교 문법가들이 가르치는, 수사학에 관한 일반적인 접근은 일찍이 고대의 위(僞) 롱기누스(Ps. Longinus)의 작품 『숭고에 관하여(On the Sublime)』에서 찾을 수 있다. 이 작품에서 갑자기 떠오르는 예견적 영감은 제작의 결정적 요소로 여겨진다. 그리고 고대 수사학 이론의 세 사람의 성스러운 대들보인 아리스토텔레스, 키케로, 퀸틸리아누스는 수사학에 대한 더 나은 정의가 '설득의 예술(ars persuadendi)'이라는 데 결국 동의했다.

이런 정의에서 보면 수사학은 '설득 상황(causa persuasionis)'이 있는 곳에서 설득적인 행위의 경우 일어난다. 플라톤은 수사학을 영혼 인도술(psychagogy)과 유사한 것, 즉 영혼을 조종하는 방법으로 정의했다. 학문적인 관점에서 이런 설득이론적 접근법은 오늘날 수사학에 대한 정의를 더 적절하고 포괄적인 것으로 여긴다.

이제 필자는 음악에서 수사학에 대한 물음을 이 관점에서 재구성하고 싶다. 하지만 무엇보다 우리의 견해를 바꾸어야 한다. 음악에서 수사학에 대한 근본적인 물음은 비본질적이다. 이것은 음악과 음악의 현주소나 세계의 연결고리에 집중하고, 주로 음악이 수사학적으로 고안된 개인 상호적이고 의사소통적 상황에서 기능하는지, 그리고 기능한다면 어떻게 기능하는지와 관련된다. 음악적 텍스트 '내에서' 무엇이 일어나고, 여컨대 하나가 몇 가지 음악적 무늬를 포함하는지에 관한 물음은 상호작용에서 텍스트가 의도하는 기능에 달려 있다. 설득상황(causa persuasionis)은 우리에게 '의사소통적 기능성/기능장애'에 대한 기준에 따라서 이른바 수사적 무늬의 용법을 판단할 것이다.

이제 처음 들었던 예시로 돌아가자. 질문은 '모차르트와 리브레토 작가 다 폰테가 돈 조반니를 수사적 목적으로 썼을까?'이다. 즉 그들은 자신의 청중에게 영향을 미치거나 청중을 무엇인가로 설득하려고 했는가? 리브레토와 음악의 이 수사학적 방향을 말하지 않고는 음악적 텍스트 내에서 제작과 결과구조의 계산에 대한 영향을 말할 수 없다. 그리고 여기서 사례는 이론적으로 흥미롭게 된다.

음악에서 수사학에 대한 핵심질문을 더 잘 이해하기 위해, 수사학적 관심과 작곡가의 위치를 알아야 한다. 우리는 이런 방식으로 질문에 접근한다. 그 이유는 기본적으로 수사학은 제작 관련 이론을 지향하기 때문이다. 그리고 수사학은 작곡가의 수사적 관심과 그가 만들어내는 의사소통적 수단(악기)을 그의 음악적 텍스트에서 동등하게 고려한다. 무엇이 수사학적 관심사를 구성할 수 있는 지에 대한 질문은 나중에 거론될 것이다.

우선 텍스트 제작에서 시작해보자. 우리의 지휘자가 필자에게 자신의 작업을 위해 수사학적 방안을 물어온다면, 튀빙겐의 신 아리스토텔레스학파의 대표자로서 필자는 우선 그에게 아리스토텔레스 쪽으로 방향을 돌려보라고 말할 것이다. 아리스토텔레스의 수사학 관련 책에서 이런 구절을 볼 수 있다.

"수사학은 주제와 상관없이 설득(pithanon)의 가능한 수단을 발견하는 능력으로 정의될 수 있을 것이다."[9]

물론 우리의 경우는 음악이다. 이것을 작곡자용 가이드라인으로 해석하면, 제작에 있어 가능한 일련의 계산으로 이어진다. 즉 이것들은 설득(pithanon)의 계산이고 작업 전략으로, 주어진 음악적 텍스트에서 어떤 요소들이 수사적 관심과 연관해볼 때 설득적인지에 대한 물음에 집중하게 해준다.

음악이 사회적 상호작용 안에서 일어나는 의사소통적 사실이고, 그것의 구체적 차원의 모든 것을 이론적으로 결정하지 않는다는 조건에서, 작곡자는 의식적이든 직관적이든 작품 제작 과정을 계산할 때 전체 의사소통적 맥락을 다루어야 한다. 그렇게 해야만 커뮤니케이션으로 상징적인 상호작용을 해 무엇인가를 설득하는 수사적 기대를 충족시킬 수 있다. 이 경우 수사학자는 '목표, 저항과 수단 사이의 관계'를 고려해 "행동과 표현을 예지적이고 사려 깊게 계획하는"[10] 전략에 대해 말하고 싶을지도 모른다. 설득적 상호작용의 목표는 일반적으로 다음 표현에서 분명해진다. 음악가는 명예나 돈과 같은 사회적 가치 지표들로 결정되는 성공의 정도로, 상호작용에서 성공을 얻는 의사소통적 수단을 찾으려고 노력할 것이다. 만일의 경우에 일어날지도 모르는 가능한 저항들을 고려하기 위해, 음악가는 자신의 청중이 가질 심리적 저항부터 우선 처리해야 한다. 여기서 심리적 저항은 작품의 질을 평가하는 청중의 의구심 같은 것을 말한다. 만일 그런 형태의 저항이 없다면 수사적으로 어떤 설득적 노력도 필요 없을 것이다. 설득의 음악적 수단은 청중의 심리적 상태에 들어 있는 변화에 성공적으로 영향을 미치기 위해 저항을 적절한 형태로 변화시키는 것이 관건이다. 여기까지는 좋다. 원칙적으로 이것은 수사학적 개입이 음악 안에서 어떻게 기능해야 하는가의 문제다. 물론 구체적 상황을 놓고 볼 때, 수사학의 문제는 훨씬 복잡하고 복합적이다.

위에서 "결과를 산출하다(effect)"라는 동사를 표현하면서, 필자는 결과라는 범주의 문을 열었다. 그래서 여기에서 문제가 다시 생겼다. 정신적(심리적) 영향에 대한 욕구는 순전히 미학적 계산에서 발견될 수 있다. 아리스토텔레스는 저서 『시학』을 『수사학』의 대위법이나 유사체로 저술했고, 위에서 언급한 미적인 이슈들도 다루었다. 그는 두 이론영역을 분명히 구분하기 위해 특별히 체계적인 이유들을 갖고 있었다. 그 이유들을 살펴보면, 그가 제작(poiesis 창작)과 실천(praxis 사회적 설정 안에서의 행위) 범주의 차이를 계산했음을 알 수 있다.

'작품(work)'이라는 용어는 인문학에서의 최근 이론사에서 고전을 면치 못하고 있다. 그런데도 수사학자들은 특정 텍스트의 의사소통적 상황을 구별하기 위해 차이의 범주로 이 용어가 필요하다. 수사학은 다음 텍스트들을 기술하기 위해 추상적 용어인 '작품(opus)'[11]을 사용한다. 여기서 말하는 텍스트들은 인공물로서 커뮤니케이션 안으로 흡수되었거나 비합리적이 되어 이질적(타율적) 명칭[12]을 상실한 텍스트를 기술하는 용어로 사용된다. 따라서 '작품'이란 자율성을 부여받은 '텍스트'[13]를 말하고, 작품은 미학적 프로그램에 따라 "만들어"진다. 이렇게 만들어진 텍스트는 독립적인 개체로 커뮤니케이션 안으로 들어가거나 들어가야 하므로 더 이상 특별한 상황에 의존하면 안 된다(반-실용화). 엄격한 의미에서 '예술적 물음'은 이런 정의에서 반드시 역할을 할 필요는 없다. 아리스토텔레스는 이런 종류의 텍스트에 '제작된 것

(poiema)'의 상태를 부여했다. 이것은(poiema) 제작 원칙에 따라 만들어지거나 예술적으로 창작된 인공물이다.

　18세기 예술시대 도래 이후, 누군가 음악작품 같은 해방된 소통의 인공물로 이런저런 창작자의 '작품'을 말할 때, 자동적으로 특정 기대도 표현하는 것이다. 이 기대들이란 작품 창작자가 자신이 만든 짜임새를 "감독하고" "제작하는" 데 특별히 정교한 내적 계산을 한다는 가정에 근거한다. 음악의 특정 형태에서 작품 콘셉트에 대한 전반적인 이해는, 직접적인 일상 커뮤니케이션에서 발견된 담화의 일반적인 구조로부터 특별히 작품(텍스트)을 제작(발표)하는 것뿐만 아니라 매체화의 특별한 조건 둘 다에서 발생한다. 이 정의는 작품 단위의 해체에 대한 포스트모던적인 사유와 아무 상관이 없고, 각각 맡은 부분에서 특별히 미학적 작업계산을 따른다.

　작품 제작 배후에서 이루어지는 계산은 특정 방식에서 반드시 수사학적으로 동기 부여될 필요는 없으며, 이런 사실은 이번 장의 비판 지점이다. 예술시대에서 예술의 명확한 개념이 생긴 이후로, 모든 실용적 계산은 예술의 목적을 위한 예술인 "예술을 위한 예술(l'art pour l'art)" 사상(이데올로기라고 말해야 하는가?)이 선호하는 순전히 미적 계산이 아니라는 이유로 낙인찍혀 왔다. 수사학자로서 나는 이런 경향에 대해 아무 반대 의사가 없으므로, 예술적 설정은 그에 맞추어 배치된다. 예를 들어 음악공연을 위해 특별한 공간인 건물이 지어진다. 이때 음악행사는 자율적이다. 그리고 예술 커뮤니케이터끼리 상호 소통하는 그룹은 특화능력이 있는 전문가 모임의 내부자들이다. 이 그룹은 그들이 미적 계산을 더 잘 감정하도록 하고, 그들이 미적으로 유발된 작품효과를 더 수용하도록 이끈다. 예술적 음악에서 이 효과들은 정확히 무엇을 말하는가? 약간의 예비 개념들로 이 효과들의 성격을 규정할 수 있다. 여기서 예비적 개념이란 느낌, 기분, 영향(감정, 기쁨이나 두려움), 즐거움(직접적 자극-반응의 의미에서), 자발적 수용, 경향, 호의, 정신적 혐오 같은 것들을 말한다. 아리스토텔레스는 『시학』에서 다양하게 유발되는 효과의 비슷한 영향들을 언급했다. 그런데도 그 계산은 완전히 미적 계산의 맥락에만 머문다. 이런 사실은 자연스럽게 다음 질문을 낳는다. '그것뿐인가?', '그렇다면 수사학은 어디에 남을까?'

필자는 매우 구체적인 의사소통 상황, 즉 특별히 규정된 조건에서 현대예술 커뮤니케이션 상황을 고려하는 순간에 있는 독자를 불러내 발언을 시작하고 싶다. 따라서 예술 커뮤니케이션을 특화된 커뮤니케이션 조건에서 발생하는 장소로 지명할 수 있다. 이 조건들은 특정 매체(예를 들면, 특별히 준비된 무대 공간), 특정 장르(오페라, 교향곡, 소나타 등. 이들 각각은 자신들만의 작품을 만들어내려고 도전), 상호작용하는 구체적 협력자들(작곡가, 오케스트라 단원, 실내 음악가, 고전음악 감정가 등. 이들 각자는 자신만의 기대와 능력이 있음)을 포함한다. 커뮤니케이션 성공에 관심 있는 작곡가는 이 모든 요소의 계산을 고려해야 한다. 이 계산은 아마도 순수하게 미적으로 동기 부여해 나올 것이고, 위에서 내가 말한 영향을 찾으려고 할지도 모른다. 그 경우 중세의 문헌들이 미적 이유(causa pulchritudinis)라고 부른 것, 즉 미의 문제를 다룬 것인데, 이는 "아름다운/추한"(매력적/매력 없는) 기준으로 판단된다.

아리스토텔레스는 자신의 시학 이론의 출발점으로 극장과 도시국가 그리스의 비극을 사용하면서 비슷한 주장을 했지만, 『시학』 19장에서 수사학을 위한 문을 여는 범주를 말했다. 우리가 예술 커뮤니케이션이라고 부르는 것(극장의 작품 공연과 같은 비현실적 텍스트로 수행하는 사회적 상호작용)의 틀 안에서, 가끔 아리스토텔레스적 의미에서 수사학적 요소를 발견할 수 있다. 다른 말로 하면, 심지어 미적 계산에 따라 텍스트 안으로 통합되어 온 이 구조들조차 의도적이든 아니든 특정한 수사적 효과를 일으킬 수 있다.

수사학적 요소는 정확히 무엇인가? 아리스토텔레스는 수사학에 대한 자신의 인식적 접근법으로 이것을 '인간 지식, 사고, 이성적 이해의 방향전환'으로 정의했다. 그는 이런 맥락에서 그리스어 '이성(dianoia)'을 사용했는데 영어로는 '사고의 연쇄', '추론'으로 번역할 수 있다. 그는 『시학』에서 이러한 인식적 요소들을 현실화되지 않은 작품을 텍스트로 제공해 내놓는 것으로, 다른 한편, 시에서의 수사학적 요소들을 지정하는 수사학의 체계적 범주로 정의했다. 그는 "'사고(dianoia)'와 관련된 모든 것을 수사학에 관한 문헌을 쓰기 위해 남겨둘 수 있다. 이것은 더 적절한 연구 주제이기 때문이다."[14]라고 썼다. 이 수사학적 요소는 A라는 의견으로부터 B라는 의견으로의 인식 변화를 일으키는 것으로 되어 있다. 우리는 이 변화를 묘사하기 위해 '설득'이라는 용어를 사용한다.[15]

위에서 언급한 감정적 효과 외에 순수 예술 음악, 즉 그것을 비언어적 순수 음악, 독립 음악, 절대 음악 혹은 다른 무엇이라 부르든 간에 그것으로부터 어떤 다른 수사학적 요소를 찾을 수 있을까? 이런 종류의 음악에 의해 환기된 인식이 내면의 음악적 구조의 내성적 자각보다 더 많을 수 있을까? 그런 음악이 특정한 추상적, 구체적 용어가 없더라도 철학적 통찰력을 이끌 수 있을까?[16] 이 질문의 답이 '예'라면, 음악에서 반드시 일종의 이념사가 존재해야 할 것이다. 한편 대답이 '아니오'라면, 이러한 순수 음악적 맥락에서 실제 수사학적 요인은 없을 수도 있다.

이런 고려는 오페라 대본처럼 언어적, 행위적 관계를 포함하고 있는 의미론화된 음악에서 차이가 나는 것은 당연하다. 요한 세바스찬 바흐(Johann Sebastian Bach)의 칸타타는 그가 살던 시대에 현실화되지도 자율적이지도 않았으며, 오히려 타율적으로 정의되었고 종교에 의해 의미론적으로 정의되기도 했다. 보통 교회의 연주공간은 당시 미학적으로 특별한 공간이었음을 필자는 인정한다. 이것은 정식 허가를 받았을 뿐만 아니라 예술의 경건한 숭고함을 반영하기 위해 독립적으로 구성되고 심지어 고도로 미학적이 될 것을 요구받았다. 따라서 바흐는 자신의 미학적 계산을 멀리 펼치는 데 아무 제약도 안 받았다. 본질적으로 오늘날 음악은 실용적이고 공공적인 영역과 연관된 계산의 혼합물에서 생긴다. 수사학과 음악의 새로운 기초 작업에서, 최근 필자가 지도한 학생 사라 회르(Sara Hörr)는 멜로디를 만들 때 특별히 미학적 계산을 어떻게 고려할지를 현대 대중문화에서 등장하는 수사학적 계산과 어떻게 상응하는가를 잘 보여주었다.[17] 그의 연구는 이 맥락에서 가장 중요한 질문을 적절히 다루므로 이 영역에 대한 내 설명을 줄일 수 있다.

오페라가 창조된 이후, 그것은 음악제작에서 상호협력을 지향하는 이런 유형의 주요 사례가 되었다. 모차르트의 동시대인들은 오페라가 분명한 수사적 요소를 갖길 기대했다. 이런 상황에 부응해 돈 조반니의 이야기는 도덕성에 대한 당대 담론으로 쉽게 통합되었고 급기야 종교색이 입혀졌다. 세상에는 악이 있고 신이 사악한 자를 벌한다는 믿음은 당시 모차르트의 청중에게 당연한 것이었다. 로렌초 다 폰테는 이 작품의 원래 제목으로 청중의 그와 같은 기대에 답하려고 노력했다. 원제는 'Il dissoluto punito o sia Il Don Giovanni(벌 받은 죄인, 돈 조반니)'.

현대 심리학의 기반은 극적 과정을 이해하는 데 도움이 되는 다양한 다른 범주를 제공한다. 서두에 체를리나의 미니 드라마를 해석하면서, 필자는 응용지식의 맥락이 어떻게 통찰력의 가능성을 확장시킬 수 있는지 보여줄 수 있었다. 필자는 돈 조반니를 심리학적으로 사이코드라마로 해석했다. 섹스중독자의 임상적 이미지에 초점을 맞추면서 말이다. 따라서 그의 수사학적 개입은 이런 심리적 중독에서 일어난다. 반면 피터 셰퍼(Peter Schaffer)는 성공적인 작품 『아마데우스』에서 '돈 조반니'의 창작을 정신분석적 관점으로 해석했다. 그것은 밀로스 포먼(Milos Forman)의 동명의 유명한 영화의 대본이 되기도 했다. 그의 해석에 의하면 작품을 창작할 때, 모차르트가 아버지와 겪는 갈등관계가 결정적 요소였다. 작품 속에서 기사장 살해는 부친 살해를 나타내고, 기사장의 복수는 모차르트 자신의 죄책감에 기반해서 자초한 처벌 유형을 상징화한 것이다.

필자는 특별한 이유로 이 주제에 대한 필자의 생각의 종착점을 향하면서 셰퍼가 상상한 모차르트 드라마를 언급하려고 한다. 셰퍼의 시적 자유는 필자가 아직 언급하지 않은 이야기 전체로 보면 수사학적으로 중요한 요인에 집중하게 한다. 예술가의 '경쟁(agon)' 말이다. 그리스어 agon은 예술가 사이의 라이벌 관계나 경쟁을 언급한다. 셰퍼의 작품에서 그런 경쟁은 모차르트의 동료이자, 빈에서 성공한 작곡가 안토니오 살리에리(Antonio Salieri)가 모차르트를 실존적 위협으로 인식해, 자신의 경쟁자를 죽이도록 만들었다. 적어도 모차르트와 살리에리가 당시 빈에서 경쟁자였음은 역사적 사실이다.

수사학의 연설가이론 관점에서 그 사실은 흥미롭다. 그 사실이 두 작곡가의 예술적 설득전략을 인식하도록 안배하기 때문이다. 당시 빈에서의 경쟁에서 승리를 바라는 자는 자신의 작품으로 도시의 예술애호가들을 설득해야 했다(여기서 필자는 청중을 차별화하지 않고 언급하고 싶다). 즉 애호가들에게 후원자가 되어달라고, 극작이나 공연의뢰를 해달라고, 돈을 기부하라고 설득하였던 것이다. 따라서 그 작곡가는 자신의 음악이 질적으로 탁월하다는 것을 수신인에게 설득하려고 애쓴다는 점에서 웅변가(수사적으로 설득하는 배우)다.[18] 셰퍼의 작품에서 이 설득 과정은 거장 모차르트와 살리에리 사이의 대중적 경쟁으로 입증되는데, 저녁 파티 장면에서 일어난다(그 장면에서 살리에리는 자연스럽게 부끄러운 존재로 묘사되어 인간적 불명예의 당사자가 된다).

필자는 이 주제에 대해, 효과와 제작에서 미학적이고 수사학적인 계산의 분명한 차이를 범주적으로 설명하려고 노력하였다. 따라서 필자는 미학적 구조가 어떻게 수사학적 목적을 위해 사용될 수 있는지 기술했다. 즉 미적으로 동기 부여된 구조는 수사학적 요소를 창조하기 위해 한 작품에서 정말 작동할 수 있다는 뜻이다. 필자는 수사학의 절대 음악 접근법 문제는 열어두었다. 예술적 의사소통의 밖에서 일어나는 일반적인 의사소통 과정을 보면, 음악적 설득은 더 뚜렷한 특징이 있다. 그 이유는 음악에서는 의례와 구두언어에 우선권이 있기 때문이다. 그런 상황에서 종종 음악은 공연의 울림을 증폭시키는 기능과 부가적이거나 보충적인 역할을 한다.[19]

마지막으로 음악가 자신이 단지 작곡가인지 아니면 공연의 거장인지 여부에 관해서도 직접 말하고자 한다. 수사학에 관심 있는 음악의 실용적 이론은 이와 같은 고려사항을 반드시 감안해야 한다. 한 음악가가 예술가로서 공연하면서 자신을 예술가로 간주하면(모든 음악가가 예술시대에 사용했던 방식으로 스스로를 '예술가'라고 간주할 필요는 없다고 필자는 생각한다) 반드시 예술적 경쟁에 참여해야 한다. 그 경우 음악가는 청중이 자신의 작품을 최고로 여기고, 따라서 사회적으로 인정받아 그가 음악가로서 이익을 얻도록 자신의 예술작품 전체를 구상해야 한다(여기서 이익은 수상, 더 높은 명성, 금전적 보상 등이 될 수 있다).

11장

이미지의 수사학

학술적 수사학에서 이미지를 이미 적절한 연구 대상으로 받아들였음에도 불구하고 이미지의 수사학 이론은 여전히 기초 단계에 머물러 있다. 일반 수사학(General Rhetoric)에서 텍스트 생산이론과 행위이론이라는 두 가지 이론적 관점으로 접근한다면, 이 새로운 분야 연구를 '이미지 수사학' 틀에 통합할 수 있다. 텍스처(texture)로서 이미지는 커뮤니케이터나, 수사학적으로 말해 연사의 목표가 성공하도록 도와주는 의사소통 과정의 상호작용을 엮어내는 자극제다. 따라서 수사학 이론은 연사가 커뮤니케이션에서 전략적으로 이미지를 만들거나 활용할 때 발생하는 문제들에 초점을 맞춘다.

1. 수사학 이론 내에서 이미지의 위상

일찍이 고대부터 수사학 이론을 다루는 작업은, 비유로 원리를 설명하기 위해, 패러다임으로서의 회화예술을 계속 다루어왔다. 이 비유는 수사학을 전문용어나 제작이론으로 접근하는 것이, 고대 그리스에서 미술(fine art) 모형과 이론작업(그리스어 technai)에 기반을 두고 발전했다는 사실에서 유래한다. 언어성과 도상성은 둘 다 같은 기호학적 맥락을 고려해왔다. 그때부터 수사학은 커뮤니케이터(연사)가 지향하는 성공 실현에 초점을 맞춘 이론으로 이해되었다. 수사학의 원칙(organon) 이론은 대부분 의사소통 수단을 생산하는 조건에 초점을 맞춘다. 여기서 의사소통 수단이란 특히 효과적인 커뮤니케이션에 대한 관심 속에서 효과적인 자극을 찾는 언어적 텍스트다. 이미지는 이런 맥락에서 수사학 이론 내에서 체계를 잡고 있다. 아리스토텔레스 이래, 수사학 훈련은 연사들이 커뮤니케이션의 개별 형식과 모든 형식에서 나타나는 수사적 요인을 인식하도록 가르치는 데 초점을 맞추었다. 즉 연사들이 그런 지식을 체계화하고 텍스트 요소를 생동감 있게 만드는 데 그 지식을 유용하게 활용하도록 말이다. 따라서 수사학은 작동, 방법, 구조를 다루는데, 이것들은 모두 의사소통상의 구체적 목표, 특히 설득을 효과적으로 수행하는 데 초점을 맞추어왔다. 범주화를 분명하게 한다는 점에서는, 규범적으로 유도된 개념인 '조작'은 수사학과 엄격히 분리되어야 한다. 조작은 솔직함의 (규범적) 격률이 위반되고 커뮤니케이터가 자신의 목표를 진실하지 못하게 설정하거나 아니면 의사소통의 과정과 수단을 사용하는 데 있어서 진실하지 못한 경우 일어난다.

1992년 첫 발간 때부터, 『수사학 역사 사전(Historisches Wörterbuch der Rhetorik)』은 이미지와 순수미술과 관련된 방대한 주제를 배열하는 데 집중해 여러 항목을 담았다. 맨 처음 나온 6권에서 예를 들면 다음 표제어처럼 모두 시각성과 이미지를 다루고 있다. 즉 '아라베스크', '건축', '바로크(그림)', '이미지/형상화', '북 아트', '수사학의 기념비적인 것', '도상학/도해', '캐리커처', '미술', '미술의 역사', '그림', '사진 수사학', '포스터' 같은 표제어가 포함되어 있다. 불행히도 이 대부분의 표제어는 이미지의 수사적 이론이 불충분한 상태라는 사실을 알고 참아낸 목격자 정도밖에 안 된다. 사실 이 표제어 항목들은 종종 가까이에 있는 각각의 시각예술 주제와 연결된 고대 수사학 이론의 조각들을 수집해 내놓은 데 불과하다. 독자가 기대할 수 있는 최상의 것은 방대한 역사적 퍼즐로부터 각자 조각을 수집하는 것일지도 모른다. 일찍이 일부 저자들은 이 문제의 이론적 핵심에 접근했다. 다음 인용은 2003년 글에서 따온 것으로 이미지 자체보다 조각을 더 많이 다루고 있다.

> '예술의 역사에 관한 이론에서 수사학과 조각의 관련성은 보통 다음과 같은 수사적 범주를 이용하고 있는 것을 함축적으로 표현하는 데서 볼 수 있다. 예를 들어 '구성', '비율', (의도된 효과의) '관점', '조화', '대립적 배치', '모방(미메시스)' 등의 범주를 말한다.[1]

이런 관점에서 균형을 유지하기 위한 두 가지 비판이 있다. 첫째, 이런 종착 지점들은 사실 수사적 전통에 기인하지 않고 오히려 다른 이론적 학파에서 유래한다. 둘째, 그들 자체로는 수사학과 전혀 관련 없는 미학적 '과잉 코드화' 현상이다. 언어적 텍스처를 다루는 고전 수사학 이론이 설명 없이 언급되고 있는 위 인용문과 이어지는 부분을 보면 분명한 이론적 개념이 전체적으로 결핍된 것을 알 수 있다. 수사학과 조각술 사이에서 다른 관련성을 찾을 수 있다.

"미학적 효과와 수사학적 효과를 언급할 때 수사학적 효과인 즐겁게 하기, 감동 주기, 논증하기는 키케로와 퀸틸리아누스의 작업을 통해 예술 커리큘럼 내에서 그들의 길을 찾아냈다. 형식과 효과 사이의 내적 의존은 문체(genera dicendi 문체 종류)의 이 수사적 수준을 적용해 입증된다. 그리고 조각품을 관람하는 사람의 감정을 이끌어내고 환기시키는 것도 바로 이 스타일이다."[2]

이것은 문체가 이미지와 관련될 때 수사적 질문을 다루는데 있어서의 광범위한 지적 무력감의 전형적 증거다.

2. 이미지의 텍스트성

수사학 이론은 이미지가 의사소통 과제에 사용되는 한, 이미지에 관한 문제를 다룬다. 이 말의 의미는 이미지가 특정 메시지를 전하거나 지지하기 위해 사용되는 것을 말한다.[3] 우리는 일상생활 사례에서 '이미지'의 정의에 대한 토론을 시작할 수 있을 것이다. 광고대행사에 근무하는 아트 디렉터가 그래픽 아티스트에게 광고캠페인용 이미지 3개의 스케치 업무를 주었다고 가정하자. 각 이미지는 재떨이와 담배를 모두 포함해야 한다. 사흘 후, 그림이 완성되었을 때 아트 디렉터는 3개 이미지 모두 재떨이와 담배를 포함하고 있어 만족한다. 어떻게 이것이 가능한가?

우선 우리는 관련된 이론문제들과 이 작은 이야기를 분리해야 한다. 전체 시퀀스를 다시 살펴보자. 처음 시작할 때 그래픽 아티스트는 자신의 상상 속이나 스케치북 위에서나 구체적 이미지를 나타내는 심적 표상이 없었다. 그 후 언어적 의사소통 행위가 일어난다. 즉 아트 디렉터의 지시가 일어난다. 마지막 결과물(스케치)들은 아트 디렉터가 자신이 업무를 맡긴 그래픽 예술가가 특별한 인지적 능력의 소유자임을 감안했음을 입증한 것이다. 그 아티스트는 분명히(/재떨이/그리고/담배/라는 음성언어 기호 형태로 나타나는) 언어적 표현과 그에 상응하는 이미지 기호인 ⌣와 ⌐을 연결할 수 있었다. 따라서 그는 분명히 자신의 생각을 고민할 수 있었고 고민에서 나온 이 이미지들을 마음에서 불러낸 것이다. 이 시퀀스는 필수적인 두 가지 결론을 도출해낸다.

첫째, 그래픽 아티스트와 그의 보스 둘 다 그들의 인지체계 내에 이미지-기호 풀을 갖고 있어야 한다. 이는 토큰(token; 개별 종류 하나)으로 실현되기 위한 타입(type; 전체 유형)으로 ⌣와 ⌐의 규범화된 기호를 포함하고 있다. 이 기호 풀을 우리는 코드(code)라고 부른다. 우리가 이미지-코드라고 말하는 것은 이 코드가 동기 부여된 기호로 구성될 때다. 즉 그들의 형태나 표현 부분이 물리적 세계에서 시각적으로 인지 가능한 형태와 유사할 때를 말한다. 모든 코드와 마찬가지로, 아이들은 나중에 당연히 이미지를 적을 수 있도록 초기에 이 '기호들'의 의미를 배워야만 한다. 그리고 글로 적는 코드처럼 그들이 이미지-기호를 어려움 없이 표기하게 되려면 시간이 필요하다.

둘째, 그래픽 아티스트는 자신의 보스가 말하는 음성 언어코드(이것을 우리는 보통 간단하게 말(language)이라고 부른다)의 개별 요소들을 이해할 수 있다. 예를 들어 /재떨이/그리고/담배/같은 기호들 말이다. 그리고 그는 이 개별 요소들을 ⌒와 ▬로 번역할 수 있다. 즉 다른 코드(이미지-코드) 요소로 말이다. 이것은 머릿속에 떠오른 다른 기호들의 연결 관계를 만들어 내는 인간의 인지능력에 의해서만 가능하다.

다시 아트 디렉터와 그래픽 아티스트 이야기로 돌아가 보자. 이야기 끝부분에서 아트 디렉터가 전에 본 적 없지만 쉽게 해독('이해')할 수 있는 3개의 이미지가 책상에 놓여 있는 대목이 나온다. 이 3개의 이미지들은 기호 ⌒가 ▬라는 기호를 포함하고 있어서가 아니라 이 두 기호가 서로 어떤 연관성을 갖고 있고, 다른 이미지 기호들과 더 고차원적으로 구성된 연관성의 일부여서 이미지로 간주되었다. 이 연관성은 그래픽 아티스트가 머릿속에 아트 디렉터의 요구대로 기호 ⌒ 및 ▬와 쉽게 결합할 수 있는 방대한 다른 이미지 기호들(아이콘 유형들)의 배열을 저장해놓았기 때문에 만들어질 수 있다. 전체적으로 볼 때, 새로 형성된 이미지(아트 디렉터도 이해할 수 있는 기호들의 조합)에 있는 기호들은 은유가 아니라 용어상 이미지를 규정하는, 더 고차원적인 의미체계를 정확히 구성한다. 이미지의 의미는 단지 개별적으로 식별할 수 있는 기호들의 합이 아니다. 달리 말해 재떨이를 나타내는 기호(⌒)는 그것 자체로는 이미지가 아니라 단지 이미지를 만들어낼 수 있는 구성요소에 불과하다. 단순한 건축자재가 모여 완전한 집으로 변모하는 과정이 바로 (각각 단일하고 규범적인 기호로 이루어진) 코드로부터 이미지-텍스처(라틴어 textum 또는 textra = 영어 texture 또는 tissue)에 이르는 과정이다.

여기서 말하는 텍스트란 텍스트성의 기호학 이론에서 발견되는 확장된 텍스트관에 따라서 경계가 정해져 있고, 정돈된 기호 집합체로서 의사소통적 의도를 반영하여 배열된 것으로 이해된다.[4] 이미지 기호코드는 규약적이다. 즉 이미지 기호들의 의미는 학습 가능한 사회적 현상이고 임의로 교체될 수 없다. 코드는 사용자에게 자기 의미와 규칙을 강제한다.[5] 반면 텍스트는 자유의 영역으로 통하는 문을 열어 놓는다. 무한 결합되는 가능성의 게임이 시작되는 것이 텍스트의 첫 번째 단계이다. 창작자의 의사소통상 필요에 따라, 이 단계에서 더 고차원적인 의미가 생산된다. 모든 코드(일반적인 의미에서 모든 언어)는 우리를 문법에 맞게 말하라는 공포(즉 '옳고 그름'의 제약)에 빠지게 한다.[6] 하지만 모든 텍스트는 새롭고 추가적인 의사소통 규칙의 적용을 받는 조합력을 자유롭게 행사해 이 제약을 극복하게 해준다. 이 규칙들은 미학적이거나 수사학적이다. 그리고 '적절/부적절' 기준에 따른 산물이다.[7]

따라서 이미지 텍스트는 인간문화의 의사소통 현실 내에서 생긴다. 이미지 텍스트가 현존하는 실세계의 사건 상태와 관련해 무엇인가를 의사소통하기 위한 것이기 때문이다. 그러므로 수사학자들은 이미지를 의사소통적 사실로 간주한다. 코드는 이미지 메이커에게 기호학적 잠재성을 제공한다(촘스키는 이것을 '이미지 능력(image competence)'이라고 부르고 싶을 것이다). 반면 이미지 텍스트는 새로 만들어지고 때때로 일어나는 의사소통의 산물이다. 이미지 텍스트는 만들어지기 전에는 존재하지 않았다. 이미지 텍스트는 표기법을 통해 인간 사고의 블랙박스로부터 생겨나는 것이다.[8] 이 표기법만으로 이미지 텍스트를 나타내는데, 이 이미지 텍스트는 문화적으로 명백하고 그로 인해 수사학의 관심을 끈다(그럼에도 불구하고 이미지 메이커의 머릿속에 선행하는 정신적 표현이 있었다).

문화적 규약으로서의 이미지 코드 개념은 다른 문제점에 대한 힌트를 준다. 즉 다른 사람들(이미지 해석자들)이 이미지 텍스트를 의미 있는 배열로 이해할 수 있도록, 이미지 텍스트 내에서 의미 있는 이미지 기호들의 결합을 가능하도록 결합하는 규칙들 말이다. 우리 아트 디렉터는 자신이 바라던 기호들(㉠와 ㉡)을 담고 있는 새로운 이미지를 즉시 이해할 수 있다. 아트 디렉터와 그가 일을 맡긴 그래픽 아티스트(의도하고 있는 청중도 마찬가지로) 모두 각각 이미지 기호결합의 일반적인 규칙 명령을 받기 때문이다. 그런 상황이 아니었다면 아트 디렉터는 광고 캠페인을 위해서 그 스케치들을 받아들이고 싶지 않았을 것이다.

언어적 유추이론은 우리에게 이 문제에 대해 더 깊이 생각하라는 신호를 보낸다. 이미지 텍스트 제작이 가능하다면(이것이 그 경우처럼 보인다) 이미지 코드는 반드시 음성언어와 비슷하게(똑같이는 아니더라도) 작용해야 한다. 이미지 코드는 반드시 언어의 일종이어야 하고 특정 텍스트가 만들어지기 전에 (학습의 결과로) 머릿속에 있어야 한다. 칼 뷜러에 따르면,

유형언어의 체계는 하나가 아니라 (최소) 두 부류의 가정(또는 규약)에 기초한다. 따라서 언어구조의 두 부류를 표현한다. 유형언어의 체계는 모든 완성된 표현을 구성하는데 상황에 따라 생략할 수 있다. [텍스트에서는] 추상적으로 구분되어야 하는 두 단계로 나타난다. 간결성을 위해 다음과 같이 말할 수 있다. 비록 이 설명이 부정확하고 오해를 부르더라도 말이다. 이것은 각 상흔을 단어 선택과 문장패턴을 통해 해석한다. 언어구조와 그에 상응하는 가정의 첫 번째 부류가 있다. 세상이 누더기로 잘게 썰어지거나 일, 과정으로 나뉘거나 추상적인 요소로 분해되듯이 그리고 하나의 기호가 각각 할당된 것처럼 작업한다.

반면 두 번째 부류는 연관성에 따라 똑같은 세상(표현되어야 할 것)을 일관되게 건설하기 위해 의미를 전달하는 자원 공급에 집중한다. 표현이론 관점에서 이것은 두 가지 다른 단계와 절차 방식이므로 명확히 구분되어야 한다. 이 점은 반드시 분명히 해야 한다. 그리고 이 언어구조의 두 부류가 부드럽게 마찰 없이 협력하면서 사용된다는 심리적 사실에 의해 아무도 오도되어서는 안 된다.[9]

이미지-코드가 언어와 유사한 것으로 여겨진다면 이미지 코드도 역시 두 가지 규약에 기초해야 한다. 이것은 전반적인 기호 풀이나 기호를 배열하는 규칙에 의존한다. 이미지-코드는 특별하다. 기호의 표현 부분이 지닌 근본적인 동기부여 때문이다. 이것은 무엇을 의미하는가? 두 가지 측면(기호 형식과 기호들의 결합력 있는 배열)과 관련해 이미지 코드는 문화적 영역 내에서 집합적인 인간의 역사를 배움으로써 결정되고, 이 역사는 물리적 세계에서 시각적으로 인지할 형식을 허용한다. 개별 기호들의 '동기부여'가 오직 그들의 표현 부분에만 관련되어 있다는 것을 주목하는 것은 중요하다. 이미지 기호의 내용 부분은 사회적으로 그리고 문화적으로 규정된다. 이미지 코드도 마찬가지다. 하지만 그 의미는 이미지의 소통이 성공적이었는지 아닌지를 결정하는 요인이다. 비트겐슈타인은 『논리철학 논고(Tractatus)』에서 "그림은 실제의 모델이다."[10]라고 말했다. 이미지 코드의 기원(즉 이미지의 동기와 이미지의 결합상 법칙)을 설명하기 위해 우리는 이 문장을 뒤집어볼 수 있다. 즉 "실제는 그림의 모델이다." 이는 우리가 르네 마그리트(Rene Magritte)의 이미지 대부분을 보면서 불편해하거나 어지러워하는 이유를 설명한다. 마그리트는 대체로 우리가 배운 이미지-문법을 왜곡하는 작업을 했다. 이것은 우리로 하여금 이미지 문법이 '맞는지/틀리는지'에 대한 판단을 재평가하도록 한다. 우리가 그의 이미지들을 예술의 지위로 인정한 이후, 우리는 그의 게임을 받아들이고 그라이스의 규약적 함축을 특정 유형의 방식으로 이미지에 적용하기 시작한다.[11] 하지만 아이가 마그리트와 같은 방법으로 이미지-표기법을 적용한다면 그 부모는 대부분 "이렇게 그리는 것이 '맞니'?"[12]라면서 아이를 고쳐줄지도 모른다.

3. 이미지의 서사성

이미지란 (이미지 직시(deixis) 공준에 따르면) 음성 언어의 도움 없이 보여줄 수만 있는 정지화면인 스틸(still)이다(영화가 아니다).[13][14] 이미지에서 서사성 이론은 이런 문제도 다루어야 한다. 이 문제들은 우리를 새로운 이론적 수준으로 인도한다. 1999년 마리안네 뷘쉬(Marianne Wünsch)는 이미지에서 나타나는 서사성의 난해한 문제점을 해결하기 위해 가장 중요한 시도 중 하나를 했다.[15] 설득력 있는 그녀의 이론적 접근은 완전한 타당성, 엄격한 전제 조건 하에서 시작된다. 이 조건은 의사소통상 발언(예를 들면 구두 텍스트나 영화 텍스처)이 시간 축을 따라 배우와 연기에 요구되는 다음의 구성요소를 가질 때만 서사구조다.

(1) 동일한 인간 혹은 비인간 개체의 두 가지 상태
(2) 상태를 바꾸는 조작, 즉 변형[16]

하지만 (스틸과 같은) 이미지에서는 이 두 요소가 생기지 않는다. 그처럼 이미지는 선형적-시간적 차원을 포함하지 않는다. 이미지에서 인간은 시간을 측정할 수 없다. 서사성의 문제점을 해결하는 데 이미지는 더 고차원의 의미를 만들기 위해 특정 규칙에 따라 배열된 기호의 복합체라고 확신한다. 뷘쉬의 공식은 다소 다르더라도 이 접근법은 수사학 공식을 반영한다. 이 가능성의 배열 중 일부는 '시간적 부품'과 같은 것을 간접 포함한다. 이 가능성들은 반드시 "우리의 문화적 지식에 근거한 특징 유형이 있어야 하고 우리는 이미지에 표현된 조건이 전과 달랐고 이후와 다를 것이라는 결론을 내릴 수 있다."[17] 이 조건은 필요하지만 충분하지는 않다.

시간문제에 덧붙여 우리는 이미지에서의 움직임 문제를 다루어야 한다. 이미지는 동작을 "표현할 수 없다." "오히려 이 시간 전에 뭔가가 있었고 이후에는 뭔가가 올 것인지 추론할 수 있고 추론해야만 하는 것에 근거해, 오직 연속적인 각 단계와 움직임의 시간으로부터 특징적인 순간을 구별해야 나타낼 수 있다."¹⁸ 따라서 (이미지의 경우) 한편으로 우리는 움직이지 않는 것만 보여주는 텍스트로, 또 다른 한편으로 수신인과 정보의 인지 과정을 통해 행동을 인식한다.

우리의 원래 예시로부터 그래픽 아티스트가 아트 디렉터에게 보여주는 이미지 중 하나가 두 사람이 (재떨이와 담배 기호를 포함한) 보도 노천카페에 앉아있는 장면이라고 가정해보자. 마리안네 뷘쉬는 광고에서 얻은 비슷한 광경을 분석했다. 그녀는 그 이미지를 본 사람들이 그것을 어떻게 해석하는지를 묘사했다.

의상 스타일은 이 두 사람뿐만 아니라 더 많은 사람이 참여하는 사회적 일이 일어나고 있다는 신호를 표현해준다. 그들의 특징에 기초해 둘이 특정 사회적 관계를 맺는지 즉시 직관적으로 명확히 알 수는 없다. 이질성과 무관심은 친근함이나 흥미와 달라 보인다. 그래서 둘 사이의 사회적 상황은 설명을 필요로 한다. 하지만 그런 설명을 하는 가상적 공식은 가능한 스토리 구조와 동등하다. 서사구조를 가정하는 것인데, 그것으로부터 이미지는 한 컷을 취한다. 따라서 보이는 상황이 일반적인 수신인에게 설명의 필요성을 불러일으키는 한, 그 설명은 결과와 마지막 상황이 이미지 상황과 일치하는 배경 스토리의 구성을 요구한다. 보이는 상황이 일시적이고 금방이라도 변할 것 같고, 똑같은 상태로 유지될 수 없다면, 첫 이미지보다 더 깊이 있는 스토리 구성이 필요하다.

하나의 장면은 우리가 '평범하다'라고 생각하는 상황과 우리 마음속에 남겨진 특정 상황에 문화적으로 표준화된 유형에 상응하지 않을 때 설명이 더 필요하다. 보이는 상황이 우리가 문화적 지식 틀 안에서 불안정하고 만족스럽지 못하다고 인식되므로 해결책이 필요한 것이다. 이런 상황은 문화적으로 최종 조건이나 영구적 조건으로 받아들일 수 없는 경우다.[19]

'스토리텔링' 이미지의 이미지 서사를 관찰할 때 대부분 관찰자들은 확실히 '이전'과 '이후' 가설을 작성할 수 있다. 하지만 소수의 사람들은 이미지 뒤의 기본적인 플롯을 분명히 재구성할 수 있을 것이다.

"오직 하나의 가능한 이전 이야기나 이후 이야기를 허용하는 서사구조를 예상하는 이미지는 없다. 하지만 오히려 똑같은 추상적 구조를 공유하는 가능한 많은 이야기 묶음을 규정할 수는 있다."[20]

따라서 이미지에서의 서사성은 연역이나 추론(뷘쉬는 이것을 다소 어색하게 '추정'이라고 부른다)의 결과다. 거의 불분명한 이미지에 나타나는 매우 구체적인 지시 제공물에 따르면 그렇다는 말이다.[21] 따라서 이미지라고 모두 스토리를 말하는 것은 아니다.

4. 이미지에 대한 특정 분야별 질문들

그런 어려움에 비추어볼 때 이미지 수사학의 개념을 더 견고히 규정해 공식화하는 것은 명확한 조건들을 요구한다. 이 조건은 이미지 수사학을 더 광범위한 수사적 이론의 기초와 일치시키고 연관 짓는다. 이미지 수사학 이론은 커뮤니케이션 전체 이론의 일부로 공식화되어야 한다. 이런 맥락에서 이미지는 커뮤니케이션의 사실이다. 그것이 다른 이론적 맥락에서 달리 규정되더라도 말이다. 수사적 관점에서 이미지 메이커는 연설가, 즉 마음속에 목표를 가진 (아마도 의뢰인의 서비스에서 볼 수 있는) 커뮤니케이터로 보여야 한다. 그는 의사소통 수단(이 경우에는 이미지)을 전략적으로 사용해 목표에 도달하려고 할 것이다. 수사적 원칙(organon), 즉 수사적 수단의 전체 골격 안에서, 이미지 내의 전체 이미지나 개별 요소들은 의사소통상 자극으로 고려된다. 따라서 이미지 수사학 이론은 텍스트성의 더 보편적인 이론의 부분으로 간주되어야 한다. 이미지는 텍스트로 간주되는데, 이 텍스트는 관찰자로부터 인지와 이해의 반응을 활성화하려고 시도한다. 이 시도는 인지적이고 개념적인 제공물을 의식적으로 배치함으로써 일어난다. 이런 방식으로 이미지의 이론적 위상은 텍스트나 텍스처의 다른 모든 유형과 똑같다. 따라서 이미지 수사학 이론은 창조적 자극의 관점으로부터 이미지를 생산하는 문제를 다루어야 한다. 이 생산-이론적 관점은 의식적으로 구성된 메시지(Botschaften)에 초점을 맞추어야 한다. 따라서 수사학은 이미지 크리에이터들이 이미지를 구성하는 방식과 더불어 그들의 작업이 관찰자에게 어떻게 해석되는지 알아내려는 시도를 연구한다. 그런 시도는 그림을 화용적으로 이용한 커뮤니케이션의 일상 사례에 유효하다. 이것은 이미지를 타율적 목표를 실행하는 데 활용하는 방식이다.

고도의 미학적 이미지에서, 특정한 관점과 개념적 결정에 대한 작가의 의식적 무시가 특수 사례를 구성할지라도 그런 '결정'은 존재할 수 있다.[22] 그런 사례들은 이미지의 '예술적' 성격에 대한 질문을 제기하지만, 체계적 관점에서 보면 그런 고려는 다른 이론 영역에서 다루어야 한다. '이미지' 수사학의 핵심 질문은 수사적 이론의 연관성과 분명히 구별되어야 한다. 수사적 이론은 예술의 특별한 형식을 다루는 것이지 그림, 사진, 조각과 같은 이미지를 배타적으로 다루는 것이 아니다.[23]

아리스토텔레스에 의하면, 수사적 능력은 커뮤니케이터(여기에서는 이미지 메이커)가 주어진 의사소통 상황에서 설득적인 것 혹은 생각을 유발하는 것을 결정할 수 있는 능력으로 구성된다. 이것은 이미지에서 '수사적 요인'이라는 주제를 제기한다. 이 요인은 의도된 효과, 즉 최소한 승인과 같은 것이 청중에게서 일어나도록 하기 위해 구조적 제공물로 도입되어야 한다. 뭔가 주어진 이미지에서 설득적인 것으로 간주되는 것은 의사소통 상황에 의존한다. 특히 상호작용 하는 쌍방 모두의 조율에 의존한다. 이런 방식으로 이미지 메이커는 의사소통 상대방에게 최대 영향력을 행사하기 위해 어떤 수단을 사용할지 곰곰이 생각해야 한다. 예를 들어 가족을 위해 사진을 사용할지, 미술 전문가를 위해 그림을 이용할지를 말이다. 그런 성찰은 수신인을 수사적이고 의도에 따라 계산하고 그 수단을 계산하는 데 초점을 맞추는 것이다. 이미지에 대한 수사적 접근의 핵심 관심사는, 수사적 요인의 실현이 이미지를 생산하는 동안 만들어지는 결정을 통해 일어난다는 데 있다. 자극으로서의 기능하는 구조는 정교하게 다듬어져야한다. 다음의 사항 정도는 명확해져야만 한다. 디자인 요소들을 선택하고 이를 텍스트에 맞게 결합하는 것은 이미지 메이커에게 창의성, 열정, 재미, 직관을 요구한다. 여기서 직관은 경험에 의존해 머릿속에서 신속히 계산하는 것이다.

이미지 수사학 이론의 더 깊은 초점은 그림 텍스트가 수사적 의사소통 상호작용의 과정에서 하는 역할인데, 이를 위해 이미지-연설가(이미지 메이커나 '사용자')는 전략을 개발해야 한다. 이미지에서의 '수사학'은 이미지 생산에 사용된 (의사소통상 효과에 초점을 맞춘) 전략적 계산으로 정의된다. (행위이론과 연관해 볼 때) 상호작용을 위한 이미지의 잠재성은 그림으로 나타나는 텍스처에 깊이 배어 있고 침전되어 있다. 예상치 못하거나, 일탈적이고 관습적이지 않은 표현 수단의 통제된 사용은 '수사적'이라고 간주될 수 있는 반면에, 의도하지 않은 요인들이나 통제할 수 없는 기호현상들의 효과, 그리고 그와 유사한 다른 요소들은 수사적으로 간주되지 않는데, 통제되지 않은 과정들로 인해서 다양한 요인들에 의존해야만하기 때문이다

5. 수사학 이론에서 이미지의 구체적인 문제점들

이미지의 수사학에 대한 묘사는 그 학문의 기원 자체로 오직 음성언어(rhesis)와만 연관되는 한, 수사적 이론이 확장된 것으로 간주된다. 이런 맥락에서 이미지 수사학의 근본적인 문제는 언어-유비 정리에서 발생할지도 모른다. 이 정리는 모든 기호학적 체계의 기능이 체계적으로 볼 때 음성언어의 기능이라는 사실을 받아들인다. 필자는 이 정리가 타당하고 '이미지의 문법' 수준에서 유비 문제가 대체로 해결되었다는 사실을 여기서 가정하고자 한다.[24]

수사학의 세계는 언어의 정통-체계인 문법 영역 너머에서 시작된다. 수사학자들은 그 영역을 주어진 것으로 받아들인다. 따라서 이어지는 논의는 코

드의 두 번째 체계, 즉 수사적으로 중요한 장식코드(overcode)에 초점을 맞추고 '텍스트'의 이론적 수준에 맞춘다. 그러므로 다음 논의는 두 번째 코드들의 시스템, 수사학적으로 관련 있는 장식코드들과 '텍스트'의 이론적 수준에 초점을 맞춘다.

1) 표현의 코드화된 형식들

수사학의 내재적 이론은 표현의 레퍼토리와 수사학 역사 내내 코드화되고 텍스트들을 생산하는 데 있어서, 연설가들에게 가능한 규칙들의 실체를 다룬다. 이것의 가장 억제된 관점에서 능변 수사학의 전통은 그런 코드들이 텍스트에서 최적으로 활용되는 기대에 집중한다.[25] 의사소통 효율에 초점을 맞추는 실제의 수사적 관점은 과거 설득 수사학의 광범위한 이론의 역사적 잔재에 매달려 있다. 어떤 이는 이것을 미적(kallistic) 접근(그리스어 kalon에서 옴. 영어 beauty)이라고 말할 수 있을 것이다. 이 접근법은 규칙에 기반을 두고 "아름다운" 텍스트를 구성하는 것으로 후퇴하는 것이다. 이론적 영역에서의 현대적 차이 때문에 기호학적 주제를 탈-화용화해 취급하면 시학이나 미학 이론으로 넘겨지게 될 것이 틀림없다. 여기서 사용되듯이 수사학을 광범위하게 이해하면 능변 수사학은 설득 수사학(ars persuadendi 설득 기술)과 병치될 수 있다. 이런 형태의 수사학은 수사성을 유일하게 합법적으로 여기는 단일 잣대를 넘어 논의하는 수사적 요인을 고려한다. 이 경우를 설득적(peithistic) 접근(그리스어 peitho, 영어 persuasion)이라고 할 수 있다.

어떤 경우든 내재적 수사학은 생산규칙들을 다룬다. 이 규칙들은 연설가에 의해 전략적으로 사용될 수 있다. 그리고 구체적이고(그래서 한정할 수 있는) 역사적이거나 동시대의 의사소통 집단에서 발견되는 기호학적이고 텍스트학적인 규약에 기반을 둔다. 그 쟁점들을 다루는 고전 수사학의 장들은 전체 텍스트를 조직할 디자인에 초점을 맞춘다. 첫째, '장르의 패턴'이다. 이것은 수사학 책에서는 연설의 부분이나 텍스트 모듈로 다루는데, 수사학 예비 과정(프로김나스마타 progymnasmata)에서 훈련된다. 이런 작업은 이상적인 구조가 지닌 특징들과 텍스처의 내용에 중요하고 표준화된 요소들을 제안한다. 둘째, '스타일의 수준'이다. 이것은 캐릭터를 통합하고 체계적으로 조직해 선택한 결과로, 스타일의 수준을 텍스트에 맞출 때 권장된다. 마지막으로 우리는 텍스트 생산의 지역적 현상들에 관한 장을 발견한다. 즉 '코드화된 내용'(복수 형식을 취할 수 있고 한 텍스트 내의 특정 장소에서 촉발될 수 있는 주제들)과 '구조적으로 정의된 작문 방법'(무늬의 원리와 문장 작법)이다. 이것은 텍스처를 즉시 알아볼 수 있도록 바꾸고 강화한다.

이미지의 언어성과 관련해 우리는 미래의 특정 유사한 장에서 더 구체적인 이미지 수사학이 집필될 수 있는지에 대해 질문해야 한다. 답은 '그렇다'이다. 특정 이론적-기능적 작업이 세부사항에 집중해 행해져야 한다는 조건과 함께 말이다. 무엇보다 우리는 역사와 관계없고(반역사적이고) 보편적인 이미지-수사적 장식코드가 존재하지 않는다는 사실을 분명히 해야 한다. 모든 수사적 체계화 작업(기대되는 감각적이고 인지적인 효과를 위해 표현 형식을 귀속시킴)은 시대에 따른 특징이 있다. 그런 많은 규약이 시대를 거듭하며 이어지더라도 말이다. 이미지의 내재적 수사학을 위해 각 시대의 주도적 규약들은 의도지향적인 의미론 구성이라는 목표와 더불어 생산의 잠재적 규칙을 추론해내야 한다.

모든 시대에는 고유한 '이미지 장르의 도식'이 있다. 이 도식은 이미지-연설가를 자신의 수단을 선택할 위치에 놓는 지식이다. 그 방법은 두 가지인데 하나는 중요한 관찰자의 기대에 가장 잘 부합하거나 특정효과를 얻기 위한 관심에서 구체적 장르에 따라 하는 것이고, 다른 하나는 그런 기대를 효과적으로 깨는 일탈 격률에 따르는 것이다. 그런 그러를 할 때 전체 이미지 텍스트에 적용하는 규칙을 전면에 두어야 한다는 사실을 주의해야 한다. 연설 부분의 고전적 수사학 원리에 유추해 여기서 이미지 구성 작법의 미학적 거주자를 언급할 수 있을 것이다. 이미지에서 '스타일 수준'의 질문은 유구한 역사 내내 다양하게 답변되어 왔다. 근대 초기까지 이 등급은 종종 고전 수사학 이론에서 발견되는 세 개의 수준(낮은, 중간, 높은)으로 이미지를 구분해왔다. 그 사례는 '베르길리우스의 바퀴(rota Virgilli)' 도식이며 주제, 소재, 동기를 각 차원에 맞게 각각 분명히 배정하는 것이다. 이 종적 위계에 대비해 스타일상 움직임(stylistic movement)의 보다 수평적인 개념이 있다. 이것은 연설가가 요인들을 자신이 제작하려는 계산에 넣을 수 있고, 표현수단 선택에서 전적으로 다른 선택 기준(미적 기준)을 요구한다. 소위 '개인적 스타일'은 수사적 현상만 고려한다. 의사소통 그룹의 규약들은 이미지 메이커가 자신의 개인적인 레퍼토리를 자신의 이미지가 수용되기 위한 명령에 따라 선택해 배열할 것을 요구한다. 이런 선택 기준은 그들의 개인적 특성을 잃지 않고 더 이상 일반화해 편성될 수 없으므로 이미지 수사학의 내부적 이론 내에서 조달할 수 없다.

이제 텍스처 구성 작법의 부분적 현상으로 돌아가자. 다양한 여러 시기들은 토포스(토픽 체계)의 의미에서 '내용의 코드화된 형식들'을 위한 규칙과 표준을 만드는 것을 시도해왔다. 제라르 드 래르스(Gerard de Lairesse, 1641~1711년)가 제작한 것과 같은, 바로크 시대 그림에 관한 성문화된 핸드북들은 한 예일 뿐이다. 세르펜티나타 양식(Figura serpentinata; 강한 감정 표현을 위해 위로 감아올린 뱀 같은 형상)과 같은 코드화된 표현형식들은 이 맥락에 속한다. 20세기에는 아비 바르부르크(Aby Warburg)의 '파토스 공식' 개념이 부상했다. 이것은 수천 년 이상 안정적이고 항구적으로 유지되어온 감정적 표현의 전통적 도해법 형식의 레퍼토리 기술을 시도한 것이다.[26] 우리는 정말 역사 내내 사용해온 코드화되고 이름 붙은 그림의 표현 공식 풀을 확인할 수 있다. 그런 공식들은 대부분 구체적인 신체적 몸짓에서 도출된다. 예를 들어 20세기의 직시적 표현인 '당신-' 호소는 1917년 엉클 샘의 군 징집이 전형적인 예를 보여준다(<그림 12>를 보라).

제임스 몽고메리 플래그(James Montgomery Flagg)는 이 이미지를 "나는 당신이 미 육군에 입대하길 바란다"라는 자막의 의미를 강조하기 위해 사용했다. 사실 이 이미지를 보는 사람은 자막이 없어도 "이것이 의미하는 것은 바로 당신이다"라는 의미로 해석할 수 있다.

구조적으로 정의된 구성법을 말하자면, [이미지에는] 도상적, 수사적 특징들을 숨기려는 시도들이 있었다. 그들이 사용한 전달 접근이 원칙상 보장된다는 사실에도 불구하고, 그 시도들은 이론적으로나 방법론적으로나 실망스러운 것으로 판명 났다. 우리는 그 타당성을 비유의 여왕인 은유로 증명할 수 있다. 만약 정통-신태그마(ortho-syntagma)인 '병실'처럼 표준화된 가구

〈그림 12〉 제임스 몽고메리 플래그: 나는 당신이 미 육군게 입대하길 바란다(1917), 런던 임페리얼 전쟁박물관 포스터, Clark 1997, 106쪽

가 비치된 일반 병실 사진을 찍는다면, 침대에 누운 자동차를 보는 것이 '완벽한 은유'일 것이다. 우리는 알려진 신태그마[발화 중 통합적 관계의 어구] 안에 의미상 호환되지 않는 요소들이 놓인 것을 보기 때문이다. 비유는 항상 신태그마 안의 요소의 부분적 대체재를 포함한 생산의 작동에 기초하므로, 그들의 의미적 호환성을 방해받을 가능성 때문에 그들을 이미지 안에서 찾을 수 있다는 사실이 타당해 보인다. 그러나 더 어려운 것은 더 좁은 의미에서의 수사적 무늬에 언어-텍스트-유추를 적용하는 것이다. 이 어려움들은 그 무늬들이 발언(말)의 선형적 과정의 표면 조작에 근거해 발생한다. 그 선형성은 이미지에서 찾을 수 없으므로 선형적 배치에 근거한 수사적 무늬(예를 들면 반복법)들은 어려움과 비슷하게 해석될 뿐이다. 예를 들어 대용어(anapher)[27]가 이미지 안의 것처럼 보이면 어떨까? 언어적 유추를 지속적으로 적용하면, 이것은 더 큰 이미지 신태그마 안에서 동일한 '이미지-단어' 반복에 정확히 놓여야 하는데, 그 신태그마에서 반복적인 '이미지-구절'의 시작 위치가 여전히 정의되어야 한다. 어떤 것일지라도, 이미지 이론을 창조하려는 접근법들로 인한 어려움들은 즉시 나타날 것이다. 남은 것은 '문장 구성 작법'을 다루는 고전 수사학 이론에 관한 장이다. 구어적 언어 수준에서 이 이론은 리듬이나 운율과 같은 정리된 단어조합의 패턴을 다룬다. 이미지를 위해 우리는 어떤 이미지 요소가 다른 것과 관련되는 '공식적인' 기준을 찾아야 할 것이다. 한 가지 가능성은 '피라미드형 구도(Figura piramiddale)'처럼 구성의 성문화된 부분적 계획이 될 수도 있다.[28]

2) 수사학적 이미지 상호작용

수사학의 외부적 이론은 주로 이미지 연설가(이미지 메이커나 사용자)에 의해 상호작용의 의사소통 과정 내에서 생산된 도구(이미지)의 통합인 의사소통상 실용화(adpragmatization)와 관련 있다. 수사학의 외부적 관점은 설득적(peithistic)인 데 있고, (텍스트가 자극제로서 어느 방향으로 구성되고 측정되는지에 대한) 의사소통 목표와 조건의 연결을 탐구한다. 그 탐구는 텍스트의 성공적인 수행에 효과적인 설정(상황, 수신인, 장소, 시간, 매체 등)의 영향력을 설명해야 한다. 이것을 염두에 두고 고전 수사학은 세 가지 연설 사례유형(genera causarum) 개념을 발전시켰다. 즉 심의형 연설(정치), 사법형 연설(정의), 시범형 연설(공동체의 행동)이다. 이 각각의 설정은 텍스트가 의사소통 조건에 맞게 조정될 것을 요구한다. 연설가가 자신의 설정, 수신인, 수단에 대해 만들어낸 주관적 반영이 감안된 계산은 실천 수사학의 기본적인 규칙 대상이 된다. 즉 적절성(aptum)의 원칙이다.[29]

이미지와 함께하는 전략적 의사소통의 상호작용을 위해 유사한 시스템이 사진상 의사소통과 그 조건 요소들의 전형적인 설정의 분류학을 포함한다. 그 설정 수치나 성격은 수 세기 동안 변해왔다. 특히 사적 설정은 (디지털) 사진 도래 이후 더 두드러졌다. 일반적으로 우리는 사적/공적 이미지(가족사진 대 광고), 실용적/예술적 이미지(기사보도 대 박물관)를 포함해 다양하게 구분할 수 있다. 이 모든 설정에서 다른 인식, 해석, 기대가 중요한 역할을 한다. 자극제로서 이미지는 그러한 상황에 부합하기 위해 측정되어야 한다. 상호작용에 대한 연설가의 계산은 수사학적 '경쟁(agon)' 상황에 대한 분석도 포함해야 한다.[30]

6. 방법상의 체계적 절차

앞선 논의는 '수사학이 자신을 순전히 발견적 학문으로 보지 않고 문헌학이나 예술사가 그렇듯 분석에 전념하지도 않는다.'라는 사실을 분명히 했다고 나는 생각한다. 텍스트 생산에 대한 역사적 분석, 이미지 연설가들의 의사소통 행동과 그들의 인식 가능한 효과들은, 이런 관점에 항상 초점을 맞추고 있는 수사학 내에서는 제작과 상호작용을 이론적으로 접근하기 위해 오로지 스스로 발견하는 데만 의미를 지닌다. 그러나 이 발견은 변함없는 상태를 유지해야 한다. 우리가 논의하는 맥락적 조건 유형, 그 각 규칙들은 행동과학 분야 내에서 시간이 지날수록 지속적으로 변하기 때문이다.

고전 수사학은 연설가의 과업을 여섯 단계의 모형으로 나누어 생산과 상호작용에 대한 방법론적 접근을 공식적으로 발전시켰다. 이 모델은 수천 년 동안 실용적이고 효율적임을 증명했다. 수사학에서 항상 그렇듯 연설가의 자극과 실용화(adpragmatization, 의사소통의 상호작용으로의 통합)를 만들어내는데 연설가가 다루어야 할 문제들에 초점을 맞춘다. 연설가의 여섯 가지 과제(officia)는 수사학의 영역에만 국한되지 않는다. 주어진 특정 생산이나 텍스처의 사용(음악적, 언어적, 회화적 모두)에 관해서라면 보편적으로 적용된다. 물론 이 과제들은 전적으로 수사적으로 개념화 될 수 있다. 우리가 수사학적 요소들과 관련된 각 단계의 측면을 의식적으로 집중한다면 말이다. 이 경우 각 생산단계의 핵심 질문은 연설가의 의도를 가장 잘 전달하는 것을 확인하는 것인데, 이것은 수사학적 효과를 가장 잘 만들어낼 수 있는지 알아보는 것이다. 여기서 중요한 것은 수사학적 효과가 단순히 정보나 자료 교환으로 이해되지 않는다는 점에 주목하는 것이다(<그림 12>에서 모자 쓴 남성이 관찰자를 지적하는 것을 보라). 그래서 그 효과는 표현의 행위 지향적 측면에 놓이는데, 이는 어떤 의미에서는 화행이론에서 발견되는 행위개념과 유사하다(요구는 반드시 관찰자 중심으로 만들어야 한다).

수사적으로 볼 때, 설득의 핵심 요소는 세상을 중립적으로 관찰하거나 순수하게 정보만 교환하고 인지를 변화(지식을 더하고 빼고 재분류하는 등)시키는 데 순전히 양적인 면에만 초점을 맞추는 것이 아니다. 설득의 수사학적 중심요소는 세계를 중립적 시각에서 관찰하는 것이 아니고 인식(지식을 더하고 빼고 재분류하는 등)에서 순전히 양적으로만 순수하게 정보를 교환하는 데 근거한 것도 아니다. 설득은 다음 일곱 가지 지향 중 한 가지 측면에 대한 판단과 가치평가, 의견, 태도에 변화가 있을 때만 발생한다.[31]

지시적: 어떤 것은 X이고 Y가 아니다.

입증적: 이것은 진실이다/거짓이다, 있을 수 있다/일어날 리 없다.

평가적: 이것은 좋다/나쁘다, 아름답다/추하다 등

공리적: 이것은 타당하다/타당하지 않다.

감정적: 이것은 사랑받아야 한다/미움받아야 한다.

의지적: 이것은 끝내야 한다/끝내면 안 된다.

직접-자극적: 이것은 자발적인 반응을 촉발한다.

이 지향들은 차이들과 내적 결정을 겨냥한다. 수사학은 방향의 이 측면들이 지닌 효과를 커뮤니케이션의 설득적 요인이라고 부른다. 성공하면 이 요인은 특정 심적(멘탈) 상태로 이끄는데, 우리는 이것을 '확실성(Zertum, certainty)'이라고 부른다. 이것은 단기적으로는 의견의 변화, 장기적으로는 태도의 변화로 나타난다. 꼭 그래야 하는 것은 아니지만 방향으로부터 변화를 가져오는 '확실성'은 수신자의 행동 변화를 이끈다. 다음 내용은 이미지 수사학에 적용될 수 있는 6개 생산단계의 윤곽을 제시한 것이다. 비록 그 번호가 매겨져 제시되었더라도 반드시 순서대로 일어날 필요는 없다.

0) 사고

이 단계는 생산을 시작하기 전, 전체 작업을 종합적으로 검토해 나온 목표와 관련지어 개념화 하는 구체적인 계획과 생각을 다룬다. 특별히 중요한 점은, 이미지 메이커가 자신의 의사소통 목표(방학의 기억을 촉발하는 것이나 교회 장식을 만드는 것)와 주어진 의사소통 상황에서 일어날지도 모르는 가능한 저항(제약, 가이드라인, 고객의 기대) 지점을 고려해야 한다는 것이다.

1) 발견

이 단계는 이미지-텍스트에 관해 구체적으로 작업하는 첫 번째 단계를 나타내는데, 발견과 착상의 실천을 포함한다. 이런 사고는 내용, 지적 개념 그리고 무엇보다 설득 전략을 고려한다. 이 전략은 매우 중요한 의사소통 목표에 기여하고 작업을 생산해내는 가이드 역할을 한다. 우리는 이것을 내용과 개념을 계산하는 일이라고 부른다. 여기서 중요한 관심사는 (토포스를 포함해) 주제와 관련된 요소를 찾는 것인데, 이것은 미리 정해진 목표에 도움이 되고, 이미지로 '불러일으켜야'(더 특별히 말해 '전시될') 할 것을 말한다.

2) 배치

[이 단계는] 인지 가능한 순서와 (이미지 부분들이 아니라) 전체 이미지 내의 구조를 고려한다. 여기서 중요한 것은 텍스트로서 이미지의 '건축술'이다. 이것은 제작 목표에 이용될 수 있는, 코드화된 신태그마를 암시한다. 가장 유명한 것으로 추천할 만한 것은 '황금분할'(sectio aurea)이다. 거기서는 공간적 신태그마가 두 부분으로 균등하지 않게 나뉘는데, 전체 작품에서 보다 큰 부분의 길이 비율을 큰 부분이 더 작은 부분의 비율과 똑같이 나뉘는 것을 말한다(A부터 B까지의 거리는 B부터 C까지의 거리다). 이것은 이미지의 더 작은 부분 내에서는 무한정(ad infinitum) 반복될 수 있다. 일반적으로 구성 원리는 기하학적으로 이해할 수 있는 대칭과 균형 모델을 다루는데 축(을 이루는 성질), 센터링(중심 잡기), 대각선(성질)을 생각해볼 수 있다. 이 모델들은 의사소통 공동체 내에서 (아마도 관찰 습관에 기반해) 지각할 수 있고 인지 가능한 규약으로 깊이 뿌리내리고 있는 한, 수사적으로 흥미 있는 것들이다. 오직 그때에만 이미지-연설가는 그 요소들을 자신의 이미지 계산 안에 통합시킬 수 있다(이런 일은 종종 일탈된 표현을 사용해 기대를 깨려는 의지를 동반해 일어나기도 한다). 현대에 이 전체 집합체는 사진에서 카메라 프레이밍과 앵글을 포함해, 시각과 시각화의 더 큰 주제와 관련되어

왔는데, 이는 이미지 생산에서 중요한 선택 기제로 작동한다.

3) 표현

음성언어에 관한 한, 텍스트화를 다루는 단계다. 이것은 한 사람이 별개의 텍스트 단위로 특별한 표현을 어떻게 하면 마련할 수 있는지에 대한 질문을 다룬다. 내 이미지의 개인적 부분을 구상하는 데 유발될 수 있는 문제들을 위해 나는 어떤 해결책을 찾을 수 있는가? 내가 포함시켜야 하는 것은 어떤 장식코드(예를 들면 비유, 무늬, 장식)의 어떤 요소들인가? 이 '공식'을 계산하기 위해 우리는 기호학적 혼합 질문을 반복해 추가해야 하는데, 이것은 특별히 상징체계의 구조적 결함을 보상할 수 있다. 예를 들어 이미지에서 이것은 어떻게 하면 다음 사실을 보상할 것인가를 고려하는 일이다. 즉 그림 기호와 (정의상 '스틸' 사진) 이미지 텍스트가 시간을 드러낼 수 없고, 언어적 장면에서 보일 수 있는 추상과 집합개념을 보일 수 없다는 사실 말이다.[32] 종종 이 결함은 (글쓰기로 실현된) 다른 언어적 상징체계와 결합해 상쇄된다. '엉클 샘의 입대 권유' 광고(<그림 12> 참조)는 좋은 사례다. 거기서 메시지는 오직 쓰인 텍스트를 통해서만 분명해지고 확연해진다.

4) 기억

생산의 이 단계는 텍스트 저장을 다룬다. 고대 구술역사 시대에 수사적 연상 기호는 전적으로 물체를 지닌 매체(기억으로서의 몸)에 초점을 맞추었다. 그 안에서 음성 텍스트들이 일반적으로 저장되었다. 따라서 다양한 기억술은 연설가들이 자신의 텍스트를 기억하도록 훈련하는 일을 돕도록 개발되었다. 당시부터 많은 수의 신체로 표현된 기술적 매체들이 텍스트를 저장하기 위해 개발되어왔다. 여기서 전제조건은 텍스트의 수준과 매체(그리고 매체적 체계)[33] 사이의 범주적 차이다. 이미지 수사학의 경우, 매체의 엄격한 정의에 의하면, 매체(도서, 잡지, 화보, 그림, 인터넷 등)는 이미지 텍스처가 의지하는 플랫폼으로 이해된다. 텍스트 이론의 렌즈로 관찰하면, 매체이론은 플랫폼 이론이다. 생산의 기억 단계와 관련해 보면, 매체를 다루는 수사학이 요구하는 것은 (이미지 텍스트용 플랫폼으로서) 어떤 매체의 성공 전망이 가장 밝은지 검토할 때 일어나는 매체 계산이다. 그림엽서, 혹은 회화작품 중에서 전투의 이미지가 가장 잘 표현될 수 있는 것은 무엇인가? 그 수사적 효과의 관련성을 염두에 두면 위의 엉클 샘 이미지 텍스트가 가장 잘 전파될 수 있는 것은 TV인가? 전단지인가? 아니면 광고판 포스터인가? 이미지 텍스트와 매체의 복잡한 관계는 이미지 수사학 이론의 흥미로운 이론적, 실천적 질문을 만들어낸다.[34]

5) 실행

고전적 이론에서 생산의 마지막 단계는 수사학적으로 중요한 상호작용 맥락에서 텍스트 실행을 다룬다. 목적상 이 단계는 매체화된 이미지 텍스트를 제시하는 것을 포함한다. 텍스트는 수신인의 감각 및 지성과 자유롭게 상호작용하도록 해방된다. 의사소통상 상호작용(가족용 슬라이드 쇼, 시위현장의 현수막, 박물관 프레젠테이션, 갤러리 특별전시회, 분주한 거리의 광고 기둥)에서 나타나는 그림 텍스트의 퍼포먼스 자체가 수사학적으로 중요한 주제다. 고전 수사학에서 '실행(actio; 연기)'의 이론적 장은 거의 독점적으로 매체로서의 몸을 사용하는 표현 형태에 초점을 맞추고 있다(화자가 자신의 텍스트를 수행하면서 활용해야 하는 몸짓 언어, 표정, 제스처, 억양을 고려하는 것). 이것으로 유추하면 이미지 수사학은 매체화되어야 할 것이다. 이 분야는 (사진 프레임의 표현력, 회화작품의 불균등한 표면, 혹은 PC화면과 같은) 이미지를 전달하는 매체 표현의 어떤 특징적 형식이 수사적 상호작용에서 중요할지에 대한 문제에 집중해야 할 것이다.[35]

12장

장편영화의 수사학 이론

영화를 관람하는 경험은 달리는 기차에서 여러 개의 창 밖 세상을 보는 것과 비슷하다. 기차 안 승객에게는 바깥세상이 '휙' 날아가듯 보이며 어떤 창문을 응시하느냐에 따라 풍경은 계속 변한다. 앉은 자리의 창문이나 복도 건너편의 창문으로 볼 수도 있고, 뒷문의 창문으로 기차 뒤편도 볼 수 있다. 각 창문으로 승객은 스쳐 지나가는 다양한 세상의 모습을 본다. 각 창문은 승객에게 끊임없이 변하는 풍경의 단면을 보여줄 뿐이지만, 승객은 그 단면들이 하나의 연속적인 현실로 연결되어 있음을 안다. 영화 관람의 수사학적 과제는 관객이 경험하는 장면과 소리를 변화시켜 관객의 생각에 영향을 미칠 수 있는지, 그 방법은 무엇인가이다. 관객은 계속 바뀌는 스크린의 장면과 소리를 통해 매체화된 가상의 인공세계를 '창으로 본 순간들'로 경험한다. 인위적으로 유도된 이 같은 관람 경험의 역사적 원형은 연극 연출에서 찾을 수 있다. 수사학 이론의 선구자인 철학자 아리스토텔레스는 고대 그리스시대에 이미 관객의 이러한 경험의 설계 및 실행과 관련된 문제들을 저술한 바 있다.

1. 현대영화 연구의 수사학 관련 난제들

21세기인 지금까지도 수사학적 문제에 제대로 초점을 맞춘 영화 수사학 이론은 부재한 실정이며, 이 주제를 제대로 다루는 이론은 찾기 어렵다.¹ 2008년 출간된 일부 연구를 살펴보면 이러한 회의감은 커져만 간다. 헬무트 샨체(Helmut Schanze)의 『시네마토그래피의 수사학(The Rhetoric of Cinematography)』은 어떠한 결론도 내리지 못하였고, 게쉐 요스트(Gesche Joost)의 논문「그림언어(Picture-Language, Bildsprache)」의 제목을 보면 근본적으로 논문에 명확성이 없음이 자명하다.² 요스트의 논문은 그림언어 자체보다 장편영화의 미학구조를 다루고 있다. 따라서 이 주제를 잘 아는 독자가 보기에 이 논문이(부제 '영화의 시청각적 수사학(The audio-visual rhetoric of film)'이 암시하듯) 수사학이라는 주제를 기껏 독자를 호도하는 식으로 다루고 있다는 점도 놀랄 일이 아니다. 물론 장편영화의 수사학이라는 문제에 대한 무기력한 모습은 이전 연구에서도 발견된다. 『수사학 역사사전(Historical Dictionary of Rhetoric)』에 실린 앙케-마리 로마이어(Anke-Marie Lohmeier)의「영화 수사학(The Rhetoric of Film)」은 여러 사례 중 하나에 불과하다.³

요스트의 논문이 현대 영화학 연구를 폭넓게 다루면서 다양한 관찰을 기반으로 구조분석을 제시하는 것은 사실이지만, 학술적으로 수사학 이론의 복잡한 상황을 근본적으로 정리하지는 못하고 있다. 논문에서 전문용어의 부정확한 사용, 수사학 접근법 전반과 장편영화의 수사학적 요인에 대한 근본적인 몰이해가 엿보인다. 일반적으로(그리고 대우 정확히) 영화미학으로 분류되어야 할 여러 범주들이 '수사학'이라는 표제로 오해되어 무자비하게 한 덩어리로 뭉뚱그려지는 광경에 수사학자는 놀랄 수밖에 없다.[4] 따라서 요스트의 논문에서 장편영화의 미학이 장편영화의 수사학에서의 자연스러운 이론적 대응개념으로 설명되지 않는 것도 의외가 아니다.[5] 요스트는 장편영화의 수사학적 요인에 대한 명확한 이해의 부족으로 '의도된 효과(intended effect)'라는 모호한 전통적 범주에 의존한다.[6]

그녀는 수사학에만 국한해 사용한 '의도된 효과'를 통해 장편영화에서 일어나는 모든 사항을 수사학으로 규정하기까지 한다. 이런 전제로 시작된 요스트의 분석은 효과라는 영화-미학적 계산을 수사학적 계산으로 바꾸어 놓고, 모든 구조를 고전적 수사학 용어로 다룬다. 이 주장대로라면 모든 영화의 '모티브'가 수사학적 '토포스' 등으로 곧장 치환되는 것이다.

장편영화의 수사학에 대한 요스트의 논문이나 여타 연구의 이론적 약점은 모두 '장편영화'와 '수사학'이라는 두 가지 주요 범주의 모호성에 기인한다. '장편영화'와 '수사학'이라는 용어를 함께 사용하려는 대부분의 기존 문헌들은 근본적 몰이해, 범주 구별력 부족, 수사학 연구에 관한 체계적인 명확성 부족, 영화와 수사학의 구체적 특징에 대한 관점 부족이라는 숱한 문제점을 안고 있다. 이러한 문헌들은 수사학에 대한 제국주의적 관점에 근거하는데 영화, 그림, 미디어 이론의 측면이 기호학, 미학, 예술사의 관점과 주저 없이 합병, 통합 및 혼합될 수 있다고 본다. 이들 문헌은 수사학이 여타 학문과 어떻게 구별되는지 묻지 않는다. 또한 영화를 다른 장르와 추가로 차별화 시키지 않고 발화(speech)로 취급한다. 이것이 통용되면서 해당 주제를 서사 및 발화행위이론(화행론) 차원에서 분석하는 표면적이고 임의적인 분석이 허용된다.[7] 그렇다면 이제 우리는 이 글의 핵심 질문과 마주하게 된다. 장편영화와의 소통은 어떤 방식으로 작동하는가? (인위적 창조물로서) 장편영화가 수정 없이 사실상 텍스트 범주인 '발화'에 바로 포함될 수 있는가? 만약 그렇다면 수사학적 접근법은 장편영화의 수사학 분석으로 즉시 이전될 수 있을 것이다. 마지막으로 '장편영화' 장르는 다른 영화 장르(특히 다큐멘터리 영화)와 어떻게 차별화되는가?

우선 '영화관'이나 '시네마'가 영화의 미디어임을 염두에 두고 위의 근본적 질문에 대한 논의를 시작하고자 한다. 미디어로서의 시네마(즉 '텍스트를 저장하고 수행하기 위한 장치')는 물리적 기술 측면에서 매우 복잡하다.[8] 이론적으로 상호 관련 있고 불가분의 관계인 저장과 수행 역할(기능)을 위해 시네마에서는 제작현장(영화 세트장)부터 영화관의 프로젝터를 아우르는 방대하고 다양한 기술 장비가 필요하다.[9] 미디어의 일종인 TV나 비디오도 기술적으로 매우 복잡해 오늘날 현대 수사학 이론의 엄격한 정의에 따라 '미디어'라고 불리기에 충분하다.[10]

이러한 기술적 장치를 이용해야만 영화 등의 결과물을 텍스트로 관객에게 전할 수 있다(이 책 299쪽 이하 참조). 즉 누군가 '시네마'라는 미디어가 요구하는 특수 조건에 맞게 장편영화를 창작하고 소통적 사건에 위치시킨다면(예를 들어 대중극장에서 상영), 이것은 타인이 취할 수 있는 소통행위가 된다. 필자가 이렇게 모호한 표현방식을 선택한 이유는, 영화관에서 장편영화를 관람하는 관객이 자신이 본 영화에 대해 정확히 무엇을 어떻게 할 수 있는지 설명하기는 결코 쉽지 않기 때문이다. 수사학자에게는 더욱 구체적인 질문이 주어진다. '수사학적' 관점에서 관객은 장편영화를 어떻게 다루는가? 이 질문에 답하기 전, 영화제작 과정의 결과물에 대해 짚고 넘어갈 몇 가지 문제가 있다. 바로 영화의 소통적 지위란 무엇인지를 정립하는 일이다.

소통에서 영화란 무엇인가? 텍스트에 대한 기호학의 확장적인 정의에 따르면, 영화는 미디어(시네마)가 아니라 '텍스트'의 역할을 한다.[11] 영화는 텍스트(혹은 텍스처)로서 다양한 장르로 구별되어야 한다. 이러한 장르(오늘날 일상적으로 '포맷'이라고도 함)는 영화제작뿐만 아니라 수용 과정도 상당 부분 (해당 장르에 대한 관객의 기대라는 방식으로) 결정한다. 특히 장편영화 분석에서 고대부터 예술적 소통에 영향을 미친 다른 중요 범주를 고려해야 한다. 바로 '오푸스(opus)'라는 범주다.[12] 오푸스, 혹은 작품은 특정 미학적 원칙하에서 만들어진 창작품이자 '텍스트'로서 소통적 공간에 공개된 것이다.[13] 이때 텍스트가 독립체로서 '발화환경'에서 분리될 수 있고, 다른 환경에서 사용되도록('탈실용화'라 할 수도 있음) 구성되는 것이 중요하다.[14] 해당 작품이 예술이냐 아니냐는 여기서 중요한 문제가 아니다. 아리스토텔레스의 이론에서 텍스트는 '포이에마(poiēma)', 즉 인위적 창작 작품의 지위를 갖는다. 오늘날 오푸스라는 개념은 특정 작가(창작자)에 의해 소통 공간에 공개된 작품(예를 들어 장편영화)을 설명하는 데에 사용된다. 또한 작품 자체에 대한 관객의 기대를 표현하기 위해 사용된다. 이러한 기대는 영화제작자들이 각자의 야심 찬 내적 계산으로 작품을 창작할 것이라는 가정에 기초한다. 고전 장편영화는 매체화라는 영화의 특수상황과 정상적, 직접적, 일상적 담론 소통구조로부터의 분리 때문에 해당 작품을 오푸스로 가정할 것을 관객에게 강요한다.

프리츠 랑(Fritz Lang)의 장편영화 <M>을 수사학적으로 분석하면, 이 작품은 '장편영화(특히 탐정영화라는 하위 장르)'라는 장르에 속하며 다큐멘터리나 기타 영화 장르에 속하지 않는다는 사실을 확실히 하는 것이 매우 중요하다. 왜 중요한가? 장편영화 장르는 예술적이고 특화된 모든 소통의 특성과 양식에 근거한 미학적 제약을 받는다.[15] 관객에게 세계의 사실을 보여주는 기능을 갖고 있는 다큐멘터리 영화와 달리, 장편영화는 '문화적 창조물'로서의 가상현실이나 가상 세계, 즉 허구성의 창조에 초점을 맞춘다.[16] 따라서 이러한 종류의 '텍스트'는 관객이 가상현실을 경험하게 해준다. 우리가 영화관에서 알 수 있듯이 장편영화는 근본적으로 인위적 현상을 보여준다. 상연되는 순간, 우리의 인식은 현실이라는 착각이 생기도록 조종된다. 즉 영화라는 '기차의 창문'을 보며 우리가 실재하는 완전한 세상을 보고 있다고 생각하는 것이다. 이러한 연극적 재현은 고전적 문학 장르인 극에서 뿌리를 찾을 수 있는데, 아리스토텔레스는 이미 고대 그리스시대에 이에 관한 총체적 이론서 『시학』을 저술했다.

2. 극 및 장편영화의 원형이론

아리스토텔레스 이론이 오늘날 시사하는 바는 무엇인가?[17] 이 이론은 근본적으로 텍스트를 사용한 시뮬레이션(미메시스)에 관한 것이다. 여기서 주목할 것은 아리스토텔레스의 시학 이론이 수사학 이론과 대비된다는 것이다. 아리스토텔레스가 두 이론에 대해 완전히 별도의 저서를 집필한 것은 결코 우연이 아니다. 시학의 핵심 주제는 사람들의 행위(그리스어로 'drama'[18] 또는 'praxis')에 초점을 맞춘 텍스트 구성 방식이다. 아리스토텔레스의 초점은 비극 제작의 이론적 정의에서 도출된다. 텍스트 생산 속에서 비극의 탄생은 시뮬레이션이다.

> 이는 영웅적이고 완전하며 어느 정도 규모를 가진 행동에 대한 시뮬레이션으로 극 중 각 부분에서 달리 사용되는 다양한 장식으로 꾸며진 언어를 이용한다. 행동하는 인물을 나타내며 서사(apangelía)를 사용하지 않고, 연민과 공포를 일으켜 이와 비슷한 감정(páthēmata)에 대한 경감 효과를 일으킨다.[19]

이와 같은 정의는 다음 명제를 내포한다.

첫째, 극 시학의 근본 테마는 시뮬레이션을 통한, 환영적 재현('미메시스'라는 용어에 포함될 수 있음)의 제시로, 내레이션이 아니다.
둘째, 이러한 시뮬레이션의 대상은 행동이 아니라 행동하는 존재들이다. 아리스토텔레스 극 이론은 배경 자체를 아우르지 않는다. 그러므로 우리가 생각하는 현대 장편영화의 극도로 사실적인 시뮬레이션 환경은 여기서 배제된다.
셋째, 시뮬레이션은 관객 사이에서 강렬한 감정(비극에서는 연민과 공포, 희극에서는 어리석음과 추함에 대한 웃음)을 환기할 수 있어야 한다.

넷째, 이러한 강렬한 감정을 환기함으로써 관객들은 긴장 완화나 정신적 안정을 경험한다. 이로 인해 전반적으로 마음의 안정이 생기고 관객은 조용해지고 깊은 사색에 빠진다. 의식적 성찰의 공간이 생기는 것이다('각성된 사색의 공간').[20]

아리스토텔레스는 비극의 첫 번째 측면(시뮬레이션)을 강조해 중요한 두 가지 범주를 구분했다. 현대적 관점으로 볼 때, 아리스토텔레스는 허구의 미학에 집중했고, 그의 연구는 유럽 미학 역사의 토대가 되는 전통을 구축했다.[21] 결과적으로 아리스토텔레스는 '내레이션(apangelía or dihēgesis)'과, 표현되었으나 '허구'인(드러내보였지만 허구적인) '시뮬레이션(mímesis)'을 분명히 구별한다. 헨리 제임스(Henry James)는 말하기와 보여주기라는 반의어로 이 대비를 설명했다.[22]

장편영화의 이론 분석에서는 영화의 허구적 미학과 구조적 미학이라는 두 개의 규범적 요소가 반드시 구별되어야 한다. 예를 들어 허구적 미학은 줄거리가 계획된 스크립트를 따르도록 하는 한편 세트장, 카메라 촬영기법, 편집 등의 구조적 제약도 고려해야 한다. 현대영화가 극의 고전 미학이나 이에 수반되는 서사성의 배제와 얼마나 연관되어 있는지에 대해서는 현대 학자들 간 이견이 있다. 인문학에서 흔히 그렇듯, 이러한 이견의 원인은 명료한 이론적 프레임워크의 부재와 상이한 분석 용어의 부정확한 사용이다. '고전적' 이론가 제임스 모나코(James Monaco)도 저서 『영화, 어떻게 읽을 것인가(How to Read a Film)』에서 이 문제에 대한 해법을 제시하지 못했다.[23] 그는 장편영화의 극적 특성이라는 주제를 피상적으로 다루고 있기 때문에 용어 선택에서 헤매는 것은 당연해 보인다.[24] 그는 심사숙고 끝에 '이론적으로' 소설과 장편영화 비교에서 벗어나지만, 용어 사용에서는 서사성 범주 체계에서 벗어나지 못한다. 이는 명확하고 확고한 이론적 기반이 없기 때문이다. 그는 '영화와 연극(Film and Theater)' 부분에서 다음 결론에 이르렀다.

> 표면적으로는 극장용 영화가 무대극과 가장 유사해 보인다. 이번 세기[20세기] 초 상업영화의 시초가 극이라는 것은 분명하다. 하지만 영화는 몇 가지 중요한 면에서 무대극과 다르다. 영화는 회화예술의 생생하고 정밀한 시각적 잠재력을 가지고 있고 서사적 역량은 훨씬 더 뛰어나다.[25]

이 주장을 평가하기 위해 그가 말한 영화의 '뛰어난 서사적 역량'에서 시작해 보도록 하자. 모나코는 서사학적 용어를 부주의하게 선택한 탓에 자신이 전달하고자 하는 바를 구체적으로 정의하지 못한다. 대신 비교를 통해 영화와 연극 모두에서 '장면'이 극적 구성의 기본 단위이며, 모든 장면의 본질적인 목표가 스크립트로 짜인 것을 '말하는 것이 아니라 보여주는 것'이라는 결론에 이른다. 여기서 주목할 것은 아리스토텔레스도 극에서 스크립트의 역할에 집중한다는 것이다. 극작가와 시나리오 작가 모두 상세히 서술하는 것이 아니라 '보여주는 현상'을 그려낼 의무가 있다는 것이다. 아리스토텔레스는 극, 특히 비극의 분석적 범주 6개를 다음과 같이 설명한다.

A) 극 텍스트나 스크립트의 허구적-미학적 차원

극작가가 짠 장면들은 일종의 일관성을 유지해야 하는데, 다양한 인물들은 각자 자신만의 기질과 성격(ēthos, 이미지)을 갖고 다양한 행동을 하면서 이야기(뮈토스 mýthos, 라틴어로 파불라)를 구성한다. 극 이론과 서사학은 '텍스트'의 심층 구조적 차원, 즉 시학 내의 이야기나 우화의 차원에서 만난다.[26]

아리스토텔레스는 극과 서사에서 행동 순서는 이야기로 압축될 수 있다고 주장했다.[27] 그래서 많은 현대 영화학자들은 장편영화가 극 이론보다 서사의 일부로 간주되어야 한다는 주장을 고수하게 되었다.[28]

하지만 장편영화는 연극공연처럼 눈앞에 가상현실의 허구를 펼쳐낸다. 즉 이러한 소통 형태는 디헤게시스(dihēgesis; 말하기)가 아닌 연극적 데익시스(deíxis; 보여주기)에 근거한다. 바로 이것이 연극과 장편영화를 서사적 산문과 구별하는 요소다. 영화나 연극에 깔린 우화는 줄거리를 자세히 설명하지 않아도 되는 일련의 사건을 설정한다. "이는 장편영화에서도 나타난다. 두 사람이 키스하고 달력에서 몇 장이 찢겨나가면, 유아용 침대에 아기가 나타난다. 그동안 무슨 일이 있었던 것일까?"[29]

이런 방식으로 장편영화는 수많은 여백[30]을 이용하고, 무슨 이유인지 관객들은 이 여백을 신경 쓰지 않는다.[31] 이 현상을 설명하기 위해 움베르토 에코는 '추정적 산책(inferential stroll)'이라는 개념을 소개한다. 장편영화 관객들이 세계에 대한 일반적인 지식을 이용해 줄거리에서 생략된 행동을 추론해낼 수 있다는 것이다. 관객은 '상호 텍스트성이라는 텍스트 외부세계로 추론적 산책'을 하며 여백을 채워나간다. 관객들은 자신이 본 다른 장편영화의 비슷한 상황에 대한 기억을 떠올린 후, "이 우화에서 묘사된 상황이 자신의 예측을 확인시켜주는지 혹은 반박하는지 확인하기 위해 기다린다."[32]

아리스토텔레스의 이론은 극 텍스트와 영화 스크립트의 이야기에 중요한 기능을 부여하는데, 이는 모든 극의 핵심이다. 이야기는 허구적-미학적 구조의 가장 중요한 효과, 즉 강렬한 정서와 감정을 촉발해야 한다는 것이다. 사실 무대나 영화관에서 공연되기 전까지 극 대본(장편영화는 스크립트)은 순수 서사와 비슷하다.

> 공포와 연민은 스펙터클(ópsis)에서 촉발되거나 사건의 짜임 자체로 촉발되는데, 후자가 더 훌륭한 방법이며 좋은 시인이라는 신호다. 즐거리도 사건들에 대해 듣기만 한 사람이 극을 보지 않고도 발생하는 사건들로 인해 스릴과 공포를 느낄 수 있도록 구성되어야 한다. 누군가 오이디푸스의 이야기를 듣기만 해도 그렇게 느낄 것이다.[33]

이상적으로 극 텍스트의 결정적인 감정적 촉발 요인은 이야기 자체여야 한다. 극 텍스트가 특정 심리 상태를 촉발하는 방식을 어떻게 설명할 수 있을까? 아리스토텔레스의 이론은 이 질문에 매우 명확하게 답한다. 감정적 효과는 우리의 미학적 '리비도'에 호소함으로써 생겨난다. "시인은 '재현'[시뮬레이션/미메시스]을 통해 연민과 공포의 감정에서 비롯되는 쾌감(hēdonē)을 만들어야 하며, 이는 물론 사건들을 통해 구현되어야 한다."[34]

이제 아리스토텔레스의 극 이론 중 다른 범주로 눈을 돌려보자. 바로 개인적 특성(이미지)과 기질을 갖춘 극 인물이라는 개념이다. 이는 발터 벤야민(Walter Benjamin)의 『기술복제시대의 예술작품(The Work of Art in the Age of Mechanical Reproduction)』[35]에도 설명되어 있다. 벤야민은 제8장에서 배우 자신의 경험이라는 관점에서(오늘날 통용되는 용어를 사용하자면) 1차 매체성과 2차 매체성을 구분해 설명한다.[36] 벤야민은 이를 소개하며 "극 배우의 예술적 역할(공연)은 배우를 통해 대중에게 직접 표현되지만, 영화배우는 카메라를 통해 표현된다."[37] 현대 수사학은 이 현상을 '디미션(dimission)'이라고 하는데 소통자의 물리적 존재 없이 시공을 초월해 이루어지는 소통이라는 의미다. 벤야민은 영화에서 연기 공연의 기술적 재생산, 즉 2차 매체성은 '이중의 결과'를 초래한다고 말한다. 대중에게 영화배우의 공연을 보여주는 카메라는 공연을 불가분의 전체로 존중할 필요가 없다. 카메라는 카메라 감독의 지시에 따라 공연을 촬영하며 위치를 계속 바꾼다.[38] 벤야민은 매체적 장애물에 대해, 모든 연설가는 물론 미학적 소통자가 결국 카메라가 연극 결과물(기능)의 원본을 만든다는 '진술'을 다루어야 한다고 말한다.

> 편집자가 자신에게 주어진 재료를 이용해 만든 진술의 시퀀스는 완성된 영화를 구성한다. 시퀀스는 움직임의 특정 요소로 구성되는데, 사실 이 움직임은 카메라의 움직임으로, 여기에는 특별한 앵글, 클로즈업 등이 당연히 포함된다. 그러므로 배우의 결과물은 다양한 광학적 검사의 대상이 된다.[39]

미디어로서 시네마의 '진술'은 다양한 '광학적 검사'로 존재하는데, 이를 거치며 각 영화 텍스트에 2차 매체성이라는 새로운 층위가 주어진다. "이는 배우의 공연(기능)이 카메라라는 수단을 통해 보인다는 사실의 1차적 결과다."[40] 이러한 영화 매체화의 2차적 결과는 개입할 수 있는 능력의 상실이다.

이에 대해 벤야민은 다음과 같이 말한다.

> 영화배우는 공연 도중 관객에게 [자신의 기교나 결과물을] 맞춰 나갈 기회가 없다. 영화배우가 자신의 결과물을 관객에게 직접 보여주는 것이 아니기 때문이다. 이러한 이유로 관객은 비평가의 역할을 하며 배우와는 아무런 직접적 접촉도 경험하지 못한다. 관객이 배우와 동화되는 것은 실제로는 장비와의 동화다. 결과적으로 관객은 장비의 입장에서 시험해보기라는 접근법을 취한다. 이는 다른 문화적 가치가 노출되는 접근법이 아니다.[41]

여기까지는 문제가 없다. 하지만 위 인용구의 마지막 문장은 다소 혼란스럽다. 이 문장은 벤야민의 높은 교육 수준과 중산층이라는 배경에서 비롯되는 다른 종류의 보수적 철학을 암시할지도 모른다. 이 문장이 의미하고자 하는 바는 무엇인가? 사실 문제가 있다고 말할 수밖에 없는 문장이다. 벤야민은 '문화적 가치'라는 용어로 고전극을 지칭하는 것으로 보이나, 이러한 극은 촬영하는 순간부터 2차 매체화라는 형태로 디미션의 영향을 받는다. 벤야민은 이 부분에서 무대에서 벌어지는 공연에만 초점을 맞추는데, 이것은 '문화적 가치'라는 개념에서 매우 중요해 보인다. 벤야민은 영화를 통한 2차 매체화가 고전극(그리고 그 속의 연기)이 본래 가졌던 '문화적 가치'의 지위를 훼손한다고 주장한다.

이에 대해 오늘날 누군가는 이렇게 반박할 수도 있을 것이다. 극이 2중 또는 다중 매체화의 영향을 받는 것은 사실이지만, 이는 새로운 미학적 가능성을 추가할 뿐이라고 말이다. 극은 우선 대본으로 작성되고, 무대에서 공연되어 극으로 매체화되며, 나중에는 다양한 영화나 전자미디어의 형태로 추가적으로 매체화된다. 이 과정의 모든 단계에서 고도로 체계화되고 다중 기호화 된 텍스처가 발생하며, 모든 텍스처는 독자적 특성과 미학적 영역에서 각각의 위치를 갖게 된다. 분명한 것은 현대 관객은 새로 추가된 텍스트성의 층위가 그 새로운 미디어와 일관성을 유지하는지 '시험'한다는 것이다. 그러므로 때로는 최고 수준의 연극이 영화나 TV로 재탄생했을 때 최악의 실패작으로 평가되기도 하는 것이다(예를 들어 연극의 TV 버전이 TV의 매체적 제약에 부적합한 경우).

벤야민은 당시 사망한 지 얼마 안 된 이탈리아의 노벨상 수상자 루이지 피란델로(Luigi Pirandello)를 인용해 연극배우와 비교했을 때 이렇다고 설명한다.

> 영화배우는 추방된 것 같은, 단순히 무대뿐만 아니라 자신으로부터 추방된 것 같은 느낌을 받는다. 영화배우는 막연한 불안감을 느끼며 설명하기 어려운 공허함을 느낀다. 무언의 이미지로 바뀌어 한순간 스크린에 깜빡임으로 존재하다 이내 정적으로 사라지기 위해, 육체는 실체를 잃고 현실, 삶, 목소리, 움직일 때 생기는 소리마저 박탈당한다.[42]

벤야민은 이러한 주장이 아우라의 상실, 즉 상황에서 디미션으로 전환이 일어날 때 발생하는 부수 현상이라 여겨지는 것을 포착했다고 보았다.[43] 벤야민은 이렇게 말한다.

처음으로 그는 자신의 생명을 다루면서도 자신의 아우라를 포기한다(이는 영화의 효과다). 아우라는 자신의 존재와 얽혀 있기 때문에 복제물이 있을 수 없다. 무대에서 맥베스로부터 발산되는 아우라는 관객을 위해 배우로부터 분리될 수 있는 것이 아니다. 하지만 스튜디오에서 발생하는 숏의 특징은 장비가 대중을 대체한다는 것이다. 결과적으로 배우를 감싸는 아우라가 사라지고 배우가 그리려는 인물의 아우라도 사라진다.[44]

하지만 디미션의 소통-세계에서는 영화배우에 대한 현대사회의 '숭배현상'이 메타소통 수준에서 일종의 대체 아우라를 만들어낸다.

영화는 아우라 상실에 대응하고자 스튜디오 밖에서 인위적인 '인격'을 만들어낸다. 영화업계의 자금이 스타 숭배를 장려하는데, 이는 한 개인의 독자적인 아우라를 지키는 것이 아니라 '인격의 주술', 즉 상품의 거짓 주술을 지키는 것이다.[45]

B) 스타일의 구조적-미학적 차원

극의 모든 장면은 연기되거나 비언어적으로 실현되는 것이라기보다 미학적으로 계산된 특정 언어 표현(léxis)과 선율(melopoiía)의 연주이며, 영화에서 이는 배경음악이 된다. 아리스토텔레스는 "내가 말하려는 '언어 표현'은 단어의 운율적 배열을 의미하여, '작곡'이라고 할 때는 단어의 완전하고 분명한 의미로 사용하는 것"[46]이라고 말한다. 이러한 주장을 기반으로 우리는 장편영화의 언어적, 청각적, 시각적 요소를 연결할 수 있다.

이런 관점에서 평론가들은 시각성이 정지된 그림과 움직이는 영화 간의 유일한 유사점임에도 영화와 시각예술의 초기 형태를 비교했다. 어쨌든 이러한 비교를 통해 장편영화 고유의 특징들이 더욱 돋보이게 된다. 제임스 모나코는 연극보다 장편영화가 "회화의 선명하고 정밀한 시각적 잠재력"을 활성화한다고 주장했다. 타당한 주장인 것이, 현대기술 덕분에 장편영화가 다른 시각예술의 방향으로 훨씬 빨리 나아갈 수 있기 때문이다. 발터 벤야민은 이런 관점에서 영화로 생겨난 수용의 새로운 환경에 대해 저술했다. 그에 따르면 아우라 있는 그림을 볼 때 개별적으로 경험하던 '몰입'이라는 미학적 경험은 20세기의 예술에서는 적합하지 않다. 이 미학적 경험은 '반사회적 행동학교'의 일부로 간주되는데, 몰입하는 동안 개인이 사회적 환경으로부터 자신을 고립시키기 때문이다. 즉 개인이 자신을 둘러싼 민주적 대중으로부터 자신을 고립시킨다는 것이다. 벤야민은 '몰입'이라는 경험을 "사회적 행동게임으로서의 산만함"이라는 현대적 범주에 대비한다. 이것은 영화로 인해 탄생한 새로운 환경 분석에서 벤야민이 미래를 얼마나 멀리 내다보았는지를 보여준다. 마샬 맥루언(Marshall McLuhan)은 거의 30년 후인 1962년에 집필한 저서 『구텐베르크 은하계(The Gutenberg Galaxy)』에서 비슷한 이론을 사용했다. 그는 '몰입'('관조'나 '수집')을 유일하게 성서시대부터 강요된 수용 방식으로 간주한다. 글쓰기는 독자가 의식적 자각과 관조적 집중 상태가 될 수밖에 없도록 한다는 것이다. 플루서(Flusser)의 표현을 빌자면[47] 새로운 기술적 코드가 현대적 수용 형태를 해방시킨다. 그러나 『구텐베르크 은하계』에서는 이러한 방식의 수용에 대한 확신이 없다. 벤야민은 이 새로운 형식의 경험을 '산만함' 또는 분산이라고 부른다. 영화를 상영하는 스크린 앞에 앉은 관객은 더 이상 움직이지 않는 그림 앞에서처럼 '사색'하거나 "연상 속으로 빠져들" 수 없다. 영화를 볼 때는 "눈이 한 장면을 이해하는 순간, 장면은 이미 바뀌었기 때문에" 연상이라는 정신적 과정을 방해한다. 여기서 벤야민은 1930년 조르주 뒤아멜(George Duhamel)의 영화관 후기를 인용한다. "내가 생각하고 싶은 것을 더 이상 생각할 수 없다. 내 생각은 움직이는 이미지로 대체되었다."[48]

C) 연극적/영화적 '보여주기'의 실행적 차원

아리스토텔레스의 이론에 의하면 극 이론의 첫 번째 질적 요소는 '상연'(등장 또는 관람)이다. 아리스토텔레스는 실행에 이처럼 중요한 의미를 부여하는데,

> "재현은 살아있는 인물에 의해 실행되므로 스펙터클 효과가 비극의 핵심요소 중 하나임은 당연하다."[49]

아리스토텔레스는 이 주장으로 극의 실행적 차원을 언급하며 배우들의 실행과 직접적으로 연관시킨다. 관객은 극을 연극적 실행으로 경험한다. 아리스토텔레스가 극 대본이나 영화 시나리오가 가장 중요한 데도 상연(ópsis)을 극의 기본적인 구성요소라고 강조하는 이유다.

극의 주요 효과인 감정 촉발(비극의 경우, 연민과 공포)은 상연 자체로 할 수도 있지만 "이 효과를 내기 위해 시각적 자극을 이용하는 것은 비예술

적이며 우연의 도움이 필요하다."⁵⁰ 특히 줄거리나 인물만으로 감정을 환기하지 못할 때, 음향효과나 극의 속임수(장편영화의 경우, 각종 특수효과) 등으로 특정 감정을 환기할 수 있다. 이 대목에서 아리스토텔레스는 특히 관객들에게 공포를 환기시키기 위해 사용되는 장치를 가리켰다. "아리스토텔레스는 자연법칙을 거스르는 불가사의한 일들은 그 자체만이 목적인 '스릴'일 뿐이라며 비판한다."⁵¹ 나아가 "그러한 수단을 이용해 공포효과를 내는 것이 아니라 끔찍한 효과를 내는 것은 비극과 전혀 공통점이 없다. 사람들은 비극에서 온갖 쾌락(hēdonē)이 아니라 비극에서만 느낄 수 있는 쾌락을 느끼려고 하기 때문이다."⁵²

실행적 조건에 대한 연구는 미디어로서 영화 시네마 이론에 대한 논의의 장을 연다. "공연은 미디어가 텍스트에 대해 하는 일이다."⁵³ 영화의 복잡한 매체화 환경을 논하려면 '다중' 매체화에 대해 반드시 언급해야 한다. 아리스토텔레스는 배우를 신체 미디어로 분석하면서 우리에게 길을 제시한다. 무대 배우나 장편영화 배우들은 무대, 스튜디오, 혹은 특정 환경 속 위치에서 자신의 배역을 연기해 극 텍스트의 주요 부분을 공연한다. 물론 고대 이후로 많은 것이 변했다. 고대극은 대부분 무대장치 없이 공연되었지만 현대 연극은 아주 발전했고, 현대 영화제작자들이 사용할 수 있는 기술적 역량 덕분에, 영화관이라는 미디어는 세트 조성과 배열에서 지극히 사실적인 현실의 시뮬레이션을 가능케 했으며, 영화관의 복잡성은 질적으로 눈부신 발전을 이루었다. 영화관은 '텍스트를 저장하고 공연하는 장치'로서 기술적으로 복잡해 수많은 방식으로 작동하며, 이 복잡성은 최종작품이 소통 과정에서 공개될 때 매우 큰 영향을 미친다.

장편영화는 최소 두 가지의 제작 복합체를 구분할 수 있다. 첫 번째는 연극적 상연의 복합체다. 배우들은 자신의 몸이나 목소리와 마찬가지로 세트와 무대를 이용해 줄거리의 인물을 연기해낸다. 두 번째는 영화에만 해당하는 기술적 상연 복합체다. 다양한 카메라, 음향효과 그리고 제작 및 마무리 기법이 포함된다. 영화와 연극은 각각의 매체에 필요한 과시를 위해 보여주기와 큰 소리내기가 필요한데, 여기서 두 미디어 고유의 강점과 한계를 모두 찾을 수 있다. 연극과 영화에서 공연되는 모든 것은 (특정 글을 보여주는 방법을 쓰지 않는 한) 실시간으로 말해지거나 보여야 한다. 여기에 과시라는 매체적 제약 때문에 장편영화의 '보여주기'는 어떤 면에서 내레이션보다 유연성이 떨어진다.

모나코는 서사성이나 '말하기'에 대한 논의가 필요하다고 느꼈다. 서사성은 이야기가 시공간에서 급격히 이동하게 해주며 몇 개 단어만으로도 아주 섬세한 연결고리를 만들 수 있게 해준다. 장편영화(또는 연극)에도 줄거리상의 끊김이 있을 수 있지만, 이를 위해 해설자나 곡소리는 장면 연결고리를 설명하고자 관객에게 스스로를 드러내야 한다. 가끔 모나코가 용어를 혼동한 것은 사실이지만 영화와 서사성에 대해 한 가지는 분명히 밝힌다. 바로 모든 장편영화(이 글의 가장 핵심 장르)가 셀룰로이드 필름이나 전자적 스토리지에 저장된 극이라는 사실이다. 영화와 극의 차이는 영화가 극도로 사실적인 장면과 세트(현장 촬영 등을 이용하여)를 묘사할 수 있다는 점뿐이다.

발터 벤야민은 기술의 발전에 힘입은 장편영화의 공연적 역량과 관객에게 발생하는 효과를 다음과 같이 표현했다. "카메라 장비, 조명장치, 스태프 보조 등의 외부적 부수요소"는 ("시야가 렌즈와 완전히 일치하지 않는 한")

연극무대와 달리 관객에게 단일한 수용 '관점'을 허용하지 않는다. 그렇기 때문에 영화는 근본적으로 "환영적"이며 실제로는 '편집의 결과물'이다.[54] 그러면서 벤야민은 그림과 영화를 대조한다. "화가의 이미지는 하나의 완전한 총체이지만 카메라 감독의 이미지는 새로운 규칙하에 조립된 다양한 조각들이다." 이것은 "화가는 작업 중 현실로부터 자연적인 거리를 유지하는 반면 카메라 감독은 현실의 직조 깊이 침투하기"[55] 때문이다. 그렇다고 영화가 단순히 우리의 지각을 독특한 방식으로 탐험하는 데만 그치는 것은 아니다. 영화는 우리가 보지 못했을 현실 구조를 새로운 '유사 과학적' 방식으로 경험하게 해준다. 즉 호혜적인 '예술과 과학의 교차점'이라는 오랜 꿈에 가능성을 부여하는 것이다. 클로즈업 쇼트는 "대상의 완전히 새로운 구조적 구성을 드러내며" 슬로모션 영상은 "움직임의 익숙한 특성을 보여줄 뿐만 아니라 이를 드러내는 데 완전히 미지의" 방식을 이용한다. 이렇게 "무의식적 충동에 대해 정신분석을 할 때처럼 카메라는 무의식적 시각으로 우리를 인도한다."[56] 벤야민은 이 새로운 경험으로부터 중요한 결론을 도출한다.

"지금까지 보통 따로 취급한 사진의 예술적 용도와 과학적 용도를 하나로 설명하는 것이 영화의 혁명적인 기능 중 하나가 될 것이다."[57]

3. 극과 장편영화의 수사적 요인

우리는 수사학 주제에 대한 논의를 아직 본격적으로 시작하지 않았다. 사실 아리스토텔레스의 『시학』은 수사학의 관점에서 보았을 때, 실용적 환경을 의도하지 않은 작품에만 초점을 맞추었다. 이러한 작품은 실용적 환경보다 특정 상황에서 발표되도록 구성되거나, 시 낭송이나 무대에서 탈 실용화되어 존재할 수 있다. 아리스토텔레스의 폴리스(polis) 개념에 의하면 수사학은 다른 소통적 환경(정치 혹은 법률세계)에서 발견되어야 한다. 그러한 소통적 환경에서는 모든 행위가 소통의 표준적 소통양식을 준수해야 하며, 텍스트는 맥락 지향적 목표 달성을 위해 사용된다. 아리스토텔레스는 이러한 두 가지 수사학이 다르다는 사실을 강조하기 위해, 후자의 실용적 소통에 대해 전혀 다른 이론서를 집필했다. 바로 『수사학』이다. 『니코마코스 윤리학(Nichomachean Ethics)』에서 아리스토텔레스는 그와 관련된 활동의 근본형태를 두 가지로 구분했다. '포이에시스[제작]poēsis(작품의 창작)'와 실용적 텍스트 장르의 도움을 받는 표준적-소통행동을 의미하는 '프락시스[행위] práxis'다.

철학자로서 아리스토텔레스의 가장 중요한 공로는 자신의 이론을 진전시키기 위해 현실을 활용하고자 했다는 것이다. 그는 구체적인 소통 상황에 대한 실용적 관찰에 기반해 깨달음을 얻었다. 이론적이고 과학적으로 뭔가 간단히 설명될 수 있더라도 서로 뒤섞이는 경향이 있고, 실제세계에서 독립적으로 존재하는 경우가 드물다는 것이다. 예를 들어 극이 일상적인 소통세계와 구별되는 연극이라는 특정 환경을 위해 집필되었더라도, 극작가는 감정의 촉발 외의 이유로 집필하는 경우가 많다. 신 아리스토텔레스주의 수사학은 그러한 이유를 감정과 다른 것, 인류의 사고와 합리성을 활성화하고 이에 도전하는 것으로 보며 '메시지'라고 부른다.[58] 결국 아리스토텔레스는 탈 실용화되고 자유로운 지위를 갖는 모든 작품에 적용될 수 있는 새로운 분석 단계를 도입했고, 예술작품도 자신의 수사학 이론에 포함시켰다.

D) 인지력에 대한 호소의 수사적 차원(수사적 요인)

극에서 행동하는 모든 인물은 발화(독백과 대화)를 통해 뭔가를 설명하거나 판단한다. 아리스토텔레스는 이것이 의식적 행동이나 추론, 즉 '디아노이아(diánoia)'의 일부로 이해되어야 한다고 주장한다.[59] 이것은 극의 근본요소 중 하나이지만, 작품 전체에서는 한 층의 체계를 대표할 뿐이다. 그의 주장에 의하면 시에도 합리적 판단이 있지만, 이는 분명 그와 가깝지만 다른 이론인 수사학의 영역에 포함된다.[60]

우선 아리스토텔레스는 추론(디아노이아) 활동이 왜 수사학 이론에 포함되는지 환기한다. 생각은 기호적 재료로 형성되며, 말로 준비되고 환기되어야 한다. 이러한 형성 과정은 논증, 정서, 토포스(많음과 적음을 구별하는 토포스[61])로 뒷받침되며 "언어에 의해 만들어지는 모든 효과가 생각하는 머리 안에서 나타난다. 이것은 증명과 반박, 연민이나 공포, 분노 등의 느낌(pathē)의 유발일 수도 있고, 과장이나 평가절하일 수도 있다.[62]

아리스토텔레스는 위의 합리적 형성의 두 가지 측면을 짚었다. 첫째는 논증, 둘째는 정서(감정)를 통해 특정 생각을 환기하는 것이다. 극의 디아노이아는 인물들이 논리적으로 말할 수 있는 '능력'을 지칭한다. 이러한 추론의 내용은 규범적이라 할 수 있는데, 추론의 기능은 "상황에 맞는 적절한 말을 할 수 있는 능력"이기 때문이다. 이는 "대화에서 발생하며 정치가나 수사학자의 예술이 행하는 기능이다. 이전 작가들은 등장인물들이 정치가처럼 말하게 했고, 현대작가들은 수사학자처럼 말하게 만들었다."[63]

극과 장편영화에서 발화나 대화, 기타 각종 언어 표현은 특정 의견이나 입장을 표현하는 데 사용된다. 프리츠 랑의 영화 〈M〉에서 마지막 부분에 등장하는 법정재판 장면 2개가 이것을 잘 보여준다. 첫 번째 시퀀스는 지하세계의 인민재판을 배경으로 기소와 피고인 및 변호인의 변론을 보여준다. 이것은 퀸틸리아누스가 『연설가 교육(Institutio Oratoria)』 6권 2-3장에서 권고했듯이 강렬한 감정과 표현을 이용해 수행된다. 관객은 이 표현을 듣고 이해하고 머릿속으로 정리할 수 있다. 영화 속 인물들이 펼친 주장은 특별한 소통적 지위를 얻는데, 이것은 관객과 영화제작자 사이에 맺은 허구성 계약의 일부다. 즉 특화된 소통 지위를 얻는 것이다. 관객은 영화 텍스트에 포함된 주장을 듣고 그것을 받아들이거나 가상인물의 주장으로 이해하고 거리를 둘 수도 있다. 이런 현상은 작가와 관객 사이의 허구적-미학적 게임 때문에 가능하다.

그렇다면 위에 언급된 두 번째 측면인 정서(감정)는 어떤가? 영화나 장편영화는 실용적 텍스트가 아니고, 수사적 관점에서 당연히 실용적 '발화'로 간주될 수 없다. 그러므로 감정촉발을 위해 장치를 사용할 때, 이는 수사적 상황에서 장치를 사용할 때와 다르다. 정상적인 수사적 환경에서 화자는 자신의 텍스트 속 단어만 이용해 감정적 반응을 이끌어내야 한다. "발화의 도움 없이 원하는 효과를 촉발할 수 있다면 화자가 왜 필요하겠는가?"[64] 반대로 아리스토텔레스가 말했듯이, 극이나 장편영화는 "설명 없이" 우리에게 뭔가를 '보여주거나 표현해야' 한다.[65] 아리스토텔레스는 수사적 요인이 극으로 전이되는 과정은 극 내부의 행동이나 '사건'에 의해 결정되어야 한다고 주장한다. 극이 표현한 감정들이 관객의 머릿속에 떠오르도록 행동이나 사건들이 배열되어야 한다는 것이다.

> 사건들에서도 연민이나 공포, 과장, 개연성의 효과를 내기 위해서는 똑같은 원칙하에서 작업해야 하는 것은 분명하다. 유일한 차이점은 한 가지다. 어떤 효과는 설명 없이도 명확해야 하는 한편, 어떤 효과는 화자에 의해 발화 내에서 생산되며 발화에 기인한다는 것이다.[66]

이 주장에 따르면, 관객들이 감정적으로 경험하는 극의 '사건들'(발생하는 사태나 행동)은 첫째, 연민을 유발하거나 끔찍하거나, 둘째, 중요하거나, 셋째, 개연성 있는 사건으로 묘사될 수 있다. 아리스토텔레스는 관객 사이에서 다양한 반응이 나타날 것으로 기대한 것인데, ① 양상-감정적, ② 양적 측정, ③ 사건들이 얼마나 현실적인지 측정하는 질적 반응이 있다. 그중 세 번째가 특히 중요하다. 중대성의 문제를 다루기 때문이다. 관객은 극에서 묘사된 행동이 자신에게 적용되는지 다음을 자문해야 한다. "이 일이 내게도 발생할 수 있으니 관심을 가져야 하는가?" 즉 "당신과도 관련 있다(tua res agitur)" 원칙은 유효한가?

4. 장편영화의 통찰과 지식 환기

극과 장편영화의 수사적 요인은 합리적 통찰과 지식 환기로 이루어진다. 가끔 이것은 유도되며, 분명히 특정 감정에 의해 강화될 수 있다. 수사학에서 파토스를 사용하는 것은 "화자와 청자 모두 말을 해석하도록 돕고 적절한 이해와 감정적 반응을 가능케 한다."[67] 영화의 이런 측면은 위의 1)과 2)에서 논의한 구조적-미학적 요소 및 허구적-미학적 요소와 근본적으로 다르다.[68]

장편영화의 수사적 요인은 관객이 영화 예술세계의 무엇인가를 현실로 바꿀 수 있음을 보여준다. 우리는 이 '무엇인가'를 영화의 '메시지'라고 부른다. 메시지는 관객에게 받아들여지고 적용될 수 있지만, 그렇지 않을 수도 있다. 그렇기 때문에 우리가 말하고자 하는 것은 영화의 제공물에 대한 것이다. 즉 관객이 메시지를 받아들이는지 여부와 상관없이 영화가 관객에게 무엇인가를 제공한다는 통찰 자체에 대한 분석이다. 영화 분석의 이런 측면은 영화효과에 대한 실증적 연구에 해당한다.

이제 우리는 가상의 환영세계를 보여주는 장편영화와 관객의 수용 및 해석 사이의 연관 관계에 대한 일련의 문제를 마주한다. 극이든 장편영화든 환영적 판타스마고리아(환상에 불과하고 주마등 같은 풍경의) 세계에서 펼쳐지는 가상 이야기로부터 관객이 어떻게 합리적인 통찰을 얻을 수 있는가?[69] 움베르토 에코는 이에 대한 연구 초기의 일부 저서에서 해석학, 문학 및 예술비평 기반의 해석기법을 논의한다. 이 기법은 각각의 기호들을 단순히 '해독'하는 것이 아니라 더 넓고 유의미한 텍스트 단위를 해석해 통찰을 얻고자 한다. "논리적으로 볼 때, 이런 해석은 추론에 더욱 가깝다. 그리고 이 방식은 구체적으로 퍼스(Peirce)가 '귀추법'으로 명명한 추론(혹은 '가설')의 특정 형태에 국한된다."[70]

세계를 해석적으로 설명하는 데 대한 퍼스의 이론에서 귀추법은 "설명적 가설을 구성하는 과정"으로서 중요한 역할을 한다.[71] 퍼스는 나아가 "우리가 무엇이라도 배우거나 현상을 조금이라도 이해하려면 귀추법이라는 과정을 거쳐야 한다."[72]라고까지 주장했다. 그의 주장에 의하면 "과학의 모든 아이디어는 귀추법을 통해 생긴다. 귀추법은 사실을 연구하고, 이를 설명하기 위한 이론을 고안하는 것이다."[73] 퍼스는 다음 일화로 이를 설명했다.

> 나는 터키 한 지방 항구도시에 간 적 있다. 내가 방문하고자 했던 집으로 걸어가며 나는 말을 탄 한 남성을 보았다. 네 사람이 이 남성의 머리 위로 차양 막을 든 채 말을 타고 있었다. 오직 그 지방 주지사만 그런 극진한 대우를 받을 것으로 생각해, 나는 그를 정부 관리일 것이라고 추측했다. 이것은 가설이다.[74]

퍼스는 가설 생성 과정을 문맥마다 다양하게 설명했다. 예를 들어 어떤 경우에는 귀추법을 재구성된 '추론'이라고 불렀다. 우리가 아는 결과(예를 들어 아동 실종)로부터 모르는 선행사건(살인 가능성)을 추정하는 것이다. 다른 경우 귀추적 추론인 일종의 '육감'을 사용한 '본능적 추측'으로 설명했다.[75] 이 외에도 "귀추법은 마치 '번개처럼' 찾아오는(CP, 5,181) 갑작스럽고 예지적인 '통찰의 행위'로서(CP, 6,469), 이성의 창의적 지름길로 묘사된다."[76] 또한 움베르토 에코는 퍼스의 개념이 이해하기 어려운 이유를 설명한다. "언뜻 보면 귀추법은 상상의 자유로운 움직임처럼 보이며, 정상적인 해독 행위라기보다 감정(모호한 '직관'에 가까운)이 많은 부분을 차지하는 것 같다."[77]

이것은 1999년 우베 비르트(Uwe Wirth)가 발표한 귀추법 관련 저서에서도 나타난다. 실러(Schiller)의 미학적 게임(놀이) 정의에 대한 유희에서 미학적 귀추법(에드가 앨런 포(Edgar Allen Poe)의 추리소설에 대해)은 사색적 '유희'에서 '미학적 사색'과 '원인에 대한 추측'으로 이어지고 '순수 유희'로 이어질 수도 있다.[78] "정리되지 않은 미학적 경험이 귀추법으로 판단된다."[79] 아리스토텔레스는 자신의 저서에서 이를 인지와 감정의 연결이라고 설명한다. 퍼스는 다음과 같이 말한다.

> 다양한 자극요소가 연관되어 우리의 신경계를 복잡한 방식으로 자극할 때 하나의 어우러진 변화가 초래되는데, 나는 이것을 감정이라고 부른다. [⋯] 이 감정은 결국 가설적 추론과 같은 것으로 모든 가설적 추론은 이러한 감정 형성을 수반한다. 그러므로 가설이 생각이라는 감각적 요소를 만든다고 할 수 있다.[80]

퍼스는 감각적 경험에서 가설 과정에 대해 중요한 언급을 하나 덧붙인다. "누군가의 관찰과 생각 자체에 의미를 지나치게 부여하면 그 극은 과학적 연구로 변할 것이다."[81]

작품의 논리와 메시지를 바탕으로, 혹은 줄거리의 조각들이나 이념적 생각을 바탕으로 결론을 도출해내는 것은 오래전부터 해석의 핵심 요소이자 현대와 고대 시학의 수사학적 환기 메커니즘으로 알려져 왔다.[82] 예로부터 이러한 접근법은 현대영화 연구방법론에서 중요한 의미를 지녀왔다. 예를 들어 데이비드 보드웰(David Bordwell)은 영화연구에서 해석의 열쇠는 체계적 추론에 있다고 보는데, 이를 통해 장편영화 작품을 분석할 때 학문적인 의미 구조가 새롭게 생긴다고 본다. "영화가 제공하는 감각 정보는 지각과 인지가 의미를 구축하는 추론 과정에 재료를 제공한다. 의미는 발견하는 것이 아니라 만드는 것이다."[83] 이 주장(과 그에 내포된 중요한 함의)는 일반적인 학술적 영화분석의 메타구조적 특징을 나타낸다. 그리고 우리에게 중요한 것은 추론 과정이 통찰의 방법론적 기반을 형성한다는 사실이다.

이 과정은 우리가 평범한 관객이 장편영화를 수용하는 과정을 재구성하고자 할 때 더 중요해진다. 에코가 1979년 '추정적 산책'이라고 지칭한 범주, 즉 눈앞의 영화에서 기억 속 다른 영화로의 정신적 산책 과정을 생각해보며 재구성을 시작할 수 있다.[84] 영화 수신자는 자동적으로 이 과정을 시작하며 끊임없이 "텍스트와 백과사전을 연결시킨다." 즉 자신의 경험이나 다른 영화에서 본 것을 연결한다. 이것이 텍스트 간 비교 과정이다. 에코는 소설의 독자를 언급하며 다음과 같이 말한다.

그는 결론을 도출한다. 하지만 자신의 생략추리법에서 가장 개연성 있는 전제는 다른 데서 찾는다. 즉 만약 이야기에서 'x가 특정 행동을 했다'라는 부분이 나오고, 이를 읽은 독자가 'x가 이 행동을 할 때마다 y가 발생한다'라는 사실을 알아차린다면, 독자는 'x의 행동이 y를 촉발할 것'이라는 추측(결론 도달)을 한다는 것이다. 독자는 자신의 가설을 만들기 위해 더 보편적이거나 상호텍스트적인 무대장치를 떠올려야 한다. 예를 들어 '일반적으로', '~할 때마다', '다른 이야기에서처럼', '내 경험을 생각해보면', '심리학에서 배웠듯이' 등의 생각을 하는 것이다. 이런 무대장치를 기억해내는 것은(특히 상호텍스트적일 때) 토포스로 회귀하는 것과 같다. 이런 이

주를 '추론적 산책'이라고 한다('텍스트' 이주민은 텍스트를 가득 안고 돌아오는 이들이다).[85]

영화 분석에서 "추론 과정[으로서의] 해석 활동"이라는 보드웰의 이론은 일반적인 관객이 영화를 수용하는 방식과도 관련 있다. "첫째, 해석자는 영화로부터 얻을 수 있는 의미 영역을 구축해야 한다. 들째, 또한 해석자는 이 의미 영역을 '맵핑'시키는 신호와 패턴을 찾아야 한다."[86] 영화 속에서 의미와 논리를 만드는 이러한 의미 영역은 '테마' 개념으로 축소될 수 없다. 이 의미 영역은 관객에게 장편영화의 허구적 미학과 구조적 미학의 제공물이 무엇인지 포착해내는 것으로, 이로부터 관객이 특정 결론을 도출해 사고구조, 의견, 판단, 태도, 혹은 신념의 변화가 생길 수 있다.

> 의미 영역은 일반적인 '테마'로 추정되는 것과 같지 않다. 문학비평에서 테마는 '규제적 아이디어', 나아가 보편적 개념으로 간주된다. 이와 반대로 의미 영역은 개념적 구조로, 다른 의미 영역과의 관계 속에서 잠재적 의미를 구성한다. 이들 영역은 각기 다른 방식으로 구성된다. '테마'는 서로 연관된 언어적 특성 무리 속 한 단위로 생각할 수 있다는 것이 내 주장이다.[87]

이런 관점에서 (관객이 영화의 주장을 수용한다면) 관객이 장편영화를 해석함으로써 새로운 사고방식이 생기고, 이렇게 생겨난 새로운 통찰은 추상화를 통해 얻을 수 있다고 할 수 있다. 보드웰의 표현을 빌리면 "해석에는 어느 정도 추상화가 필요하다."[88]

이 시점에서 수사학자는 이 모든 것이 극 제작이론에서 의미를 갖는지 질문하기 시작할 것이다. 간단히 말해, 실용적으로 효과적인 생활세계의 메시지를 전달하고자 하거나 관객들이 그러한 메시지(정치적이든, 철학적이든, 심리적이든)를 장편영화로부터 귀추하길 원한다면, 영화제작을 계획할 때 소통적으로 관객에게 주어지는 제공물에 대한 구조를 고려해야 한다. 이런 계산을 할 때, 가장 중요한 요소는 이야기와 줄거리(다시 말해 장편영화를 통해 우리에게 볼 수 있는 이야기)다. 이는 아리스토텔레스의 생각과도 일치하는 것으로, 현대영화 연구도 이러한 관점을 고려해야 한다.

2008년 노엘 캐롤(Noel Carroll)은 『영화의 철학(The Philosophy of Motion Pictures)』이라는 저서의 '움직이는 이미지 - 영화 시퀀스와 내레이션(Moving Images - cinematic sequences and narration)'[89]장에서, 장편영화는 장면 선택과 시퀀스 구성을 통해 의도한 대로 관객의 '주목도 관리'를 할 수 있다고 강조했다. 이때 보여주기와 보여주지 않기는 주목도 관리의 중요한 방법이다. "영화 시퀀스는 계속 바뀌는 프레임으로 구성되는데, 우리의 본능적인 지각을 이용해 우리의 주의를 영화제작자가 원하는 방향으로 이끌고, 일반적으로 행동이나 주장을 진행시키는 데 중요한 역할을 하는 사실로 인도한다."[90] 이는 관객이 장편영화가 제시하는 이야기를 재구성하고 이해하기 위해 추론할 때 영향을 미친다. 물론 관객의 추론은 그가 영화의 소통적인 제안을 받아들이기로 결정하는지 여부에 달려 있다.

변화하는 프레임 구성은 어떤 사건이 일어나고 있는지 추론하기 위해 관객이 생각해야 하는 재료를 돋보이게 해 관객을 인도한다. 하지만 영화의 의도대로 추정해 다양한 신호를 조합하는 것은 일반적으로 관객 몫이다. 변화하는 프레임 구성이 특정 추론을 하기 쉽게(종종 거의 피할 수 없게) 만드는 것은 사실이지만, 그럼에도 불구하고 영화제작자가 전달하려는 생각을 완성하는 가설에 도달하는 것은 결국 관객에게 달려 있다.[91]

노엘 캐롤의 구성에 대한 반어적 질문(erotetic)이나 반어적 질문법(erotematic) 원칙은 분석 진행에서 중요하다. 이 원칙은 장편영화에만 국한되어 적용되는 것은 아니다.[92] "영화 내레이션의 기본 구조는 반어적 질문의 내레이션이라고 명명할 수 있는 것의 한 가지 예가 된다."[93] 이것이 의미하는 바는 무엇인가? 이 접근법의 핵심은 모든 장편영화가 관객에게 수많은 질문과 답을 제공한다는 것이다. "어떤 장면에서는 질문을 던지고 어떤 장면에서는 이 질문에 직접 답한다. 하지만 또 다른 장면이나 시퀀스에서는 이전 질문이 유지된다. 즉 탈옥수 체포에 실패하면 우리는 다음 장면에서 탈옥수가 잡힐지 계속 질문하게 되는 것이다."[94] 영화의 한 장면을 분석하며 '미시적 질문'을 던질 수도 있고, 작품 전체에 대해 '거시적 질문'을 던질 수도 있다.[95] 그리고 장편영화 전체를 끝에서 시작하는 것으로 판단하는 것이 중요하다. 이야기의 사건 전체를 기반으로 최종 추론이 이루어질 수 있는 지점이기 때문이다.

영화 결말부에서 답을 주는 질문이 무엇인지 확인하라. 그 후, 장면과 시퀀스를 거슬러 올라가며 그 질문이 처음 도입되고 부분적으로 답을 주거나, 유지되거나, 개선되거나, 수정되거나, 변형되는 곳이 어디인지 생각해보라.[96]

프랑스 기호학자 롤랑 바르트의 관점에 의하면, 이러한 분석을 하려면 관객이 주관적이고 '요점(punctum)' 해석만 해서는 안 되고 체계적인 '연구과정(Studium)' 해석을 해야 한다.[97]

캐롤의 연구를 돋보이게 하는 또 다른 것은 그의 '문제/해법 모델'이다. 이는 장편영화에서 수사적 요인을 분리하는 데 중요하다.[98] 이 모델을 통해 장편영화의 제공물에 대한 해석을 할 때 분석이 추상적 수준으로 바뀔 수 있다. 극에서도 이야기에서 발생하는 사건이나 인물들의 동기, 혹은 특정 행동이나 결과의 설명되지 않은 원인에 대해 질문을 던지지만, 극은 장편영화가 다루는 추상적인 문제와 해법을 직접 다루거나 테마 구조를 결정하진 않는다. 하지만 영화제작자가 의도하는 중요 문제에 대해 관객이 추정을 통해 통찰을 얻게 하는 것이 바로 이 요소다.

이상적으로는 그러한 통찰을 통해, 관객이 영화에서 드러난 문제('당신과도 관련 있다'는 원칙에 따라)를 자신의 개인적 경험과 연결한다. 수사적 관점에서 볼 때, 장편영화에 묘사된 사건들로부터 결정적인 증거를 수집해 이러한 통찰을 얻는 것이다.[99] 물론 모든 장편영화가 수사적 요인을 강력히 활성화하는 것은 아니라는 점을 염두에 두어야 한다. 캐롤이 강조하듯, "모든 영화가 자격을 갖춘 반어적 질문(erotetic) 서사인 것도 아니며" (특히 미적 요소를 고도로 강조한 현대 장편영화에서는) "우리의 질문이 모두 답을 갖고 있는 것도 아니다."[100]

캐롤이 그의 모든 모델에 각기 다른 명확한 접근법과 강조점이 있다고 말한 것은 타당한 주장이다.

질문/답변 모델은 문제/해결 모델이 적용되는 모든 경우에 적용될 수 있다. 왜냐하면 우리는 항상 '주인공이 자신의 문제를 해결할 것인가 아닌가?'라고 질문하기 때문이다. 하지만 문제/해결 모델은 적절할 때도 있지만 부적절한 경우도 있다. 두 남녀가 사랑에 빠지는 일을 문제로 간주하는 것이 정말 논리적인가? 물론 사랑에 빠지는 일에 부모나 경쟁자 등의 넘어야 할 장애물 등의 문제가 수반될 수는 있다. 하지만 반드시 그런 것은 아니다. 모든 문제는 질문으로 해석될 수 있지만, 모든 질문이 문제로 해석될 수 있는가는 불분명하다.[101]

이상적으로는 영화 수사학에서 장편영화 이야기의 중요한 문제나 해결 방법(혹은 해결 방법의 부재)과 관련해, 영화의 제공물과 논의는 추상화를 유도하고 관객의 마음속에서 인지적 변화를 촉발할 수 있어야 한다. 이런 관점에서 프리츠 랑의 영화 <M>은 감시 사회, 사회 집단에 대한 낙인, 질병이나 범죄, 피해와 악행, 슬픔과 불운, 죄와 속죄 등의 문제를 다룬다고 할 수 있다. 수사학적 관점에서 관객에게 의지만 있다면 이 주제에 대한 논의는 관객이 A에서 B로 의견전환을 하도록 (설득)한다.[102] 효과적으로 구성되면, 장편영화의 미학적 도구는 관객들에게 그 수용 의지를 촉발할 수 있다.

5. 프리츠 랑의 장편영화 <M>의 수사적 요인

수사학자는 항상 영화를 분석하며 영화의 '이중계산', 즉 미학적 계산과 함께 수사학의 실용적 계산을 찾을 수 있길 바란다. 그리고 영화 제작자가 영화에서 수사학적 요인을 작동시키거나 이용하고자 할 생각이 없었다는 것이 분명해져도 수사학자가 희망을 버릴 필요는 없다. 영화 제작자가 의도하지 않은 경우에도 거의 모든 장편영화에 암시되어 있는, 어쩌면 함축적으로 이해되는 메시지를 연구할 수 있기 때문이다.[103] 많은 관객들은 영화제작 과정에 대한 계산을 신경 쓰지 않고도 자연스럽게 개인적으로 중요한 메시지를 찾아내고 그것을 조용히 귀추해낸다('당신과도 관련 있다'는 원칙의 기대가 동기를 부여할 것이다). 수사학자는 이러한 접근법을 프리츠 랑의 1931년 영화 <M>에 적용할 수 있다. 어떤 메시지가 귀추되는가? 영화는 관객에게 인지적, 감정적 변화를 유도하기 위해 어떤 통찰이나 지각의 관리(조절)를 사용하는가?[104]

장편영화의 허구적, 구조적 미학 계산이 어떻게 수사학적 환기로 이어질 수 있는지 보여주기 위해 <M>에서 두 가지 예를 들어보려 한다. 이 논의의 출발은 '보여주기(deixis)가' 소통에서 극과 영화의 근본을 이룬다는 사실이다. 마찬가지로 빈자리(여백), 즉 '보여주지 않기'도 추론을 자극하기 위한 중요 수단이다. 이야기나 우화에서 빈자리는 관객의 '추정적 산책'(텍스트 간 비교를 통한 기억)을 도우며 독자가 묘사된 사건의 빈 공간에 상상으로 '유령 챕터'를 만들어내도록 한다.[105]

범죄 스릴러라는 장편영화 장르에서는 이 방법이 체계적으로 사용되어 신비화 전략으로 기능하는데, 모든 수수께끼가 반어적 질문(erotema)을 촉발하기 때문이다. 이로 인해 영화의 긴장감이 고조된다. 보여주지 않기, 즉 부정적으로 보여주기(negative deixis)는 추론과 귀추법의 강력한 자극제여서 긴장이 고조된다. 특정 사건을 생략함으로써 관객은 줄거리에 대해 생각하고 줄거리에 대해(예를 들어 살인자에 대해, 또는 살인자가 누구인지 안다면 사건이나 살인자의 성격 줄거리에 대하여) 가설을 세워 귀추해낼 수밖에 없다.

이런 불명확성과 랑이 의도적으로 보여주지 않는 것들은 영화의 수사적 요인에서 중요한 자극제다. 보기 어렵거나 전혀 공개되지 않은 요소들은 영화를 진지하게 보고 있는 관객이 영화에서 다루는 문제에 대해 일부는 감정적이고, 일부는 합리적으로 분석할 수밖에 없게 유도한다. 관객들은 <M>에서 다루고 있는 중요한 두 가지 문제가 무엇인지 어렵지 않게 알아차릴 수 있다.

첫째, 사회는 영화에서 드러나는 특정 범죄를 어떻게 다루고 있으며, 어떻게 다루어야 하는가? 둘째, 살인범은 어떤 사람인가? 하지만 이 질문의 답을 찾기는 훨씬 어렵다. 영화에서 수사적 요인을 통해 간접적으로 제시되기 때문이다.

1) 인민재판

비정상적인 범죄를 다루는 것, 그리고 사회가 취할 수 있는 방법이 전체 영화의 주제를 구성한다. 프리츠 랑은 여러 장면에서 연쇄 성범죄자의 행동 때문에 공포에 질린 대중의 히스테리적 반응을 보여준다. 또 다른 장면에서는 범인 체포 직전, 그를 추적하기 위해 각자의 방식을 사용하는 국가기관의 세심한 작업과, 지하세계의 무자비하고 수단방법을 가리지 않는 책략을 나란히 보여준다. 범죄자들의 지하세계가 이 범인을 체포했을 때, 이들은 자신의 입장에서 위험한 '경쟁자'를 자신의 평행세계 내의 비밀재판 법정에 세울 수 있다(<그림 13> 참조).

<그림 13> 프리츠 랑의 <M>, 비밀재판

너무나 아이러니하게도 범죄조직 세계에서는 성범죄자 한스 베케르트(Hans Beckert)를 받아들일 수 없다며 거부한다. 이를 통해 인민재판의 특이한 면을 분명히 드러내는데 베케르트가 정상적인 시민사회에도, 그리고 지하세계에도 속하지 않는다는 사실이다. 그의 범죄는 '받아들일 수 있는' 범죄의 프레임워크에 부합하지 않으며, 범죄자들조차 그와 거리를 둔다. 재판의 모든 참여자는 각자의 관점에서 자신의 주장을 펼친다. 그리고 이 주장들이 합쳐져 관객에게 완전히 새로운 방식으로 문제를 드러낸다. 주인공의 특정 행동을 묘사하는 것이 아니라 논쟁을 통해 드러내는 것이다.

유사재판에서 제시되는 주장은 질문(quaestiones)의 네 가지 줄기를 따라 관객의 인지 과정을 이끈다. 이 줄기는 고전수사학의 쟁점 이론(status doctrine)에서 법적 분쟁의 중요 요소로 법칙화 된 것이다. 법적 분쟁의 기초를 결정할 네 개의 쟁점(stases) 모델은 <M>의 법적 분쟁에서도 근간을 이룬다. 법정에서 명시적으로 다루는 네 개의 질문은 다음과 같다.

첫째, 범죄행위가 발생했는가?(추정의 쟁점: 범죄가 일어났는가? 이 사실은 모든 재판 참여 당사자가 인정한다) 둘째, 아동 살해는 실제로 어떤 범죄였나?(정의의 쟁점: 살인인가, 그보다 덜한 과실치사인가, 불가피한 악에 불과한가?) 셋째, 보편적인 정의 개념에서 유죄인가?(성격규정의 쟁점: 충분한 법적 근거가 있는 행위인가? 살인범은 자유로운 상태에서 행동했는가? 통제불능의 압도적인 충동의 피해자인가?) 마지막으로 범죄조직 세계에서 형성된 '여론'을 따르는 '법정'은 적절한 관할구역 내에 있는가?(절차의 쟁점: 법적 절차는 합법적인가?)

관객은 극도로 감정이 격화된, 적대적 주장과 살인자 베케르트의 매우 정서적인 독백을 모두 들으며 명시적, 추상적으로 문제의 세부사항을 알게 되지만, 영화는 관객에게 분명한 답을 주지 않는다. 지하세계의 재판에서 판결 전, 법의 손길이 베케르트를 찾아내 경찰이 들이닥치고 비밀재판은 해산된다.

극적 줄거리의 기본 아이디어를 고려할 때, 이 장면은 지하세계의 인민재판과 정부의 공식적인 형사재판의 근본적인 차이를 보여주기에 가장 이상적이었을 것이다. 하지만 랑은 영화 줄거리에 빈자리(여백)를 삽입한다. 재판 자체는 한 번도 보여주지 않고, 대신 그 자리에 25초짜리 장면이 삽입된다. 판사들이 법정으로 걸어 들어오고 부장판사는 "인민의 이름으로"라는 말과 함께 판결을 선고한다(<그림 14> 참조).

여기서 우리는 재판 과정이 있었음을 알 수 있다. 이 짧은 장면은 최종판결을 듣기 전에 끝난다. 영화의 수사적 요인은 영화의 미학적 구성에서 귀추적 통찰을 얻게 하는데, 그것이 여기서 직접 드러나는 것이다. 평결을 기대했던 관객들은 스스로에게 그 역할을 맡겨야 한다. 즉 이 작품의 지시적 구조가 영화의 공리적 측면(특정 원리, 규칙, 질서가 작동하는가?), 평가적 측면(주제에 대해 나는 어떤 가치판단, 결론, 의견을 갖는가?), 감정적 측면(나는 무엇과 감정적 동화를 하며, 그 이유는 무엇인가?)에 대한 생각을 환기하는 것이다.[106]

<그림 14> "인민의 이름으로" 프리츠 랑의 <M>, 판사들

살인범 재판 장면에서 랑이 보여주려던 허구세계 <M>에 대한 모든 정보가

주어지며, 사건 관련 주장도 모두 들을 수 있다. 하지만 결론은 누가 내리는가? 관객은 선택의 여지가 없다. 상황 종결을 위해서는 관객 스스로 결정해야 한다. 관객은 이제 배심원단 역할을 해야 하며, 자신이 목격한 사건과 들은 주장을 바탕으로 자신만의 결론을 내려야 한다.

히틀러의 선전장관 요제프 괴벨스(Joseph Goebbels)의 유명한 결론이 있다. 그는 영화를 보고 일기에 이렇게 썼다. "오늘 밤 마그다(Magda)와 〈M〉을 보았다. 대단하다! 감성적 인도주의 반대! 사형 찬성!" 한편 영화의 마지막 장면에서는 통곡하는 여성 세 명이 등장한다. 이들은 조금 다른 주장을 펴는 듯하다. 최종판결 대신 이 장면은 범죄에 접근할 수 있는 유일한 방법은 예방과 관심이라는 점을 강조한다. 비통한 울음 속에서 악의 불가피성에 근거한 해석이 제시되는 것이다(〈그림 15〉 참조).

〈그림 15〉 프리츠 랑의 〈M〉, 흐느끼는 세명의 여인

2) 헤지(Hedge, 울타리)

영화에서 관객이 직면하는 두 번째 주요 반어적 질문은 '누가 진짜 범인인가?'가 아니라(이는 초반에 이미 드러난다) '범인은 어떤 사람인가?'이다. 한스 베케르트의 인격에 대한 다른 가설을 세우려면 그의 일상을 볼 수 있어야 한다. 즉 영화가 우리에게 그의 삶에 대한 맥락을 제공해야 한다. 그런데 이 맥락은 우리의 추측에서 완전히 벗어난다. 우리가 보는 것은 평범한 세입자의 생활공간과 아이들을 끔찍이 아끼는 남성의 일상뿐이다.

베케르트를 둘러싼 수수께끼는 '카페 라우베' 장면에 상징적으로 요약되어 있다. 이 장면은 더 큰 시퀀스('성적 화살표 시퀀스') 끝부분에 드러나는데 베케르트의 실패한 납치 시도 중 하나를 보여준다. 이 장면은 핵심적으로 그 전후 베케르트의 심리적 상태 변모로 시각화해야 한다.[107] 영화의 전체 시퀀스에서 볼 때, 랑은 경찰과 범죄조직의 살인범 수색이 정점에 달했을 때 이 장면을 삽입한다. 영화 촬영 당시 피터 로레(Peter Lorre)는 점잖은 세입자에서 정신병에 사로잡힌 남성으로의 심리적 변화(지킬 박사와 하이드 현상)를 표현해달라고 요청받는다. 그리고 랑은 상점 앞 장식물에서 남성 성기의 상징으로서 위아래로 움직이는 화살표('성적 화살표 시퀀스'라는 이름을 붙인 이유) 등 빠르게 움직이는 일련의 그래픽 상징을 보여주며 남성의 성적 흥분 상태를 강조한다(<그림 16> 참조).

〈그림 16〉 프리츠 랑의 〈M〉, 성적 화살표 시퀀스

'카페 라우베' 장면이 우리에게 보여주는 것은 무엇인가? 베케르트는 아동 납치에 실패하자 이 카페를 보고 울타리 뒤에 숨는다. 관객은 울타리 뒤에서 제한된 시야를 통해 카페를 본다. 가지 사이에는 좁은 틈뿐이고 그 틈새로 종업원을 볼 수 있다. 관객의 입장에서는 시야를 가리는 제약이 베케르트에게는 재빨리 숨어야 하기에, 통제가 안 되는 충동의 비합리적인 상징인 것이다. 우리가 알 수 있는 것은 베케르트가 불안을 잠재우면서 점잖고 평범한 세입자로 돌아오기 위해 술과 담배를 필요로 한다는 사실이다. 랑이 여기서 우리를 도울 수도 있었을 것이다. 울타리 뒤에서 이동촬영으로 베케르트를 제대로 보여주면 되었을 것이다. 하지만 감독의 구조적, 미학적 계산은 우리와 주인공 사이에 울타리라는 시각적 장애물을 넣어 장면에서 끌려나오게 한다.

랑은 영화의 '보여주기'를 부인하는 대신 위에서 언급된 부정적 보여주기(negative deixis)를 선택한다. 이 장면의 구조적, 미학적 설계 때문에 카메라가 영화 속 현실구조를 결정한다.[108] 관객의 호기심이 억눌리고 시각적 참여 욕구가 커지고 나서야 랑은 서서히 긴장을 완화시킨다. 카메라가 울타리에 매우 가까워지고 관객은 열쇠 구멍 안을 보듯 베케르트의 얼굴을 나뭇가지 사이로 볼 수 있다(<그림 17> 참조).

<그림 17> 프리츠 랑의 <M>의 헤지

하지만 여전히 베케르트의 얼굴에 초점이 맞추어져 있진 않다. 이 장면에서는 모든 것이 불확실해 보인다. 랑은 관객이 주인공의 캐릭터에 대해 분명한 증거를 얻지 못할 것 같이 느끼도록 만든다. 우리는 전체 줄거리에 걸쳐 제공되는, 철저히 계획적으로 선택된 장면들의 시퀀스로부터 얻을 수 있는 불

확실한 가설에만 의존해야 한다.

그 대신 랑은 경찰관이나 범죄조직원의 자세한 대화 형태로 베케르트의 성격 정보를 제공한다. 이 대화는 영화에서 분명히 드러나는 두 개의 환원주의적 가설로 이어진다. 베케르트가 범죄자이거나 정신병자라는 가설이다. 이 때문에 관객은 이 두 가설의 차이점을 질문하고, 두 가설 사이의 엄격한 구분이 합당한지에 대해 분명한 답이 없는 질문을 던진다. 영화 초반 베케르트가 의심의 여지없는 범인으로 시작했다면, 영화가 진행되면서 분명한 판단을 내리기가 점점 어려워진다.

한편 그는 아이들을 너무 사랑해 버릇이 나빠지게 만드는 정직한 남성이지만, 심리적으로 고통받는 인간이기도 하다. 우리는 실제 살인을 전혀 보지 못하며, 살인으로 사회에서 초래되는 결과만 볼 수 있다. 오직 경찰 파일과 보고서를 통해 혹은 영화가 우리에게 명시적으로 제시하는 추측만으로, 영화 속 주인공들이 베케르트가 범죄와 질병 사이에서 오락가락한다고 생각한다는 것을 알 수 있다.

여기서 다시 영화의 미학적 구조 전반이 수사적 요인을 활성화한다는 것을 알 수 있다. 관객은 <M>에 등장하는 주인공의 성격과 인격에 대한 다양한 합리적, 감정적 결론에 도달하도록 자극된다.[109]

5부

Media Rhetoric

미디어 수사학

MODERN
RHETORIC

13장

수사학의 미디어 개념

―――――――

2008년, 『미디어란 무엇인가?(What is a medium?)』라는 제목의 에세이 모음집이 출간되었다.[1] 이 모음집은 전체적으로 볼 때, 미디어라는 용어의 개념이 명료하지 않아 우리를 매우 혼란스럽게 한다. 실제로 다수의 저자는 '미디어'라는 용어를 사용하는 것에 불편함을 드러낸다. 미디어 철학자 로렌츠 엥겔(Lorenz Engell)은 자신의 글에서 "미디어, 미디어 그 자체는 생각할 수 없다"라며, 제목의 질문에 답할 수 없다고 말한다. 현대적, 명시적 미디어 이론의 창시자 마샬 맥루언의 선도적 저서가 나온 지 50년이 지난 지금 이러한 주장은 참으로 당황스럽다.[2] 널리 사용되는 '미디어'라는 용어가 단지 어떤 불분명한 현상을 지칭하는 것일까? 맥루언의 주요 저서가 발표된 지 수십 년이 지난 지금도 미디어에 대한 그의 혼란스러운 생각은 계속해서 논의 대상이 되고 있다. 게다가 '미디어'라는 개념은 연구자, 특히 문학 연구자만이 사용하는 '업계 용어'처럼 변했다.[3] 미디어 철학자 울리케 라밍(Ulrike Ramming)은 미디어라는 용어의 광범위한 혼동에 대해 다음과 같이 불편함을 드러낸다.

> 이제 기술적 창조물 일반, 나아가 문화적, 지적 테크닉까지 포함하는 '미디어'의 폭넓은 정의에 대해 이러한 질문이 제기되어야 한다. 미디어는 새로운 철학 개념이자 특정성을 가진 개념 이상으로 확장된 나머지 모든 고양이가 회색으로 보이듯, 용어상으로 볼 때 모든 미디어가 똑같아 보이는 밤의 암흑 속에서 길을 잃고 만 것은 아닌가?[4]

미디어 이론가 스테판 리거(Stefan Rieger)는 다음과 같이 일침을 가하며 『개구리—미디어인가?(Frog—A medium?)』라는 반어적 제목의 에세이를 쓰기 시작한다. "미디어라는 용어는 모더니티(modernity)의 모든 자물쇠에 맞는 듯한 만능열쇠다."[5] 미디어 연구 전반에 대한 회의론과 비판도 쏟아진다. 문화이론가 디르크 배커(Dirk Baecker)는 이렇게 주장한다. "이 분야의 연구는 비이성적 태도와 입장 속에서 이루어지는 것처럼, 어떤 영적 커뮤니케이션을 다루는 것처럼 보인다."[6] 심지어 모음집의 편집자들조차도 서론에서 불만을 표시한다.

> 지금까지 미디어라고 불리지 않은 것이 과연 얼마나 될까? 몇 가지 예를 들어 보자. 의자, 바퀴, 거울(맥루언 McLuhan), 학교 수업, 축구공, 대기실(플루서 Flusser), 선거제도, 총파업, 거리(보드리야르 Baudrillard), 말(horse), 낙타, 코끼리, 축음기, 영화, 타자기(키틀러 Kittler), 돈, 권력과 영향력(파슨스 Parsons), 예술, 신앙, 사랑(루만 Luhmann)

이렇게 정리해 보면 미디어라는 용어의 사용이 "불가사의한 개념적 명제"와 연결되어 있다는 점도 놀랍지 않다.[7]

이 모음집은 또한 용어 사용에 대한 문헌학적, 어원학적 설명과 역사적 분석으로는 아무것도 얻을 수 없음을 분명히 보여준다. 그러한 연구에서 도출되는 용어적 개념은 언제나 'means' 또는 'middle'이라는 의미의 라틴어로 돌아간다. 이 말은 두 가지의 사이, 중간이라는 뜻을 갖고 있다.[8] 이처럼 식상한 정의마저도 자의적으로 확장되는 경우가 있다.

이처럼 '미디어'라는 용어에 대한 구어적이고, 불특정적이며, 비용어적인 이해는 인문학에서 필자가 '미디어 제국주의(media imperialism)'라고 부르는 현상을 낳았다. 무엇인가가 전달된다고 표현하고 싶을 때는 '커뮤니케이션'이 아니라 '미디어'라는, 일견 매력적인 용어를 사용하는 것이 표준이 되었다. 이렇게 사용될 때 미디어는 언어학자 우베 푀르크젠(Uwe Pörksen)이 말하는 '청자나 독자에 따라 의미가 달라지는 단어(plastic word)', 즉 자의적으로 적용될 수 있는 텅 빈 표현이 된다. 이를 잘 보여주는 사례로는 『루만 어휘집』에 포함된 정의로 충분하다. 그냥 이상한 것부터 말도 안 되는 것까지 망라된 정의로는 "미디어: 불확정성을 촉진하는 어떤 가능성, 가능성들, 형태를 취할 수 있는 느슨한 복합체"를 비롯해 다음이 있다.

가장 일반적인 미디어는 감각(sense)이다. 그 밖에 어떤 것이 미디어로 간주될 수 있는가에 대한 구체적 내용은 어느 정도 열려 있다. 중력, 청각, 시각, 언어, 인과(causality), 돈, 권력, 정의(justice), 진실, 사랑 등이다. 걷기에는 중력이라는 미디어가 필요하고, 지각(perception)에는 시각과 청각, 그리고 다소 느슨하게 말하자

면 빛과 공기가 미디어로 사용된다.[9]

여기서 '느슨하게' 말하는 미디어의 개념은 마샬 맥루언으로부터 가져온 것이다. 맥루언의 확장적 이론에 따르면, 인간의 신체적 도달 범위 이상으로 인간의 감각을 확장하고 행동을 촉진하는 인간의 창조물은 모두 미디어로 간주될 수 있다. 따라서 맥루언은 『미디어의 이해』에서 빛, 전구, 철도, 화약, 거리, 돈, 언어, 텔레비전을 모두 여러 유형의 미디어로 분류한다.[10] 이러한 정의에서 우리는 앞서 언급한 바와 같이 미디어의 원래 라틴어 의미가 연결을 형성하는 수단으로 인과적으로 사용되고 있음을 쉽게 파악할 수 있다. 『미디어란 무엇인가?』에는 이처럼 돈을 미디어로 간주하는 에세이, 영적 미디어 또는 "영적 능력"의 전달을 다루는 에세이도 있다.[11] 여러 에세이는 전달을 수반하는 현상, "사이에" 있는 "무언가"를 각기 다룬다.[12]

맥루언과 그를 계승한 이들에게서 찾을 수 있는, 미디어성이라는 사소한 개념의 불만족스러운 파생물들로 인해 이들은 '미디어의 동어반복'이라는 악명 높은 함정에 반복해서 빠진다. 따라서 미디어 철학의 기초적 논의를 위해서는 이론적으로 명확한 새로운 개념의 개발이 필요하다. 이러한 필요성은 앞서 언급한 디르크 배커의 에세이에서도 드러난다. 배커는 '무(無)로서의 미디어'라는 프리츠 하이더(Fritz Heider)의 개념을 수정하면서 이론적, 용어적 모호성을 드러낸다. "무(無)는 단일체와 복합체 사이를 지속적으로 오가는 공(空)이며, 이는 때때로 복합체로부터 새로운 단일성에 동기를 부여하기 위해서다." 이어 우리가 미디어를 실제로 지각할 수 없다는 맥루언의 입장은 하이더의 언어로 서술된다. "미디어는 우리에게 공허한 것, '무'이며 그러나

'더 낮은 수준의 단위로 채워진 것'이다."¹³ 어떻게 무가 더 낮은 수준의 단위로 채워질 수 있는지에 대한 설명은 논리학자들에게 맡기도록 한다.

이러한 논의는 일종의 '미디어 근본주의(media fundamentalism)'로 이어진다. 철학자 지빌레 크레머(Sybille Krämer)는 이를 '미디어 선험주의(media apriorism)'라고 부른다. 미디어가 "무언가의 기초, 구언가의 기원으로 돌아갈 수 있는, 환원 불가능한 단위"가 되며, "이러한 미디어 선험주의에서 미디어 외부에는 아무것도 존재하지 않는다."는 것이다.¹⁴ 이는 광범위한 영역을 설명할 수 있는 명제이며, '미디어 외부에 아무것도 존재하지 않는다(extra medium nulla existential)', 나아가 '미디어 외에 아무것도 아니다(nihil extra medium)' 같은 이론적 공준으로 정리할 수 있다. 따라서 논리적으로 미디어의 개념은 물리적 세계 전체(적어도 물질에 기초한 세계)를 포괄한다. 이는 '미디어 보편주의(media universalism)'를 암시하며, 미디어 이론가 볼프강 에른스트(Wolfgang Ernst)의 저작에서도 발견되는 접근이다. 에른스트는 미디어가 "그 자체의 기초(a fundamentum in re)"를 가지고 있으며, 물리적 세계의 기본 구조 속에 고정되어 있다고 본다. 일견 흥미롭지 않은 이러한 주장은 다음과 같이 구체화된다. "객체와 관찰자 사이에는 메워져야 하는 간극이 있다. 아리스토텔레스는 이러한 '사이(in-between)'를 『영혼에 관하여』에서 다룬다. 미디어는 언제나 존재해야 한다. 미디어 없이는 공(즈)만이 있을 것이기 때문이다. 어떤 것도 명확하지 않을 것이며, 어떤 것도 보이지 않을 것이다."¹⁵ 에른스트가 "물리학으로부터 기술적 미디어의 해방"을 말하고, "이는 순수하게 자연적인(물리적인) 것도, 고전적으로 문화적인 것도 아닌 무언가, 말 그대로 제3의 것(미디어)을 창조한다"라고 선언할 때, 이러한 '사이'는 존재론적 차원

을 가진다.[16]

미디어에 대한 이러한 생각은 정상적인 이론적 개념을 해체의 지점까지 확장하는데, 그 결과는 여전히 불분명하다. '제3의 것'의 존재론적 지위가 불확실하기 때문이다. 에른스트의 입장은 세상의 모든 창조물이 미디어라는 맥루언의 개념으로 돌아가는 의미가 있는 한편 정보와 커뮤니케이션의 물질성에 관한 키틀러의 명제에 소구하기도 한다. 에른스트 이론의 핵심은 이러한 물질주의 명제를 따르는 경향이 있다. 그는 에세이의 마지막에 이렇게 말한다.

> 미디어에 대한 이러한 생각에 양자역학이 제기하는 도전. 전달 경로의 고전적 간섭(소음)은 보통 정보이론에서 중복검사(redundancy)를 통해 해소되는데, 이제 이러한 간섭은 측정 행위를 통해 생겨난다. 정보에 대한 양자역학의 개념은 더 이상 (섀넌의 이론과 같은) 발신자/수신자 모델이 아니라 정보 전달의 영속적 뒤얽힘(entanglement)에서 출발한다. 이러한 모델에서 시공간의 경로(channel)는 더 이상 존재하지 않는다.[17]

한스 울리히 굼브레히트(Hans Ulrich Gumbrecht) 역시 키틀러의 영향을 크게 받았다. 2005년 발표한 에세이 「커뮤니케이션의 물질주의(The Materialism of Communication)」에서 그는 관념론을 분명히 반대하는 반이상주의적인 어조로 '정신'과 '물질'이라는 데카르트주의 형이상학의 이분법이 지속되고 있음을 경고한다.[18] 그러나 일반적으로 이 주제에 대한 굼브레히트의 짧은 요약은 다음과 같이 약간의 비판적 기조만 취한다.

이론의 수립을 위한 집중적 노력에도 불구하고 공고한 패러다임이 되지 못하면서, (엄격한 의미에서) '커뮤니케이션의 물질성'은 유행어로서의 인기가 식은 후 더 이상 환영을 받으면서 확장 또는 지탱될 수 없게 되었다.[19]

이러한 접근법에 대한 반응이 매우 적었던 데는 이유가 있다. 내적 조건과 커뮤니케이션의 개별적 측면에 대한 배타적 집중이 지나치게 단순화된 모델을 낳았고, 환원주의적 성격으로 인해 수용되지 못했다. 효과에 대해 상호 연관된 정신적 가설들은 가설의 채택 또는 기각을 위해 필요한 지식 소스의 부족으로 추측적 성격을 띠는 경우가 많았다. 하지만 주요 문제는 방법론적 차원에서 발견된다. '물질성'이라는 문제는 인간의 생물학적 및 신경학적 측면, 그리고 그들과 물리적 세계 사이의 상호작용에 의지해 설명할 수밖에 없다. 프리드리히 키틀러, 스테판 리거, 볼프강 에른스트 등이 발전시킨 독일의 미디어 이론은 기술의 역사, 공학의 문제, 나아가 물질세계에 존재한다고(하지만 지각될 수 없다고) 가정된 '간극'과 관련 있는 여타 물리적 지식을 우선적으로 다룬다. 이에 따라 에른스트는 미디어가 더 이상 "사회과학, 인문학, 문화학의 영역"에 속하지 않으며, "미디어 이론은 자연과 기술을 다루는 학문 분야와 더욱 긴밀한 관계가 있다"라고 말한다.[20] 물론 이러한 주장은 미디어 연구자를 '미디어'에 대한 엄밀한 이론적 정의에서 더욱 멀어지게 만든다는 점에서 문제가 있다. 결국 키틀러와 에른스트의 물질주의가 제시하는 이론적 프로그램은 명백하다. 미디어성은 세계의 물질성과 겹친다는 것이다. 따라서 키틀러는 "소위 자연이라 불렀던 것"이라고만 언급한다. "소위 처치-튜링(Church-Turing) 가설"은 "가장 엄밀하고 물리적인 형태에서 자연 그 자

체가 보편적인 튜링머신이라는 설명"을 수반하기 때문이다.[21]

현대의 신경학 논의는 키틀러의 미디어 보편주의와 유사한 부분이 있다.[22] 키틀러의 입장은 일부 급진적 신경인지주의자의 입장과 동일하다. 이들은 모듈식 구분의 가능성을 부정하며, 대신 즉각적이며 동기화된 총체주의를 채택한다. 이러한 관점은 의도치 않게 헤켈(Haeckel)식의 '미디어 일원론(media monism)'(19세기적 의미의 일원론)으로 이어질 수 있다. 이러한 일원론은 (개인의 신체, 개인에 관해) 자연적인 것과 (사회성에 관해) 인공적인 것의 본질적 차이를 부정한다.[23] 인간 상징체계를 전공하고 문화 기반 접근법을 꿋꿋하게 적용하는 연구자들은(예를 들어 수사학자) 사실 이론적 모델링에 경계와 합리적 대안이 존재한다고 본다. 특히 이러한 연구자들은 모듈식의 접근법이 현실의 구조적, 절차적, 기능적 하위영역을 방법론적으로 분리하고 그 하위영역의 특징적 성격과 특성을 서술, 분석할 가능성을 가지고 있다고 본다.[24] 따라서 결국 물리주의에 이르는 미디어의 철학적 개념은 문화를 기반으로 하며 모듈식의(따라서 학문분야별) 미디어 개념에 의해 정당하게 반박될 수 있다. 또한 우리는 이러한 접근법에서 도출되는 분석적 차원을 살펴봄으로써 활용하기 좋은 용어 세트를 개발할 수 있다. 이에 관해서는 추후 자세히 다루기로 한다.

일단 여기서는 미디어가 물질적으로 구성된 다양한 상호작용 체계를 다룬다고 정리하도록 하자. 인간 언어의 복수성과 다양성만 고려하더라도 인간의 인지능력이 멀티태스킹을 가능케 한다는 점을 알 수 있다. 우리는 준수를 요구하는 규칙을 사용함으로써 '문화' 내에 훌륭한 삶과 커뮤니케이션의 체계를 만들 수 있다. 그러한 체계를 개별적으로 분석하면 체계의 다양성은 (진화론적 인식론에 따르면) 단지 우리의 생물학적 구성만이 아니라 환경에 적응하는 인류 고유의 특성에 기반한다는 점을 알 수 있다. 여기에 헤겔주의 좌파의 상부구조 개념을 적용할 필요는 없다. '커뮤니케이션의 물질성'에 대한 탐색은 반관념론적 동기에서 나오는 것이기 때문이다. 그러나 이러한 우려는 더 이상 이슈가 되어서는 안 된다. 커뮤니케이션의 모든 부분, 하드웨어와 소프트웨어, 텍스트의 모든 구성요소가 모두 물질적으로 동일한 '존재론적 지위'를 가진다는 사실은 이제 식상할 정도로 광범위하게 받아들여지기 때문이다. 심지어 키틀러도 컴퓨터 시스템은 (당분간은) 지속적으로 "일상적 언어에서 구성된 환경 내에 공존"할 수밖에 없다고 말해야 했다.[25] 여기서 키틀러가 말하고자 하는 것은 (표면으로서의) 모니터 위에 나타난 텍스트성과 하드웨어 및 소프트웨어의 더 깊은 구조 사이에 차이가 존재한다는 점이다. 행동이론에 집중하는 학문들은(수사학도 그러기 위해 노력하는데) 여전히 조작자와 그가 조작하는 도구 사이의 차이와 연결을 가정한다. 이러한 학문들은 상호작용하며 체계적인 환경적 맥락의 문제, 개인의 감정적-인지적 '체계'와 각자의 의식과 느낌의 문제에 우선적으로 관심을 둔다.[26]

이러한 인지적, 감정적 체계가 더욱 광범위한 물리적 세계의 총체적 조건과 역학적 체계, 나아가 문화적 구조 및 체계에 의존한다는 점은 행동이론에 관심을 두는 학문들에 대단히 중요한 부분이다. 인지과학의 일부 흐름은 신경 프로세스라는 내부적 현상에만 집중하고자 하며 반기능주의를 보이는데, 이는 행동 및 상호작용 이론에서 분명한 결손을 드러내며 문화적 영향력의 구성요소를 고려하지 못한다. 내부의 다양한 신경 프로세스도 중요하지만 자율적으로 구성된 외부의 문화적 환경 역시 중요하다(그러한 환경 없이는 인간의 상호작용이 일어날 수 없다). 존재의 문화적 측면이 어떤 독특한 규칙성을 가지는지 파악하는 일은 가능하며 반드시 필요하다. 일부 연결주의자 및 하위상징에 집중하는 인지주의자는 하드웨어와 소프트웨어가 일련의 물리적으로 정의된 기초 패턴을 바탕으로 통합되어 있다고 보는데, 이는 사실일 수 있다.[27] 하지만 이러한 이론 때문에 상징적 모델에 대한 모듈화된 연구가 낡은 것이 되지는 않는다. 하드웨어와 소프트웨어는 혼자서 텍스트를 생산하지 않는다. 인간, 기계, 문화의 기술적 상호작용 속에서 기계의 하드웨어와 소프트웨어는 문화적 표면에서 생성된 장치 및 텍스트에 정형화되어 개입하지 않는다. 이는 현실화의 조건이 하드웨어와 소프트웨어의 구조에 달려 있을 때도 마찬가지다. 이와 다른 결론을 도출할 만한 실증적 증거는 전혀 없다. 문화 간 차이에 대한 가장 단순한 연구도 이를 증명한다. 관찰 가능하며 생물학적으로 스스로 조직된 객체, 각각의 뇌, 인간의 상호작용 네트워크, 그 역사와 창조물은 (세계의 물질성을 대표하는) 물리학과 큰 간극이 있다. 프로세싱의 계량 불가능하며 자기지시적인 차원 때문이다. 만약 신경인지주의 이론이 인간 뇌의 분자 구조를 바탕으로 비디오카메라의 작동 방식을 서술하고자 한다면, 청동기시대의 인류가 현재의 인류와 완전히 같은 생물학적 구성을 가지고 있었음에도 비디오카메라를 만들지 않은 이유가 무엇인지 설명해야 할 것이다. 그 대신 우리에게 필요한 것은 타협적인 시각이다. 체계적 모듈주의, 기능주의, 총체주의는 상호 배타적인 것이 아니라 상호 보완적인 이론적 접근법이다.

앞서 논의한 필수불가결한 기능적 구분에 비추어 볼 때, '미디어'라는 이론적 용어에 관해서는 반드시 구별되어야 하는 것이 있다. 특히 우리는 기호학적으로 차별화된, '텍스트'라는 (정보적으로 커다란 중요성이 있는) 관찰 가능한 단위와 물질적, 사회적으로 전파 가능한 플랫폼인 '미디어'를 구별해야 한다.[28] 이러한 구별을 통해 우리는 모듈식의, 학문 분야에 맞춘, 그리고 무엇보다 실천적으로 유용한 정의에 다가갈 수 있다. 미디어에 관한 양자역학적 최신 이론은 과학적인 이론적 명제를 바탕으로 미디어와 정보가 어떻게 물질적으로 구성되는지 설명할 수 있다. 인간의 문화적 상호작용에서 주체는 미디어를 기호학적 프로세스의 수단으로 활용하는데, 이때 미디어와 정보가 어떤 커뮤니케이션 역량을 가지는지에 대한 실천적 분석에는 별도의 이론적 프레임워크가 필요하다.

미디어 개념에 대한 열광적 반응은 미디어를 새로운 보편적 범주로 만들고자 하는 이론의 홍수를 낳았다. 하지만 결국 양자역학, 나아가 물리적 세계의 물질성이라는 폭넓은 범주로의 소구는 미디어에 대한 별도의 정의를 사라지게 만들었다. 이러한 미디어 개념은 기존의 다른 범주와 겹치거나, 지나치게 일반적이라 설명적 유용성을 상실한다(개념적 종차 differentia가 사라졌기 때문에). 이미지 이론가 람베르트 비징(Lambert Wiesing)은 앞서 언급한 모음집에 실린 글에서 이처럼 유용한 구별이 사라지는 현상을 직접적으로 개탄한다.[29] 미디어 이론이라는 유행에 편승한 사회과학 연구자 다수는 지나치게 피상적인 연구, 에세이 연구, 그리고 과학적, 방법적 엄밀함이 충분치 않은 접근법으로 혼동을 더욱 키우는 데 기여했을 뿐이다.

철학과 과학의 영향을 모두 받은 독일 미디어 이론이 제시하는 학문적 '미디어' 개념은 내적으로 연결된 두 가지 중대한 약점을 가지고 있다. 우선 미디어를 결국 물질 개념으로 흩어지는 보편적 범주로 바라보며, 이는 일종의 일원론으로 이어진다. 이러한 정의는 앞서 서술한 바와 같이 설명력이 너무나 약하다. 또한 앞서 비판한 것처럼 미디어의 동어반복에 계속해서 빠지게 된다. 이와 관련해 한스 엔첸스베르거(Hans Magnus Enzensberger)는 평론지 『쿠어스부흐(Kursbuch)』 1970년 판에서 마샬 맥루언을 강력하게 비판한다.30 『구텐베르크 은하계』(1962), 『미디어의 이해』(1964), 『지구촌(Global Village)』(1989, 브루스 R. 파워스와 공저) 등 세계적으로 유명한 저작과 함께 현대 미디어 이론을 창시한 마샬 맥루언은 분명 미디어라는 문제에 관해 사회과학 및 문화과학 연구자들의 이목을 끄는 방법을 이해하고 있었다. 안타깝게도 그는 그다지 체계적 사고를 하지는 못했다(약하게 표현하자면). 맥루언은 훌륭한 아이디어를 가지고 있었지만 일관성 있고 탄탄한 마스터 이론 속에 자신의 아이디어를 통합하지 못했다. 그럼에도 현대의 미디어 이론가들은 암묵적으로 혹은 명시적으로 맥루언의 선도적 명제와 아이디어를 구체화하기 위해 지속적으로 노력하고 있다.

맥루언이 남긴 가장 유명한 문장은 "미디어는 메시지다(The medium is the message)"라고 할 수 있다.31 엔첸스베르거는 1970년의 저작에서 이 문장을 논리적으로 분석하면서, 맥루언이 미디어와 메시지가 별개의 객체임을 이해하고 있었으나 'is'라는 동사로 인해 메시지를 품은 것(텔레비전 등)이 역설적으로 메시지의 내용 그 자체라는 의미가 되었다는 결론을 내린다. 엔첸스베르거는 이러한 분석에 관해 다음과 같이 말한다.

말이 안 되는 듯 도발적인 이 문장은 저자 자신도 모르는 많은 것을 보여준다. 이 문장은 미디어 신비주의(media mysticism)의 동어반복 경향을 완벽하게 드러낸다. 맥루언의 이론에 따르면 텔레비전의 유일하게 주목할 만한 측면은 텔레비전이 작동한다는 사실 그 자체다. 이는 미국적 프로그래밍에 비추어 볼 때 분명 어느 정도 매력 있는 명제다.[32]

사실 엔첸스베르거도 맥루언이 논리학자는 아니라는 사실을 오해한 것으로 보인다. 실제 동어반복은 두 번째 문장에서 나타난다. 이 문장은 『미디어의 이해』의 다른 부분에 등장하며, 첫 번째 문장을 설명해준다. 두 번째 문장에서 맥루언은 개별 미디어는 언제나 이중으로 발생한다고 설명한다. 이때 "모든 미디어의 '내용(콘텐츠 contents)'은 언제나 또 다른 미디어다."[33] 이러한 발상은 맥루언의 저작 전체에 걸쳐 발견되는 동어반복의 기원이다. 용어적 동어반복은 어떤 용어가 자기 자신을 사용해 정의될 때 발생한다. 미디어는 어디에서 오는가? 미디어에서 온다. 미디어를 구성하는 것은 무엇인가? 미디어다. 미디어는 무엇을 하는가? 미디어를 생산한다. 계속 이런 식이다. 이러한 동어반복은 미디어와 메시지의 동일시에 문제가 없다는 맥루언의 관점을 설명해준다. 내용, 즉 메시지의 메시지(다른 이들이라면 텍스트, 언어, 의미 등으로 지칭하겠지만)는 그 자체로 '미디어'이기 때문이다. 이는 미디어의 사회과학적 연구에 '미디어 내용 연구'가 포함되는 결과를 낳았다. 하지만 '미디어 콘텐츠'라는 구별되지 않는 표현은 개념적으로 올바른 방향을 가리킨다. 이 표현에는 미디어가 어떤 내용물을 가진 일종의 용기라는 생각이 들어 있다. 논리적으로 볼 때 동어반복을 제거하기 위해서는 내용물과 용기를 동일하다고 보지 않아야 한다. 즉 내용물 그 자체는 미디어가 아니라는 것이다.

이는 유용한 미디어 이론을 위한 출발점이다.

이러한 전제에서 이제 '미디어'에 대한 모듈식의 학문적인 정의를 시도해 보자. 앞서 언급한 2008년의 에세이 모음집 편집자들은 이에 관해 저자들에게 상당히 직설적이고 명확한 질문을 던졌다. "미디어란 무엇인가?" 이 질문은 그 자체로 미디어라는 용어가 (대부분의 명사와 마찬가지로) 그 안의 모든 개별적 구성요소를 함께 지칭한다는 점을 드러낸다. "책이란 무엇인가?"와 같은 질문처럼 말이다. 미디어에 관한 연구가 50년간 진행된 지금, 이에 대해 명확하고 체계적인 답이 있으리라 기대하는 것은 당연하다. 그 답은 다른 과학적 용어들과 마찬가지로 합리성에 대한 평균적 기대를 충족하기에 충분해야 한다. 우리가 원하는 것은 구어적인 표현이 아니라 전문용어이다. 용어는 보통 구체적으로 정의되어야 한다. 이를 위해 최근류(genus proximum)와 종차(differentia specifica)에 따른 고전적 정의 모델은 여전히 상당한 유용성을 가진다. 하지만 '미디어'의 정의에 있어서는 맥루언 이후 간신히 찾아들기 시작한, 어디에나 존재하는 동어반복으로 인해 명확성을 기대하기 어렵다. 얀 마리 램버트 피터스(Jan Marie Lambert Peters)는 미디어 연구자들이 가진 이와 유사한 혼동의 사례를 다음과 같이 정리했다.

> 미디어 = 기호(sign)의 한 유형 또는 하나의 기호체계(코드). […]
>
> 미디어 = (기호로 나타나는) 모든 특정 언설(utterance), 표현된 모든 메시지 또는 일반적 용어로 모든 '텍스트'. […]
>
> 미디어 = 메시지가 (기술적 신호로 전환된 이후) 시간과 공간을 통해 수신인(receiver)에게 운반되는 (전달) 경로. […]

> 미디어 = 메시지의 생산, 전파, 소비가 일어나는, 커뮤니케이션하는 기관, '프로그래밍 하는' 몸체, 조직적 총체(organizational whole).[34]

사전을 집필하는 문헌학자, 어휘학자가 이러한 정의를 수용하는 것은 의도와 목적을 불문하고 정당하다. 피터스는 조사를 시작하면서 '미디어'라는 용어는 "커뮤니케이션의 '수단'"으로 정의될 수 있다고 말한다. 물론 그는 미디어라는 일반적 단어에는 네 가지 의미가 있다고 말한다.[35] 여기서 피터스는 문헌학적 관점에서 발화/스피치 행태에 관한 사실을 서술하는 것으로 보인다. 다시 말해 '미디어'의 불안정한 일상적 용법을 서술하는 것이다. 하지만 그의 정의에는 한 가지 당황스러운 요소가 끼어든다. 일반적으로 논리적 정체성을 표시하는 수학 기호인 등호(=)를 사용한다는 점이다. 이는 미디어가 네 가지의 서로 다른 것을 지칭한다는 점을 분명하게 표시한다. 단어의 사용에 관해 연구하는 어휘학자는 다양한 방법을 통해 해당 단어의 다양한 의미와 용법을 드러내야 할 것이다. 그런데 피터스는 어휘학자가 아니라 매스미디어 이론가다. 여기서 우리가 명심해야 할 것은 이론적 용어학은 설령 해당 용어의 일상적 의미가 그 원천이라 해도 결코 직접적으로 도출되어서는 안 된다는 사실이다. 학문적 용어가 인정받기 위해서는 이론적 프레임워크에 기초를 두고 그 안에서 정의되어야 한다. 다시 말해 체계적으로 도출되고 체계적 프레임 안에 위치되어야 한다는 것이다. 따라서 디르크 배커가 '미디어' 개념에 대한 불편함을 다음과 같이 분명히 드러내는 것도 놀라운 일은 아니다.

우리가 어떤 용어를 서술적 순서의 제안으로 이해하고, 그것이 설정하는 경계, 해당 서술의 포함, 주제 자체의 지시규칙과의 관계를 기초로 측정한다면, 공통의 사실에 관한 관찰 및 서술의 문제가 시작되는 곳에서 출발하는 미디어의 정의를 수용할 이유는 충분하다.[36]

이와 유사하게 람베르트 비징(Lambert Wiesing)도 "미디어라는 용어가 그저 다른 용어의 유의어가 되지 않아야" 한다고 주장한다. 그는 다음과 같이 말한다.

여기서 간과되는 것은 차이를 만드는(make a difference) 차이들이다. 맥루언처럼 모든 도구, 모든 가능성을 미디어라 부르고, 현상학자들처럼 모든 투명성(transparency)을 미디어라고 부른다면, 드라이버와 텔레비전, 예술과 전화기, 창유리와 책을 구별할 수 있는 기준의 수립이 요구된다.[37]

배커가 말하는 정의를 필요로 하는, 관찰과 서술의 문제들은 어디에서 발견할 수 있을까? 역사적으로 '매스미디어'에 대한 연구는 1920년대 미국에서 시작되었다. 이 분야에서는 정치 및 광고와 관련해 신문, 영화, 라디오와 같은 미디어에서 발견되는 무시하거나 조롱하는 듯한 커뮤니케이션의 소통적 활동들을 검토하는 작업이 주를 이뤘다. 텔레비전의 부상과 맥루언의 연구는 이러한 관심사를 1950년대의 인식론적 의제로 만들었다. 동시에 이처럼 새롭고 거대하며 중요한 현상들을 커뮤니케이션의 세계에서 검토할 필요가 있었다. 그래서 미디어는 커뮤니케이션이라는 더 넓은 영역의 일부로 분류되었다. 우리가 고전적 모델에 따른 미디어의 엄밀한 정의에 주목하고 그 최근류에 대해 질문한다면, 관련된 범주들 및 위계적으로 연관된 개념들이 더욱 명확하게 설명될 것이다. 그럼으로써 우리는 연구의 영역을 제한할 수 있고, '미디어'를 '생성주의'에 속한다고 보는 지빌레 크레머의 제안을 채택할 수 있다. 이 모델에서 크레머는 미디어 개념이 "중간, 사이, 매개가 아니라 수단의 관점을 채택하고, 그리하여 다소 강한 도구주의(instrumentalism)를 선호하는 것"이 더욱 적절하다고 주장한다. 수사학의 관점에서 이는 우리가 시도하는 정의의 최근류를 위해 그럴듯한 제안이다. 크레머의 제안에 따르면 미디어는 커뮤니케이션의 도구이기 때문이다. 도구주의의 범주는 (커뮤니케이션의 도구를 다루는) 수사학의 오르가논(organon) 이론 내에 잘 들어맞는다. 이에 따라 미디어는 커뮤니케이션 활동의 맥락에서 사용되는 도구로 이해될 수 있다.

우리가 시도하는 정의의 두 번째 요소, 종차를 결정하기 위해서는 커뮤니케이션의 도구가 가질 수 있는 다양하고 상이한 특징들을 살펴봐야 한다. 수사학의 관점에서 도구는 커뮤니케이터가 수행하는 다양한 조작적 활동들에 배정될 수 있다. 따라서 도구는 그 도구와 상호 연관된 수사학적 계산과 그에 따른 조작에 의해 결정되는 추상적 범주에 각기 배정될 수 있다. 수사학은 텍스트 생산의 이론으로서 계산과 기획을 다음과 같은 차원으로 분류한다.

- 언어, 상징체계, 코드: 언어는 왜 혼합되어야 하는가, 회화적(pictorial) 코드는 연구에 통합되어야 하는가, 색채 코드는 어떠한가 등의 질문을

다룬다.
- 텍스트: 예를 들어 어떤 에이전시는 광고 텍스트의 생산을 전담하는 카피 부서를 둔다.[39]
- 형성된 텍스트의 저장 및 전송의 장치로 이해되는 미디어: 이 차원의 계산에서는 '어떤 텍스트가 메모지, 포스터, 광고판, 잡지 중 어떤 것을 통해 가장 잘 전달될 수 있는가'와 같은 질문이 제기되며, 이때 비용 및 필요한 기술적 노력의 정도도 고려된다.[40]
- 미디어를 기술적, 조직적으로 전파하는 (출판사, 방송사 등의) 사회 기관을 (조작적 이론의 프레임워크 내에서) 고려하는 미디어 체계.

따라서 수사학 내에서 '미디어'의 모듈식의 학문 분야에 맞춘 정의는 조작적, 기능적 기초 위에서 개발될 수 있다. 피터스가 앞서 언급한 '미디어'의 범주에 포함시키는 '커뮤니케이션의 수단'은 따라서 다음과 같은 용어들로 명확하게, 범주 차원에서 구별되어야 한다.

- 코드
- 텍스트
- 사회적으로 전파 가능한 플랫폼으로서의 미디어
- 미디어 체계(유기적 구조를 갖고 있는 기관으로서)

피터스가 수사학의 맥락 내에서 미디어로 간주될 수 있다고 서술한 유일한 요소는 '경로(channel)'이다. 다만 경로에 대한 그의 환원은 우리의 목적을 달성하기에 너무 단순하다. 피터스는 '경로'가 보다 엄격한 의미에서 섀넌/위버가 1949년에 제시한 수학적 커뮤니케이션 모델에 따라 전달을 단지 규제할 뿐이라고 말하는데, 이는 올바른 주장이다.[41] 움베르토 에코 역시 '미디어'를 전달 경로로 이해하면서 이러한 발상을 빌렸다.[42] 하지만 수사학적 정의는 에코의 이해처럼 전달에서 도출되지는 않으며, 대신 추상적으로 미디어는 '텍스트의 저장 및 전송에 사용되는' 커뮤니케이션적, 도구적 '장치(device)'라고 본다. 이는 논리적으로 장치가 텍스트 그 자체와 동일하지 않음을 암시한다(그렇지 않다면 우리는 다시 미디어의 동어반복에 빠질 것이다).

이것이 수사학 이론에서 '미디어'의 정의이며, 이론적으로 이와 별개의 개념인 '텍스트'와는 다른 차원을 다룬다. 이 글에서 여러 차례 언급된 모음집의 에세이 다수는 이러한 입장에 가까운 경향을 보인다. 독자는 저자가 구체적으로 언급하지는 않아도 미디어의 동어반복에 매우 불편해하고 있음을 느낄 수 있다. 지빌레 크레머는 '메신저 이론'으로서의 미디어, 그리고 미디어의 '우송(postal) 원칙'에 상당한 분량을 할애한다.[43] 이러한 사고를 고려할 때 크레머는 궁극적으로 미디어의 동어반복을 극복하지는 못하더라도 문제에 대한 수사학적 해법에서 멀리 떨어져 있지 않다. 디르크 배커는 미디어와 텍스트의 이론적 차이를 검토하면서, 약간의 억지와 함께, 그 해답이 "무늬와 그 기반 사이의 상호작용"이라는 맥루언의 말 속에 있음을 인식한다.[44] 이는 사실 추상적 의미에서 올바르다. 수사학의 관점에서 텍스트는 '무늬'로, 그 미디어(플랫폼)는 '기반'으로 이해할 수 있기 때문이다. 미디어 연구자 하르트무트 빙클러(Hartmut Winkler) 역시 이와 유사한 개념을 채택한다. 그는 미디어를 "기호 기계"라 부르며, "기호학의 생활권"에 비유한다.[45] 이러한 서술 역시 미디어의 수사학적 개념화에 실마리가 된다. 여기서 기호학적 차원은 미디어에서 명확히 분리된다. 중심부(medial body)는 그 텍스트의 생활권으로 이해된다. 하지만 결국 모음집의 에세이 저자들은 모두 1977년의 피터스와 같은 지점에서 멈춘다. 만능열쇠인 것처럼 보이는, '청자와 독자에 따라 의미가 달라지는 단어'로서의 '미디어'를 버리지 못하는 것이다. 다시 말해 그들은 분명한 이론적 구별을 통해 미디어의 동어반복에서 벗어나지도, '미디어'의 엄밀한 정의를 수립하지도 못한다.

텍스트는 언제나 미디어, 즉 자신이 표시될 수 있는 플랫폼을 필요로 한다. 하지만 텍스트는 기호학적 차원에 존재하며, 따라서 더 높은 차원의 정보에 존재한다.[46] 이처럼 '텍스트의 저장 및 전송에 사용되는 장치들', 즉 미디어 각각의 기술적 조건들은 장치들의 구체적 커뮤니케이션 역량을 결정한다. 구식 전화기는 음향에 의해 기록된 텍스트만을 전달할 수 있고, 종이는 시각적으로 기록된 텍스트만을 전달할 수 있다. 문어 텍스트의 미디어적 조건들은 어떤 텍스트가 생산될 수 있는가에 영향을 미친다.[47] 음악, 미술 등 다른 기호학적 영역에서는 이미 이러한 연결을 파악한 사람들이 있다.[48] 예를 들어 파울 피스터(Paul Pfister)는 음악적 텍스트와 그 미디어로서 악기의 차이에 관해 이렇게 말한다. "카를 필리프 에마누엘 바흐(Carl Phillipp Emanuel Bach)의 소나타를 정말 제대로 듣고자 할 때, 우리는 악기에 대해 묻는다. 악보가 똑같다 하더라도 어떤 작품을 오르간, 피아노, 전자키보드 중 무엇으로 연주하느냐는 커다란 차이를 낳는다."[49] 1763년 드니 디드로(Denis Diderot)는 18세기 프랑스 정물화가 중 가장 유명한 장-바티스트-시메옹 샤르댕(Jean-Baptiste-Siméon Chardin)의 그림이 가진 미디어성(텍스트적 형상이 아니라)에 관해 다음과 같이 공감을 드러낸다.

> 그는 색채와 반사의 조화를 이해한다. 샤르댕이여! 그대가 팔레트에서 섞는 것은 흰색, 빨간색, 검은색 페인트가 아니다. 그대는 실제 사물, 공기, 빛의 구성물을 붓 끝에 묻혀 캔버스로 가져간다. […] 그림에는 페인트가 서로의 위에 두터운 층들을 이루고 있으며, 가장 위부터 맨 아래까지 그 효과가 드러난다. 캔버스 위의 색채에 마치 가벼운 거품이 뿌려진 듯 작은 먼지가 날아가 붙은 것처럼 보일 때도 있다. […] 가까이 다가가면 모든 것이 흐릿해지고, 평평해지며, 사라진다. 뒤로 떨어져 보면 모든 형태가 살아나며 새롭게 탄생한다.[50]

따라서 우리는 미디어의 구조적 결정성이 텍스트에 대한 지각뿐만 아니라 미디어가 저장, 수행, 전송하는 텍스트 자체도 어느 정도 결정한다고 말할 수 있다. 미디어가 커뮤니케이션적 상호작용에서 가지는 제약, 구체적 역량, 효과에 관해서는 더 많은 논의가 이루어져야 한다. 커뮤니케이션 도구로서의 미디어가 가진 역량은 정확히 무엇일까? 일반적으로 말해서 미디어는 텍스트가 커뮤니케이션적 상호작용에 삽입되도록 만든다. 나와 같은 인간의 신체가 강의실의 사람들 속에 놓이고, 그 안에 저장된 텍스트를 어떤 '상황' 속으로 수행하듯이 말이다. 신체의 외부에 있는 미디어, 예를 들어 책, 영화, 텔레비전 등은 시간과 공간을 거치는 장거리 커뮤니케이션의 형태로(텍스트의 저자 또는 커뮤니케이터 없이도) 일축(dimission)하여 텍스트를 전달할 수 있다.

'저장', '실행', '전송'이라는 용어에 관해 잠시 짚고 넘어가도록 하자. 수사학은 고대에도 텍스트를 신체 안에 저장하는 방법에 관한 이론을 포함했다. 이는 수사학에서 그리스어로는 '기억술(mnemonics)', 라틴어로는 '메모리아 (memoria)'라고 불린 분야로, 무언가를 기억에 고정하는 기술이다. 고전 수사학자들은 현대에는 더 이상 의미 없는 기억술 기법을 개발했다. 수행과 전송에 관해 설명하자면, 현대 수사학 이론은 텍스트가 미디어에 의해 전달되는 방법을 '행위/행동' 또는 '텍스트 실행'이라고 부른다. 고대 수사학 이론은 이러한 프로세스를 '연기(actio)', 즉 생산의 다섯 번째 단계로 보았다. 실행이란 텍스트가 미디어에 의해 커뮤니케이션적 상호작용으로 들어가는 프로세스를 말한다(실용화 adpragmatization). 실행 프로세스가 기능하도록 하는 방법은 수사학에서 '실행(스테이징 staging)'이라고 부른다. 따라서 실행과 스테이징은 동전의 양면으로, 미디어는 이를 기초로 텍스트와 무언가를 한다.

텍스트의 실행에 있어 인간의 신체가 미디어로서 실제 무엇을 하는가, 무엇을 해야 하고 하지 말아야 하는가는, 앞서 언급한 바와 같이 고대부터 일반 수사학 이론에서 '연기'에 관한 챕터의 관심사였다. 이러한 이론이 제시하는 가이드라인은 체계적 분야 세 가지로 나눌 수 있다. 표정(vultus), 목소리(vox), 몸짓(gestus), 즉 얼굴 표정, 목소리 처리, 신체언어이다. 이를 자세히 살펴보면 어떤 문제가 나타난다. 인간의 신체는 단지 잠재적 미디어가 아니라 멀티태스킹 하는 장치이기 때문이다. 신체는 텍스트 생산의 경우와 텍스트의 미디어를 동시에 표상하며, 더 높은 차원에서는 때때로 신체언어에 의해 일종의 파라텍스트성(paratextuality; 텍스트 너머에서 암시되고 있는 의미)을 구성한다. 그러한 파라텍스트성이 존재하는 경우에만, 우리는 미디어 도구주의가 미디어적 "주권의 충동"과 긴밀히 연결된다는 지빌레 크레머의 결론을 완전히 수용할 수 있다. 크레머는 생성주의(generativism)와 도구주의(instrumentalism)의 기준이 미디어에 동시에 적용되어야 한다고 본다.

> 미디어는 외부에서 부여한 목적을 위한 도구나 운반수단이 아니다. 오히려 미디어는 자신이 전달하는 것을 동시에 생성 또는 생산한다. 미디어에는 창조적(demiurgic) 특징은 물론, 구성주의자와 생성주의자가 모두 있다. 미디어는 자신이 전달하는 것을 생산한다.[51]

다른 한편으로 수사학 이론에서는 두 가지 추상화가 이루어진다. 생산과 미디어성을 구별하는 것이다. 따라서 수사학의 관점에서는 인간의 신체만이 생산자와 '미디어'로서 동시에 기능한다. 다른 모든 도구들은 정의상 외부의 조작자가 있어야 자신의 기능을 다할 수 있다. 크레머가 도구주의 대신 '오토마티즘(automatism)' 또는 (자기지시 개념을 포함하는) '자동장치(automatons)'를 언급했다 하더라도, 실제 세계에서 외부의 조작자가 필요한지 여전히 질문할 수 있다. 적어도 수사학 이론에서 도구가 스스로 구성 및 작동할 수 없다는 점, 자신의 목적을 스스로 결정할 수 없다는 점은 확립되었다. 도구는 언제나 도구를 사용해 자신의 목적을 달성하려는 외부의 조작자를 필요로 한다. 수사학의 관점에서 인간의 신체는 주요한 언어적 텍스트의 전송에 사용되는 순간 먼저 미디어가 된다(동시에 신체즈 파라텍스트가 될 수도 있다).[52] 예를 들어 누군가를 칭찬하기 위해 설계된 텍스트의 수사적 요소는 미디어로서의 신체에 의해 생성되는 커뮤니케이션 외적인 요소, 예를 들어 반어적 제스처의 사용에 의해 상쇄될 수 있다.

수사학에서 언제나 그렇듯, '미디어'의 조작적 차원은 웅변가/연설가가 실행하는 성찰적 계산의 대상으로 이해된다. 실행(미디어가 텍스트에 할 수 있는 것)은 텍스트의 정상적 커뮤니케이션을 뒷받침해야 하며, 메시지를 반박 또는 부정해서는 안 된다. 예술 등 특수한 커뮤니케이션의 형태(특히 오페라)에서는 실행에 제2의 의미적 차원을 통합하는 것이 흔해졌고, 그 속에서 우리는 제2의 스토리의 단편을 발견한다. 이러한 논의는 우리를 수사학에서 멀어지게 만든다. 크리스타 M. 하일만(Christa M. Heilmann)은 2004년 에세이 「기호학적 관점에서 본 수사학의 신체 개념(The Concept of the Body in Rhetoric from a Semiotic Perspective)」에서 신체적 실행이라는 현상을 검토했다. 하일만은 여기서 우리가 비공식적 의미에서만 신체의 '언어'를 이야기할 수 있다는 올바른 결론에 이른다. 그러한 "신체언어"가 "원래의 표현"(언어 텍스트를 뜻한다)을 뒷받침할 수 있을 때 우리는,

> 반박, 즉 신체언어에 의해 전달되는 것과 텍스트의 대립이 아니라 […] 증폭을 이야기할 수 있다. 신체적 형태의 표현은 원래의 의미를 약간 수정할 수도 있고(수정), 극단적인 경우 완전히 대체할 수도 있다(이때는 두 차원의 공생이 무너진다). 의미적 차원의 가능성 네 가지는 모두 첫 번째 메시지와 두 번째 메시지의 관계를 이해하기 쉽게 만들기 위해 높은 정도의 관습성을 필요로 한다. 신체적 표현 현상은 발화 흐름(speech flow)의 분절, 작은 단위와 큰 단위의 연결, 다양한 경로의 동기화를 통해 통사적 차원을 가진다.[53]

'연기(actio)'에 관한 챕터들에서 발견되는 고대의 수사학 독트린은 주로 신체

적 실행을 적절히 해석하는 방법, 그리하여 실행이 실제 텍스트, 발화/스피치 자체(그리스어 'lógos', 라틴어 'oratio')에 부정적 영향을 주지 않도록 하는 방법이 무엇인가를 다뤘다. 그렇기에 수사학 이론에 관한 키케로의 주요 저작 『연설가(Orator)』가 신체에 의한 소리 및 목소리의 생성과 같은 완급을 조절하고(agogic), 운율적, 준언어적 현상에 많은 분량을 할애하는 것도 자연스러운 일이다.

수사학 전통에는 신체 외부에 있는 미디어(밀랍 서자판, 파피루스 등)의 실행을 다루는 방법에 관해 아주 기초적인 개념만 존재했다.[54] 이러한 결핍으로 인해 오늘날 훨씬 더 중요한 의미를 갖는 일련의 문제들이 생겨났다. 텍스트와 관련해 우리는 내포적 효과를 고려해야 함을 배웠다. 셰익스피어가 자신의 18번 소네트를 얇은 종이에 적었는지, 아니면 자신의 애인 앞에서 직접 소리 내어 읽어줬는지에 따른 차이, 혹은 그의 소네트가 1천 쪽 두께의 명시 선집에 실려 찾기도 어려운 상태인지, 아니던 금빛 잎으로 장식된 핸드메이드 종이에 인쇄되어 축제 때 배포되는지, 아니면 런던의 강의실에서 어떤 교수가 낭독하는지에 따른 차이를 말하는 것이다.[55]

> 내 그대를 여름날에 비할 수 있을까?
> 그대는 훨씬 사랑스럽고 온화한 것을
> 거친 바람은 향긋한 오월의 꽃봉오리들을 흔들고
> 우리에게 허락된 여름은 너무 짧네
> 때로 하늘의 눈은 뜨겁게 빛나고
> 그 황금빛 안색이 흐려지는 것도 자주 있는 일

어떤 아름다운 것도 언젠가 쇠퇴하고
우연이나 자연의 무상한 이치에 모습이 망가지네
하지만 그대의 영원한 여름은 절대로 시들지 않으리
그대가 지닌 아름다움 또한 잃지 않을 것이며
죽음의 신도 그대가 자신의 그림자에서 방황한다고 자랑치 못하리
그대는 이 불멸의 시 속에서 영원할 테니
인간이 숨을 쉬고 눈으로 볼 수 있는 한
이 시는 오래도록 살아 그대에게 생명을 주리라

수사학의 관점에서 신체 외부의 매체화를 다루는 고대의 기록 몇 가지는 인간-신체적 오르가논이 언어적 표현의 척도로 간주되었음을 분명히 한다. 가장 적절한 사례는 기원전 4세기의 소피스트 알키다마스(Alcidamas)가 남긴 비판적 저작 「문어 텍스트의 저자에 관하여(On the Writers of Written Texts)」라 할 수 있다. 알키다마스는 매체화의 기술적 변형물로서의 책이라는 개념을(이와 관련해 글쓰기를 '텍스트 시각화'로 이해) 커뮤니케이션에 있어 단지 타협이 아니라 방해물이라고 보았다. 실제로 '텍스트 실행'의 기술적-미디어적 가능성의 역사는(현대 실시간 미디어의 발명까지 포함하여) 피할 수 없는 환원, 다시 말해 음향적으로 풍부한 발화 사건에서 발견되는 실행의 충만함과 끊임없이 경쟁하는, 시각적이지만 조용한 종이 위의 실행의 빈곤과 투쟁하는 역사였다. 이 문제를 다루는 수사학은 텍스트-미디어 관계의 충분성 문제에서 시작하는 대신(한 번도 주목 받은 적도 없지만), 보상전략의 실행에 직접적으로 주목해야 할 것이다. 여기서 보상이란 텍스트 내에서 미디어

가 초래하는 정보 상실에 대한 것이다.

이러한 논의는 수사학 이론에서 글쓰기(또한 일반적으로 스크립트성)의 체계적 위치라는 문제로 이어진다. 이는 플라톤의 『파이드로스』에서 큰 비판을 받은 바 있고, 『구텐베르크 은하계』에서 실행의 주요 구성요소의 차원으로 격상되었다. 명확한 입장을 수립하기 위해 우리는 우선 글쓰기가 발화의 표기 코드로서 미디어적 부수현상의 지위만 가질 수 있음을 짚고 넘어가야 한다. 미디어는 "언어 또는 비언어 텍스트의 전파에 사용되는 사회적 플랫폼"이며,[56] 그리하여 앞서 언급한 것처럼 텍스트를 저장, 실행, 전송하는 장치이다. 이것이 미디어의 구체적 역량이다. 이러한 장치가 어떻게 '기술적으로' 설계되는지는 정의에서 다룰 주제가 아니라 장치가 사용되는 구체적 조건의 문제다. 다양한 인류 문화권의 저작들은 그러한 구체적인 기술적 조건들이 만드는 더욱 큰 복합체의 일부이다.

수사학 이론에 따르면 실행은 텍스트가 미디어에 저장되기 시작하는 순간, 즉 펜이 종이에 닿는 순간에 시작되며, 텍스트를 전송하면서 종료된다. 누군가 언어 텍스트를 종이(실제 미디어)에 옮기고자 한다면 텍스트를 적어야 한다. 여기에는 적절한 장치(펜, 잉크 등)를 사용하여 종이에 기술적으로 적용되는, 스크립트의 표기 코드가 필요하다. 이처럼 어떤 미디어가 가진 모든 기술적 구성요소들은 미디어가 '텍스트의 저장, 실행, 전송을 위한 장치'로서 가지는 성격을 결정한다.

모든 전송-매체화(trans-medialization, 예를 들어 복합적인 음향적 행위인 말하기/발화를 단순히 시각적 미디어인 종이 위의 글로 전환하는 것)는 일종의 실행적 환원을 수반할 수밖에 없다. 인지적으로 고정되고 목소리에 의해 실행된 텍스트를 종이에 쓰는 프로세스에는 (텍스트를 수신자에게 전달하는) 실행의 형태를 바꾸는 작업이 포함된다. 문어 형태의 미디어가 가장 높게 평가되거나 중요한 사회적 기능을 하는 문화권에서는 서한으로 연락하는 방식에 전적으로 의존하는 특수한 텍스트 장르가 생겨나기도 했다. 이러한 사례는 소위 '문학적 언어'의 발명을 낳았다. 문학적 언어란 제한적(dimissive) 커뮤니케이션의 조건과 관련하여 어떤 언어 공동체에서 성장한 구조적, 문체적 텍스트 유형들의 집합을 말한다.[57] 따라서 (18세기에 고트셰트(Gottsched)가 '문학적 스타일' 또는 '문체'라고 부른) 이러한 문체적 현상들은 특정한 실행적 조건의 결과, 산출물 또는 귀결이다. (실행의 미디어적 구성요소로서) 글쓰기 일반은 (텍스트의 기호학적 구성요소로서) 글의 문체와 별개의 이론적 차원에 놓여야 한다.

현실에서 저자들은 실행의 제한적 조건들로 인한 커뮤니케이션의 한계, 예를 들어 책을 쓰기로 결정할 때 발생하는 한계를 보상하기 위해 지속적으로 노력해왔다. 이는 '책'이라는 미디어 내에서 텍스트를 스테이징 하는 데 있어 창조적 가능성의 영역을 낳았다. 한편으로 책의 레이아웃은 북 아티스트들이 무대 관리자 같은 역할을 하는 놀이터가 된다. 북 아티스트들은 심미적 시각 자극을 사용해 미디어 구조로 인해 음향적으로 상실된 부분을 어느 정도 다시 포착하기 위해 노력한다. 다른 한편으로 수사학 교육을 받은 저자들은 텍스트의 형성에 '실행 보상전략'을 반복적으로 통합해 순전히 문학적인 읽기 문화의 상상력을 자극해 왔다. 그러한 경우 텍스트의 상상적 잠재력 혹은 가벼운 말장난은 책이 가진 '실행의 빈곤', 단어로 가득한 끝없는 종이들을 가리기 위한 것이다.[58] 저자들이 보상전략으로 사용하는 언어게임이 스피치의 매너리즘으로 비판받는 일은 드물지 않다.

『구텐베르크 은하계』에는 당연하게도 이러한 관점의 반대를 향하는 움직임이 있다. 어떤 작가는 자신이 택한 미디어의 실행적 환원을 스테이징의 원리로 직접적으로 활용하는 텍스트를 구성한다. 커뮤니케이션 행위의 기호학적 구성요소로서 그러한 문어 텍스트는 혼란스러울 만큼 간소할 수 있다. 텍스트는 잘 사라지지 않으며, 독자는 내용을 길게 음미할 수 있다. 이는 금방 사라지는 언어 텍스트가 '지금 여기'의 상황 속에서만 살아 있다는 점과 대비된다. 언어 텍스트는 어떤 순간에 자신의 역할을 해야만 한다. 언어 텍스트가 사용되는 상황에서 중요한 것은 물리적, 신체적 실행, 예를 들면 텍스트를 목소리로 뒷받침하는 것이다. 저자는 그러한 요소의 필요를 예상할 수 있으며, 그에 따라 텍스트를 기획한다. 따라서 낭독자 및 청취자를 위한 책의 저자가 글을 쓰는 방식은, 혼자 조용히 앉아서 읽을 책의 저자와 다를 수 있다.

이유가 없는 것은 없다(Nihil sine causa).

MODERN
RHETORIC

역자 후기

2500년 전 고대 그리스에서 태동한 수사학은 개인의 의사가 존중되는 사회에서 꽃피웠다. 이소크라테스, 플라톤, 아리스토텔레스, 키케로, 퀸틸리아누스 등 인류의 걸출한 스승들이 이 학문에 주목하고 〈안티도시스 교환소송〉, 〈고르기아스〉, 〈파이드로스〉, 〈테크네 레토리케 수사학〉, 〈데 오라토레 연설가에 대하여〉, 〈인스티투티오 오라토리아 연설가 교육〉 등의 저술을 남겼다. 이들 주옥같은 고전에서 우리는 '설득의 기술', '영혼 인도술', '훌륭하게 말하는 재주'라고 하는 수사학의 정의를 만난다. 고대 수사학은 우리에게 인간 삶의 필수조건인 소통에 대한 지식을 알려주고, 역사 속의 많은 수사적 사례들은 오늘을 살아가는 지혜를 제공한다.

저자는 고대 수사학의 가치를 높이 평가하면서도 현대의 문명조건에 부응하는 새로운 수사학이 담아내야 할 내용을 날카롭게 포착해낸다. 논의에 앞서 현대수사학의 주요 사상가들의 이론을 잠깐 짚어보기로 한다. 아리스토텔레스의 수사학을 새롭게 복원해낸 페렐만의 신수사학은 논증에 방점을 두고 있지만 실은 새로운 정치철학으로 읽어낼 수 있다. 그의 수사학은 공동체를 이루어 살아가는 구성원들이 '성찰을 통해 열린 마음으로 소통하고 관용의 정신으로 자신과 다른 의견을 수용할 줄 아는 능력'을 갖게 하는 덕목으로 작동한다. 페렐만의 신수사학을 계승하고 있는 메이에르는 제문론(problématologie)이라고 하는 새로운 수사학 개념을 도입하여, 인간의 행위를 묻고 답하는 과정으로 설명한다. 그는 수사학을 '주어진 문제를 두고 주체들 사이에 거리를 교섭하는 것'으로 정의하고 이 거리를 해소하는 기술을 논증으로 보았다. 그는 논리와 수사를 구분하고 있는데, 답들과 답들의 관련성에 중점을 두고 있는 것이 논리라면, 물음과 답의 관계에 중점을 두고 있는 것을 수사학이라고 했다.

현대수사학의 또 하나의 주요 이론은 탐구와 이성의 수사학이다. 넬슨과 크로스화이트로 대변되는 이 부류의 수사학자들은 우리가 처해 있는 상황과 사용하고 있는 언어 그리고 언어사용자의 불확실성에 주목한다. 따라서 타인과 소통할 때에는 이러한 불확실성에 대처하는 자세가 무엇보다 필요하다고 본다. 메시지가 전달될 때, 어떤 일이 일어나며 어떻게 하면 더 효과적으로 메시지를 전달할 수 있는지, 더 나아가서 의사소통의 궁극적 실체가 무엇인지를 우리에게 제대로 알릴 수 있는 것이 바로 수사학이라고 강조한다.

'닦음'과 임상의 수사학도 현대수사학의 주요이론으로 주목할 만하다. 전성기는 수사(修辭)의 '수(修)'를 "도를 닦듯(修道), 품성과 지덕을 닦듯(修養),

학문을 닦듯(修學)" '닦는다'는 뜻으로 이해해, 수사를 단순히 말을 장식하고 꾸미는 일을 넘어 해석한다. 아울러 이와 같은 수행(修行) 차원의 '닦음'을 소통의 차원으로 확장시켜 나가자고 제안한다. 이러한 '닦음'의 수사학을 의사소통차원에 적용해 소통의 장애요인들을 진단하고 치료하는 과정과 연계하면 '임상'수사학과 만난다. 이밖에도, 초대의 수사, 평화의 수사, 죽음의 수사, 파동의 수사, 화쟁의 수사 등 다양한 이론들이 활발하게 논의되고 있다.

이제 이 책에서 주장하는 현대수사학은 어떤 모습인지 설명할 차례다. 저자는 현대수사학의 이론을 정립하기에 앞서 우선 수사학을 둘러싼 오해들을 언어학, 미학, 커뮤니케이션학 등의 준거를 들어 해명한다. 그런 다음 저자는 인간이 사회생활을 하면서 발생할 수 있는 문제들을 평화적으로 해결할 수 있는 원리이자 방법으로 수사학을 규정한다. 여기에서 '평화적'이라는 단어가 매우 중요하다. 수사학의 고전적 정의는 설득인데, 단순히 상대의 의견이나 입장을 변화시키는 설득이 목표가 되어서는 안 되고 여기에는 반드시 지켜야할 법칙이 있다고 한다. 저자는 수사적 소통에서 특히 듣는 이를 배려하는 말할이의 윤리적 태도를 강조한다. 타인의 권리를 존중하지 않고 공공성의 기준에 입각하지 않으면 모두 잘못된 것이라며, 선동과 조작은 수사학에서 배제되어야 한다고 힘주어 말한다. 말로써 영향력을 행사하는 면에서 유사해보이지만 연사의 비밀스러운 목표가 겉으로 드러나지 않음으로 해서 타인에게 피해를 줄 수 있는 속임수의 의사소통이기에 수사학이 아니라고 단언한다. 이런 식으로 정의하면 조작과 선동의 언어에는 수사학이라는 말을 붙일 수 없게 된다.

이 책에는 13편의 논증적 성격의 글들이 수록되어있는데, 일반 수사학, 대화의 수사학, 언어 텍스트와 비언어 텍스트의 수사학, 미디어의 수사학으로 분류할 수 있다. 일반 수사학을 논하는 장에서는 수사학의 문화간 대조연구의 기반으로 근본 수사학과 도구적 수사학으로 나눠 설명한다. 근본 수사학은 수사적 사례에 나타나는 문제에 집중하고 도구적 수사학은 의사소통의 도구와 방법에 주목한다. 수사적 사례는 경쟁적 상황에서 누군가 다른 사람을 설득할 때 생겨난다. 누군가를 설득한다는 것은, '타인의 의견이나 태도를 의사소통을 통해 A 관점에서 B 관점으로 변화시키는' 것이기에, 연사가 믿고 있는 사항을 어떻게 하면 잘 전달할 수 있는가가 관건이 된다. 이 때 전략적 계산이 필요하고 사회적으로 허용되는 범위 안에서의 소통이 중시된다. 저자는 이 부분을 설명하면서 그라이스의 대화격률을 가지고 온다. 고전수사학과 현대의 언어철학이 만나는 순간이다. 아울러 이 격률이 유효하지 않는 소통사례는 수사적 소통이 아니라 조종이나 선동의 기만 사례로 규정한다.

저자는 과거 그리스와 로마의 수사학이 현재 여기에서도 여전히 유효한지를 설명하고, 역사주의와 현대과학을 잇는 수사학의 모습을 제시한다. 역사에서 수사학에 가한 반수사적 주장들을 통시적·공시적 전거를 들어 반박하며 과거의 학문과 실생활에서 나타나는 반수사적 입장들이 실은 수사학의 또 다른 모습이라는 사실을 밝힌다. 그는 역사주의와 현대과학의 주요 쟁점들을 정리하고, 나아가 오늘날 수사학이 현대의 문명조건에 부응하기 위해 어떠한 모습으로 변신해야 하는지도 꼼꼼하게 살핀다. 이 과정에서 그는 이론의 골격을 아리스토텔레스와 퀸틸리아누스의 이론에 기대어 현대적 관점으로 재구성해낸다. 가령 설득의 주요 수단 가운데 하나인 에토스를 전략적으로 의사소통하는 연사의 덕목으로 새롭게 풀어낸다. 연사는 신뢰의 원천으로 기능하기에 말을 하고 있는 순간 주의해야 할 수사적 에토스는 현대수사학에서도 여전히 중요하다. 저자는 에토스의 현대적 개념을 이미지와 위신 그리고 평판과 연계하여 체계적으로 설명한다.

저자는 현대수사학 이론을 정리하면서 새로운 개념을 만들기도 하고, 기존의 용어에 수사적 의미를 더해 사용하기도 한다. 고대수사학과 현대수사학의 전제조건을 '면대면 상황(situativity)'과 '비면대면 상황(dimissivity)'으로 구분하면서, '디미션(dimission)'이라는 개념을 만들어 현대의 새로운 환경에 부응하는 수사학을 설명한다. 이 용어는 의사소통 당사자가 직접 대면하지 않고 인터넷 등을 통해 시간과 공간을 넘어 행해지는 소통을 말한다. 저자는 영화에서 극적인 행동의 배경으로 사용하고 있는 '세팅(setting)'이라는 용어를 가져와 약간 변주해 사용하기도 한다. 이 책에서 이 용어는 의사소통의 상호작용 과정에서 연사가 지켜야 하는 조건이나 사회적, 상황적 지침을 의미한다.

고대 수사학은 주로 일대 다 구조의 공적 연설을 다루고 있지만, 플라톤이나 키케로는 대화의 수사적 성격에도 주목했다. 하지만 지금까지의 수사학 연구는 대화의 수사학을 제대로 정립해내지 못하고 있는 실정이다. 저자는 고대의 연설과 대화를 문헌으로 검토하면서, 독백과 문답을 비교하기도 하고 연설과 대화를 고대와 현대의 연구를 통해서 설명한다. 현대수사학은 대화의 환경에서도 연사의 성공적인 의사소통과 관련된 문제를 설명해낼 수 있어야 한다. 따라서 대화에 임하는 화자의 의사소통 목표가 전략적으로 어떻게 실현되느냐 하는 문제가 대두된다. 대화에서도 설득전략과 계산이 중심역할을 할 수 있다는 말이다. 대화자는 대화를 진행하면서 자신이 다른 대화자와 비교해 우월할 것을 기대하기도 하는데, 이때에도 다른 대화참여자들과 지속적으로 상호작용해야 하는 것을 잊지 말아야 한다. 뿐만 아니라 대화의 구조 속에서 내포하고 있는 우발성이나 대화의 속성상 순식간에 지나가는 상황에서도 효과적으로 대화할 수 있는 수사적 전략을 가져야 한다고 저자는 강조한다.

수사학 이론은 텍스트가 생산되는 과정을 모델로 제시한다. 저자는 언어텍스트는 물론 비언어적 텍스트에서 나타나는 수사적 특성을 포착하고 이를 꼼꼼하게 분석해 들어간다. 수사학은 언어적 표현을 다루고 있기에 인접영역인 언어학과 미학과 관련될 수 있지만, 언어학이나 미학적 사례는 '어떤 이가 텍스트를 잘 표현했다'에 주목하지만, 수사적 사례는 '어떤 이가 텍스트를 적절하게 사용해 다른 이들에게 영향을 미쳤다'에 주목하기에 이 둘을 구별할 수 있어야 한다고 강조한다. 텍스트 생산모델이라는 점에서 수사학은 문학 텍스트의 창작에도 영향을 줄 수 있다. 저자는 언어텍스트를 다루면서 중세 연대기, 오스트리아 작가 토마스 베른하르트의 단편, 미국 소설가 캐서린 앤 포터의 소설을 선정해, 각각의 텍스트에 수사적 요인이 있음을 밝혀나간다. 일반적으로 문학이라고 하는 장르에서 수사적 설득을 핵심적 특징으로 논하고 있지 않지만, 작가들이 자신의 글이 영향력을 가질 수 있기를 희망하며 텍스트를 생산한다는 저자의 말에 쉽게 공감할 수 있을 것이다.

다른 사람에게 영향을 줄 수 있는 수사적 요인이 있는 경우, 수사학이 언어 외부에 존재할 수 있는지에 대한 물음이 생길 수 있다. 저자는 이러한 물음에 기반해 기호간 수사학을 설명해나가는데, 음악과 이미지, 영화의 영역에서 수사적 요인이 어떻게 작동할 수 있는지 주목한다. 수사학의 핵심작용이라고 할 수 있는, 인간의 정신적 상태를 변화시키는 설득이 음악을 통해 어떻게 일어나고 있는지 모차르트의 오페라 <돈 조반니>를 통해서 구체적으로 보여준다. 그렇지만 이 과정에서 저자는 가사를 포함하고 있어 그 의미를 수사적으로 포착해낼 수 있는 음악과, 언어기호 없이 음표나 멜로디로 표현하는 '절대' 음악의 차이를 구분하고 음악 수사학의 한계를 인정하기도 한다. 한편 저자는 이미지 속 수사학 연구가 중요함에도 그에 관한 확고한 이론적 기반이 없는 것을 포착하고, 수사적 소통수단으로서 이미지가 어떻게 수사학 이론으로 포섭될 수 있는지 논의한다. 이미지의 구체적인 문제점들을 조목조목 살핀 후, 이미지 수사학의 방법상의 절차를 고전 수사학의 생산과정에 적용해 설명해나간다. 더 나아가 저자는 현대 영화연구의 수사학적 논의들을 살피고 극영화와 장편영화의 이론과 그 안에 나타나는 수사적 요인을 분석한다. 특히 프리츠 랑 감독의 <M>의 사례를 다루며 영화제작의 미학적 계산과 수사학적 계산 사이의 차이를 날카롭게 포착해내고, 영화에서도 수사적 요인이 중요한 역할을 할 수 있다는 사실을 밝혀낸다.

저자는 현대의 미디어 이론에서 나타나는 용어와 체계상의 혼란을 주목하고 수사학에 기반해 미디어 이론을 보완한 후 미디어 수사학을 설명한다. 미디어의 목적과 성과가 다양한 소통목적에 어떻게 기여할 수 있는지 미디어와 수사학의 관련쟁점들을 살핀다. 저자는 미디어의 수사적 정의 가운데 하나로, 미디어가 텍스트를 저장하는 동시에 실행한다는 사실을 포착해낸다. 이 과정에서 발생할 수 있는 소통적 저항의 가능성을 전망하고 미디어 수사학을 활용해 특정 의사소통 목적을 달성할 수 있는 미디어 이론을 개발할 수 있다고 주장한다. 저자는 미디어 수사학에서 따져보아야 할 쟁점들을 분류하고 각각의 항목에 물음을 던진 다음 이 물음에 답하는 형식을 취하며 미디어 수사학의 체계를 갖추어 나간다.

역자들은 이 책의 학문적 가치를 일찍이 발견하고 2년 전 공동으로 번역하기로 결심했다. 이 책이 다루고 있는 범위가 매우 넓고, 내용 또한 세밀한 부분까지 다루고 있기에 역자들은 적지 않은 인내를 감수해야 했다. 우선 두 사람이 각자 번역을 한 후, 함께 처음부터 읽어나가면서 토론하며 다듬어 갔다. 역자들이 감당하기 어려운 용어와 설명을 만날 때, 이메일로 문의를 하면 언제든지 성실하게 답해준 크나페 교수에게 감사한다. 아울러 그리스어와 라틴어를 우리말로 옮기는 과정에서 도움을 준 서울대 안재원 교수에게 감사한다. 번역하는 과정에서 수사학에 대한 많은 배움의 기회를 갖게 된 것은 큰 수확이었지만 한편으로는 두렵기도 하다. 저자의 문체가 어렵고 내용이 어려워 과연 역자들이 제대로 전달했는지 걱정이 앞선다. 번역과정에서 생긴 오류와 잘못은 전적으로 역자들의 책임이다. 독자 여러분의 질정을 기다린다. 역자들의 미력한 노력이 수사학의 참모습을 알리고 수사학이 갖고 있는 매력을 전하는 데 조금이라도 일조할 수 있다면 더할 나위 없이 좋겠다. 이 책이 현대수사학에 대한 이해를 원하는 독자들에게 도움이 되기를 바란다.

2019년 2월

김종영, 홍설영

주

>> 서론

1. Knape 2000a, 34쪽.
2. 본 주제와 관련한 논문의 목록은 Jasinski 2008과 Bergsdorf 2009 참고.
3. 구체적인 교과서에 대한 참고문헌은 본 저서 제2장 참고.
4. Knape/Schirren 2005b.
5. Habermas 1981.
6. 수사학에서 Rorty의 이론적 역할에 대한 자세한 내용은 Knape 2000a, 43쪽 이하; Kanpe 2007c, 44-47쪽 참고.
7. Greene 2008.
8. Knape 2000a, 33쪽.
9. Meyer 2009와 Hinkel 2009.
10. Knape 2003a; Price Dillard/Miraldi 2008; Seiter/Gass 2008; Hosman 2008.
11. Knape 2000b; Knape/Schirren 2005a 참고.
12. Quintilian: Institutiooratoria, 2.14.5; 12.10.1.
13. Oesterreich 2008.
14. Knape 2000a, 33쪽.
15. Buhler 1934; Shannon/Weaver 1949.
16. '생활세계(life-world)'라는 용어는 Husserl 1954, 33-34쪽; Knape 2000a, 40쪽 참고.
17. 외현적, 내현적 수사를 George Kennedys는 "1차" 및 "2차 수사"라고 부른다. Kennedy 1999, 2쪽 이하 참고.
18. Kant 1795, appendix 2, 37쪽 및 Knape 2000a 80쪽 참고.
19. Knape 2000a, 33-45쪽; Klotz 2008 참고.
20. Knape 2000a 참고.
21. Knape/Becker/Buhme 2009 참고.
22. Knape 2000a 참조.

23. Knape 2000b, 9-22쪽 참고.
24. Quintilian: Institutiooratoria, 2.14.5.
25. 따라서 수사학 이론의 해당 부분을 그리스어 '오르가논(organon)'으로 서술한다. Kennedy 1999 (3-4쪽)는 내현적 수사학을 '2차 수사학'이라 부른다.
26. 오버코딩(overcoding)에 관해서는 Eco 1976, 133쪽 이하. 및 Nöth 1990, 212쪽 참고.
27. Genette 1972b, 158-159쪽; Perelman 1977, 11쪽.
28. Rolf 1993, 28쪽.
29. superstructure 개념에 관한 자세한 설명은 van Dijk 1978, 128쪽 참고.
30. Van Dijk 1978, 169-170쪽; Genette 1974도 참고.
31. Cicero: De Oratore, 3.214 참고.
32. Grice 1967 (ed. 1975), 45쪽 이하 및 Knape 2008a, 898-906쪽도 참그.
33. Grice 1967.Knape 2008a, 899쪽도 참고.
34. Knape 2008a, 900쪽; 이 주제에 관해서는 Habermas 1985, 185-210쪽 참고. 프레임에 관해서는 Goffman 1974 참고.
35. Aristotle: 시학 Poetics, 1.1-2.
36. Genette 1991 참고.
37. DeciuRitivoi /Graff 2008 참조.
38. Aristotle: 시학Poetics, 19.
39. Knape 2008a 참조.
40. Knape 2003a, col. 875.
41. Foss 2005, 본서 291-292쪽 참조.
42. Knape 2005e, 138쪽; Knape 2007b, 17쪽.
43. Knape 2005c.
44. McLuhan/Fiore 1967; Knape 2005c, 35-39쪽.
45. McCord Adams 1995 참고.

>> 1장

1. Ying: 2000; Matsuda 2001; Ying 2001 참고.
2. Ying 2000, 259-263쪽.
3. Connor 1996, 10쪽.
4. Ying 2000, 262쪽.
5. Grabe/Kaplan 1996, 179쪽.
6. Matsuda 2001, 258쪽.
7. Wu 2009, 148쪽.
8. Wu 2009, 149쪽.
9. Wuthenow 2009.
10. XiaoMing Li 인터뷰, Wang 2004, 175-176쪽.
11. 일례로 Karickam 1999 참고. 개관으로는 Meyer 2009, 1876-1880쪽 참고.

12. 본서 29쪽 및 Grice 1967 참조.
13. 오스틴(Austin)과 설(Searle)은 자신들의 저작에서 이에 관해 언급했다. Knape 2008a 참고.
14. 픽션과 실제의 구분에 관한 보다 상세한 내용은 본서 제7장의 문학적 레토릭과 토마스 베른하르트(Thomas Bernhard) 관련 내용 참고.
15. Hymes 1964, 3쪽.
16. Foss 2005, 141쪽.
17. 영향력이라는 개념은 이론 및 방법적 측면에서 다양한 방식으로 고안될 수 있다. 베르너 노트드루프트(Werner Nothdurft)가 문화 간 연구에 관한 저작에서 "Kommunikation als Steuerung/Regulierung [Communication as Control/ Regulation(통제/규제로서의 커뮤니케이션)]"이라는 장에 남긴 다음 내용 참고. "의사소통을 규제라 칭하는 현상은 먼저 사이버네틱스가 1950-60년대에 학문에 미친 영향을 통해 널리 확산되었고, 이후 의사소통 전반으로 퍼져나갔다. 의사소통에 대한 이러한 개념화는 기능적인 측면에서 온도계와 비슷하다. 이는 또한 의사소통의 '냉장고 이론'이라고 부를 수 있다. 의사소통을 자기주도적이며 항상적 균형을 유지코자 하는 동적 시스템으로 바라보기 때문이다. 이러한 관점의 전면에는 의사소통적 사건 또는 의사소통적 시스템의 동적/기능적 성격이 있다. 참여자의 행동은 주로 시스템의 안정화 혹은 불안정화(에스컬레이션)에 대한 기여라는 관점에서 관찰된다. 이러한 혁신적인 관점은 그레고리 베이트슨(Gregory Bateson)을 중심으로 한 소위 팔로알토 그룹(Palo Alto group)의 연구, 특히 바츨라빅, 비빈, 잭슨(Watzlawick, Beavin and Jackson)의 『인간 의사소통의 화용론Pragmatics of Human Communication』에서 드러났다." Northdurft 2007, 26쪽.
18. Mao 2003, 401쪽.
19. Ying 2000, 263쪽.
20. Ying 2000, 264쪽.
21. Ying 2000, 264쪽; Mao 2003, 404쪽; Albert 1964; Oliver 1971 참고.
22. Blumenberg 1981.
23. 이에 대한 회의적 입장으로는 Johnstone 1963, 36쪽 참조.
24. Kennedy 1998, 3쪽; Knape 2003a, col. 876-877쪽 참고.
25. Plato: Phaedrus, 261a.
26. Johnstone 1963, 30쪽.
27. Mao 2003, 410쪽.
28. Mao 2003, 410쪽 참고. 민족지 논쟁에서의 수사학에 관한 보다 자세한 내용은 Meyer 2009, 1871쪽 이하 참고.
29. Kaplan 1966, 2쪽.
30. Mao 2003, 417-418쪽.
31. 가령 바에서 술을 주문할 때 수사학은 불필요하다. 이는 스트립트에 기반한 의사소통 행위다. 수사학적 노력은 바텐더가 주문을 무시할 때에만 필요하다.
32. Knape 2003a.
33. 웅변가/연설가의 개념에 대한 자세한 내용은 Knape 2000a, 33-45쪽 참고. 의사소통이론의 관점에서 웅변가/연설가라는 수사학적 범주는 추상적으로 간주되어야 하며, 개인과 연관 짓는 유럽의 개념과는 무관하다.
34. Knape/Becker/Böhme 2009 참고. 안내서에서 고전적 전쟁기술의 전략적 패턴에 존재하는 설득의 명시적 근거(언제나 전략적 이론의 기초가 되었던)가 언급되는 경우는 드물다. 하나의 사례로는 패트릭 김 청 로우(Patrick Kim Cheng Low)의 저작 중 "손자, 전쟁과 협상의 기술Sun Tzu, the Art of War and Negotiation"을 다룬 장을 참고. Low 2010, 55-61쪽. 필자가 확인한 문화간 의사소통 개론서 다수는 설득, 전략, 수사학 등을 쓰지 않는다.
35. Mao 2003, 406-407쪽.

36. Mao 2003, 408쪽.
37. Mao 2003, 405쪽.
38. Lu 1998; Mao 2003, 415쪽 참조.
39. 루싱 인터뷰, Wang 2004, 174쪽.
40. Mao 2003, 411쪽.
41. 일례로 Lloyd 2007 참고.
42. Kamel 2000; 논증/논법과 관련된 자세한 내용은 Bar-Lev 1986; Dolinina/Cecchetto 1998을 참고.
43. Mao 2003, 413-414쪽 참고.
44. Mao 2003, 417쪽.
45. Mao 2003, 412쪽.
46. 인터뷰, Wang 2004, 175쪽.
47. Mao 2003, 408쪽.

>> 2장

1. 나는 다만 최근의 책 제목 몇 개를 언급하고자 한다. 안데르센의 1995년 책은 2001년 독일어로 『수사학의 정원에서』라는 제목으로 출간되었다. 제임스 그레달의 『고대 아테네에서의 수사적 행위』(2006), 웬디 올름스테드의 『수사학, 역사적 소개』(2006), 이언 워르팅톤이 편집한 『그리스 수사학 길잡이』(2007), 에드윈 케러원이 편집한 『아테네 연설가들의 옥스퍼드 선집』.
2. 예를 들어, 현대의 과학적 이론을 위한 열쇠 지위를 위한 새로운 각성을 제공함으로써
3. Bornscheuer 1976.
4. Plett 2004, 62쪽.
5. Locke 1690, 3.10, § 34.
6. Plett 2004, 63쪽.
7. Fahnestock 1999.
8. Kjorup 1996, 207쪽.
9. Kjorup 1996, 206쪽; Hesse 1963; Lakoff/Johnson 1980; Gusfield 1976; White 1978b.
10. Mailloux 1998, 22쪽.
11. Mailloux 1998, ix쪽.
12. Warburg 1920, 267쪽. 아울러 이 책의 영화수사학을 설명하는 12장 참고.
13. Knappe 2000a, 86쪽.
14. Knappe 2000a, 80쪽.
15. Knappe 2000a, 82쪽.
16. Herder 1785, 편지 42, 194쪽 이하.
17. Jens 1965, 24쪽 이하.
18. Murphy/Katula 2003, xi쪽.
19. Murphy/Katula 2003, xi쪽.
20. Knape 2000a, 81쪽 이하.
21. Burke 1950, 159-166쪽; Braungart 1988, Burke 1939, 191~220쪽 참고.

22. Corbett 1963, 164쪽.
23. Corbett 1963, 25쪽.
24. Welch 1987, 79쪽.
25. Olmsted 2006, 1쪽.
26. Schiappa/Hamm 2007, 3쪽.
27. 아리스토텔레스는 커뮤니케이션의 이 요소를 설득수단(pithanon)이라고 불렀다.
28. Kjorup 1996, 204쪽.
29. Kjorup 1996, 209쪽.
30. Ranke 1824, 4쪽. 번역은 Krieger 1977, 4쪽을 따름.
31. 이 장은 노르웨이 아카데미가 창설 150주년을 기념해 2007년 11월 23일 오슬로에서 개최한 학술대회(주제: Vitenskap og retorikk) 연설에서 가져왔다. 이 발표는 7가지 다양한 주제 중 하나였다. 독일어판은 Knappe 2008f에 실려 있다.

>> 3장

1. Petty/Cacioppo 1986. 또한 Petty/Wegener 1999 참고.
2. Kahneman/Tversky 1979.
3. Sinclair/Mark/Clore 1994.
4. 이 세팅은 수사적 발견을 위한 조건의 전체 세트를 설정한다. 메시지는 그것을 통해 청중에게 전달된다. 이 주제에 관한 더 많은 정보는 Knape 2000a, 87쪽 참고.
5. Jones/Sinclair/Courneya 2003.
6. Jones/Sinclair/Courneya 2003, 181쪽 이하.
7. Knape 2000a, 33쪽.
8. Jones/Sinclair/Courneya 2003, 182쪽, Heesacker/Petty/Cacioppo 1983 참고.
9. 이어지는 구분에 대한 더 많은 정보는 Brenzikofer 2002, 113-203쪽; Eisengger 2004, 14-40쪽; Rademacher 2006 참고.
10. Eisengger 2004, 14쪽.
11. Brenzikofer 2002, 133쪽.
12. Brenzikofer 2002, 134쪽.
13. Shenkar/Yuchtman-Yaar 1997, 1,362쪽.
14. Drever 1973, 221쪽.
15. Becher/Kogan 1992, 111쪽.
16. Becher/Kogan 1992, 111쪽.
17. 이것은 평판이라는 용어가 영어의 일상 어법에서 긍정적 또는 부정적 의미로 사용될 수 있음에도 불구하고 그렇다는 말이다.
18. Voswinkel 2001, 23쪽, Hosman 2008년 1,120쪽. 이와 대조적인 시각의 자료는 Brenzikofer 2002, 139쪽에서 볼 수 있는데 거기서는 평판의 사회적 개념을 ("긍정적" 평판과 대비시켜) "중립적"으로 간주한다.
19. Brenzikofer 2002, 135쪽 이하.
20. Eisenegger 2004, 19쪽.

21. Wegener 1985, 209쪽.
22. Brenzikofer 2002, 137쪽.
23. Eisenegger 2004, 16쪽.
24. Eisenegger 2004, 41쪽.
25. Brenzikofer 2002, 136쪽.
26. Offenhäuser 2006, 95쪽.
27. Brenzikofer 2002, 133쪽.
28. Mummendy 2000, 47쪽.
29. Mummendy 1995, 이것보다 이전의 것을 볼 수도 있다. Mummendy/Bolten 1985.
30. Mummendy 2000, 48쪽.
31. Goffman 1967, 5쪽.
32. Brown/Levinson 1987, 61-64쪽.
33. Gardner/Rainwater 1955; Boulding 1956.
34. Faulstich 2000, 125쪽. 이미지라는 용어를 여러 학문에서 사용하는 것은 '명료성' 결핍 비난을 받게 된다. 따라서 이 용어는 기술적 용어로 받아들이지 못한다(Faulstich 2000, 124쪽). 이미지 연구에 대한 접근을 개관하려면 Holly 2001; Borgstedt 2008, 73-116쪽을 참고할 수 있다.
35. Bergler 1991, 47쪽.
36. Bentele 1992, 154쪽 참고.
37. Fortenbaugh 1992.
38. Barthes 1970, 74쪽.
39. Aristotle: 수사학 1356a.
40. Wörner 1981.
41. 수사적 의사소통 정의에서 근본적 문제에 대해 더 많은 것은 Knape 2000a, 64쪽 참고.
42. Knape 2003a, col. 874쪽 이하.
43. Aristotle: 수사학 1377b.
44. Dahinden 2006, 18쪽; Goffman 1974도 참고.
45. Heidegger: 기본 개념들, 16장 a, 109쪽.
46. dialegesthai: "과학적 토의에서 다루어지는" 것은 "실제 말하기의 자연스러운 기능에서 따라오지 않는, 미래 목표가 없는" "스피치" 종류에 의존한다. Heidegger: 기본 개념들 15장 e, ß, 107쪽.
47. Heidegger: 기본 개념들, 16장 a, 109쪽.
48. Heidegger: 기본 개념들, 16장 a, 109쪽.
49. Heidegger: 기본 개념들, 14장 b, 82쪽 이하.
50. 이것은 또한 하이데거가 에토스 개념을 해석할 때 분명히 표현되었다. "화자의 에토스는 그가 대변하는 사안을 실제로 말하는 사람으로 청중에게 보여지는 그 무엇임에 틀림없다. 에토스는 덕(arete) [진실함], 실천적 지혜(phronesis) [주제에 대한 지식], 호의(eunoia) [동정, 선의]의 정의를 충족시켜야 한다. 에토스는 화자가 원하는 것, 즉 뭔가 결정할 때 단호한 태도와 방식이다. 아리스토텔레스는 『시학』에서도 에토스의 역할을 이런 방식으로 밝힌다. 즉 에토스는 '화자가 해결해야 하는 것을 바로 드러낸다.'[시학 1450b] 어떤 종류의 담론에서도 뭔가를 해결하거나 정확한 해결을 위해 다른 것에 의존하지 않는 에토스는 없다. 오히려 그 담론은 사고(dianoia)(생각)에 의존한다. 이것은[생각은] 그런 성격이 되는 것에 존경심을 갖고 뭔가를 보여주는 데 필요하다. 매 순간마다 담화의 이 조건들을 정하는 것은 누군가가 과학적이고 철학적인 설명에서 어느 정도까지 물을 수 있듯이 지금까지 다 써버린 어떤 것이 아니다. 로고스[실행된 텍스트]는 단순히 보여주는 것(deiknynai)으로 받아들일 수 있고 어느 정도까지 그것들 안에서 결정하는 것(prohaireisthai)으로 있다. 여기는 이 관계를 더 정확히 설명하는 자리가 아니다. 다만, 철학자가 실제로 타인에게 말하는 것의 의미를 따져

본다면 아마도 순서대로일 것이라는 점을 지적하고 싶다." Heidegger: 기본 개념들, 16장 c, 114쪽 이하.
51. Aristotle: 수사학 1366a.
52. Knape 1998.
53. Alcidamas: 소피스트에 관하여
54. Plato: 파이드로스 274b-277a.
55. 텍스트 생성부터 수행까지 모든 것은 하나의 집중적이고 응집된 사건으로 보인다.
56. 고대 그리스에서 실제로 있었다. 당시 그곳에서는 유명 연설문 대필가(logographos)가 있었다. 그들은 제2 연설가인 셈이다. 제1 연설가는 그들이 써준 원고를 보고 연설했다.
57. Knape 2008b.
58. Knape 2010a, 26쪽.
59. Aristotle, 수사학 1356a.
60. Barthes 1970, 74쪽.
61. Knape 2010a, 27쪽.
62. 이 주제에 대해 더 알고 싶다면 2002년 Christof Rapp이 편집한 아리스토텔레스 수사학 참고. Aristoteles, Rhetorik, Zweiter Halbband [Commentary] 980-983쪽.
63. Aristoteles, 수사학 1418a. 번역은 Knape의 것임.
64. 표준적이거나 정상적인 의사소통 프레임과 특별한 프레임의 차이에 대해 더 많은 것을 알고 싶다면 Knape 2008a와 이 책 15쪽 참고.(나중에 한글판에 맞추어 수정)
65. Heringer 1990, 87쪽.
66. Heringer 1990, 84쪽.
67. Grice 1967.
68. Heringer 1990, 84쪽 이하; Grice 1967(1975년 판), 47쪽 이하.
69. Grice 1967(1975년 판), 45쪽 이하; 그리고 이 책 15쪽 참조.
70. Heringer 1990, 84쪽 이하.
71. Heringer 1990, 84쪽 이하.
72. Aristoteles가 "말하는 사람들이 잘못 말하거나 조언하는 하는 것은 그들에게 이 세 가지가 모두 없거나 하나가 없기 때문이다."라고 쓴 것처럼 말이다. Aristotle, 수사학 1378a.
73. Heidegger: 기본 개념들, 16장 b), 111쪽.
74. Heidegger: 기본 개념들, 16장 b), 113쪽.
75. Heidegger: 기본 개념들, 16장 b), 112쪽.
76. Heidegger: 기본 개념들, 16장 b), 112쪽.
77. Heidegger: 기본 개념들, 16장 b), 112쪽.
78. Heidegger: 기본 개념들, 16장 b), 112쪽.
79. 이 장의 독일어판은 Knape 2012b.

>> 4장

1. Lévi-Strauss 1964.
2. Lyons 1982, 59쪽; von Humboldt 1836, 49쪽.

3. Crain/Lillo-Martin 1999; Weisler/Milekic 2000; Fromkin 2000.
4. de Saussure 1916, 10쪽과 14쪽.
5. Barthes 1978, 14쪽.
6. Trabant 2003, 276쪽; Whorf 1956; Bloomfield 1933 참고.
7. Bühler 1934, 19쪽.
8. Bühler 1934, 18쪽 이하, 52-53쪽.
9. de Saussure 1916, 15쪽.
10. Quine 1960, § 7.
11. Bühler 1934, 58쪽; Husserl 1954, §§ 33-34.
12. Bühler 1934, 59쪽 이하.
13. Bühler 1934, 61쪽.
14. Bühler 1934, 61쪽.
15. Bühler 1934, 61쪽.
16. Wittgenstein 1953, § 23 [11ef.].
17. Wittgenstein 1953, § 88 [42e].
18. Wittgenstein 1953, § 3 [3e], § 5 [4e], § 1 [3e].
19. Wittgenstein 1953, § 43 [20e].
20. Bühler 1934, 62-63쪽.
21. Bühler 1934, 63-64쪽.
22. Bühler 1934, 58-59쪽.
23. Bühler 1934, 67쪽.
24. Bühler 1934, 67쪽.
25. de Saussure 1916, 15쪽.
26. Bühler 1934, 67쪽.
27. de Saussure 1916, 25쪽.
28. Bühler 1934, 67-68쪽.
29. de Saussure 1916, 14쪽.
30. Bühler 1934, 69쪽.
31. Bühler 1934, 68쪽, 70쪽.
32. de Saussure 1916, 10쪽; Whitney 1875.
33. Bühler 1934, 59쪽.
34. Lausberg 1960, xxviii쪽과 § 1236, 904쪽.
35. Tyler 1987, 105쪽 이하.
36. Tyler 1987, 8쪽.
37. Barthes 1967, 143쪽.
38. Chomsky 1957, 13쪽.
39. Lyons 1982, 7-8쪽, 140쪽.
40. Lyons 1982, 164쪽.
41. Jacobs 2002, 213쪽.
42. Knape 2003a.
43. Jacobs 2002, 217쪽.
44. Knape 2000a, 34쪽.

>> 5장

1. Bauer 1969, 6쪽.
2. Mönnich 2011, 112쪽.
3. Plato: Gorgias, 448e.
4. Plato: Gorgias, 449b.
5. Aristotle: Rhetoric, 1.1.1.
6. Cicero: Orator, 113.
7. Cicero: Orator, 114.
8. Quintilian: Institutio Oratoria, 3.4.10.
9. Cicero: Orator, 113-114.
10. Knape 1998 참고.
11. 보다 자세한 내용은 Birnbacher/Krohn 2002 참고.
12. Knape 2003b, Gutenberg 2000 참고.
13. 이러한 맥락의 웅변가는 설득에 초점을 맞추는 적극적 커뮤니케이터이다. Knape 2000a, 33-45쪽, Klotz 2008 참고.
14. 상황적 지침은 비계획적, 즉흥적 웅변 사건의 경우 문제가 될 수 있다. 웅변의 수행은 (성공적일 경우) 연설의 중단을 방지하고자 설계된 공동의 의식적 모델을 기반으로 청자가 자발적으로 형성한 수용의 프레임 내에서 표현된다.
15. 후자의 경우, 청자는 웅변적 상황 내에서 ('연설'이라는 텍스트 장르의 수행을 포함하는 커뮤니케이션 사건의 독자적 맥락 하에서) 반응할 수도 있다. 하지만 (갈채, 불편함, 휘파람, 반론제기 등) 이들의 반응은 병렬 텍스트를 갖춘 병렬 행동의 지위를 점한다. 이는 웅변가의 텍스트 자체와는 별개이며, 웅변가는 이에 대한 반응의 여부를 결정해야 한다.
16. 이런 상황에서 여러 연사가 존재하므로 대화에 대한 연사와 관련된 분석은 어떤 행위자(연사)가 분석의 대상인지를 우선 규정해야 한다.
17. (대면적) 상황성은 '대화'의 구성요소이다. 2차적 매체화(화상회의 등)를 비롯한 대화 셋팅은 고유의 현상학을 갖춘 특수 사례다. Knape 2005d, p.135 참고. Beißwenger 2003 등에서도 근래 dimissive dialog 연구가 이루어졌다.
18. 본 저서에서 텍스트란 커뮤니케이션 의도에 따라 구축된, 정돈되고 구속력 있는 신호의 복합체이다. 따라서 대화 텍스트에서 나타나는 중단은 여러 웅변가의 표현이 구성하는 통합적인 텍스트의 수행조건적 기능이다.
19. Brinker/Antos/Heinemann/Sager 2000, 2001의 『텍스트와 대화의 언어학(Linguistics of Text and Conversation)』이라는 핸드북의 요약문에 좋은 사례가 등장한다. 더불어 Hess-Lüttich 1994; Hess-Lüttich 1996; Heinrichs 1972; Lorenz 1980도 참고.
20. Mukařovský 1948, 113쪽, 136-137쪽; Best 1985, 90-91쪽 참고.
21. Weigand 1986, 119쪽; Weigand 2008 참고.
22. Kilian 2005, 2쪽.
23. "수행이란 텍스트적 플랫폼으로서 매체가 텍스트를 가지고 하는 것이다." Knape 2008b, 146쪽.
24. 여기서 Jan Mukařovský의 '문답(dialog)' 이론을 자세히 살펴볼 필요가 있다. 그의 이론은 (수사적 웅변가 이론의 영역 밖에 존재하는) 문답의 심리적 측면을, 특정 '심리 상황'에서 '문답 주제에 대한 상호 구분'을 통해 표현되는 연사의 정신적 상태와 연결시킨다. 이 상황에서 문답 파트너들은 보통 각자의 의견, 감정, 욕구 간의 차이를 부각시키는 구체적인 언어학적 장치를 통해 '나'와 '당신'이라는 역할의 양극성을 일상적으로 사

용한다. 이와 동시에 Muka ovský는 (거시적 혹은 길잡이 테마의 측면에서) 주제의 일관성을 강조한다. 주제의 일관성은 (생산이론적 관점에서) 커뮤니케이션의 심리적 상태로부터 도출되며, 단순히 2개의 병렬적 독백이 아닌 실제 대화를 만들기 위해 대화 파트너들이 문답적 '자기주장'과 '자기이탈'을 할 것을 요구한다. Muka ovský 1948, 118쪽과 Best 1985 참고.
25. 매스미디어와의 커뮤니케이션은 텍스트가 특정 '푸시 미디어(push mɘdia)'의 형태에 내재된 경우에만 발생한다.
26. 상황적 및 dimissive 환경과 관련된 구체적 내용은 Knape 2005c, 30-31쪽 참고.
27. Kilian 2005, 4쪽; Kilian 2002, 73쪽 이하; Weigand 2008, 121쪽 참고.
28. 대화의 커뮤니케이션 상황이 복잡한 관계로 환경, 매체화 및 수행 조건에 대한 유형분류에 있어 어려움이 발생한다. Adamzik 2001, 1,479쪽 참고.
29. Aristotle: Sophistcal Refutations, Sec. 105a-b.
30. Geißner 1996, col. 957-958 참고.
31. Rolf 1993, 29쪽.
32. Heinemann 2000, 514-515쪽; Hundsnurscher 1994 참고. 비즈니스 대화 유형 개요는 Brünner 2000 참고.
33. Sager 2001, 1,464쪽.
34. Admazik 2001, 1,474쪽; Hundsnurscher 1994 참고.
35. Aristotle: Rhetoric, 1.2.1.
36. Knape 2003a. 참고.
37. Kallmeyer/Schmitt 1996, Schwitalla 2008 참고.
38. Kallmeyer 1996b, 9-10쪽; Morel 1983 참고.
39. Kallmeyer 1996b, 10-11쪽.(introduction to Kallmeyer 1996a).
40. Plato: Phaidros, 261a; Knape 2000a, 9쪽 참고.
41. Tiittula 2001.
42. Knape/becker/Böhme 2009; Knape 2003a; Hess-Lüttich 1991 참고.
43. 참여자의 웅변적 목표가 개방적이고 진술하게 논의되는지 여부는 일반 윤리규칙이 적용되는 기회와 사회적 책임의 문제다. 이는 수사학의 소관이 아니다.
44. Fiehler 2001b; Fiehler/Schmitt 2011.
45. Kilian 2005, Becker-Mrotzek/Brünner 2009 참고.
46. Bergmann 1999, 231-232쪽.
47. Fiehler 1999, 29쪽.
48. Kallmeyer 1996b, 9쪽.
49. 예를 들어 Schmitz 2000, 317-318쪽.
50. Fiehler 1999, 29쪽.
51. Ortak 2004.
52. 보다 많은 관련 정보는 Knape 2000a, 87쪽 이하 참고.
53. 수사학은 수사학의 생산이론적 접근이 타 학문의 수용이론적 연구를 보완하는 것으로 본다. 이러한 관계는 Walter Schmitz의 2000년 에세이에서 분명히 나타난다.
54. Knape/Becker/Böhme 2009.
55. 각 측면에 대한 보다 많은 정보는 Sacks/Schegioff/Jefferson 1974; Rɑth 2001; Spiegel/Spranz-Fogasy 2001 참고.
56. Wagner 1978; Watzlawick/Beavin/Jackson 1967.
57. Knape 2007d, 54-57쪽 참고.
58. '전술' 용어에 대한 보다 많은 정보는 Knape/Becker/Böhme 2009, col. 154 참고.

59. Pawlowski 2004 참고.
60. 이처럼 극도로 빠른 프로세스의 인지적 결과를 직관이라고 할 수 있다.
61. Knape 2006a, 12쪽.
62. 이런 관점에서 Kallmeyer는 대화의 '성공지향'과 상호적인 '참여자들의 작업' 간에 연관성이 있다고 보았다. Kallmeyer 1996b, 10쪽.
63. Wagner/Petersen 1993, 271쪽 참고.
64. '중재-유발 결'과 관련된 자세한 내용은 Knape 2008a, 916-924쪽 참고.
65. 2가지 관리를 함께 다루는 연구 사례로 Holly 1979, Holly 2001, Schwitalla 1996, Kallmeyer 2007 참고.
66. Hausendorf 1992 참고.
67. Burgoon/Hale 1984; Burgoon/Humpherys/Moffitt 2008.
68. Watzlawick/Beavin/Jackson 1967.
69. Holly 2001, 1,389쪽; Sager 1981, 171쪽; Adamzik 1984; Schwitalla 1996 참고.
70. Hoppmann 2008 참고.
71. Wolf 1999 참고.
72. Sager 1981; Goffman 1967, 16-17쪽; Adamzik 1994; Schank/Schwitalla 1987; Deppermann 1997; Schwitalla 2001 참고. 상호작용의 갈등과 웅변적 조정의 관점에서의 오해의 원인과 관련된 추가적인 정보는 Tiittula 2001, 1370-1373쪽 참고. 대화에서 일반적으로 나타나는 오해는 Hinnenkamp 1998 참고.
73. 웅변가의 역할 접근과 관련된 문제에 대한 자세한 정보는 Knape 2000a, 82쪽 참고. '대화 조직'의 조종 프로세스에 대한 추가 정보는 Tiittula 2001 참고.
74. Schwitalla 2008.
75. "설득의 과정의 중요한 한 가지 측면은 설득자의 판단과 메시지이다. (Perloff 2002을 비롯한) 많은 연구가 설득을 연사의 능숙도, 역동성을 아우르는 연사의 신뢰도와 연관 지었다. 연구자들은 가장 핵심적인 몇 가지 내용을 도출하였는데, 첫째는 연사의 신뢰도이다. 둘째는 연사의 매력도인데, 신체적 매력을 뜻할 수도 있으나 대개 사람들이 연사에게 호감을 느끼고 연사가 친절하고 다가갈 수 있는 사람으로 여기는 것을 뜻한다. 세 번째는 연사의 유사성이다. (Perloff 2002을 비롯한) 여러 연구는 연사와 수신자 간의 유사성이 두 가지 면에서 설득력이 있다고 한다. 첫째는 태도적 유사성에 대한 믿음이고, 두 번째는 커뮤니케이션의 유사성이다. Hosman 2008, 1120쪽. '신뢰/믿음'("가까운 대인 관계 형성의 초석")의 카테고리에 대한 보다 자세한 내용은 Millar/Rogers 1976, 90쪽과 Deppermann 1998, 100쪽 이하 참고. '신뢰도 연구에 대한 접근법'과 관련된 자세한 내용은 Deppermann 1997, 25-48쪽 참고.
76. Worner 1984.
77. Goffman 1967, 5쪽.
78. Goffman 1967, 19-20쪽.
79. Holly 1979, 2001.
80. Schwitalla 1996, Wolf 1999 참고.
81. Petty/Cacioppo 1986. 아리스토텔레스 저서에 나타난 '디아노이아(dianoia)' 개념에 대한 자세한 내용은 Knape 2000a, 126-127쪽 참고.
82. van Eemeren/Grootendorst 2004.
83. van Eemeren/Houtlosser 2006.
84. 이상적인 문답 프로필에 대한 자세한 내용은 van Eemeren/Houtlosser/SnoeckHenkemans 2007 참고.
85. van Eemeren/Houtlosser/SnoeckHenkemans 2007, 375-380쪽.
86. 이 필요물(desiderata)은 다음의 여섯 질문으로 요약된다. 1) 대화에서 무엇이 논증으로 간주될 수 있는가? (주제의 문제) 2) 어떤 언어적 지표들이 논증을 뜻하는가? 3) 논증의 규범적 개념이 일상대화에서 발견되는 '논증'을 얼마나 잘 묘사하는가? 4) 때로는 비논리적이고 일관성이 결여된 대화의 논증적 과정에서 논증의

논리적 구조는 어떻게 작동하는가? 5) 논증의 어떤 개념이 일상적 맥락 내의 합리적 말하기를 실용적으로 통합시킬 수 있는가(또한 이런 논증의 개념은 문제해결 과정을 항상 다르는가)? 6) 실생활의 대화에서 논증 과정들에 대한 유형분류를 어떻게 인지할 수 있는가? Deppermann 2003 참고.
87. 여기에 함축된 반대는 '규범성'과 '기술성'이라는 용어로 잘못 정의되어 있다. 실제로는 이는 소쉬르가 구분한 랑그(langue)(추상적 분류)와 빠롤(parole)(구체적 텍스트)로 가장 잘 표현되는 관계다. 구조주의 접근법을 취하면 기존 (실세계의) 텍스트(빠롤)에서 (논증에 대한 일종의 랑그로서) 규칙성, 패턴 및 이상적 모델들을 얼마든지 도출할 수 있다. 이러한 추상적 개념은 본래의 형태가 아닌 논리적 구조로 드러날지라도 인식이 가능하다. 이 같은 구조적 응축은 대화에서 빈번히 나타나는 오류, 허위 증거, 논리적 일관성이 결여된 결론을 다루는 쇼펜하우어의 논쟁술(eristics) 개념을 탄생시켰다. 쇼펜하우거는 이 주제에 대해 "[사람들이] 마지막 순간에 옳고자 의존하는 속임수와 책략, 묘책은 너무나 다양하며 정기적으로 발생하여 몇 년 전 나는 이것을 내 성찰의 주제로 삼았다 [...]. 이로 인해 당시 나는 이 속임수와 책략의 형식적 부분을 물질적인 측면과 분리시켜 깔끔한 해부학적 표본으로 보여주겠다는 생각을 갖게 되었어." Schopenhauer 1851, 25-26쪽.
88. van Eemeren/Grootendorst 2004, 95쪽 이하 참고.
89. 실용적 논증이 한 예가 될 수 있다. Guhr 2008, 38쪽 참고.
90. Knape 1998, 55쪽.
91. Spranz-Fogasy 2003.
92. 무드관리(mood management) 개념에 대한 자세한 내용은 Langelier 2001a/2001b 참고.
93. Schmitt 2003.
94. Fiehler 2008, 757-758쪽.
95. Fiehler 2008, 760-761쪽.
96. Fiehler 2008, 771쪽; Schwarz-Friesel 2007 참고.
97. Fiehler 2001a; Fiehler 1990, 78-79쪽 참고.
98. Tiittula 2001.
99. Hoffmann 2000, 350쪽.
100. Schank 1981, 22쪽.
101. Hoffmann 1996, 74쪽.
102. Hinnenkamp 1998, 53쪽.
103. Schank 1981, 35쪽.
104. Borncheuer 1976, Graff 2009.
105. Aristotle: Topica, 1.1.1.
106. Aristotle: Rhetoric, 1.2.21.
107. Schank 1981, 35쪽.
108. 모든 주제가 보편적인 토포스(topos)가 아님을 인지해야 한다. Knape 2000c 참고.
109. Schank 1981, 35쪽.
110. Hoffmann 2000, 353-354쪽 참고.
111. Tiittula 2001, 1,370쪽 참고.
112. Knape 1994a, 1996.
113. Hosman 2008.
114. Sornig 1986.
115. Sager 1981.
116. Puschel 2008 참고.
117. Selting 2008, 1039쪽.
118. 수사학 용어인 '수행(performance)'에 대한 보다 자세한 정보는 Knape 2008b, 2008c 참고.

119. Schmitt 2003도 참고.
120. Burgoon/ Humpherys/ Moffitt 2008, 790쪽.
121. 본 장의 독일어본: Knape 2009.

>> 6장

1. White 1978a 참고.
2. Rsen 1982, 15쪽; Knape 1997a, 134쪽; Knape 2000d.
3. Cicero: De Oratore, 2.36.
4. Cicero: De Oratore, 2.51-58.
5. Cicero: De Oratore, 2.36.
6. Cicero: De Oratore, 2.36.
7. Knape 1997b.
8. Otto von Freising.
9. Austin 1962, 1쪽 이하.
10. Knape 2000a, 118쪽 참조.
11. 표와 관련된 추가 설명은 Knape 2000a, 112-116쪽 참조.
12. 텍스트적 이론에 따라 화행론을 발전시키려는 이전 시도는 Pratt 1977에서 발견됨.
13. Knape 2008a, 916-924쪽.
14. Knape 2000a, 120-121쪽.
15. Genette 1972a, 65-282쪽.
16. Otto von Freising, Ⅱ. 48-51; Chronicle of the Emperors, 247-602행.
17. 본 장의 소스와 관련된 자세한 논의는 Massmann 1854, 460-547쪽 참고.
18. Chronicle of the Emperors, 344행.
19. Chronicle of the Emperors, 515행.
20. Chronicle of the Emperors, 520행.
21. Chronicle of the Emperors, 572행.
22. Otto von Freising, Ⅱ. 51.
23. Otto von Freising, Ⅱ. 50-51.
24. 상징과 관련해 Otto von Freising, introduction, LVIFF쪽 참고.
25. Otto von Freising, Ⅱ. 48-50.
26. 중세에 퀸틸리아누스에 대한 호응이 최고점에 이른 시점은 12세기경 샤르트르와 Bec. 학파로 볼 수 있다. Mollard 1934 alc 1934/1935, Boskoff 1952, 와 Murphy 1974도 참고
27. Buttenwieser 1930; Quadlbauer 1962; Ward 1972; Bliese 1974; Murphy 1974; Klopsch 1980; Copeland 1991 참조.
28. Mathew Vendôme, sec. 1.77 및 1.93.
29. Otto von Freising, Ⅱ. 48-49.
30. Chronicle of the Emperors 516행.
31. Cicero: De Oratore, 2.36; cf. Knape 2000b, 116쪽.

32. Otto von Freising, III, Prologus 참조.
33. Otto von Freising, III. 6 참고.

>> 7장

1. Bernhard 1978.
2. SalzburgerNachrichten, 1979년 1월 20일. Dittmar 1993년, 86쪽도 참고. 수사법의 관점에서 모욕의 문제에 관한 자세한 내용은 Knape 2006c 참고.
3. Bernhard 1978, 13쪽.
4. Dittmar 1993, 77쪽 참고.
5. 일반적 및 전문적 의사소통의 차이와 의사소통 내용에 따라 기대되는 틀에 관한 더 자세한 내용은 Knape 2008a, 898-906쪽 참고. Bauer/Knape/Koch/Winkler 2010년, 9쪽과 본서의 서론도 참고.
6. Berhard 1974.
7. 1979년 1월 22일 Österreichische Nachrichten을 통해 공개된 1979년 1월 20일자 공개 서신.
8. 이와 같이 필자는 Austin과 Searle의 이론에 따라 발화 행위라는 개념을 사용한다. 허구 내 실질적인 발화 행위의 불가능성에 대한 더 자세한 내용은 Knape 2008a, 899-890쪽 참고.
9. OberösterreichischeNachrichten, 1979년 1월 22일. Dittmar 1993년, 87-88쪽 참고.
10. OberösterreichischeNachrichten, 1979년 1월 22일. SalzburgNachrichten, 1979년 2월 8일에도 발표됨.
11. Bernhard 1974.
12. OberösterreichischeNachrichten, 1979년 1월 22일. Dittmar 1993, 87쪽 참고.
13. Bernhard 1975, 119쪽. Huber 1987, 62-67쪽과 Dittmar 1993, 61쪽도 참고.
14. Winko와 Jannidis, Lauer가 2009년에 출간한 모음집 'Grenzen der Literatur'은 이 주제를 잘 설명해준다.
15. OberösterreichischeNachrichten, 1979년 1월 22일. Dittmar 1993, 88쪽 참고.
16. OberösterreichischeNachrichten, 1979년 1월 22일. Dittmar 1993, 87쪽 참고.
17. 베른하르트 본인이 '사냥 클럽' 3막 내 문학에 대한 대화를 나누는 장면에서 모든 전통적인 장르에 대한 기대치에 내재된 문제를 논한다. "장군"이 "작가"에게 "지난번에 당신이 여기에 왔을 때 / 희곡 작품을 쓰고 있다고 말했지 / 더 정확히 말하자면 희곡이라고 당신이 표현한 무엇인가를 / 쓰고 있다고 했지 / 나는 당신이 쓰고 있는 게 / 희곡이라고 생각하지 않네 / 희곡은 이미 확정된 개념인데 / 그것은 당신이 쓰고 있는 것과는 너무나 다르지 / 당신이 쓰고 있는 것은 희곡과는 관련이 없어 / 나는 희곡하면 완전히 다른 것을 떠오르지 / 드라마도 마찬가지야 / 당신은 희곡이라고 얘기하지만 / 그 모든 것은 희곡과는 아무런 관련이 없어 / 그러나 작가와 / 정의에 대해서 얘기하면 안 되지."라고 말한다. Bernhard 1974.
18. Weber 1993, 75-97쪽 참고.
19. Knape 2008a, 905쪽. 본 저서의 29-30쪽 참고.
20. 이 게임의 성격에 대한 더 자세한 내용은 Knape 2008a, 899쪽 참고.
21. Booth 1961. Caroll III 2011년 181-197쪽, "언어, 진실, 그리고 아이디어(Language, Truth, and Idea)"와 "불완전한 매체: 언어를 이용해 의미를 만들다(An Imperfect Medium: Using Language to Make Meaning)" 참조.
22. '수사적 요소'에 관한 더 자세한 내용은 Knape 2000a, 121쪽과 본서 장편 극영화에서의 수사학 이론에 관한 장 참고.
23. 저자가 조종할 수 있는 7가지 방향 요소를 포함하는 문학 작품에서의 조종(조정)과 환기 간의 연관성에 대한

내용은 Knape 2008a, 916-924쪽 참고.
24. OberösterreichischeNachrichten, 1979년 1월 22일.
25. Auerochs 2007, 567-568쪽.
26. 교훈이 글의 끝에 나오는 에피뮈티온(epimythion)우화 뒤에 덧붙여지는 교훈이 더 일반적이다.
27. Bernhard 1974.
28. 일부 학자들은 Stifter의 구문론과 베른하르트의 산문 간의 유사성을 발견했다. Euckeler 1995, 123-131쪽 참고.
29. 개연적 삼단논법의 문제에 관해서는 Eco 1987, 31-60쪽과 와 Eco 1983 참고.
30. 이 장의 더 긴 독일어판은 Knape 2011 참고.

>> 8장

1. Brant: Narrenschiff, ed. Knape 2005.
2. 이 책의 프랑스어판 제목은 '문턱(threshold)을 뜻하는 『Seuils』이다.
3. Genette 1987, 1-2쪽.
4. 이런 오류는 1494년 초판의 속 표제지에 새겨진 라틴어 글귀와 시편 구절들에 기인했을 수도 있다(그림 6 참고). 이 때문에 책의 나머지 부분도 라틴어로 되었을 가능성이 있다.
5. Barclay: Ship of Fools, ed. Jamieson 1874.
6. Brant: Narrenshiff, transl. Junghans 1877.
7. Brant: Narrenshiff, facs. ed. Schultz 1912.
8. Knape 2006a, 105-168쪽.
9. 페이지별 경계로 반복적으로 등장하는 장식요소 중 하나.
10. Brant: Narrenshiff, ed. Knape 2005, 서문(29-44절).
11. Knape 2006a, 152쪽 참고.
12. Gaier 1966, 110-188쪽.
13. Knape 2006a, 158쪽.
14. Locher: Stultifera Navis, ed. Hartl 2001, 34-35쪽.
15. 이런 해석은 전적으로 수용 가능하며, 포터는 이후 저작에서도 이런 류의 해석을 발견했을 수도 있다. Pompen 1925, 295-299쪽.
16. Quintilian: Institutio Oratoria, 8.6.44.
17. Foucault 1961, I장, Kasten 1992 참고.
18. Porter 1962, 365쪽.
19. Porter 1962, 197쪽.
20. Porter 1962, 174쪽, 248쪽, 424-430쪽.
21. Porter 1962, 442쪽.
22. Porter 1962, 393쪽.
23. 이 이론에 따르면 세계는 반사실적이어야 할 것이다. Kripke 1980
24. Genette 1991.
25. Brant: Narrenschiff, ed. Knape 2005, 111장.

26. Locher: Stultifera Navis, ed. Hartl 2001, 34-35쪽.
27. Husserl 1954, 33-34쪽.
28. '에피 텍스트' 관하여는 Genette 1987, 344-403쪽 참고.
29. Knape 2008a, 900쪽.

>> 9장

1. de Man 1979, 11쪽.
2. de Man 1979, 12쪽.
3. Burke 1979, 16쪽.
4. de Man 1979, 8쪽.
5. Burke 1941, 143쪽.
6. de Man 1979, 201쪽.
7. Burke 1941, 148쪽 이하.
8. Burke 1941, 9쪽.
9. Burke 1941, 10쪽.
10. Burke 1941, 20쪽.
11. de Man 1971, 141쪽.
12. Burke 1941, 152쪽.
13. de Man 1984, 284쪽 이하.
14. de Man 1984, 271쪽.
15. de Man 1984, 269쪽.
16. de Man 1984, 268쪽.
17. de Man 1984, 280쪽.
18. de Man 1984, 272쪽.
19. de Man 1984, 282쪽.
20. de Man 1984, 281쪽.
21. Knape 2008d 참조.
22. de Man 1984, 285쪽.
23. de Man 1979, 11쪽.
24. Fohrmann 1993, 92쪽.
25. de Man 1984, 285쪽 이하.
26. de Man 1984, 286쪽.
27. de Man 1984, 286쪽.
28. de Man 1984, 290쪽.
29. de Man 1984, 266쪽.
30. Burke 1945, 503쪽.
31. Burke 1945, 503쪽.
32. Burke 1931, 168쪽.

33. Burke 1941, 26쪽.
34. Burke 1941, 28쪽.
35. Burke 1941, 149쪽.
36. Nietzsche 1872, 116쪽.
37. Burke 1966, 12쪽.
38. Burke 1966, 10쪽.
39. Burke 1966, 12쪽.
40. de Man 1979, 10쪽.
41. Barthes 1967, 148쪽.
42. de Man 1979, 10쪽.
43. Richards 1936, 11쪽 이하.
44. Burke 1966, 6쪽.
45. Richards 1936, 3쪽.
46. Genette 1972b, Perelman 1977, 11쪽.
47. de Man 1979, 6쪽.
48. 이 장의 독일어 판은 Knappe 2000f 참고.

>> 10장

1. Krones 2009와 Wilson/Buelow/Hoyt 2001 참고.
2. Knape 2008a 참고.
3. Knape 1994b 참고.
4. Vickers 1984.
5. Krones 2009, 1,940쪽.
6. Hörr 2009, 93-115쪽.
7. Genette 1972b.
8. Hörr 2009, 93쪽.
9. Aristotle, Rhetoric, 1355b.
10. Knape/Becker/Böhme 2009, col. 153.
11. Knape 2008a, 896쪽 이하.
12. 이 명칭은 최소한 화용적 상황에서 처음 사용한 후 그렇다는 말이다.
13. 텍스트는 의사소통적 의도와 경계가 있고 정돈된 상징적 복합체다. 현대 시학과 영화이론에서 텍스트의 경계는 확실한 '끝(폐쇄), closure'로 규정된다. "끝 개념은 음악, 시, 이야기, 전형적인 영화의 결말 등에서 나타나는 최종(파이널) 의미와 연관된다. 이 용어의 인상은 작품이 끝나는 지점을 요점적으로 나타낸다." Carroll 2008, 134쪽.
14. Aristotle, Poetics, 19.2.
15. Knape 2003a, 특히 col. 875.
16. 이 질문은 '절대 음악'이 음악 역사의 다양한 시대에 규범화된 커뮤니케이션의 다른 유형을 포함하는지, 귀추적 과정이 음악적 경험으로 만들어지는 것이 가능한지에 초점을 맞추는지도 모른다.

17. Hörr 2009; Lehmann/Kopiez 2011 참조.
18. Knape 2008a.
19. Hörr 2009 참고.

>> 11장

1. Bressa 2003, col. 1,240.
2. Bressa 2003, col. 1,240.
3. Knape 2007b 참조.
4. Stökel 2001, Bittner 2003, 24쪽, Knape 2007b, 12쪽, Knape 2010b, 82쪽 이하.
5. 문화 코드에 관해서는 Knape 2000e 참고.
6. Sachs-Hombach/Mausch 2007, 55쪽 이하 "올바름의 기준/올바름의 척도" 항목을 참조. 그리고 Arno Gütler 1948. 그가 만든 교사용 서적 삽화 44 부분. "사람들, 아이들의 그림에서 발견된 일부 오해들"/"사람들, 실수 투성이의 아이들 그림" 참조.
7. Knape 2006a, 48쪽.
8. 표기법은 인간의 몸으로부터 모습을 드러내는 모든 유형의 텍스트 구성이고 개인 간 의사소통 세계 내에서 발산된다.(Knape 2008a, 896쪽, Knape 2008e 134쪽, Knape 2010b, 83쪽). 따라서 표기법이라는 용어는 여기서는 넬슨 굿맨의 개념과 의식적으로 다르게 사용된다.(Goodman 1969, 127-173쪽)
9. Karl Bühler 1934, 85쪽.
10. Wittgenstein 1921, § 2.12, 15쪽.
11. Grice 1967.
12. 각주 6 참조.
13. 이 책의 12장 참조.
14. Knape 2007b, 16과 12쪽, n. 8을 보라. 코드의 혼합체(예를 들어, 글쓰기와 이미지 기호처럼 동시에 복합적인 시각기호를 사용하는 것)는 이미지 이론에서 특별한 경우로 간주된다.
15. 뷘쉬의 연구를 읽어보면 그녀는 문예학적 배경으로 기록했음을 알 수 있는데 이것은 서사성 이론에서 잘 발견된다. 한편, 그녀가 수사적 무늬를 다루는 작업 특히 이미지에서의 비유(전의 trope)'에 관한 생각은 이론적으로 확신하고 있지 않다. Wünsch 1999 참고.
16. Wünsch 1999, 328쪽.
17. Wünsch 1999, 331쪽.
18. Wünsch 1999, 334쪽.
19. Wünsch 1999, 336쪽 이하.
20. Wünsch 1999, 340쪽과 342쪽.
21. abduction에 대한 더 많은 것은 Eco 1976, 131쪽 이하와 이 책 12장 233-236쪽을 보라.
22. 그런 사례들은 증가하는 폴리 밸런스(복합균형)를 포함하고 이미지 자체를 생산하려는 노력의 자율적 목표로 간주한다.
23. Knape 2012c.
24. 나의 이미지 이론의 초석은 Knape 2007b, 12쪽 이하 참고.
25. 이 전통에 의하면, 수사학은 오직 훌륭하게 말하는 재주(ars bene dicendi, 말 잘하기 기술)로 간주된다.

26. Knape 2008e.
27. 대용어는 이어지는 절의 시작에 같은 단어나 단어그룹이 반복적으로 나오는 것이다.
28. (경우에 따라 개인적 요소들의 배열로 이루어지는) 이미지 내에서의 피라미드식 트라이앵글 통합은 조화로운 결합과 균형 표현으로 나타난다.
29. 그것을 다른 식으로 넣기 위해 연설가는 수신인의 반응 예측을 시도해야 하고 그가 자신의 목표를 가장 효과적으로 이루기 위해 사용할 수 있는 자극도 고려해야 한다. 따라서 구체적 설정이 잘 어울리도록 커뮤니케이션의 모든 이용 가능한 요인들을 측정해야 한다.
30. 즉, 나는 같은 의사소통 공간에서 다른 이미지와 경합해야 하는가? 나는 내 목표를 성취하기 위해 그런 경쟁에 어떤 반응을 보여야 하는가?
31. Knape 2008a, 920~923쪽.
32. 이것은 이미지 코드의 요소들을 만들어내는 상징(기호)들을 포함하지 않는다!
33. 이 책의 13장 참조.
34. 특별히 흥미 있는 문제는 각자 타인에 대해 갖는 상호적 영향력을 탐구하면서 발견된다는 사실이다.
35. 이 장의 짧은 독일어판은 Knape 2005e에 나온다.

>> 12장

1. 이 연구의 예로 존 해링턴(John Harrington)의 수사학적/설득이론적 영화접근법이 있다. Harrington 1973.
2. Schanze 2008; Joost 2008.
3. Lohmeier 1996.
4. 여기서 비전문가들의 '미학적 오류'가 종종 발견된다(본서 44-45쪽 참고). 역사 속에서 여러 텍스트 구조가 다양한 이유로 수사학 이론으로 분류되었는데, 특히 '수사학적 문채'가 그러하다. 하지만 그러한 구조는 수사학적으로 불분명하고 미학적 계산에 따라 텍스트로 통합될 수 있어 수사학적 문채는 역사적으로 시학, 미학, 수사학의 교차점에 있다. 이는 수사학 용어의 체계적인 사용에 있어 장애물로 작용할 수 있다. 아리스토텔레스가 『수사학』에서 '은유'를 텍스트의 구조적 현상으로 설명했다고 해서 서시에서 은유 사용이 수사학과 관련된 것은 전혀 아니다. 그보다는 단순히 시인의 정보적, 미학적 욕구를 드러내는 것일 수 있다.
5. 미학은 책 전체에서 인용구로 두 번만 사용된다. 첫 번째는 아이젠슈타인(Eisenstein)이 "사물을 심미화, 고양하기 위해" (여기서는 주전자에) 반사된 빛을 이용한 것을 요스트(Joost)가 언급하는 부분이다(Joost 2008, 182쪽). 두 번째는 베른트 스필너(Bernd Spillner)가 시청각적 문채를 설명하는 부분으로 수사학적 문채와 비유법을 "기 생성된 논증적, 미적 구조의 체계"로 언급하는 부분이다(Spillner 1974, 102쪽).
6. Joost 2008, 30-31쪽.
7. '발화'는 은유적으로 오용되면 공식적인 학문용어로서의 가치를 상실한다. 한편 '발화'가 공식적인 수사학 분류에서 적절한 위치를 점할 때 학자들은 수사학 이론에서 순수한 구어적 상호작용에 주어지는 '발화'의 지위가 영화 소통행위에도 부여될 수 있는지에 답할 수 있게 된다. 관련된 발화행위 이론은 Kanzog 2001 참고. 발화행위이론의 예술작품 적용이라는 근본 문제는 Knape 2008a, .899-905쪽 참고.
8. Knape 2005c. 22쪽.
9. '미디어'에 대한 이러한 이해는 Heath 1980, Baudry 1986와 유사하다.
10. 제13장 참조.
11. 이런 의미에서 소통적 의도에 따라 배열된, 경계와 질서가 있는 기호복합체라고 할 수 있다. 현대영화 제작

에서 텍스트는 여러 일반적인 시각, 영상, 음조, 음향 등의 차원에서 다양한 코드와 자극으로 구성된다. 영화 텍스트의 고도로 다층적인 기호적 복잡성이나 코드, 텍스트, 텍스처. 미디어, 미디어시스템의 이론 분류는 Knape 2005c, 22-28쪽 참고.

12. Knape 2008a, 896-897쪽.
13. 현대 시학이나 영화학에서 '완결'의 개념은 텍스트의 경계 설정에 있어 주요하다. "종결 개념은 음악, 시, 이야기, 전형적인 영화가 끝나는 완결성과 관련 있다. 작품 종료 시점에 그 지점이라는 의미다." Carroll 2008, 134쪽.
14. Bühler 1934, 418쪽 참조.
15. Knape 2008a, 898-906쪽.
16. Eco 1987, 164쪽. 가상세계에 대해서는 Knape 2006d 참고.
17. Hiltunen 2001 참조.
18. 소포클레스나 타 작가의 작품은 "'극'으로 불렸다. 인간을 행동하는(dr ntas) 주체로 표현하기 때문이다." Aristotle: Poetics, 3.4.
19. Aristotle: Poetics, 6.2.
20. Warbug 1920, 267쪽.
21. 아리스토텔레스에게 구조적 미학은 (제라르 주네트(Gérard Genette)는 언어적 텍스트를 두고 '어법의 미학'이라 칭함) 부차적이었다. 반면 호라티우스의 로마 시학이론은 구조적 미학을 최우선시한다. Genette 1991, Kanpe 2006a, 56쪽과 58쪽 참고.
22. Knape 2006a, 107쪽 참고.
23. Monaco 1981. 이 저서가 영화 텍스처의 기호학적 차이를 분명히 정의하지 못하는 문헌학적 언명을 따른다는 점은 시사하는 바가 크다. 영화가 활자 텍스트와 공통점이 있으며 영화 자체를 보고 해석하면서 "읽을" 수 있음을 책 제목이 암시한다. 클라우스 칸초크(Klaus Kanzog)의 '영화의 언어학 개론(Introduction to the Philology of Film)' 또한 영화 텍스트와 활자 텍스트의 구분에 있어 유사한 오해가 존재함을 보여준다. Kanzog 1991 참고.
24. 한 가지 예는 '극 내레이션' 사용인데, 이 용어 자체가 내적 모순을 보여준다. Monaco 1981, 33쪽.
25. Monaco 1981, 33쪽.
26. 이런 면에서 움베르토 에코가 '비서사적 텍스트의 서사적 구조'를 언급한 것은 타당하다. Eco 1987, 132쪽. 에코는 러시아 형식주의자들을 따라 우화와 줄거리라는 분석적 범주를 보다 상세히 분류했다. "우화는 [주어진 내레이션]과 내레이션의 논리, 모든 [글자]의 구문론, 시간 순으로 배열된 사건들의 근본적인 개요다." 반면 줄거리는 눈에 보이는 시제의 이야기다. "줄거리는 시간 순의 변화, 이동, 과거나 미래 사건의 페이드인(복선이나 플래시백을 통한)으로 보이는 그대로다." Eco 1987, 128쪽.
27. "혹자는 오이디푸스 왕(Oedipus the King)[소포클레스(Sophocles)의 극]이 '범인을 찾아라!'라는 단 한 줄로 요약될 수 있다고 주장했다." Eco 1987, 129쪽.
28. 현대의 영화연구 문헌을 보면 학자들이 전문용어보다 은유에 의존하는 느슨한 방식으로 장편영화를 논하는 데 대해 아무런 문제의식이 없다는 점이 자주 드러난다. 해링턴은 "나레이터로서의 카메라"라는 현상을 "비유적"으로 지칭하면서, 같은 맥락에서 카메라가 감독의 의도의 연장선으로 작동하는 기술 장치라고 주장한다. "카메라는 감독과 카메라맨이 바라보도록 하는 지점을 '본다'." Harrington 1973, 89쪽.
29. Eco 1987, 260쪽.
30. Iser 1970, 15쪽 이하.
31. Barth/ Gärtner/ Neumann-Braun 1997, Kimmich 2003 참고.
32. Eco 1987, 250쪽.
33. Aristotle: Poetics, 14.1.
34. Aristotle: Poetics, 14.5.

35. Benjamin 1939. 이 작품의 인용구는 용어 번역에서 조금씩 차이가 있다.
36. 2가지 매체성의 차이는 Knape 2000a, 100쪽 참고.
37. Benjamin 1939, 259쪽. 여기서 벤야민은 배우가 무대에 가져오는 '아웃풋'이나 기교를 언급한다. 이를 통해 그가 배우를 연사로서 자신이 재현하는 예술작품과 관련된 연사의 역량을 지닌 전제로 인식한다는 점이 분명히 드러난다. 수사학적 관점에서 예술가는 예술 범주 내에서 '예술적 소통자'로 기능한다고 할 수 있다. 연설가로서 예술가가 이런 역할을 할 때(즉 예술가가 자신의 예술로 설득력을 지닐 때) 예술가의 작품은 아곤(a on) 내에서 동료와 소통하는 공간이 된다. 이때 작품 자체가 예술로서 설득력을 가진다.
38. Benjamin 1939, 259쪽.
39. Benjamin 1939, 259쪽.
40. Benjamin 1939, 259쪽.
41. Benjamin 1939, 259-260쪽.
42. Benjamin 1939, 260쪽.
43. 둘의 차이에 대해서는 Knape 2005c, 30-31쪽과 본서 29-30쪽 참고.
44. Benjamin 1939, 260쪽.
45. Benjamin 1939, 261쪽.
46. Aristotle: Poetics, 6.4.
47. Flusser 1996, 158208쪽; Knape 2000e, 14-17쪽 참고.
48. Benjamin 1939, 267쪽.
49. Aristotle: Poetics, 6.5.
50. Aristotle: Poetics, 14.3.
51. Manfred Fuhrmann의 1982년 아리스토텔레스 『시학』 독일어 번역본 각주, 119쪽, 2번 각주.
52. Aristotle: Poetics, 14.4-5.
53. Knape 2008b, 146쪽; Knape 2008c 참고.
54. Benjamin 1939, 261쪽.
55. Benjamin 1939, 263쪽.
56. Benjamin 1939, 266쪽.
57. Benjamin 1939, 265쪽.
58. 수사학 이론의 '메시지' 용어에 대해서는 Knape 2000a, 107쪽 참고.
59. Aristotle: Poetics, 6.
60. Aristotle: Poetics, 19.2; 본서 284쪽 참고.
61. Aristotle: Rhetoric, 2.19.
62. Aristotle: Poetics, 19.5.
63. Aristotle: Poetics, 6.22-23.
64. Aristotle: Poetics, 19.6.
65. 둘이 함께 쓰일 수 없다는 의미는 아니다. 예를 들어, 합창단은 고대극에서 무대 해설자의 역할을 맡는 경우가 많았다. 현대영화에서도 내레이터나 해설자가 있을 수 있다. 이들이 인물과 영화제작자와 관객 간 허구성 계약의 영향을 받는다는 점은 변치 않지만 말이다.
66. Aristotle: Poetics, 19.5.
67. Wörner 1981, 78쪽.
68. 구조적·미학적 요소는 객관적 쾌락 환기에 집중하며 허구적·미학적 요소는 현실의 허상 환기와 관련 있다.
69. 아리스토파네스(Aristophanes)의 『새(Birds)』(BC 414)에서부터 인간의 경험을 초월하는 '판타지'라는 연극적 개념이 존재했다.
70. Eco 1976, 131쪽.

71. Peirce: CP, 5.171.
72. Peirce: CP, 5.171.
73. Peirce: CP, 5.145.
74. Peirce: CP, 2.625.
75. Wirth 1999. 30-31쪽.
76. Wirth 1999. 31쪽.
77. Eco 1976, 132쪽.
78. Peirce: CP, 6.458; Wirth 1999, 199쪽.
79. Wirth 1999, 200쪽.
80. Peirce: CP, 2. 643.
81. Peirce: CP, 6. 459.
82. 에코는 다시 소포클레스의 오이디푸스 왕을 예로 들며 이야기를 잘 다는 사람과 그렇지 못한 관객의 지적활동이 어떻게 다른지 비교한다. Eco 1987, 131-132쪽.
83. Bordwell 1991, 3쪽.
84. Eco 1987. 148-151쪽.
85. Eco 1987. 148-149쪽.
86. Bordwell 1991, 105쪽.
87. Bordwell 1991, 106쪽.
88. Bordwell 1991, 127쪽.
89. 안타깝지만 이 글에서도 현대영화 연구에서 흔한 범주의 오류가 발견된다. 캐롤은 후반에서 장편영화의 극적장면(극의 고전적 범주)을 논하지만 '내레이션'을 '극화'로 오해한다.
90. Carroll 2008. 124-125쪽.
91. Carroll 2008. 130쪽.
92. 그리스어로 'er têma'는 '제기된 질문'(형용사 er têmatikós/질문에 대해)을 의미한다. 캐롤이 사용한 형용사 'erotetic'은 원래 단어의 다소 거친 파생어라고 할 수 있다.
93. Carroll 2008. 134쪽.
94. Carroll 2008. 136쪽.
95. Carroll 2008. 137쪽.
96. Carroll 2008. 136쪽.
97. 해석기법인 푼크툼과 스투디움에 대해서는 Knape 2008a, 907-908쪽 참고.
98. Carroll 2008. 138쪽.
99. 수사학적 범주의 근거에 대해서는 Knape 2000a, 19쪽 참고.
100. Carroll 2008. 142쪽. 어떤 장편영화는 줄거리의 일관성의 문제에서 비롯되는 좌절감을 활용한다. 예를 들어, 로버트 알트먼(Robert Altman)의 『내슈빌(Nashville)』에서는 "1970년대 미국의 극도의 난해함을 표현하고자 결론을 불현 듯 내린다. 이는 서사적 미완성, 즉 카오스다." Carroll 2008. 142쪽. 이 미학적 요소에 근거한 구성은 수사학적이며 지적 추론과 긴밀히 연관되어 있다(즉 다이노이아(dianoia)의 수사학적 텍스트 차원에서). "이것은 영화의 수사학적 질문의 불규칙성이 실수가 아니라 의도적이라 추측할 근거가 있음을 뜻한다. 우리는 이것을 체험적 초대 혹은 서사적 중요성 외의 뭔가를 찾아보도록 유도하는 신호로 여긴다." Carroll 2008, 144쪽.
101. Carroll 2008, 138쪽.
102. Knape 2003a, col.875.
103. 이것이 '예술' 작품임이 명시되는 경우에도 장편영화가 정치적, 도덕적 의심의 대상이 되고 법적인 여파까지도 발생하는 이유 중 하나다. 고발자는 실제로 탈실용화되고 구체적 상황에서 분리된 예술작품의 창작 뒤에

수사학적으로 실용적 동기가 있다는 주장을 늘 제기할 수 있다.
104. 수사학의 'Evocation Nexus'에 대해서는 Knape 2008a, 916-924쪽 참고.
105. Eco 1987, 260쪽 이하.
106. 각 측면에 대해서는 Knape 2008a. 920-923쪽 참고.
107. 이 시퀀스는 베케르트의 병적 변모를 보여주는 역할만 하며 줄거리상 유의미한 변화가 일어나진 않는다. 여기서 '극적 파토스(Pathosdramativ)'를 논할 수 있다. Knape 2010a 참고.
108. 이론적으로 극장 상황과 정확히 일치한다. 우리는 무대에서 일어나는 사건만 볼 수 있지만 영화는 시각적 초점과 편집 등으로 공간 환영을 더 잘 만들 기술적 역량을 분명 갖추었다.
109. 이 장의 독일어 요약본은 Knape 2010c 참고.

>> 13장

1. Münker/Roesler 2008a.
2. 맥루언 이전의 미디어 이론은 다양한 저작에서 암묵적으로 존재했다.
3. Knape 2005a 참고.
4. Ramming 2008, 265쪽.
5. Rieger 2008, 285쪽.
6. Baecker 2008, 131쪽.
7. Münker/Roesler 2008b, 11쪽.
8. Münker/Roesler 2008a에 실린 회의적 글인 Wolfgang Hagen 2008, 13쪽에 따르면 그렇다는 말이다.
9. Krause 1999, 151쪽 이하.
10. McLuhan 1964.
11. Esposito 2008, 112쪽; Adamowsky 2008, 30쪽; Böhme/Matussek 2008, 95쪽.
12. Esposito 2008, 113쪽의 설명과 마찬가지.
13. Backer 2008, 142쪽, 133쪽.
14. Krämer 2008, 67쪽 이하.
15. Ernst 2008, 176쪽.
16. Ernst 2008, 178쪽 이하.
17. Ernst 2008, 182쪽.
18. Gumbrecht 2005.
19. Gumbrecht 2005, 147쪽.
20. Ernst 2008, 181쪽.
21. Kittler 1993, 375쪽, 369쪽.
22. Marshall 1984, 209-242쪽; Stainton 2006.
23. Kittler 1993; Gumbrecht 2005 참고.
24. Carruthers 2006, 3-21쪽 참조.
25. Kittler 1993, 372쪽.
26. 신중한 형태의 구성주의에 따르면, 이는 반드시 환경에서 독립적인 자기지시를 상대적으로 많이 포함한다.

27. McClelland/Rumelhart 1986.
28. Knape 2005c, 19-22쪽 참고.
29. Wiesing 2008, 235쪽.
30. Enzensberger 1970; Leschke 2007, 246쪽, 254쪽.
31. McLuhan 1964, 7쪽.
32. Enzensberger 1970, 177쪽 이하.
33. McLuhan 1964, 8쪽.
34. Peters 1977, 34쪽.
35. Peters 1977, 33쪽.
36. Baecker 2008, 132쪽.
37. Wiesing 2008, 239쪽.
38. Krämer 2008, 67쪽.
39. Knape 2005c 참고.
40. 이 책 22쪽, 36쪽 이하, 319쪽, 324쪽 참조.
41. Ernst 2008, 174쪽 참고.
42. Esposito 2008, 112쪽 참고.
43. Krämer 2008, 67쪽 이하.
44. Baecker 2008, 131쪽.
45. Winkler 2008, 213쪽.
46. Knape 2005c, 23쪽; Ernst 2008, 163쪽: "미디어는 예상하지 않은 정보적 지각을 돕는, 그리하여 자유로운 인간의 주체성을 돕는 무언가, 즉 이러한 의미에서 인간 감각의 확장이다. 우리가 듣는 것이 그 사례다. 푸리에(Fourier) 이후 우리는 음향을 어조와 소리로, 주기적 기능(tones)과 비주기적 기능(crackling)으로 나누어 왔기 때문이다."
47. Kittler 1985.
48. Knape 2010b, 86-91쪽.
49. Pfister 1996, 12쪽.
50. Diderot 1763, 222쪽 이하.
51. Krämer 2008, 67쪽.
52. 신체적 파라텍스트는 실행 중에 만들어진 일련의 동기적 표현들로 구성될 수 있다. 이러한 표현에는 단일 상징(엄지를 아래로 향하는 제스처처럼) 또는 준 언어적 현상이 포함된다(키득거림 또는 웃음).
53. Heilmann 2004, 280쪽.
54. Knape 2012a.
55. 『셰익스피어 소네트(Shakespear's Sonnets)』(1997), no. 18, 147쪽.
56. Knape 2000a, 62쪽.
57. 커뮤니케이션의 상황적 조건과 제한적 조건의 차이에 관해 더 자세한 내용은 Knape 2005c, 30쪽 이하 참고.
58. 슈나이더(Scheneider)의 2004년 박사논문은 18세기에 사용된 이와 같은 현상에 대해 흥미로운 관찰을 담고 있다.

참고문헌

Adamowsky, Natascha (2008): Eine Natur unbegrenzter Geschmeidigkeit. Medientheoretische Überlegungen zum Zusammenhang von Aisthesis, Performativität und Ereignishaftigkeit am Beispiel des Anormalen. In: Stefan Münker / Alexander Roesler (ed.): Was ist ein Medium? Frankfurt a. M., pp. 30–64.

Adamzik, Kirsten (1984): Sprachliches Handeln und sozialer Kontakt. Zur Integration der Kategorie ‚Beziehungsaspekt' in eine sprechakttheoretische Beschreibung des Deutschen. Tübingen (= Tübinger Beiträge zur Linguistik 213).

Adamzik, Kirsten (1994): Beziehungsgestaltung in Dialogen. In: Gerd Fritz / Franz Hundsnurscher (ed.): Handbuch der Dialoganalyse. Tübingen, pp. 357–374.

Adamzik, Kirsten (2001): Aspekte der Gesprächstypologisierung / Aspects of Conversation Typology. In: Klaus Brinker / Gerd Antos / Wolfgang Heinemann / Sven F. Sager (ed.): Text- und Gesprächslinguistik / Linguistics of Text and Conversation. Ein internationales Handbuch zeitgenössischer Forschung / An International Handbook of Contemporary Research. 2. Halbbd. / Vol. 2. Berlin, New York, pp. 1472–1484 (= HSK. Handbücher zur Sprach- und Kommunikationswissenschaft / Handbooks of Linguistics and Communication Science 16. 2).

Albert, Ethel M. (1964): "Rhetoric", "Logic", and "Poetics" in Burundi: Cultural Patterning of Speech Behaviour. In: John J. Gumperz / Dell Hymes (ed.): The Ethnography of Communication = American Anthropologist 66. Number 6, Part 2 (Special Publication), pp. 35–54.

Alcidamas: On Those Who Write Written Speeches or On Sophists. In: Alcidamas: The Works and Fragments. Ed. with Introd., Transl. and Commentary by J. V. Muir. London 2001, pp. 2–21.

Andersen, Øivind (1995): I retorikkens hage. Oslo (German Translation: Im Garten der Rhetorik. Darmstadt 2001).

Appel, Markus (2005): Realität durch Fiktionen. Rezeptionserleben, Medienkompetenz und Überzeugungsänderungen. Berlin.

Aristoteles: Poetik. Hrsg. und übers. von Manfred Fuhrmann. Stuttgart 1982. Aristoteles: Rhetorik. Übers. und erl. von Christof Rapp. Zwei Halbbände. Berlin 2002 (= Aristoteles. Werke in deutscher Übersetzung 4. 1–2).

Aristotle: On Sophistical Refutations. In: Aristotle: On Sophistical Refutations. On Coming-to-Be and Passing-Away. By E. S. Forster. On the Cosmos. By D. J. Furley. Reprinted. Cambridge, MA, London 1978, pp. 10–155 (= Aristotle in Twenty-Three Volumes 3; The Loeb Classical Library 400).

Aristotle: The "Art" of Rhetoric. With an Engl. Transl. by John Henry Freese. Reprinted. Cambridge, MA, London 1975 (= Aristotle in Twenty-Three Volumes 22; The Loeb Classical Library 193).

Aristotle: The Poetics. In: Aristotle: The Poetics. "Longinus": On the Sublime. With an Engl. Transl. by W. Hamilton Fyfe. Demetrius: On Style. With an Engl. Transl. by W. Rhys Roberts. Reprinted. Cambridge, MA, London 1973, pp. 4–118 (= Aristotle in Twenty-Three Volumes 23; The Loeb Classical Library 199).

Aristotle: Topica. In: Aristotle: Posterior Analytics. By Hugh Tredennick. Topica. By E. S. Forster. Reprinted. Cambridge, MA, London 1976, pp. 272–739 (= Aristotle in Twenty-Three Volumes 2; The Loeb Classical Library 391).

Auerochs, Bernd (2007): Parabel. In: Metzler Lexikon Literatur. 3rd ed., pp. 567 f.

Austin, John L. (1962): How to Do Things with Words. The William James Lectures delivered at Harvard University in 1955. Oxford.

Baecker, Dirk (2008): Medienforschung. In: Stefan Münker / Alexander Roesler (ed.): Was ist ein Medium? Frankfurt a. M., pp. 131–143.

Bar-Lev, Zev (1986): Discourse Theory and "Contrastive Rhetoric". In: Discourse Processes 9, pp. 235–246.

Barclay, Alexander: The Ship of Fools. Ed. by T. H. Jamieson. 2 Vols. Edinburgh 1874. Barth, Michael / Gärtner,

Barth, Michael / Christel / Neumann-Braun, Klaus (1997): Spielräume der Faszination oder die Zuschauerirritation als dramaturgisches Prinzip in modernen Filmen. Betrachtungen zur Funktion von binären Oppositionen, narrativen Lücken und intertextuellen Referenzen am Beispiel des Kinofilms „Angel Heart". In: Michael Charlton / Silvia Schneider (ed.): Rezeptionsforschung. Theorien und Untersuchungen zum Umgang mit Massenmedien. Opladen, pp. 170–194.

Barthes, Roland (1967): The Death of the Author. In: Roland Barthes: Image-Music-Text. Transl. by Steven Heath. New York 1977, pp. 142–148 (Original in: Aspen Magazine 5/6, 1967).

Barthes, Roland (1970): The Old Rhetoric. In: Roland Barthes: The semiotic challenge. Transl. by Richard Howard. Berkley, CA, 1994. pp. 11–93. (French Original: L'ancienne rhétorique. Aide-mémoire. In: Communications 16, 1970, pp. 172–229).

Barthes, Roland (1978): Leçon: Leçon inaugurale de la chaire de sémiologie littéraire du Collège de France prononcée le 7 janvier 1977. Paris.

Baudry, Jean-Louis (1986): The Apparatus: Metapsychological Approaches to the Impression of Reality in Cinema. In: Philip Rosen (ed.): Narrative, Apparatus, Ideology. A Film Theory Reader. New York, pp. 299–318.

Bauer, Gerhard (1969): Zur Poetik des Dialogs. Leistung und Formen der Gesprächsführung in der neueren deutschen Literatur. Darmstadt (= Impulse der Forschung 1).

Bauer, Matthias / Knape, Joachim / Koch, Peter / Winkler, Susanne (2010): Dimensionen der Ambiguität. In: Wolfgang Klein / Susanne Winkler (ed.): Ambiguität = Zeitschrift für Literaturwissenschaft und Linguistik 40 (no. 158), pp. 7–75.

Bausch, Karl-Heinz / Grosse, Siegfried (1985) (ed.): Praktische Rhetorik. Beiträge zu ihrer Funktion in der Aus- und Fortbildung. Auswahlbibliographie. Mannheim.

Becher, Tony / Kogan, Maurice (1992): Process and Structure in Higher Education. 2nd ed. London.

Becker-Mrotzek, Michael / Brünner, Gisela (2009) (ed.): Analyse und Vermittlung von Gesprächskompetenz. 2nd ed. Frankfurt a. M. (= forum ANGEWANDTE LINGUISTIK 43).

Beißwenger, Michael (2003): Sprachhandlungskoordination im Chat. In: Zeitschrift für germanistische Linguistik 31, pp. 198–231.

Benjamin, Walter (1939): The Work of Art in the Age of Reproducibility. 3rd version. In: Walter Benjamin: Selected Writings Vol. 4. Ed. by Howard Eiland / Michael W. Jennings. Transl. by Rodney Livingstone. London, Cambridge, MA, 2003, pp. 251–283.

Bentele, Günter (1992): Images und Medien-Images. In: Werner Faulstich (ed.): Image – Imageanalyse – Imagegestaltung. 2. Lüneburger Kolloquium zur Medienwissenschaft. Bardowick, pp. 152–176 (= IfAM-Arbeitsberichte 7).

Bergler, Reinhold (1991): Standort als Imagefaktor. In: Deutsche Public Relations Gesellschaft e. V. (DPRG) (ed.): Führung und Kommunikation. Erfolg durch Partnerschaft. Standort als Imagefaktor. DPRG-Jahrestagung 9.–11. 5. 1991 in Essen. Bonn, pp. 47–64.

Bergmann, Regina (1999): Rhetorikratgeberliteratur aus linguistischer Sicht. In: Gisela Brünner / Reinhard Fiehler / Walther Kindt (ed.): Angewandte Diskursforschung. Vol. 2: Methoden und Anwendungsbereiche. Wiesbaden, pp. 226–246.

Bergsdorf, Wolfgang (2009): Rhetorik und Stilistik in der Politologie / Rhetoric and Stylistics in Political Science. In: Ulla Fix / Andreas Gardt / Joachim Knape (ed.): Rhetorik und Stilistik / Rhetoric and Stylistics. Ein internationales Handbuch historischer und systematischer Forschung / An International Handbook of Historical and Systematic Research. 2. Halbbd. / Vol. 2. Berlin, New York, pp. 1842–1856 (= HSK. Handbücher zur Sprach- und Kommunikationswissenschaft / Handbooks of Linguistics and Communication Science 31. 2).

Bernhard, Thomas (1974): Die Jagdgesellschaft. Frankfurt a. M.

Bernhard, Thomas (1975): An Indication of the Cause. In: Thomas Bernhard: Gathering Evidence. Transl. by David McLintock. New York 1985, pp. 75–142. (German Original: Die Ursache. Eine Andeutung. Salzburg 1975).

Bernhard, Thomas (1978): The Voice Imitator. Transl. by Kenneth J. Northcott. Chicago, 1997 (German Original: Der Stimmenimitator. Frankfurt a. M. 1978).

Best, Otto F. (1985): Der Dialog. In: Klaus Weissenberger (ed.): Prosakunst ohne Erzählen. Die Gattungen der nicht-fiktionalen Kunstprosa. Tübingen, pp. 89–104 (= Konzepte der Sprach- und Literaturwissenschaft 34).

Birnbacher, Dieter / Krohn, Dieter (2002) (ed.): Das sokratische Gespräch. Stuttgart.

Bittner, Johannes (2003): Digitalität, Sprache, Kommunikation. Eine Untersuchung zur Medialität von digitalen Kommunikationsformen und Textsorten und deren varietätenlinguistischer Modellierung. Berlin.

Bliese, John R. E. (1974): Medieval Rhetoric. Its Study and Practice in Northern Europe from 1050 to 1250. Unpublished Ph.D.-Thesis: University of Kansas.

Bloomfield, Leonard (1933): Language. New York.

Blumenberg, Hans (1981): Anthropologische Annäherung an die Rhetorik. In: Hans Blumenberg: Wirklichkeiten in denen wir leben. Aufsätze und eine Rede. Stuttgart, pp. 104–136.

Böhme, Hartmut / Matussek, Peter (2008): Die Natur der Medien und die Medien der Natur. In: Stefan Münker / Alexander Roesler (ed.): Was ist ein Medium? Frankfurt a. M., pp. 91–111.

Booth, Wayne C. (1961): The Rhetoric of Fiction. Chicago.

Bordwell, David (1991): Making Meaning. Inference and Rhetoric in the Interpretation of Cinema. Cambridge, MA (= Harvard Film Studies).

Borgstedt, Silke (2008): Der Musik-Star. Vergleichende Imageanalysen von Alfred Brendel, Stefanie Hertel und Robbie Williams. Bielefeld (= Studien zur Popularmusik).

Bornscheuer, Lothar (1976): Topik. Zur Struktur der gesellschaftlichen Einbildungskraft. Frankfurt a. M.

Boskoff, Priscilla S. (1952): Quintilian in the Late Middle Ages. In: Speculum 27, pp. 71–78.

Boulding, Kenneth E. (1956): The Image. Knowledge in Life and Society. Ann Arbor, MI. Brant, Sebastian: Das Narrenschiff. Transl. by Hermann A. Junghans. Leipzig 1877.

Brant, Sebastian: Das Narrenschiff. Facsimile of the first edition by Franz Schultz. Strassburg 1912. Reprint ed. by Dieter Wuttke. Baden-Baden 1994 (= Saecvla Spiritalia 6).

Brant, Sebastian: Das Narrenschiff. Ed. by Joachim Knape. Stuttgart 2005.

Braungart, Georg (1988): Hofberedsamkeit. Studien zur Praxis höfisch-politischer Rede im deutschen Territorialabsolutismus. Tübingen. (= Studien zur deutschen Literatur 96).

Brenzikofer, Barbara (2002): Reputation von Professoren. Implikationen für das Human Recource Management von Universitäten. Munich, Mering (= Personalwirtschaftliche Schriften 19).

Bressa, Birgit (2003): Plastik. In: Historisches Wörterbuch der Rhetorik 6, col. 1239-1268.

Brinker, Klaus / Antos, Gerd / Heinemann, Wolfgang / Sager, Sven F. (2000-2001) (ed.): Text- und Gesprächslinguistik / Linguistics of Text and Conversation. Ein internationales Handbuch zeitgenössischer Forschung / An International Handbook of Contemporary Research. 2 Halbbde. / 2 Vols. Berlin, New York (= HSK. Handbücher zur Sprach- und Kommunikationswissenschaft / Handbooks of Linguistics and Communication Science 16. 1-2).

Brown, Penelope / Levinson, Stephen (1987): Politeness. Some Universals in Language Usage. Cambridge (= Studies in Interactional Sociolinguistics 4).

Brünner, Gisela (2000): Wirtschaftskommunikation. Linguistische Analyse ihrer mündlichen Formen. Tübingen (= Germanistische Linguistik 213).

Bühler, Karl (1934): Theory of Language: The Representational Function of Language. Transl. by Donald Fraser Goodwin. Amsterdam 1990 (German Original: Sprachtheorie. Die Darstellungsfunktion der Sprache. Jena 1934).

Burgoon, Judee K. / Hale, Jerold L. (1984): The Fundamental Topoi of Relational Communication. In: Communication Monographs 51, pp. 193-214.

Burgoon, Judee K. / Humpherys, Sean / Moffitt, Kevin (2008): Nonverbal Communication: Research Areas and Approaches / Nonverbale Kommunikation: Forschungsfelder und -ansätze. In: Ulla Fix / Andreas Gardt / Joachim Knape (ed.): Rhetorik und Stilistik / Rhetoric and Stylistics. Ein internationales Handbuch historischer und systematischer Forschung / An International Handbook of Historical and Systematic Research. 1. Halbbd. / Vol. 1. Berlin, New York, pp. 787-812 (= HSK. Handbücher zur Sprach- und Kommunikationswissenschaft / Handbooks of Linguistics and Communication Science 31. 1).

Burke, Kenneth (1931): Counter-Statement. 3rd ed. London 1968.

Burke, Kenneth (1939): The Rhetoric of Hitler's 'Battle'. In: The Philosophy of Literary Form: Studies in Symbolic Action. 3rd ed. Berkeley 1974, pp. 191-220.

Burke, Kenneth (1941): The Philosophy of Literary Form. Studies in Symbolic Action. 5th ed. New York 1973.

Burke, Kenneth (1945): A Grammar of Motives. California edition. Los Angeles 1969.

Burke, Kenneth (1950): 'Administrative' Rhetoric in Machiavelli. In: A Rhetoric of Motives. 3rd ed. Berkeley 2000, pp. 158-166.

Burke, Kenneth (1966): Language as Symbolic Action. Essays on Life, Literature, and Method. Berkeley, CA.

Buttenwieser, Hilda (1930): The Distribution of the Manuscripts of the Latin Classical Authors in the Middle Ages. Unpublished Ph.D.-Thesis: University of Chicago.

Carawan, Edwin (2007) (ed.): Oxford Readings in the Attic Orators. Oxford (= Oxford Readings in Classical Studies).

Carroll III, William Myles (2011): The Logic of Poetic Language. Explaining the Power of Poetry to Transform Our Understanding of the World. With a Foreword by Ed Block. Lewiston, NY, Queenston, ON, Lampeter.

Carroll, Noël (2008): The Philosophy of Motion Pictures. Malden, MA.

Carruthers, Peter (2006): The Case for Massively Modular Models of Mind. In: Robert J. Stainton (ed.): Contemporary Debates in Cognitive Science. Malden, MA., pp. 3-21.

Chase, Stuart (1938): The Tyranny of Words. New York.

Chomsky, Noam (1957): Syntactic Structures. Berlin 2002.

Chronicle of the Emperors = Die Kaiserchronik eines Regensburger Geistlichen. Ed. by Edward Schröder.

Hannover 1892 (= Monvmenta Germaniae Historica / Deutsche Chroniken und andere Geschichtsbücher des Mittelalters I. 1).

Cicero, Marcus Tullius: De Oratore. Books I, II: With an Engl. Transl. by E. W. Sutton. Completed, with an Introd. by H. Rackham. Reprinted. London, Cambridge, MA, 1967. Book III (together with De Fato, Paradoxa Stoicorum, De Partitione Oratoria): With an Engl. Transl. by H. Rackham. Reprinted. London, Cambridge, MA, 1968 (= Cicero in Twenty-Eight Volumes 3–4; The Loeb Classical Library 348–349).

Cicero, Marcus Tullius: Orator. In: Marcus Tullius Cicero: Brutus. With an Engl. Transl. by G. L. Hendrickson. Orator. With an Engl. Transl. by H. M. Hubbell. Revised and Reprinted. London, Cambridge, MA, 1962, pp. 306–509 (= Cicero in Twenty-Eight Volumes 5; The Loeb Classical Library 342).

Clark, Toby (1997) (ed.): Art and Propaganda in the Twentieth Century. The Political Image in the Age of Mass Culture. London.

Connor, Ulla (1996): Contrastive Rhetoric: Cross-Cultural Aspects of Second-Language Writing. Cambridge, MA, New York (= Cambridge Applied Linguistics).

Copeland, Rita (1991): Rhetoric, Hermeneutics, and Translation in the Middle Ages. Academic Traditions and Vernacular Texts. Cambridge (= Cambridge Studies in Medieval Literature 11).

Corbett, Edward P. J. (1963): The Usefulness of Classical Rhetoric. In: College Composition and Communication 14, pp. 162–164.

Corbett, Edward P. J. (1965): Classical Rhetoric for the Modern Student. 4th ed (with Robert J. Connors). Oxford 1999.

Crain, Stephen / Lillo-Martin, Diane (1999): An Introduction to Linguistic Theory and Language Acquisition. Malden, MA (= Blackwell Textbooks in Linguistics 15).

Dahinden, Urs (2006): Framing. Eine integrative Theorie der Massenkommunikation. Konstanz (= Forschungsfeld Kommunikation 22).

de Lairesse, Gerard (1707): Groot Schilderboek. Amsterdam.

de Man, Paul (1971): The Rhetoric of Blindness: Jacque Derrida's reading of Rousseau. In: Paul de Man: Blindness and Insight. Essays in the Rhetoric of Contemporary Criticism. 2nd ed. Minneapolis, MN, 1983, pp. 102–141 (= Theory and History of Literature 7).

de Man, Paul (1979): Allegories of Reading: Figural Language in Rousseau, Nietzsche, Rilke, and Proust. New Haven.

de Man, Paul (1984): Aesthetic Formalization: Kleist's Über das Marionettentheater. In: Paul de Man: The Rhetoric of Romanticism. New York, pp. 263–290.

de Saussure, Ferdinand (1916): Course in General Linguistics. Ed. by Charles Bally and Albert Sechehaye, Transl. by Wade Baskin. New York 1966. (French Original: Cours de linguistique générale. Lausanne, Paris 1916).

Deciu Ritivoi, Andreea / Graff, Richard (2008): Rhetorik und neuere Literaturtheorie / Rhetoric and Modern Literary Theory. In: Ulla Fix / Andreas Gardt / Joachim Knape (ed.): Rhetorik und Stilistik / Rhetoric and Stylistics. Ein internationales Handbuch historischer und systematischer Forschung / An International Handbook of Historical and Systematic Research. 1. Halbbd. / Vol. 1. Berlin, New York, pp. 944–959 (= HSK. Handbücher zur Sprach- und Kommunikationswissenschaft / Handbooks of Linguistics and Communication Science 31. 1).

Deppermann, Arnulf (1997): Glaubwürdigkeit im Konflikt. Rhetorische Techniken in Streitgesprächen. Prozeßanalysen von Schlichtungsgesprächen. Frankfurt a. M. (= European University Studies 21: Linguistics 184).

Deppermann, Arnulf (1998): Argumentieren über Aufrichtigkeit: Zur rhetorischen Funktion einer „Kommunikationsvoraussetzung". In: Alexander Brock / Martin Hartung (ed.): Neuere Entwicklungen in der Gesprächsforschung: Vorträge der 3. Arbeitstagung des Pragmatischen Kolloquiums Freiburg. Tübingen, pp. 85–105 (= ScriptOralia 108).

Deppermann, Arnulf (2003): Desiderata einer gesprächsanalytischen Argumentationsforschung. In: Arnulf Deppermann / Martin Hartung (ed.): Argumentieren in Gesprächen: Gesprächsanalytische Studien. Tübingen, pp. 10–26 (= Stauffenburg- Linguistik 28).

Diderot, Dennis (1763): Salons. Vol. 1. Ed. by Jean Seznec / Jean Adhémar. Oxford 1957.

Dittmar, Jens (1993) (ed.): Sehr gescherte Reaktion. Leserbrief-Schlachten um Thomas Bernhard. Vienna.

Dolinina, Inga B. / Cecchetto, Vittorina (1998): Facework and Rhetorical Strategies in Intercultural Argumentative Discourse. In: Argumentation 12, pp. 167-181.

Drever, James (1973): A Dictionary of Psychology. Rev. by Henry Wallerstein. Reprinted. Harmondsworth.

Eagleton, Terry (1996): Literary Criticism. An Introduction. 2nd ed. Cambridge, MA.

Eco, Umberto (1976): A Theory of Semiotics. Bloomington, IN, London (= Advances in Semiotics).

Eco, Umberto (1983): Horns, Hooves, Insteps: Some Hypotheses on Three Types of Abduction. In: Umberto Eco / Thomas A. Sebeok (ed.): The Sign of Three: Dupin, Holmes, Peirce. Bloomington, IN, Indianapolis, IN, pp. 198–220 (= Advances in Semiotics).

Eco, Umberto (1987): Lector in Fabula. Die Mitarbeit der Interpretation in erzählenden Texten. Munich (= Edition Akzente).

Eisenegger, Mark (2004): Reputationskonstitution, Issues Monitoring und Issues Management in der Mediengesellschaft. Eine theoretische und empirische Untersuchung mit besonderer Berücksichtigung ökonomischer Organisationen. Zurich.

Enzensberger, Hans Magnus (1970): Baukasten zu einer Theorie der Medien. In: Kursbuch 20, pp. 159–186.

Ernst, Wolfgang (2008): „Merely the Medium"? Die operative Verschränkung von Logik und Materie. In: Stefan Münker / Alexander Roesler (ed.): Was ist ein Medium? Frankfurt a. M., pp. 158–184.

Esposito, Elena (2008): Die normale Unwahrscheinlichkeit der Medien: der Fall des Geldes. In: Stefan Münker / Alexander Roesler (ed.): Was ist ein Medium? Frankfurt a. M.,
pp. 112–130.

Eyckeler, Franz (1995): Reflexionspoesie. Sprachskepsis, Rhetorik und Poetik in der Prosa Thomas Bernhards. Berlin (= Philologische Studien und Quellen 133).

Fahnestock, Jeanne (1999): Rhetorical Figures in Science. New York.

Faulstich, Werner (2000): Das Image-Konzept. In: Werner Faulstich: Grundwissen Öffentlichkeitsarbeit. Munich, pp. 124–129.

Fiehler, Reinhard (1990): Kommunikation und Emotion. Theoretische und empirische Untersuchungen zur Rolle von Emotionen in der verbalen Interaktion. Berlin, New York (= Grundlagen der Kommunikation und Kognition).

Fiehler, Reinhard (1999): Kann man Kommunikation lernen? Zur Veränderbarkeit von Kommunikationsverhalten durch Kommunikationstrainings. In: Gisela Brünner / Reinhard Fiehler / Walther Kindt (ed.): Angewandte Diskursforschung. Vol. 2: Methoden und Anwendungsbereiche. Wiesbaden, pp. 18–35.

Fiehler, Reinhard (2001a): Emotionalität im Gespräch / Emotionality in Conversation. In: Klaus Brinker / Gerd Antos / Wolfgang Heinemann / Sven F. Sager (ed.): Text- und Gesprächslinguistik / Linguistics of Text and Conversation. Ein internationales Handbuch zeitgenössischer Forschung / An International Handbook of Contemporary Research. 2. Halbbd. / Vol. 2. Berlin, New York, pp. 1425–1438 (= HSK. Handbücher zur Sprach- und Kommunikationswissenschaft / Handbooks of Linguistics and Communication Science 16. 2).

Fiehler, Reinhard (2001b): Gesprächsanalyse und Kommunikationstraining / Conversation Linguistics and Communication Training. In: Klaus Brinker / Gerd Antos / Wolfgang Heinemann / Sven F. Sager (ed.): Text- und Gesprächslinguistik / Linguistics of Text and Conversation. Ein internationales Handbuch zeitgenössischer Forschung / An International Handbook of Contemporary Research. 2. Halbbd. / Vol. 2.

Berlin, New York, pp. 1697–1710 (= HSK. Handbücher zur Sprach- und Kommunikationswissenschaft / Handbooks of Linguistics and Communication Science 16. 2).

Fiehler, Reinhard (2008): Emotionale Kommunikation / Emotional Communication. In: Ulla Fix / Andreas Gardt / Joachim Knape (ed.): Rhetorik und Stilistik / Rhetoric and Stylistics. Ein internationales Handbuch historischer und systematischer Forschung / An International Handbook of Historical and Systematic Research. 1. Halbbd. / Vol. 1. Berlin, New York, pp. 757–772 (= HSK. Handbücher zur Sprach- und Kommunikationswissenschaft / Handbooks of Linguistics and Communication Science 31. 1).

Fiehler, Reinhard / Schmitt, Reinhold (2011): Gesprächstraining. In: Karlfried Knapp, et. al. (ed.): Angewandte Linguistik. Ein Lehrbuch. 3rd ed. Tübingen, Basel, pp. 355–375.

Fix, Ulla / Gardt, Andreas / Knape, Joachim (2008–2009) (ed.): Rhetorik und Stilistik / Rhetoric and Stylistics. Ein internationales Handbuch historischer und systematischer Forschung / An International Handbook of Historical and Systematic Research. 2 Halbbde. / 2 Vols. Berlin, New York (= HSK. Handbücher zur Sprach- und Kommunikationswissenschaft / Handbooks of Linguistics and Communication Science 31. 1–2).

Flusser, Vilém (1996): Kommunikologie. Mannheim (= Vilém Flusser. Schriften 4).

Fohrmann, Jürgen (1993): Misreadings revisited. Eine Kritik des Konzepts von Paul de Man. In: Karl Heinz Bohrer (ed.): Ästhetik and Rhetorik. Lektüren zu Paul de Man. Frankfurt a. M., pp. 79–97 (= Aesthetica).

Fortenbaugh, William W. (1992): Aristotle on Persuasion Through Character. In: Rhetorica. A Journal of the History of Rhetoric 10, pp. 207–244.

Foss, Sonja K. (2005): Theory of Visual Rhetoric. In: Ken Smith / Sandra Moriarty / Gretchen Barbatsis / Keith Kenney (ed.): Handbook of Visual Communication. Theory, Methods, and Media. Mahwah, NJ, pp. 141–152 (= LEA's Communication Series).

Foucault, Michel (1961): Madness and Civilization: A History of Insanity in the Age of Reason. London 1999 (French Original: Histoire de la Folie à l'Age Classique: Folie et Déraison. Paris 1961).

Fredal, James (2006): Rhetorical Action in Ancient Athens: Persuasive Artistry from Solon to Demosthenes. Carbondale.

Fromkin, Victoria A. (2000): Linguistics: An Introduction to Linguistic Theory. Malden, MA.

Gaier, Ulrich (1966): Studien zu Sebastian Brants Narrenschiff. Tübingen.

Gansel, Christina (2009): Rhetorik und Stilistik in Text- und Gesprächslinguistik / Rhetoric and Stylistics in Linguistics of Text and Conversation. In: Ulla Fix / Andreas Gardt / Joachim Knape (ed.): Rhetorik und Stilistik / Rhetoric and Stylistics. Ein internationales Handbuch historischer und systematischer Forschung / An International Handbook of Historical and Systematic Research. 2. Halbbd. / Vol. 2. Berlin, New York, pp. 1907–1921 (= HSK. Handbücher zur Sprach- und Kommunikationswissenschaft / Handbooks of Linguistics and Communication Science 31. 2).

Gardner, Burleigh B. / Rainwater, Lee (1955): The Mass Image of Big Business. In: Harvard Business Review 33 (Issue 6), pp. 61–66.

Garrett, Mary (1998): Short Review: George Kennedy, Comparative Rhetoric: An Historical and Cross-cultural Introduction (New York: Oxford University Press, 1998). In: Rhetorica 16, pp. 431–433.

Geißner, Hellmut (1996): Gesprächsrhetorik. In: Historisches Wörterbuch der Rhetorik 3, col. 953–964.

Genette, Gérard (1972a): Figures III. Paris.

Genette, Gérard (1972b): Rhetoric Restrained. In: Gérard Genette: Figures of Literary Discourse. Transl. by Alan Sheridan. New York 1982, pp. 103–126 (French Original: La rhétorique restreinte. In: Gérard Genette: Figures III. Paris 1972, pp. 21–40).

Genette, Gérard (1987): Paratexts: Thresholds of Interpretation. Transl. by Jane E. Lewin. Cambridge, MA, 1997 (= Literature, Culture, Theory 20) (French Original: Seuils. Paris 1987 = Poétique).

Genette, Gérard (1991): Fiction and Diction. Transl. by Catherine Porter. Ithaca, NY, 1993 (French Original: Fiction et diction. Paris 1991). Geoffrey of Vinsauf: The Poetria Nova. In: Ernest Gallo (ed.): The Poetria Nova and its Sources in Early Rhetorical Doctrine. The Hague, Paris 1971, pp. 14-123.

Goffman, Erving (1967): Interaction Ritual. Essays on Face-to-Face Behavior. Garden City, NY.

Goffman, Erving (1974): Frame Analysis. An Essay on the Organization of Experience. New York.

Goldschmidt, Harry (1971): Vers und Strophe in Beethovens Instrumentalmusik. In: Erich Schenk (ed.): Beethoven-Symposion Wien 1970. Bericht. Wien, Köln, Graz, pp. 97-120 (= Österreichische Akademie der Wissenschaften: Sitzungsberichte. Philosophisch- Historische Klasse 271).

Goodman, Nelson (1969): Languages of Art. An Approach to a Theory of Symbols. London.

Grabe, William / Kaplan, Robert B. (1996): Theory and Practice of Writing An Applied Linguistic Perspective. London (= Applied Linguistics and Language Study).

Graff, Richard (2008): Topics/Topoi / Topik/Topoi. In: Ulla Fix / Andreas Gardt and Joachim Knape (ed.): Rhetorik und Stilistik / Rhetoric and Stylistics. Ein internationales Handbuch historischer und systematischer Forschung / An International Handbook of Historical and Systematic Research. 1. Halbbd. / Vol. 1. Berlin, New York, pp. 717-728 (= HSK. Handbücher zur Sprach- und Kommunikationswissenschaft / Handbooks of Linguistics and Communication Science 31. 1).

Greene, Ronald Walter (2008): Rhetoric in Cultural Studies / Rhetorik in den Cultural Studies. In: Ulla Fix / Andreas Gardt / Joachim Knape (ed.): Rhetorik und Stilistik / Rhetoric and Stylistics. Ein internationales Handbuch historischer und systematischer Forschung / An International Handbook of Historical and Systematic Research. 1. Halbbd. / Vol. 1. Berlin, New York, pp. 959-970 (= HSK. Handbücher zur Sprach- und Kommunikationswissenschaft / Handbooks of Linguistics and Communication Science 31. 1).

Grice, Herbert P. (1967): Logic and Conversation. In: Herbert P. Grice: Studies in the Way of Words. Cambridge, MA, London 1989, pp. 22-40. First edition in: Peter Cole / Jerry L. Morgan (ed.): Speech Acts. New York 1975, pp. 41-58 (= Syntax and Semantics 3); the same as the original William James Lectures Typoscript. Cambridge, MA, 1967.

Guhr, Dagny (2008): Argumentation in Courtshipkommunikation. Zu den persuasiven Strategien im Gespräch. Berlin (= neue rhetorik 3).

Gumbrecht, Hans Ulrich (2005): Materialität der Kommunikation. In: Alexander Roesler / Bernd Stiegler (ed.): Grundbegriffe der Medientheorie. Paderborn, pp. 144-149. Gumperz, John J. (1982): Discourse Strategies. Cambridge (= Studies in Interactional Sociolinguistics 1).

Gürtler, Arno (1948): Volkstümliches Zeichenbuch. Leipzig.

Gusfield, Joseph (1976): The Literary Rhetoric of Science. Comedy and Pathos in Drinking Driver Research. In: American Sociological Review 41, pp. 16-34.

Gutenberg, Norbert (2000): Mündlich realisierte schriftkonstituierte Textsorten / Texts Constituted in a Written Form Yet Realised in a Spoken Form. In: Klaus Brinker / Gerd Antos / Wolfgang Heinemann / Sven F. Sager (ed.): Text- und Gesprächslinguistik / Linguistics of Text and Conversation. Ein internationales Handbuch zeitgenössischer Forschung / An International Handbook of Contemporary Research. 1. Halbbd. / Vol. 1. Berlin, New York, pp. 574-587 (= HSK. Handbücher zur Sprach- und Kommunikationswissenschaft / Handbooks of Linguistics and Communication Science 16. 1).

Habermas, Jürgen (1981): The Theory of Communicative Action. Vol. 1: Reason and the Rationalization of Society. Transl. by Thomas McCarthy. Boston, MA, 1984. (German Original: Theorie des kommunikativen Handelns. Bd. 1: Handlungsrationalität und gesellschaftliche Rationalisierung. Frankfurt a. M. 1981).

Habermas, Jürgen (1984): On the Pragmatics of Social Interaction: Preliminary Studies in the Theory of Communicative Action. Transl. by Barbara Fultner. Cambridge, MA, 2001 (= Studies in Contemporary German Social Thought) (German Original: Vorstudien und Ergänzungen zur Theorie des kommunikativen Handelns. Frankfurt a. M. 1984).

Habermas, Jürgen (1985): The Philosophical Discourse of Modernity. Twelve Lectures. Translated by Frederick

Lawrence. Cambridge, MA, 1987 (German Original: Der philosophische Diskurs der Moderne. Zwölf Vorlesungen. Frankfurt a. M. 1985).

Hagen, Wolfgang (2008): Metaxy. Eine historiosemantische Fußnote zum Medienbegriff. In: Stefan Münker / Alexander Roesler (ed.): Was ist ein Medium? Frankfurt a. M., pp. 13– 29.

Han, Sang-pil / Shavitt, Sharon (1994): Persuasion and Culture: Advertising Appeals in Individualistic and Collectivistic Societies. In: Journal of Experimental Social Psychology 30, pp. 326–350.

Harrington, John (1973): The Rhetoric of Film. New York.

Hausendorf, Heiko (1992): Gespräch als System. Linguistische Aspekte einer Soziologie der Interaktion. Opladen.

Heath, Stephen (1980): The Cinematic Apparatus: Technology as Historical and Cultural Form. In: Teresa de Lauretis / Stephen Heath (ed.): The Cinematic Apparatus. New York, pp. 1– 13.

Heesacker, Martin / Petty, Richard E. / Cacioppo, John T. (1983): Field Dependence and Attitude Change: Source Credibility Can Alter Persuasion by Affecting Message-Relevant Thinking. In: Journal of Personality 51, pp. 653–666.

Heidegger, Martin: Basic Concepts of Aristotelian Philosophy. Transl. by Robert D. Metcalf and Mark B. Tanzer. Bloomington, IN, 2009 (= Studies in Continental Thought) (German Original: Martin Heidegger: Grundbegriffe der aristotelischen Philosophie. Ed. by Mark Michalski. Frankfurt a. M. 2002 = Martin Heidegger: Gesamtausgabe. II. Abteilung: Vorlesungen 1919–1944, Vol. 18).

Heilmann, Christa M. (2004): Das Konzept Körper in der Rhetorik aus semiotischer Sicht. In: Fohrmann, Jürgen (ed.): Rhetorik. Figuration und Performanz. Stuttgart, Weimar, pp. 267–282.

Heinemann, Wolfgang (2000): Textsorte – Textmuster – Texttyp / Text Type – Text Pattern. In: Klaus Brinker / Gerd Antos / Wolfgang Heinemann / Sven F. Sager (ed.): Text- und Gesprächslinguistik / Linguistics of Text and Conversation. Ein internationales Handbuch zeitgenössischer Forschung / An International Handbook of Contemporary Research. 1. Halbbd. / Vol. 1. Berlin, New York, pp. 507–523 (= HSK. Handbücher zur Sprach- und Kommunikationswissenschaft / Handbooks of Linguistics and Communication Science 16. 1).

Heinrichs, Johannes (1972): Dialog. In: Historisches Wörterbuch der Philosophie 2, col. 226– 229.

Herder, Johann Gottfried (1785): Briefe, das Studium der Theologie betreffend. Nach der 2. verbesserten Ausgabe 1785. Parts 3 and 4. Ed. by Johann Georg Mueller. Stuttgart, Tübingen 1829. (= Johann Gottfried von Herder's sämmtliche Werke: Zur Religion und Theologie 14).

Heringer, Hans Jürgen (1990): „Ich gebe Ihnen mein Ehrenwort". Politik – Sprache – Moral. Munich.

Hess-Lüttich, Ernest W. B. (1991): Effektive Gesprächsführung. Evaluationskriterien in der Angewandten Rhetorik. In: Gert Ueding (ed.): Rhetorik zwischen den Wissenschaften. Geschichte, System, Praxis als Probleme des Historischen Wörterbuchs der Rhetorik. Tübingen, pp. 35–51 (= Rhetorik-Forschungen 1).

Hess-Lüttich, Ernest W. B. (1994): Dialog. In: Historisches Wörterbuch der Rhetorik 2, col. 606– 621.

Hess-Lüttich, Ernest W. B. (1996): Gespräch. In: Historisches Wörterbuch der Rhetorik 3, col. 929–947.

Hess-Lüttich, Ernest W. B. (2001): Gesprächsformen in der Literatur / Forms of Conversation in Literature. In: Klaus Brinker / Gerd Antos / Wolfgang Heinemann / Sven F. Sager (ed.): Text- und Gesprächslinguistik / Linguistics of Text and Conversation. Ein internationales Handbuch zeitgenössischer Forschung / An International Handbook of Contemporary Research. 2. Halbbd. / Vol. 2. Berlin, New York, pp. 1619–1632 (= HSK. Handbücher zur Sprach- und Kommunikationswissenschaft / Handbooks of Linguistics and Communication Science 16. 2).

Hesse, Mary B. (1963): Models and Analogies in Science. London.

Hiltunen, Ari (2001): Aristotle in Hollywood. Visual Stories That Work. Bristol.

Hinkel, Eli (2009): Contrastive Rhetoric / Kontrastive Rhetorik. In: Ulla Fix / Andreas Gardt / Joachim

Knape (ed.): Rhetorik und Stilistik / Rhetoric and Stylistics. Ein internationales Handbuch historischer und systematischer Forschung / An International Handbook of Historical and Systematic Research. 2. Halbbd. / Vol. 2. Berlin, New York, pp. 2014– 2026 (= HSK. Handbücher zur Sprach- und Kommunikationswissenschaft / Handbooks of Linguistics and Communication Science 31. 2).

Hinnenkamp, Volker (1998): Mißverständnisse in Gesprächen. Eine empirische Untersuchung im Rahmen der interpretativen Soziolinguistik. Opladen, Wiesbaden.

Hoffmann, Harriet (1996): Thema und thematische Entwicklung in Gesprächen. Ein konversationsanalytischer Ansatz. Dissertation: Freie Universität Berlin (Mikrofiche).

Hoffmann, Ludger (2000): Thema, Themenentfaltung, Makrostruktur / Topic, Topic Development, Macro-Structure. In: Klaus Brinker / Gerd Antos / Wolfgang Heinemann / Sven F. Sager (ed.): Text- und Gesprächslinguistik / Linguistics of Text and Conversation. Ein internationales Handbuch zeitgenössischer Forschung / An International Handbook of Contemporary Research. 1. Halbbd. / Vol. 1. Berlin, New York, pp. 344–356 (= HSK. Handbücher zur Sprach- und Kommunikationswissenschaft / Handbooks of Linguistics and Communication Science 16. 1).

Holly, Werner (1979): Imagearbeit in Gesprächen. Zur linguistischen Beschreibung des Beziehungsaspekts. Tübingen (= Germanistische Linguistik 18).

Holly, Werner (2001): Beziehungsmanagement und Imagearbeit / The Management of Relations and Face-Work. In: Klaus Brinker / Gerd Antos / Wolfgang Heinemann / Sven F. Sager (ed.): Text- und Gesprächslinguistik / Linguistics of Text and Conversation. Ein internationales Handbuch zeitgenössischer Forschung / An International Handbook of Contemporary Research. 2. Halbbd. / Vol. 2. Berlin, New York, pp. 1382–1393 (= HSK. Handbücher zur Sprach- und Kommunikationswissenschaft / Handbooks of Linguistics and Communication Science 16. 2).

Hoppmann, Michael (2008): Pragmatische Aspekte der Kommunikation: Höflichkeit und Ritualisierung / Pragmatic Aspects of Communication: Politeness and Ritualization. In: Ulla Fix / Andreas Gardt / Joachim Knape (ed.): Rhetorik und Stilistik / Rhetoric and Stylistics. Ein internationales Handbuch historischer und systematischer Forschung / An International Handbook of Historical and Systematic Research. 1. Halbbd. / Vol. 1. Berlin, New York, pp. 826–836 (= HSK. Handbücher zur Sprach- und Kommunikationswissenschaft / Handbooks of Linguistics and Communication Science 31. 1).

Hörr, Sara (2009): Musik-Rhetorik: Melodiestruktur und Persuasion. Berlin (= neue rhetorik 8).

Hosman, Lawrence A. (2008): Style and Persuasion / Stil und Persuasion In: Ulla Fix / Andreas Gardt / Joachim Knape (ed.): Rhetorik und Stilistik / Rhetoric and Stylistics. Ein internationales Handbuch historischer und systematischer Forschung / An International Handbook of Historical and Systematic Research. 1. Halbbd. / Vol. 1. Berlin, New York, pp. 1119–1129 (= HSK. Handbücher zur Sprach- und Kommunikationswissenschaft / Handbooks of Linguistics and Communication Science 31. 1).

Huber, Martin (1987): „Romanfigur klagt den Autor". Zur Rezeption von Thomas Bernhards „Die Ursache. Eine Andeutung". In: Wendelin Schmidt-Dengler / Martin Huber (ed.): Statt Bernhard. Über Misanthropie im Werk Thomas Bernhards. Vienna, pp. 59–110.

Hundsnurscher, Franz (1994): Dialog-Typologie. In: Gerd Fritz / Franz Hundsnurscher (ed.): Handbuch der Dialoganalyse. Tübingen, pp. 203–238.

Husserl, Edmund (1954): The Crisis of European Sciences and Transcendental Phenomenology. Translated with an Introduction by David Carr. Evanston 1970 (German Original: Die Krisis der europäischen Wissenschaften und die transzendentale Phänomenologie: eine Einleitung in die phänomenologische Philosophie. Dordrecht 1954).

Hymes, Dell (1962): The Ethnography of Speaking. In: Thomas Gladwin / William C. Sturtevant (ed.): Anthropology and Human Behavior. Washington, D. C., pp. 13–53.

Hymes, Dell (1964): Introduction: Toward Ethnographies of Communication. In: John J. Gumperz / Dell Hymes (ed.): The Ethnography of Communication = American Anthropologist 66. Number 6, Part 2 (Special Publication), pp. 1–34.

Iser, Wolfgang (1970): Die Appellstruktur der Texte. Unbestimmtheit als Wirkungsbedingung literarischer Prosa. Konstanz (= Konstanzer Universitätsreden 28).

Jacobs, Scott (2002): Language and Interpersonal Communication. In: Mark L. Knapp / Gerald R. Miller (ed.): Handbook of Interpersonal Communication. 3rd ed. Thousand Oaks, CA, pp. 213–239.

Jakobson, Roman (1960): Linguistics and Poetics. In: Thomas A. Sebeok (ed.): Style in Language. New York, pp. 350–377.

Jasinski, James (2008): Rhetorical Criticism in the USA / Rhetorical Criticism in den USA. In: Ulla Fix / Andreas Gardt / Joachim Knape (ed.): Rhetorik und Stilistik / Rhetoric and Stylistics. Ein internationales Handbuch historischer und systematischer Forschung / An International Handbook of Historical and Systematic Research. 1. Halbbd. / Vol. 1. Berlin, New York, pp. 928–943 (= HSK. Handbücher zur Sprach- und Kommunikationswissenschaft / Handbooks of Linguistics and Communication Science 31. 1).

Jens, Walter (1965): Von deutscher Rede. In: Walter Jens: Von deutscher Rede. 4th ed. Munich, Zurich 1985, pp. 24–53.

Jensen, J. Vernon (1992): Values and Practices in Asian Argumentation. In: Argumentation and Advocacy 28, pp. 153–166.

Johnstone, Henry W. (1963): Some Reflections on Argumentation. In: Logique et Analyse 6, pp. 30–39.

Jones, Lee W. / Sinclair, Robert C. / Courneya, Kerry S. (2003): The Effects of Source Credibility and Message Framing on Exercise Intentions, Behaviors, and Attitudes: An Integration of the Elaboration Likelihood Model and Prospect Theory. In: Journal of Applied Social Psychology 33, pp. 179–196.

Joost, Gesche (2008): Bild-Sprache. Die audio-visuelle Rhetorik des Films. Bielefeld (= Film).

Kahneman, Daniel / Tversky, Amos (1979): Prospect Theory. An Analysis of Decision und Risk. In: Econometria 47, pp. 263–291.

Kallmeyer, Werner (1996a) (ed.): Gesprächsrhetorik. Rhetorische Verfahren im Gesprächsprozeß. Tübingen (= Studien zur deutschen Sprache 4).

Kallmeyer, Werner (1996b): Einleitung. Was ist Gesprächsrhetorik? In: Werner Kallmeyer (ed.): Gesprächsrhetorik. Rhetorische Verfahren im Gesprächsprozeß. Tübingen, pp. 7–18 (= Studien zur deutschen Sprache 4).

Kallmeyer, Werner (2007): Theorie verbaler Interaktion – Grundannahmen (http://gais.ids-mannheim.de/information/glossar/theorie.pdf. rev: 09.03.2009).

Kallmeyer, Werner / Schmitt, Reinhold (1996): Forcieren oder: Die verschärfte Gangart. Zur Analyse von Kooperationsformen im Gespräch. In: Werner Kallmeyer (ed.): Gesprächsrhetorik. Rhetorische Verfahren im Gesprächsprozeß. Tübingen, pp. 19–118 (= Studien zur deutschen Sprache 4).

Kamel, Salwa A. (2000): Categories of Comprehension in Argumentative Discourse. A Cross-Linguistic-Study. In: Zeinab M. Ibrahim / Sabiha T. Aydelott / Nagwa Kassabgy (ed.): Diversity in Language: Contrastive Studies in English and Arabic Theoretical Applied Linguistics. Cairo, New York, pp. 193–235.

Kant, Immanuel (1795): To Perpetual Peace: a Philosophical Sketch. Transl. by Ted Humphrey. Indianapolis, IN, 2003 (German Original: Zum Ewigen Frieden. Königsberg 1795).

Kanzog, Klaus (1991): Einführung in die Filmphilologie. Munich (= diskurs film 4).

Kanzog, Klaus (2001): Grundkurs Filmrhetorik. Munich (= diskurs film 9).

Kaplan, Robert B. (1966): Cultural Thought Patterns in Inter-Cultural Education. In: Language Learning 16, pp. 1–20.

Karickam, M. Y. Abraham (1999): Rhetoric Figures. Indian and Western Tradition. Kerala, India (= Comparative Literature Research & Study Centre = CLRSC Series 1).

Kasten, Ingrid (1992): 'Narrheit' und 'Wahnsinn'. Michel Foucaults Rezeption von Sebastian Brants 'Narrenschiff'. In: Johannes Janota et al. (ed.): Festschrift für Walter Haug und Burghart Wachinger. Vol. 1. Tübingen, pp. 233–254.

Kennedy, George A. (1998): Comparative Rhetoric: An Historical and Cross-Cultural Introduction. New York.

Kennedy, George A. (1999): Classical Rhetoric and Its Christian and Secular Tradition From Ancient to Modern Times. 2nd ed. Chapel Hill, NC.

Kilian, Jörg (2002): Lehrgespräch und Sprachgeschichte. Untersuchungen zur historischen Dialogforschung. Tübingen (= Germanistische Linguistik 233).

Kilian, Jörg (2005): Historische Dialogforschung. Eine Einführung. Tübingen(= Germanistische Arbeitshefte 41).

Kimmich, Dorothee (2003): Die Bildlichkeit der Leerstelle. Bemerkungen zur Leerstellenkonzeption in der frühen Filmtheorie. In: Wolfgang Adam / Holger Dainat / Gunter Schandera (ed.): Wissenschaft und Systemveränderung. Rezeptionsforschung in Ost und West – eine konvergente Entwicklung? Heidelberg, pp. 319-339 (= Euphorion: Beihefte 44).

Kittler, Friedrich A. (1985): Discourse Networks 1800/1900. Transl. by Michael Metteer / Chris Cullens. Stanford, CA, 1990. (German Original: Aufschreibesysteme 1800, 1900. Munich 1985).

Kittler, Friedrich A. (1993): Es gibt keine Software. In: Hans Ulrich Gumbrecht / K. Ludwig Pfeiffer (ed.): Schrift. Munich, pp. 367-378 (= Materialität der Zeichen. Reihe A 12).

Kjørup, Søren (1996): Humanities. Geisteswissenschaften. Sciences humaines. Eine Einführung. Stuttgart, Weimar 2001 (Danish Original: Menneskevidenskaberne. Problemer og traditioner i humanioras videnskabsteori. Frederiksberg 1996.)

Klopsch, Paul (1980): Einführung in die Dichtungslehren des lateinischen Mittelalters. Darmstadt (= Das lateinische Mittelalter).

Klotz, Fabian (2008): Der Orator / The Orator. In: Ulla Fix / Andreas Gardt / Joachim Knape (ed.): Rhetorik und Stilistik / Rhetoric and Stylistics. Ein internationales Handbuch historischer und systematischer Forschung / An International Handbook of Historical and Systematic Research. 1. Halbbd. / Vol. 1. Berlin, New York, pp. 587-597 (= HSK. Handbücher zur Sprach- und Kommunikationswissenschaft / Handbooks of Linguistics and Communication Science 31. 1).

Knape, Joachim (1994a): Elocutio. In: Historisches Wörterbuch der Rhetorik 2, col. 1022- 1083.

Knape, Joachim (1994b): Rhetorizität und Semiotik. Kategorientransfer zwischen Rhetorik und Kunsttheorie in der Frühen Neuzeit. In: Wilhelm Kühlmann / Wolfgang Neuber (ed.): Intertextualität in der frühen Neuzeit. Studien zu ihren theoretischen und praktischen Perspektiven. Frankfurt a. M., pp. 507-532 (= Frühneuzeit-Studien 2).

Knape, Joachim (1996): Figurenlehre. In: Historisches Wörterbuch der Rhetorik 3, col. 289- 432.

Knape, Joachim (1997a) (ed.): 500 Jahre Tübinger Rhetorik. 30 Jahre Rhetorisches Seminar. Katalog zur Ausstellung im Bonatzbau der Universitätsbibliothek Tübingen vom 12. Mai bis 31. Juli 1997. Tübingen.

Knape, Joachim (1997b): Fiktionalität und Faktizität als Erkenntnisproblem am Beispiel spätmittelalterlicher Reiseerzählungen. In: Holger Krapp / Thomas Wägenbaur (ed.): Künstliche Paradiese. Virtuelle Realitäten. Künstliche Räume in Literatur-, Sozial- und Naturwissenschaften Munich, pp. 47-62.

Knape, Joachim (1998): Zwangloser Zwang. Der Persuasions-Prozeß als Grundlage sozialer Bindung. In: Gert Ueding / Thomas Vogel (ed.): Von der Kunst der Rede und Beredsamkeit. Tübingen, pp. 54-69.

Knape, Joachim (2000a): Was ist Rhetorik? Stuttgart.

Knape, Joachim (2000b): Allgemeine Rhetorik. Stationen der Theoriegeschichte. Stuttgart. Knape, Joachim (2000c): Die zwei texttheoretischen Betrachtungsweisen der Topik. In: Thomas Schirren / Gert Ueding (ed.): Topik und Rhetorik. Tübingen, pp. 747-766.

Knape, Joachim (2000d): Historia, Textuality and Episteme in the Middle Ages. In: Tuomas M. S. Lehtonen / Päivi Mehtonen (ed.): Historia. The Concept and Genres in the Middle Ages. Helsinki, pp. 11-27 (= Commentationes Humanarum Litterarum 116).

Knape, Joachim (2000e): Die kodierte Welt. Bild, Schrift und Technobild bei Vilém Flusser. In: Joachim Knape / Hermann-Arndt Riethmüller (ed.): Perspektiven der Buch- und Kommunikationskultur. Tübingen, pp.

1-18.

Knape, Joachim (2000f): New Rhetoric und Rhetorik der Dekonstruktion. Von Kenneth Burke zu Paul de Man. In: Sabine Doering / Waltraud Maierhofer / Peter Philipp Riedl (ed.): Resonanzen. Festschrift für Hans Joachim Kreutzer zum 65. Geburtstag. Würzburg,

pp. 483-497.

Knape, Joachim (2003a): Persuasion. In: Historisches Wörterbuch der Rhetorik 6, col. 874- 907.

Knape, Joachim (2003b): Rede2. In: Reallexikon der deutschen Literaturwissenschaft 3, pp. 233 ff.

Knape, Joachim (2005a) (ed.): Medienrhetorik. Tübingen.

Knape, Joachim (2005b): Medienrhetorik. Einleitung zu den Beiträgen. In: Joachim Knape (ed.): Medienrhetorik. Tübingen, pp. 1-15.

Knape, Joachim (2005c): The Medium is the Massage? Medientheoretische Anfragen und Antworten der Rhetorik. In: Joachim Knape (ed.): Medienrhetorik. Tübingen, pp. 17-39.

Knape, Joachim (2005d): Rhetorik und neue Medien. In: Michael Jäckel / Frank Haase (ed.): In medias res. Herausforderung Informationsgesellschaft. Munich, pp. 133-151.

Knape, Joachim (2005e): Rhetorik. In: Klaus Sachs-Hombach (ed.): Bildwissenschaft. Disziplinen, Themen, Methoden. Frankfurt a. M., pp. 134-148.

Knape, Joachim (2006a): Poetik und Rhetorik in Deutschland 1300-1700. Wiesbaden (= Gratia 44).

Knape, Joachim (2006b): Machiavelli und die Rhetorik. In: Rita Franceschini / Rainer Stillers / Maria Moog-Grünewald / Franz Penzenstadler / Norbert Becker / Hannelore Martin (ed.): Retorica: Ordnungen und Brüche. Beiträge des Tübinger Italianistentags. Tübingen, pp. 183-201.

Knape, Joachim (2006c): Gewalt, Sprache und Rhetorik. In: Julia Dietrich / Uta Müller-Koch (ed.): Ethik und Ästhetik der Gewalt. Paderborn, pp. 57-78.

Knape, Joachim (2006d): Virtualität und VIVA-Video World. In: Christoph Jacke / Eva Kimminich / Siegfried J. Schmidt (ed.): Kulturschutt. Über das Recycling von Theorien und Kulturen. Bielefeld, pp. 207-222 (= Cultural Studies 16).

Knape, Joachim (2007a) (ed.): Bildrhetorik. Baden-Baden (= Saecvla Spiritalia 45). Knape, Joachim (2007b): Bildrhetorik. Einführung in die Beiträge des Bandes. In: Joachim Knape (ed.): Bildrhetorik. Baden-Baden, pp. 9-34 (= Saecvla Spiritalia 45).

Knape, Joachim (2007c): Kann der Orator tolerant sein? Zur Toleranzfrage aus rhetoriktheoretischer Sicht. In: Friedrich Schweitzer / Christoph Schwöbel (ed.): Religion - Toleranz - Bildung. Neukirchen-Vluyn, pp. 39-56 (= Theologie interdiszi- plinär 3).

Knape, Joachim (2007d): Powerpoint in rhetoriktheoretischer Sicht. In: Bernt Schnettler / Herbert Knoblauch (ed.): Powerpoint-Präsentationen. Neue Formen der gesellschaftlichen Kommunikation von Wissen. Konstanz, pp. 53-66.

Knape, Joachim (2008a): Rhetorik der Künste / Rhetoric and the Arts. In: Ulla Fix / Andreas Gardt / Joachim Knape (ed.): Rhetorik und Stilistik / Rhetoric and Stylistics. Ein internationales Handbuch historischer und systematischer Forschung / An International Handbook of Historical and Systematic Research. 1. Halbbd. / Vol. 1. Berlin, New York, pp. 894-927 (= HSK. Handbücher zur Sprach- und Kommunikationswissenschaft / Handbooks of Linguistics and Communication Science 31. 1).

Knape, Joachim (2008b): Performanz in rhetoriktheoretischer Sicht. In: Heidrun Kämper / Ludwig M. Eichinger (ed.): Sprache - Kognition - Kultur. Sprache zwischen mentaler Struktur und kultureller Prägung. Berlin, New York, pp. 135-150 (= Institut für deutsche Sprache. Jahrbuch 2007).

Knape, Joachim (2008c): Rhetorik, Medien, Performanz. Eröffnungsvortrag der 4. Salzburger Rhetorikgespräche 2007. In: Günther Kreuzbauer / Norbert Gratzl / Ewald Hiebl (ed.): Rhetorische Wissenschaft. Rede und Argumentation in Theorie und Praxis. Vienna, Berlin, pp. 7-20 (= Salzburger Beiträge zu Rhetorik und Argumentationstheorie 4).

Knape, Joachim (2008d): Ein rhetorischer Regieansatz nach Heinrich von Kleist. In: Deutscher Bühnenverein Landesverband Ost, Ulrich Katzer / Kleist-Museum Frankfurt (Oder), Wolfgang de Bruyn / Messe und Veranstaltungs GmbH Frankfurt (Oder), Markus Wieners (ed.): Kleist oder Die Ordnung der Welt. Berlin, pp. 42–49 (= Theater der Zeit. Recherchen 57).

Knape, Joachim (2008e): Gibt es Pathosformeln? Überlegungen zu einem Konzept von Aby M. Warburg. In: Wolfgang Dickhut / Stefan Manns / Norbert Winkler (ed.): Muster im Wandel. Zur Dynamik topischer Wissensordnungen in Spätmittelalter und Früher Neuzeit. Göttingen, pp. 115–137 (= Berliner Mittelalter- und Frühneuzeitforschung 5).

Knape, Joachim (2008f): Rhetorik zwischen Historismus und moderner Wissenschaft. In: Seminar für Allgemeine Rhetorik, Tübingen, unter Federführung von Joachim Knape / Olaf Kramer / Peter Weit (ed.): „Und es trieb die Rede mich an ...". Festschrift zum 65. Geburtstag von Gert Ueding. Tübingen, pp. 327–340.

Knape, Joachim (2009): Rhetorik des Gesprächs. In: Joachim Knape (ed.): Rhetorik im Gespräch. Ergänzt um Beiträge zum Tübinger Courtshiprhetorik-Projekt. Berlin, pp. 13–52 (= neue rhetorik 4).

Knape, Joachim (2010a): Rhetorischer Pathosbegriff und literarische Pathosnarrative. In: Cornelia Zumbusch (ed.): Pathos. Zur Geschichte einer problematischen Kategorie. Berlin, pp. 25–44.

Knape, Joachim (2010b): Werk, Bildtext und Medium in agonaler Kunstrhetorik. In: Sabine Heiser / Christiane Holm (ed.): Gedächtnisparagone – Intermermediale Konstellationen. Göttingen, pp. 79–91 (= Formen der Erinnerung 42).

Knape, Joachim (2010c): Zur Theorie der Spielfilmrhetorik mit Blick auf Fritz Langs „M". In: Christoph Bareither / Urs Büttner (ed.): Fritz Lang: „M – Eine Stadt sucht einen Mörder". Texte und Kontexte. Würzburg, pp. 15–32 (= Film – Medium – Diskurs 28).

Knape, Joachim (2011): Zur Problematik literarischer Rhetorik am Beispiel Thomas Bernhards. In: Joachim Knape / Olaf Kramer (ed.): Rhetorik und Sprachkunst bei Thomas Bernhard. Würzburg, pp. 5–24.

Knape, Joachim (2012a): Duale Performanz in Rom. In: Felix Mundt (ed.): Kommunikationsräume im kaiserzeitlichen Rom. Berlin, New York, pp. 123–141 (= Topoi 6).

Knape, Joachim (2012b): Image, Prestige, Reputation und das Ethos in der aristotelischen Rhetorik. In: Birgit Christiansen / Ulrich Thaler (ed.): Ansehenssache. Formen von Prestige in Kulturen des Altertums. München, pp. 105–128.

Knape, Joachim (2012c) (ed.): Kunstgespräche. Zur diskursiven Konstitution von Kunst. Baden-Baden (= Saecvla Spiritalia 47).

Knape, Joachim / Becker, Nils / Böhme, Katie (2009): Strategie. In: Historisches Wörterbuch der Rhetorik 9, col. 152–172.

Knape, Joachim / Schirren, Thomas (2005a) (ed.): Aristotelische Rhetoriktradition. Akten der 5. Tagung der Karl und Gertrud Abel-Stiftung vom 5.–6. Oktober 2001 in Tübingen. Stuttgart (= Philosophie der Antike 18).

Knape, Joachim / Schirren, Thomas (2005b): Martin Heidegger liest die Rhetorik des Aristoteles. In: Joachim Knape / Thomas Schirren (ed.): Aristotelische Rhetoriktradition. Akten der 5. Tagung der Karl und Gertrud Abel-Stiftung vom 5. – 6. Oktober 2001 in Tübingen. Stuttgart, pp. 310–327 (= Philosophie der Antike 18).

Krämer, Sybille (2008): Medien, Boten, Spuren. Wenig mehr als ein Literaturbericht. In: Stefan Münker / Alexander Roesler (ed.): Was ist ein Medium? Frankfurt a. M., pp. 65–90.

Krause, Detlef (1999): Luhmann-Lexikon. Eine Einführung in das Gesamtwerk von Niklas Luhmann. 2nd ed. Stuttgart.

Krieger, Leonard (1977): Ranke. The Meaning of History. Chicago, London.

Kripke, Saul A. (1980): Naming and Necessity. Cambridge, MA.

Krones, Hartmut (2009): Rhetorik und Stilistik in der Musikwissenschaft / Rhetoric and Stylistics in Musicology. In: Ulla Fix / Andreas Gardt / Joachim Knape (ed.): Rhetorik und Stilistik / Rhetoric and

Stylistics. Ein internationales Handbuch historischer und systematischer Forschung / An International Handbook of Historical and Systematic Research. 2. Halbbd. / Vol. 2. Berlin, New York, pp. 1932–1949 (= HSK. Handbücher zur Sprach- und Kommunikationswissenschaft / Handbooks of Linguistics and Communication Science 31. 2).

Lakoff, George / Johnson, Mark (1980): Metaphors We Live By. Chicago.

Langelier, Carol A. (2001a): Mood Management Leader's Manual. A Cognitive-Behavioral Skills-Building Program for Adolescents. Thousand Oaks, CA.

Langelier, Carol A. (2001b): Mood Management. A Cognitive-Behavioral Skills-Building Program for Adolescents. Skills Workbook. Thousand Oaks, CA.

Lausberg, Heinrich (1960): Handbook of Literary Rhetoric: A Foundation for Literary Study. Foreword by George A. Kennedy. Transl. by Matthew T. Bliss / Annemiek Jansen / David E. Orton. Ed. by David E. Orton / R. Dean Anderson. Leiden, Boston, Köln 1998 (German Original: Handbuch der literarischen Rhetorik. Eine Grundlegung der Literaturwissenschaft. Munich 1960).

Lehmann, Marco / Kopiez, Reinhard (2011): Der Einfluss der Bühnenshow auf die Bewertung der Performanz von Rockgitarristen. In: Rolf F. Nohr / Herbert Schwaab (ed.): Metal Matters: Heavy Metal als Kultur und Welt. Münster, pp. 195–206 (= Medien'Welten. Braunschweiger Schriften zur Medienkultur 16).

Leschke, Rainer (2007): Einführung in die Medientheorie. Munich.

Lévi-Strauss, Claude (1964): The Raw and the Cooked: Introduction to a Science of Mythology. Transl. by John and Doreen Weightman. London 1970. (French Original: Le cru et le cuit. Paris 1964 = Mythologiques).

Lloyd, Keith (2007): Rethinking Rhetoric from an Indian Perspective: Implications in the Nyaya Sutra. In: Rhetoric Review 26, pp. 365–384.

Locher, Jakob: Stultifera Navis. In: Die 'Stultifera Navis'. Jakob Lochers Übertragung von Sebastian Brants 'Narrenschiff'. Vol. 1.2. Ed. and transl. by Nina Hartl. Münster etc. 2001 (= Studien und Texte zum Mittelalter und zur frühen Neuzeit 1).

Locke, John (1690): An Essay Concerning Human Understanding. Ed. by Peter H. Nidditch. Oxford 1975.

Lohmeier, Anke-Marie (1996): Filmrhetorik. In: Historisches Wörterbuch der Rhetorik 3, col. 347–364.

Lorenz, Kuno (1980): Dialog. In: Enzyklopädie Philosophie und Wissenschaftstheorie 1, pp. 471 f.

Low, Patrick Kim Cheng (2010): Successfully Negotiating in Asia. Berlin, Heidelberg.

Lu, Xing (1998): Rhetoric in Ancient China, Fifth to Third Century B. C. E.: A Comparison with Classical Greek Rhetoric. Columbia, SC (= Studies in Rhetoric/Communication).

Lyons, John (1982): Language and Linguistics: An Introduction. Cambridge.

Mailloux, Steven (1998): Reception Histories. Rhetoric, Pragmatism, and American Cultural Politics. Ithaca, NY.

Mao, LuMing (2003): Reflective Encounters: Illustrating Comparative Rhetoric. In: Style 37, pp. 401–425.

Marshall, J. C. (1984): Multiple Perspectives on Modularity. In: Cognition 17, pp. 209–242.

Massmann, Hans Ferdinand (1854) (ed.): Der keiser und der kunige buoch oder die sogenannte Kaiserchronik, gedicht des zwölften Jahrhunderts. Vol. III. Quedlinburg, Leipzig (= Bibliothek der gesamten deutschen National-Literatur von der ältesten bis auf die neuere Zeit I. 4).

Matsuda, Paul Kei (2001): On the Origin of Contrastive Rhetoric: A Response to H. G. Ying. In: International Journal of Applied Linguistics 11, pp. 257–260.

Matthew of Vendôme: Mathei Vindocinensis Opera: Ars Versificatoria. Ed. by Franco Munari. Rome 1988.

McClelland, James L. / Rumelhart, David E. (1986) (ed.): Parallel Distributed Processing: Explorations in the Microstructure of Cognition. Vol. 2: Psychological and Biological Models. Cambridge, MA.

McCord Adams, Marilyn (1995): Ockham's razor. In: The Cambridge Dictionary of Philosophy, pp. 545.

McLuhan, Marshall (1962): The Gutenberg Galaxy. The Making of Typographic Man. London. McLuhan,

Marshall (1964): Understanding Media: The Extensions of Man. London 1996.

McLuhan, Marshall / Fiore, Quentin (1967): The Medium is the Massage. An Inventory of Effects. Corte Madera, CA, 1996.

McLuhan, Marshall / Powers, Bruce R. (1989): The Global Village. Transformations in World Life and Media in the 21st Century. New York, Oxford.

Meyer, Christian (2009): Rhetoric and Stylistics in Social/Cultural Anthropology / Rhetorik und Stilistik in der Ethnologie. In: Ulla Fix / Andreas Gardt / Joachim Knape (ed.): Rhetorik und Stilistik / Rhetoric and Stylistics. Ein internationales Handbuch historischer und systematischer Forschung / An International Handbook of Historical and Systematic Research. 2. Halbbd. / Vol. 2 Berlin, New York, pp. 1871–1885 (= HSK. Handbücher zur Sprach- und Kommunikationswissenschaft / Handbooks of Linguistics and Communication Science 31. 2).

Millar, Frank E. / Rogers, L. Edna (1976): Relational Approach to Interpersonal Communication. In: Gerald R. Miller (ed.): Explorations in Interpersonal Communication. London, pp. 87–103 (= Sage Annual Reviews of Communication Research 5).

Mollard, Auguste (1934): L'Imitation de Quintilien dans Guibert de Nogert. In: Le Moyen Âge 44, pp. 81–87.

Mollard, Auguste (1934/1935): La Diffusion de l'Institution Oratoire au XIIe siècle. In: Le Moyen Âge 44, pp. 161–175, and in: Le Moyen Âge 45, pp. 1–9.

Monaco, James (1981): How to Read a Film. The Art, Technology, Language, History and Theory of Film and Media. New York.

Mönnich, Annette (2011): Von der antiken Rhetorik zur Rhetorik der Gegenwart. In: Marita Pabst-Weinschenk (ed.): Grundlagen der Sprechwissenschaft und Sprecherziehung. 2nd ed. Munich, Basel, pp. 105–114.

Morel, Mary-Annick (1983): Vers une rhétorique de la conversation. In: DRLAV. Revue de linguistique 29, pp. 29–68.

Morris, Charles William (1938): Foundations of the Theory of Signs. Chicago (= International Encyclopedia of Unified Science I. 2).

Morrison, John L. (1972): The Absence of a Rhetorical Tradition in Japarese Culture. In: Western Speech 36, pp. 89–102.

Mukařovský, Jan (1948): Kapitel aus der Poetik. Transl. into German by Walter Schamschula. Frankfurt a. M. 1967 (Czech Original: Kapitoly z české poetiky. Prague 1948).

Mummendey, Hans Dieter (1995): Psychologie der Selbstdarstellung. 2nd ed. Göttingen.

Mummendey, Hans Dieter (2000): Psychologie der Selbstschädigung. Göttingen.

Mummendey, Hans Dieter / Bolten, Heinz-Gert (1985): Die Impression-Management-Theorie. In: Dieter Frey / Martin Irle (ed.): Theorien der Sozialpsychologie. Vol. III: Motivations- und Informationsverarbeitungstheorien. Bern, pp. 57–77.

Münker, Stefan / Roesler, Alexander (2008a) (ed.): Was ist ein Medium? Frankfurt a. M.

Münker, Stefan / Roesler, Alexander (2008b): Vorwort. In: Stefan Münker / Alexander Roesler (ed.): Was ist ein Medium? Frankfurt a. M., pp. 7–12.

Murphy, James J. (1974): Rhetoric in the Middle Ages. A History of Rhetorical Theory from Saint Augustine to the Renaissance. 6th ed. Berkeley, Los Angeles, London 1990.

Murphy, James J. / Katula, Richard A. (2003): A Synoptic History of Classical Rhetoric. 3rd ed. London.

Niemöller, Klaus Wolfgang (1980): Der sprachhafte Charakter der Musik. Opladen (= Rhei- nisch-Westfälische Akademie der Wissenschaften: Vorträge / Geisteswissenschaften 244).

Nietzsche, Friedrich (1872): On Truth and Lies in a Nonmoral Sense. In: Keith Ansell- Pearson / Duncan Large (ed.): The Nietzsche Reader. Oxford, 2006, pp. 114–123 (German Original: Über Wahrheit und Lüge im außermoralischen Sinn; 1873). Nöth, Winfried (1990): Handbook of Semiotics. Bloomington, IN, Indianapolis, IN (= Advances in Semiotics).

Nothdurft, Werner (2007): Kommunikation. In: Jürgen Straub / Arne Weidemann / Doris Weidemann (ed.): Handbuch interkulturelle Kommunikation und Kompetenz. Grundbegriffe – Theorien – Anwendungsfelder. Stuttgart, Weimar, pp. 24–35.

Oesterreich, Peter L. (2008): Anthropologische Rhetorik / Anthropological Rhetoric. In: Ulla Fix / Andreas Gardt / Joachim Knape (ed.): Rhetorik und Stilistik / Rhetoric and Stylistics. Ein internationales Handbuch historischer und systematischer Forschung / An International Handbook of Historical and Systematic Research. 1. Halbbd. / Vol. 1. Berlin, New York, pp. 869–880 (= HSK. Handbücher zur Sprach- und Kommunikationswissenschaft / Handbooks of Linguistics and Communication Science 31. 1).

Offenhäuser, Stefan (2006): Reputation – der Wert der Emotion. In: Alexander Krylov (ed.): Zur Frage der Reputation. Dokumentation zur Internationalen Wissenschaftlichen Konferenz „Der Faktor Reputation in der internationalen Unternehmensführung". Bremen, pp. 95–99.

Oliver, Robert T. (1971): Communication and Culture in Ancient India and China. Syracuse, NY.

Olmsted, Wendy (2006): Rhetoric. An Historical Introduction. Malden, MA.

Ortak, Nuri (2004): Persuasion. Zur textlinguistischen Beschreibung eines dialogischen Strategiemusters. Tübingen (= Beiträge zur Dialogforschung 26).

Otto von Freising / Otto Episcopus Frisingensis: Chronica sive historia de duabus civitatibus / Chronik oder die Geschichte der zwei Staaten. Ed. by Walther Lammers. Transl. into German by Adolf Schmidt. 4th ed. Darmstadt 1980 (= Ausgewählte Quellen zur deutschen Geschichte des Mittelalters 16).

Pawlowski, Tatjana (2004): Wie kommt das Neue ins Gespräch? Über Bedingungen und Mittel kreativer Kommunikation. Aachen (= Essener Studien zur Semiotik und Kommunikationsforschung 10).

Peirce, Charles Sanders: Collected Papers of Charles Sanders Peirce. Vol. 1–6: Ed. by Charles Hartshorne / Paul Weiss. Two Volumes in One. 2nd printing. Cambridge, MA, 1960. Vol. 7–8: Ed. by Arthur W. Burks. Cambridge, MA, 1958.

Perelman, Chaïm (1977): L'empire rhétorique. Rhétorique et argumentation. Paris.

Perelman, Chaïm / Olbrechts-Tyteca, Lucie (1958): The New Rhetoric. A Treatise on Argumentation. Notre Dame, IN, 1969 (French Original: Traité de l'argumentation. La nouvelle rhétorique. Paris 1958).

Perloff, Richard. M. (2002): The Dynamics of Persuasion: Communication and Attitudes in the 21st Century. 2nd ed. Mahwah, NJ.

Peters, Jan Marie Lambert (1977): Pictorial Communication. Capetown.

Petty, Richard E. / Cacioppo, John T. (1986): The Elaboration Likelihood Model of Persuasion. In: Advances in Experimental Social Psychology 19, pp. 123–205.

Petty, Richard E. / Wegener, Duane T. (1999): The Elaboration Likelihood Model: Current Status and Controversies. In: Shelly Chaiken / Yaacov Trope (ed.): Dual-Process Theories in Social Psychology. New York, pp. 41–72.

Pfister, Paul (1996): Die Bedeutung der Gemäldeoberfläche. In: Paul Pfister (ed.): Von Claude Lorrain bis Giovanni Segantini. Gemäldeoberfläche und Bildwirkung. Katalog zur Ausstellung 24. Oktober 1996–13. Februar 1997. Zurich (= Sammlungsheft 21).

Plato: Gorgias. In: Plato: Lysis. Symposium. Gorgias. With an Engl. Transl. by W. R. M. Lamb. Reprinted. London, Cambridge, MA, 1967, pp. 258–533 (= Plato in Twelve Volumes 3; The Loeb Classical Library 166).

Plato: Phaedrus. In: Plato: Euthyphro. Apology. Crito. Phaedo. Phaedrus. With an Engl. Transl. by Harold North Fowler and an Introd. by W. R. M. Lamb. Reprinted. London, Cambridge, MA, 1966, pp. 412–579 (= Plato in Twelve Volumes 1; The Loeb Classical Library 36).

Plett, Heinrich F. (2004): Rhetoric and Renaissance Culture. Berlin, New York.

Pompen, Fr. Aurelius (1925): The English Versions of the "Ship of Fools." A Contribution to the History of the Early French Renaissance in England. London.

Porter, Katherine Anne (1962): Ship of Fools. Boston, Toronto.

Porter, Katherine Anne (1963): Das Narrenschiff. Reinbek bei Hamburg (Original: The Ship of Fools. Boston, Toronto 1962).

Pratt, Mary L. (1977): Toward a Speech Act Theory of Literary Discourse. Bloomington, IN.

Price Dillard, James / Miraldi, Lori B. (2008): Persuasion: Research Areas and Approaches / Persuasion: Forschungsfelder und -ansätze. In: Ulla Fix / Andreas Gardt / Joachim Knape (ed.): Rhetorik und Stilistik / Rhetoric and Stylistics. Ein internationales Handbuch historischer und systematischer Forschung / An International Handbook of Historical and Systematic Research. 1. Halbbd. / Vol. 1. Berlin, New York, pp. 689–702 (= HSK. Handbücher zur Sprach- und Kommunikationswissenschaft / Handbooks of Linguistics and Communication Science 31. 1).

Püschel, Ulrich (2008): Kommunikativ-pragmatische Stilauffassungen / Communicative- Pragmatic Conceptions of Style. In: Ulla Fix / Andreas Gardt / Joachim Knape (ed.): Rhetorik und Stilistik / Rhetoric and Stylistics. Ein internationales Handbuch historischer und systematischer Forschung / An International Handbook of Historical and Systematic Research. 1. Halbbd. / Vol. 1. Berlin, New York, pp. 1023–1037 (= HSK. Handbücher zur Sprach- und Kommunikationswissenschaft / Handbooks of Linguistics and Communication Science 31. 1).

Quadlbauer, Franz (1962): Die antike Theorie der genera dicendi im lateinischen Mittelalter. Vienna (= Österreichische Akademie der Wissenschaften: Sitzungsberichte. Philosophisch-Historische Klasse 241. 2).

Quine, Willard van Orman (1960): Word and Object. Cambridge, MA (= Studies in Communication).

Quintilian, Marcus Fabius: Institutio Oratoria. In Four Volumes. With an Engl. Transl. by H. E. Butler. Reprinted. Cambridge, MA, London, 1963/1966/1966/1961 (= The Loeb Classical Library 124–127).

Rademacher, Lars (2006): Die Universalität des Reputationsbegriffs. Zur anthropologischen Grundlegung der Reputationskommunikation. In: Alexander Krylov (ed.): Zur Frage der Reputation. Dokumentation zur Internationalen Wissenschaftlichen Konferenz „Der Faktor Reputation in der internationalen Unternehmensführung". Bremen, pp. 43–48.

Ramming, Ulrike (2008): Der Ausdruck „Medium" an der Schnittstelle von Medien-, Wissenschafts- und Technikphilosophie. In: Stefan Münker / Alexander Roesler (ed.): Was ist ein Medium? Frankfurt a. M., pp. 249–271.

Ranke, Leopold (1824): Fürsten und Völker: Geschichten der romanischen und germanischen Völker von 1494–1514. Die Osmanen und die spanische Monarchie im 16. und

17. Jahrhundert. Ed. by Willy Andreas. Wiesbaden 1957.

Rath, Rainer (2001): Gesprächsschritt und Höreraktivitäten / Turns and Hearer Signals. In: Klaus Brinker / Gerd Antos / Wolfgang Heinemann / Sven F. Sager (ed.): Text- und Gesprächslinguistik / Linguistics of Text and Conversation. Ein internationales Handbuch zeitgenössischer Forschung / An International Handbook of Contemporary Research. 2. Halbbd. / Vol. 2. Berlin, New York, pp. 1213–1226 (= HSK. Handbücher zur Sprach- und Kommunikationswissenschaft / Handbooks of Linguistics and Communication Science 16. 2).

Richards, Ivor A. (1936): The Philosophy of Rhetoric. New York, Oxford 1965 (= The Mary Flexner Lectures on the Humanities 3; Galaxy Books 131) (Original: London, Oxford 1936).

Rieger, Stefan (2008): Der Frosch – ein Medium? In: Stefan Münker / Alexander Roesler (ed.): Was ist ein Medium? Frankfurt a. M., pp. 285–303.

Rolf, Eckard (1993): Die Funktionen der Gebrauchstextsorten. Berlin, New York (= Grundlagen der Kommunikation und Kognition / Foundations of Communication and Cognition).

Rüsen, Jörn (1982): Geschichtsschreibung als Theorieproblem der Geschichtswissenschaft. Skizze zum historischen Hintergrund der gegenwärtigen Diskussion. In: Reinhart Koselleck / Heinrich Lutz / Jörn Rüsen (ed.): Formen der Geschichtsschreibung. Munich, pp. 14–35 (= Beiträge zur Historik 4).

Sachs-Hombach, Klaus / Masuch, Maie (2007): Können Bilder uns überzeugen? In: Joachim Knape (ed.):

Bildrhetorik. Baden-Baden, pp. 49-70 (= Saecvla Spiritalia 45).

Sacks, Harvey / Schegloff, Emanuel A. / Jefferson, Gail (1974): A Simplest Systematics for the Organisation of Turn-Taking for Conversation. In: Language 50, pp. 696-735.

Sager, Sven F. (1981): Sprache und Beziehung: Linguistische Untersuchungen zum Zusammenhang von sprachlicher Kommunikation und zwischenmenschlicher Beziehung. Tübingen (= Germanistische Linguistik 36).

Sager, Sven F. (2001): Gesprächssorte – Gesprächstyp – Gesprächsmuster – Gesprächsakt / Conversation Type – Conversation Pattern – Conversation Act. In: Klaus Brinker / Gerd Antos / Wolfgang Heinemann / Sven F. Sager (ed.): Text- und Gesprächslinguistik / Linguistics of Text and Conversation. Ein internationales Handbuch zeitgenössischer Forschung / An International Handbook of Contemporary Research. 2. Halbbd. / Vol. 2. Berlin, New York, pp. 1464-1471 (= HSK. Handbücher zur Sprach- und Kommunikations- wissenschaft / Handbooks of Linguistics and Communication Science 16. 2).

Sandig, Barbara / Selting, Margret (1997): Discourse Styles. In: Teun A. van Dijk (ed.): Discourse as Structure and Process. London, pp. 138-156 (= Discourse Studies. A Multidisciplinary Introduction 1).

Schank, Gerd (1981): Untersuchungen zum Ablauf natürlicher Dialoge. Munich (= Heutiges Deutsch. Reihe 1: Linguistische Grundlagen 14).

Schank, Gerd / Schwitalla, Johannes (1987) (ed.): Konflikte in Gesprächen. Tübingen (= Tübinger Beiträge zur Linguistik 296).

Schanze, Helmut (2008): Rhetorik und Kinematographie. In: Renate Lachmann / Riccardo Nicolosi / Susanne Strätling (ed.): Rhetorik als kulturelle Praxis. Munich, pp. 241-253 (= Figuren 11).

Schiappa, Edward / Hamm, Jim (2007): Rhetorical Questions. In: Ian Worthington (ed.): A Companion to Greek Rhetoric. Malden, MA, pp. 3-15 (= Blackwell Companions to the Ancient World. Literature and Culture).

Schmitt, Reinhold (2003): Inszenieren: Struktur und Funktion eines gesprächsrhetorischen Verfahrens. In: Gesprächsforschung – Online-Zeitschrift zur verbalen Interaktion 4, pp. 186-250.

Schmitz, H. Walter (2000): „Hören Sie?" – Der Hörer als Gesprächskonstrukteur. In: Hans Rudi Fischer / Siegfried J. Schmidt (ed.): Wirklichkeit und Welterzeugung. In memoriam Nelson Goodman. Heidelberg, pp. 317-324.

Schneider, Johannes Nikolaus (2004): Ins Ohr geschrieben. Lyrik als akustische Kunst zwischen 1750 und 1800. Göttingen (= Das achtzehnte Jahrhundert. Supplementa 9).

Schopenhauer, Arthur (1851): Parerga and Paralipomena. Short Philosophical Essays. Vol. 2. Transl. by E. F. J. Payne. Oxford 2000 (German Original: Parerga und Paralipomena. Berlin 1851).

Schorno, Christian (2004): Autokommunikation. Selbstanrede als Abweichungs- bzw. Parallelphänomen der Kommunikation. Tübingen (= Rhetorik-Forschungen 15).

Schwarz-Friesel, Monika (2007): Sprache und Emotion. Tübingen, Basel.

Schwitalla, Johannes (1996): Beziehungsdynamik. Kategorien für die Beschreibung der Beziehungsgestaltung sowie der Selbst- und Fremddarstellung in einem Streit- und Schlichtungsgespräch. In: Werner Kallmeyer (ed.): Gesprächsrhetorik. Rhetorische Verfahren im Gesprächsprozeß. Tübingen, pp. 279-349 (= Studien zur deutschen Sprache 4).

Schwitalla, Johannes (2001): Konflikte und Verfahren ihrer Bearbeitung / Conflicts and Conflict Management. In: Klaus Brinker / Gerd Antos / Wolfgang Heinemann / Sven F. Sager (ed.): Text- und Gesprächslinguistik / Linguistics of Text and Conversation. Ein internationales Handbuch zeitgenössischer Forschung / An International Handbook of Contemporary Research. 2. Halbbd. / Vol. 2. Berlin, New York, pp. 1374-1382 (= HSK. Handbücher zur Sprach- und Kommunikationswissenschaft / Handbooks of Linguistics and Communication Science 16. 2).

Schwitalla, Johannes (2008): Gesprächsstile / Conversational Styles. In: Ulla Fix / Andreas Gardt /

Joachim Knape (ed.): Rhetorik und Stilistik / Rhetoric and Stylistics. Ein internationales Handbuch historischer und systematischer Forschung / An International Handbook of Historical and Systematic Research. 1. Halbbd. / Vol. 1. Berlin, New York, pp. 1054–1075 (= HSK. Handbücher zur Sprach- und Kommunikationswissenschaft / Handbooks of Linguistics and Communication Science 31. 1).

Seiter, John S. / Gass, Robert H. (2008): Compliance-Gaining Research: A Canonical Review / Streben nach Zustimmung: Forschungsfelder und -ansätze. In: Ulla Fix / Andreas Gardt / Joachim Knape (ed.): Rhetorik und Stilistik / Rhetoric and Stylistics. Ein internationales Handbuch historischer und systematischer Forschung / An International Handbook of Historical and Systematic Research. 1. Halbbd. / Vol. 1. Berlin, New York, pp. 812–825 (= HSK. Handbücher zur Sprach- und Kommunikationswissenschaft / Handbooks of Linguistics and Communication Science 31. 1).

Selting, Margret (2008): Interactional Stylistics and Style as a Contextualization Cue / Handlungsstilistik und Stil als Kontextualisierungssignal. In: Ulla Fix / Andreas Gardt / Joachim Knape (ed.): Rhetorik und Stilistik / Rhetoric and Stylistics. Ein internationales Handbuch historischer und systematischer Forschung / An International Handbook of Historical and Systematic Research. 1. Halbbd. / Vol. 1. Berlin, New York, pp. 1038–1053 (= HSK. Handbücher zur Sprach- und Kommunikationswissenschaft / Handbooks of Linguistics and Communication Science 31. 1).

Shakespeare's Sonnets (1997). Ed. by Katherine Duncan-Jones. Walton-on-Thames (= The Arden Shakespeare).

Shannon, Claude E. / Weaver, Warren (1949): The Mathematical Theory of Communication. Urbana, IL.

Shenkar, Oded / Yuchtman-Yaar, Ephraim (1997): Reputation, Image, Prestige, and Goodwill: An Interdisciplinary Approach to Organizational Standing. In: Human Relations 50, pp. 1361–1381.

Sinclair, Robert C. / Mark, Melvin M. / Clore, Gerald L. (1994): Mood-Related Persuasion Depends on (Mis)Attributions. In: Social Cognition 12, pp. 309–326.

Sornig, Karl (1986): Bemerkungen zu persuasiven Sprachstrategien. In: Franz Hundsnurscher / Edda Weigand (ed.): Dialoganalyse. Referate der 1. Arbeitstagung Münster 1986. Tübingen, pp. 249–263 (= Dialoganalyse 1; Linguistische Arbeiten 176).

Spiegel, Carmen / Spranz-Fogasy, Thomas (2001): Aufbau und Abfolge von Gesprächsphasen / The Construction and Ordering of Conversation Phases. In: Klaus Brinker / Gerd Antos / Wolfgang Heinemann / Sven F. Sager (ed.): Text- und Gesprächslinguistik / Linguistics of Text and Conversation. Ein internationales Handbuch zeitgenössischer Forschung / An International Handbook of Contemporary Research. 2. Halbbd. / Vol. 2. Berlin, New York, pp. 1241–1251 (= HSK. Handbücher zur Sprach- und Kommunikationswissenschaft / Handbooks of Linguistics and Communication Science 16. 2).

Spillner, Bernd (1974): Linguistik und Literaturwissenschaft. Stilforschung, Rhetorik, Textlinguistik. Stuttgart.

Spranz-Fogasy, Thomas (2003): Alles Argumentieren, oder was? Zur Konstitution von Argumentation in Gesprächen. In: Arnulf Deppermann / Martin Hartung (ed.): Argumentieren in Gesprächen: Gesprächsanalytische Studien. Tübingen, pp. 27–39 (= Stauffenburg-Linguistik 28).

Stainton, Robert J. (2006) (ed.): Contemporary Debates in Cognitive Science. Malden, MA (= Contemporary Debates in Philosophy 7).

Stöckl, Hartmut (2001): Texts with a View – Windows onto the World Notes on the Textuality of Pictures. In: Wolfgang Thiele / Albrecht Neubert / Christian Todenhagen (ed.): Text – Varieties – Translation. Tübingen, pp. 81–107 (= ZAA Studies 5).

Tannen, Deborah (1984): Conversational Style. Analyzing Talk Among Friends. Norwood, NJ (= Language and Learning for Human Service Professions).

Tiittula, Liisa (2001): Formen der Gesprächssteuerung / Forms of Conversation Management. In: Klaus Brinker / Gerd Antos / Wolfgang Heinemann / Sven F. Sager (ed.): Text- und Gesprächslinguistik / Linguistics of Text and Conversation. Ein internationales Handbuch zeitgenössischer Forschung / An International Handbook of Contemporary Research. 2. Halbbd. / Vol. 2. Berlin, New York, pp. 1361–1374 (= HSK. Handbücher zur Sprach- und Kommunikationswissenschaft / Handbooks of Linguistics and Communication Science 16. 2).

Toulmin, Stephen E. (1958): The Uses of Argument. Reprint. Cambridge 1974.

Trabant, Jürgen (2003): Mithridates im Paradies. Kleine Geschichte des Sprachdenkens. Munich.

Tyler, Stephen A. (1987): The Unspeakable: Discourse, Dialogue, and Rhetoric in the Postmodern World. Madison, WI (= Rhetoric of the Human Sciences).

van Dijk, Teun A. (1978): Textwissenschaft. Eine interdiziplinäre Einführung. Tübingen 1980 (Dutch Original: Tekstwetenschap. Een interdisciplinaire inleiding. Utrecht 1978).

van Eemeren, Frans H. / Grootendorst, Rob (2004): A Systematic Theory of Argumentation. The Pragma-Dialectical Approach. Cambridge.

van Eemeren, Frans H. / Houtlosser, Peter (2006): Strategic Maneuvering: A Synthetic Recapitulation. In: Argumentation 20, pp. 381–392.

van Eemeren, Frans H. / Houtlosser, Peter / Snoeck Henkemans, A. Francisca (2007): Argumentative Indicators. A Pragma-Dialectical Study. Dordrecht (= Argumentation Library 12).

Vickers, Brian (1984): Figures of rhetoric/Figures of music? In: Rhetorica. A Journal of the History of Rhetoric 2, pp. 1–44.

von Humboldt, Wilhelm (1836): On Language: The Diversity of Human Language-Structure and its Influence on the Mental Development of Mankind. Transl. by Peter Heath. New York 1988. (German Original: Über die Verschiedenheit des menschlichen Sprachbaues und ihren Einfluss auf die geistige Entwicklung des Menschengeschlechts. Berlin 1836)

Voswinkel, Stephan (2001): Anerkennung und Reputation. Die Dramaturgie industrieller Beziehungen. Mit einer Fallstudie zum „Bündnis für Arbeit". Konstanz (= Analyse und Forschung 24)

Wagner, Johannes / Petersen, Uwe Helm (1993): Zur Definition von Verhandeln. Unter besonderer Berücksichtigung von Gesprächsverhandlungen. In: Bernd-Dietrich Müller (ed.): Interkulturelle Wirtschaftskommunikation. 2nd ed. Munich, pp. 261–275 (= Studium Deutsch als Fremdsprache – Sprachdidaktik 9).

Wagner, Klaus R. (1978): Sprechplanung: Empirie, Theorie und Didaktik der Sprecherstrategien. Frankfurt a. M.

Wang, Bo (2004): A Survey of Research in Asian Rhetoric. In: Rhetoric Review 23, p. 171–181. Warburg, Aby (1920): Heidnisch-antike Weissagung in Wort und Bild zu Luthers Zeiten. Heidelberg (= Sitzungsberichte der Heidelberger Akademie der Wissenschaften. Stiftung Heinrich Lanz. Philosophisch-historische Klasse. Jahrgang 1919, 26. Abhandlung). In: Aby M. Warburg: Ausgewählte Schriften und Würdigungen. Ed. by Dieter Wuttke. 3rd ed. Baden-Baden 1992, pp. 199–304 (= Saecvla Spiritalia 1).

Ward, John O. (1972): Artificiosa Eloquentia in the Middle Ages. Unpublished Ph.D.-Thesis: University of Toronto.

Watzlawick, Paul / Beavin, Janet H. / Jackson, Don D. (1967): Pragmatics of Human Communication. A Study of Interactional Patterns, Pathologies, and Paradoxes. New York.

Weber, Volker (1993): Anekdote. Die andere Geschichte. Erscheinungsformen der Anekdote in der deutschen Literatur, Geschichtsschreibung und Philosophie. Tübingen (= Stauffenburg-Colloquium 26).

Wegener, Bernd (1985): Gibt es Sozialprestige? In: Zeitschrift für Soziologie 14, pp. 209–235.

Weigand, Edda (1986): Dialogisches Grundprinzip und Textklassifikation. In: Franz Hundsnurscher / Edda Weigand (ed.): Dialoganalyse. Referate der 1. Arbeitstagung Münster 1986. Tübingen, pp. 115–125 (= Linguistische Arbeiten 176).

Weigand, Edda (2008) (ed.): Dialogue and Rhetoric. Amsterdam (= Dialogue Studies = DS 2).

Weisler, Steven E. / Milekic, Slavko (2000): Theory of Language. Cambridge, MA.

Welch, Kathleen E. (1987): A Critique of Classical Rhetoric: The Contemporary Appropriation of Ancient Discourse. In: Rhetoric Review 6, pp. 79–86.

White, Hayden (1978a): Tropics of Discourse. Essays in Cultural Criticism. Baltimore.

White, Hayden (1978b): The Historical Text as Literary Artefact. In: Hayden White: Tropics of Discourse.

Baltimore, pp. 81–101.

Whitney, William Dwight (1875): The Life and Growth of Language. London.

Whorf, Benjamin Lee (1956): Language, Thought, and Reality: Selected Writings of Benjamin Lee Whorf. Ed. and with an Introd. by John B. Carroll. New York (= Technology Press Books in the Social Sciences).

Wiesing, Lambert (2008): Was sind Medien? In: Stefan Münker / Alexander Roesler (ed.): Was ist ein Medium? Frankfurt a. M., pp. 235–248.

Wilson, Blake / Buelow, George J. / Hoyt, Peter A. (2001): Rhetoric and Music. In: The New Grove Dictionary of Music and Musicians 21 (2nd ed.), pp. 260–275.

Winkler, Hartmut (2008): Zeichenmaschinen. Oder warum die semiotische Dimension füreine Definition der Medien unerlässlich ist. In: Stefan Münker / Alexander Roesler (ed.): Was ist ein Medium? Frankfurt a. M., pp. 211–221.

Winko, Simone / Jannidis, Fotis / Lauer, Gerhard (2009) (ed.): Grenzen der Literatur. Berlin, New York (= Revisionen – Grundbegriffe der Literaturtheorie 2).

Wirth, Uwe (1999): Diskursive Dummheit. Abduktion und Komik als Grenzphänomene des Verstehens. Heidelberg (= Frankfurter Beiträge zur Germanistik 33).

Wittgenstein, Ludwig (1921): Tractatus Logico-Philosophicus. The German Text of Ludwig Wittgenstein's Logisch-philosophische Abhandlung with a New Transl. by D. F. Pears and B. F. McGuinness and with the Introd. by Bertrand Russell. 2nd ed. London, New York 1963 (= International Library of Philosophy and Scientific Method). (German Original: Logisch-Philosophische Abhandlung. In: Annalen der Naturphilosophie 14. Issue 3/4, 1921, pp. 185–262).

Wittgenstein, Ludwig (1953): Philosophical Investigations. Transl. by G. E. M. Anscombe. 3rd ed. Reprint. Malden, MA, 1994 (German Original: Philosophische Untersuchungen. Oxford 1953).

Wolf, Ricarda (1999): Soziale Positionierung im Gespräch. In: Deutsche Sprache 27, pp. 69–94.

Wörner, Markus H. (1981): ‚Pathos' als Überzeugungsmittel in der Rhetorik des Aristoteles. In: Ingrid Craemer-Ruegenberg (ed.): Pathos, Affekt, Gefühl. Philosophische Beiträge. Freiburg, pp. 53–78.

Wörner, Markus H. (1984): Selbstrepräsentation im „Ethos des Redners". Ein Beitrag der aristotelischen Rhetorik zur Untersuchung der Grundlagen sprachlichen Handelns. In: Zeitschrift für Sprachwissenschaft 3, pp. 43–64.

Worthington, Ian (2007) (ed.): A Companion to Greek Rhetoric. Malden, MA.

Wu, Hui (2009): Lost and Found in Transnation: Modern Conceptualization of Chinese Rhetoric. In: Rhetoric Review 28, pp. 148–166.

Wünsch, Marianne (1999): Narrative und rhetorische Strukturen im Bild. Das Beispiel der Werbung. In: Horst Brunner / Claudia Händl / Ernst Hellgardt / Monika Schulz (ed.): helle döne schöne. Versammelte Arbeiten zur älteren und neueren deutschen Literatur. Festschrift für Wolfgang Walliczek. Göppingen, pp. 323–359 (= Göppinger Arbeiten zur Germanistik 668).

Wuthenow, Asa-Bettina (2009): Rhetoric in Japan / Rhetorik in Japan. In: Barbara Mittler / Asa-Bettina Wuthenow: Rhetoric and Stylistics in East Asia / Rhetorik und Stilistik in Ostasien. In: Ulla Fix / Andreas Gardt / Joachim Knape (ed.): Rhetorik und Stilistik / Rhetoric and Stylistics. Ein internationales Handbuch historischer und systematischer Forschung / An International Handbook of Historical and Systematic Research. 2. Halbbd. / Vol. 2. Berlin, New York, pp. 2027–2039, here: pp. 2032–2037 (= HSK. Handbücher zur Sprach- und Kommunikationswissenschaft / Handbooks of Linguistics and Communication Science 31. 2).

Ying, H. G. (2000): The Origin of Contrastive Rhetoric Revisited. In: International Journal of Applied Linguistics 10, pp. 259–268.

Ying, H. G. (2001): On the Origins of Contrastive Rhetoric: A Reply to Matsuda. In: International Journal of Applied Linguistics 11, pp. 261–266.

찾아보기

ㄱ

가능세계 241
가능세계론 217, 219-20, 223, 241
가상심리학 104
가치 기호 89
간젤 148
감동 주기 294
감성적 차원 104
감정 관리 172, 178
감정 발현 179
감정 촉발 179, 337
감정 표시 184
감정의 상호처리 과정 179
감정적 공감능력 242
감정적 참여의 스테이징 178
개연적 입증 98
개연적 전제 98
개입 26, 86, 101, 104, 160, 165, 168-74, 182, 263, 265, 283, 288, 332, 376
거짓말 106-07
거짓말 리스크 107
게르만족 199, 201, 205, 207
게르트 샹크 180
게쉐 요스트 322

게슈탈트 심리학 128
게스투스 197
격언시 노래 235
격행 대화 154, 273
경쟁 288, 313
경쟁력 89, 93, 100, 110-11
경제심리학자 95
경제학자 78
계획 81, 159, 165-70, 173, 241, 251, 253, 282, 312, 316, 328, 350, 362
고대 수사학 25, 63, 71, 75, 101-02, 280, 293, 388
고대 중국 수사학 46
고르기아스 28, 148
고전 텍스트 75-6
고전극 333
고전수사학과 71, 400
고전수사학의 유용성 73
고정표현 134-35
고트셰트 394
고트프리트 헤르더 70
골드슈미트 276
공공성 19

452

공공성의 공준   19
공손한 행동   175
공식대담   165
공적 대화   147
공적 숙고   71
공정 유연성   97
공중 커뮤니케이션   91-2
공평성   51
과장   61, 94, 119, 342, 344
과학 텍스트   67-8
과학의 언어   69
과학적 논증   99
관객   219, 222, 321-22, 324-28, 330, 333-40, 343-45, 348-50, 352-63
관계   108
관계 관리   172
관계의 네트워크   172
관련성   31, 257, 293-94, 319, 398
관용구   135-35
광고   32, 302, 313, 318-19, 320, 382, 384
교차 대구   135
교황권   207
구두연설   101
구어   34, 120, 150
구조적 문체론   33
구조적 미학   328, 349, 354
구조적 양식   78
구조적 저항   21
구조적 패턴   47
구조주의   246
구체적 지시대상   242
구텐베르크 은하계   336, 378, 393, 395
군주의 거울   200
군주의 복수   201
귀추법   346-47, 354
귄터 그라스   267
그라이스의 격률   48
그로세   148
그리스 수사학   75
극영화   35
근본 수사학   14, 44, 54-58, 400
긍정적 태도   110

긍정적 평가   87, 89, 205
기술복제시대의 예술작품   331
기술적 상연 복합체   339
기억술   319, 388
기예   23, 26, 75-5
기의   116
기표   116
기호간 수사학   269, 403
기호체계   34, 122, 131, 255, 275, 380
기호코드   297
기호학적   29, 35-6, 114, 131, 191, 195-96, 259, 264, 277, 292, 306-08, 318, 377, 386, 390, 394-95
기호학적 사실주의   195
기호학적 코드   114

ㄴ

내레이션   115, 210, 327-28, 339, 350-51
내면의 다짐   105
내재적 관점   73, 140-41, 233, 274
내재적 수사학   27, 29, 307-08
내적 자기 이미지   94
네오 프래그머티즘   69
노엄 촘스키   116
노엘 캐롤   350-51
논거의 질   86
논란의 소재   100
논리   118, 150
논리 실증주의자   251
논리적 단계   104
논리적 차원   104
논리철학 논고   300
논변의 사용   78
논증 이론   78, 149
논증하기   294
논지   70
누리 오르탁   164
니묄러   276
니코마코스 윤리학   341

찾아보기 | 453

ㄷ

다니엘 포거티   247
다니엘의 꿈   201
다이얼로그   147
다큐멘터리   35, 324, 326
단문   151
단어의 의미   122, 128
담론   192, 216-17, 220, 232, 239, 274, 287, 325
담화 분석   139, 154
대구   135, 140
대의민주주의   72
대조 수사학   13, 43-5, 47, 51, 55-6, 60-2
대체 아우라   335
대학 교과목   65
대화 스타일   184
대화 언어학자   175
대화 참여자   25-6, 171
대화 관리   165-65, 171
대화기술   149
대화 문법   154
대화분석   155, 158
대화연구   159-60
대화와 글쓰기   135
대화의 격률   31, 58
대화의 수사학   147
대화의 테마   181
대화조종   180
대화 참여자의 역할   172
대화 파트너   173-74, 178-79, 181, 183, 185
더럼   43
데이비드 보드웰   347
데익시스   330
데카르트주의   372
델 하임즈   48
도가   59
도구적 수사학   55, 60, 400
도구주의   383, 388-89
도구주의자   163
도덕적 성격   97, 100, 103
도덕적 의도   105

도식   45, 94, 134-35, 255, 309
독백   148, 150, 152, 154-57, 162, 170, 172, 342, 357, 401
독백적 발화   25
독서의 알레고리   248, 250
독일 교훈시   235
독해   216, 233, 248, 251
돈 조반니   271-73, 281, 287-88, 403
돈 후안증   271
돈나 엘비라   273
동기부여   299
동기의 문법   257
드니 디드로   386
드라마   38, 248, 251-52, 254, 256, 261, 271, 288
드라마티즘   251, 261
디르크 배커   368, 370, 381, 385
디멘션   80, 332-35, 401
디멘션 이론   80
디멘션의 소통세계   335
디아노이아   342
디헤게시스   330

ㄹ

라이울프 잠포니   209
라인하르트 필러   163
라인홀트 슈미트   178
람베르트 비징   377, 382
랑그   118, 112, 130-34, 136-37, 141
랑그의 언어학   131
랙   239, 241
레기나 베르크만   162
레시스   52
레오나르드 넬슨   151
레오나르드 블룸필드   119
레오폴트 랑케   81
레이코프   68
레인홀드 버글러   95
레치타티보   271-72
레퍼런스   243

로고스   102-04, 109, 111
로렌초 다 폰테   271, 287
로렌츠 엥겔   367
로마 원로원   124
로마공화정   70
로버트 올리버   52
로버트 카플란   44, 56
로타르 보른셰우어   66
롤랑 바르트   97, 103, 118, 136, 264, 352
뢰벤탈   240
루드비히 비트겐슈타인   126
루만   368-69
루싱   46, 59
루칸   204, 209, 211-13, 216
루크레티우스   253
르네 마그리트   300
르네상스 픽션 스타일   25
리 레인워터   95
리딩 사인   216
리사 티툴라   161-180
리샤오밍   46-8
리차드 로티   12
릭   239

ㅁ

마가렛 미드   114
마그다   359
마르가 라이스   123
마르쿠스 툴리우스 키케로   16, 62
마르틴 하이데거   12
마리안네 뷘쉬   300, 302
마샬 맥루언   37, 336, 367, 370, 378
마오루밍   54, 56, 58-62
마키아벨리   73, 214
마틴 하이데거   99
마하엘 콜하스   222
막스 베버   88, 114
말과 행위   127, 194
말의 횡포   77
말하기   27, 95, 106, 115, 117, 120, 183-84, 328, 330, 339, 393
말하기 스타일   184
매개   49-50, 383
매력   81, 89, 93, 255, 258, 272, 285, 369
매체   17-8, 36-8, 91-2, 98, 104, 223, 284-85, 313, 318-21, 325, 338-39
매체화   36, 318-21, 325, 332-34, 338, 392-93
매튜 방동   204
매트릭스   44
맥락   45-6, 52-3, 60, 62, 66, 70-3, 76-7, 79, 81, 87-9, 91, 102-03, 106, 139, 152, 156, 160, 165-66, 171, 173-74, 183, 197, 217-18, 221, 239, 262, 266, 282, 285-88, 292, 304, 306, 310, 314, 319, 341, 360, 375, 383-84
맵핑   349
메리 가렛   61
메리 헤이스   68
메모리아   388
메시지   138, 189, 193, 195-97, 205-06, 219-20, 243-45, 248, 266-67, 294, 304, 338, 341, 345, 347, 350, 354, 378-81, 390, 398
메시지 프레이밍   86
메타담론   216-17, 220
면대면 소통   25
면대면 커뮤니케이션   21
명료성   76, 136, 180, 242
모어   132
모더니티   368
모델링   87, 374
모리스   196
모방   32, 78, 200, 256, 293
모사 기능   192
목소리 모방자   209, 213
목소리 처리   388
목소리 톤   97
목소리를 잘 다루는 기술   279
몸짓   310, 388
몸짓 언어   94, 320
무늬상의 보편소   47
무늬상의 원칙   28

묵가　59
문답　147-50, 153-56, 172, 401
문법규칙　122
문제해결 전략　79
문체론　29, 33, 46, 68, 153, 179, 274, 276
문체의 장식적 요소　136
문학　11, 32-3, 48, 208, 215
문학 수사학　140, 208
문학 분석　11, 33
문헌학　314
문헌학자　63, 73, 381
문화 간 차이　52, 376
문화적 가치　333
문화적 지식　31, 301-02
문화적 패턴　45, 52
문화적-의사소통적 패턴　78
문화학　66, 373
뮈토스　330
미국 신수사학파　247
미니 드라마　271, 288
미디어　15, 36, 80, 157, 166, 323-24
미디어 근본주의　371
미디어 보편주의　371, 374
미디어 선험주의　371
미디어 수사학　37-8
미디어 신비주의　379
미디어 제국주의　369
미디어성　370, 373, 386, 389
미디어의 이해　370, 378-79
미메시스　206, 293, 326-27, 331
미셸 푸코　238
미술사가　63
미학　29, 33-5, 46-8, 55, 217-19, 232-33, 237
미학적 게임(놀이)　347
미학적 구조　256, 289, 331, 363
미학적 기준　279
미학적 동기　47
미학적 사색　347
미학적 의사소통　48
미학적 효과　256, 294
미학적-시적 세계 차원　243
민족지학　49, 52, 58

민족학　48
민주사회　11
민주주의　19, 70-2
밀로스 포먼　288

ㅂ

바로크 시대　69, 73, 84, 310
바바라 브렌치코퍼　88
바바라 웨스콧　225
바보들의 배　224-31, 234-38
바슈　148
바움가르텐　280
바이간트　148, 155-57
바츨라비크　173
반계몽주의　69
반기능주의　375
반복법　312
반수사학　67
반어적 제스처　389
반어적 질문　351-52, 354, 360
발견적 교수법　76
발달심리학　128
발신자　17, 49, 246, 267, 372
발신자-채널-수신자　246
발언자　86
발터 벤야민　331, 336, 339
발터 옌스　71
발현규칙　179
발화수반 방식　197
발화활동　52
배우　209, 289, 301, 332-35, 337-39, 346
배치　36, 74, 135
버레이 가드너　95
법가　59
법정 연설　73
베라　239, 241
베르그송　261
베르길리우스의 바퀴　309
베르너 홀리　175
베를리너 아벤트블래터　210, 217

베토벤 276
벤자민 리 워프 118
변증술 148-49
보드리야르 368
보르헤스 232
보여주기 330
본보기 209-10
본성 26
볼프강 아마데우스 모차르트 271
볼프강 에른스트 371, 373
부가 지표 100
부룬디 52
부사 동반 대격 130
부정성 259-63
부친 살해 288
분석 수사학 194, 197
브루투스 16
브리기테 슐리벤 랑에 126
브리태니커 백과사전 262
비교 수사학 53
비면대면 상황 25
비면대면 커뮤니케이션 21
비빈 173
비서구적 수사학 56, 61
비선형적 흐름의 내러티브 239
비수사학적 조건 33
비언어적 표현 185
비유 202, 253-58, 260, 263, 265, 278
비의도성 51
비즈니스 커뮤니케이션 163
빈소프의 제프리 199
빌헬름 폰 훔볼트 118
빠롤 120, 130, 132-34, 137

ㅅ

사고 15, 22, 29, 44-5, 51, 61, 65-8, 70, 82-3, 96, 165
사고의 흐름 219
사고 작용 166
사라 회르 287

사람의 속성 204
사르수엘라 극단 241
사법절차상 판결 98
사법형 연설 313
사색적 유희 347
사실과 유사함 242
사실성의 계약 31
사안 71, 100, 109-10, 136, 180-81, 195, 198-99, 277-78
사안 지시 198
사울 크립키 241
사피어-워프 가설 44
사학자 63
사회과학 24, 91, 95, 373, 377-79
사회심리학 57, 78, 87, 91, 95
사회적 네트워크 91
사회적 제도 118
산문 210, 213, 215, 217, 220, 330
살루스티우스 204
살와 카멜 61
삼단논법 61, 98, 102, 105, 244,
삼학 199
상상놀이 128
상상력 167, 212, 217, 239, 242, 394
상연 254, 274, 326, 337, 339,
상징 184, 203, 235, 237, 249
상징적 상호작용 53, 138, 145-52, 255, 261, 282, 288
상징적 유도 62
상징화 251
상형문자 116
상호 텍스트성 330
상호 텍스트적 결합 234
상황 21, 25
상황적 저항 21
상황 조율 103
새로운 수사학 78
새로운 시 199, 279
새로운 시학 199, 279
생각 무늬 69, 202
생산적 성숙 128
생성문법 137

생성주의　383, 389
생활세계　17, 31, 33, 124, 173, 189, 209, 214,
　　　　　218-20, 212, 243-24, 350
샬럿 뷜러　128
샷 앤 컷　239
섀넌　17, 49, 372
서사　201, 204, 211, 300
서사의 격렬함　211
서정시　257, 274
선량함　100
선악의 저편　259
선의　109
선한 의지　109-10
선한 자질　109
설득　13-6, 26, 28-30, 33-4, 52-3, 57-8, 61-2,
　　　65, 67, 69, 75, 108, 111, 139-41, 159-
　　　61, 170, 175-76, 222, 265, 272, 280-82,
　　　286, 289, 292, 301, 305, 307, 313, 315-
　　　16, 353
설득 기제　111
설득사례　14
설득 상황　280
설득수단　100
설득의 기술　18
설득의 예술　280
설득적 논거　86
설득적 행위　58
설득지향적 대화　170
설명자　184
성격　27, 35, 37, 56, 88, 97-8, 100, 103-05,
　　　123, 131, 136-37, 166, 169, 210-13,
　　　222-23, 235, 249, 276-77, 285, 304,
　　　313, 330, 355, 357, 363, 373-74, 393
성격 묘사　88
성격규정의 쟁점　357
세 위격　196
세계문명　115
세계수사학사학회　63-4
세계윤리　115
세계의 개혁자　208
세르팬티나 양식　310
세바스찬 브란트　224, 241, 244

세속도성　202
세팅　16, 25, 152-53
셰익스피어　391
소극적 체면　94
소나 포스　49
소네트　391
소리　71, 113, 117, 118-23, 127, 131, 321
소리를 잘 내는 기술　279
소설　32-3, 209, 217, 225, 232-33, 238-9,
　　　242, 329, 347-48
소크라테스식 대화법　151
소통 도구　26-7
소통 프레임　30, 32
소통적 프레임　33
소피스트　69, 102, 150, 157, 392
소피스트적 논박　157
쇠렌 키오룹　68, 77
수구 반복　135
수단적 저항　21-2
수사성　34, 274, 277, 307
수사적 가이드　162
수사적 관점　154, 158, 161-64, 169, 193, 195,
　　　　　　304, 307, 343, 352
수사적 능력　305
수사적 도구　16
수사적 무늬　22, 33, 47, 135-36, 141, 160,
　　　　　　243, 248, 255, 278, 281, 312
수사적 문채　22, 47
수사적 사례　44, 46, 50, 55, 57-8
수사적 삼단논법　102, 105
수사적 성공　20, 174
수사적 영향　67
수사적 요인　125, 219
수사적 원칙　304
수사적 의미　196
수사적 의사소통　80, 305
수사적 저항　20
수사적 제스처　197-98
수사적 지식　204
수사적 진술　223
수사적 창의성　169
수사적 층위　219

수사적 커뮤니케이션 14-6, 24
수사적 커뮤니케이터 87
수사적 행위자 16
수사학 11, 44, 383, 392
수사학 교육 74, 162, 394
수사학 문제 215, 274
수사학 벡터 모델 50
수사학 역사 사전 64, 293
수사학 유전자 54
수사학 이론 44, 50-1, 54-8, 63, 65, 73, 75-6
수사학 전문가 27
수사학 전통주의자 74
수사학 제국 265
수사학과 문체론 46, 274, 276
수사학을 둘러싼 오해 44
수사학의 계산 77
수사학의 목표 98
수사학의 문화적 사례 61
수사학의 역사 63-7, 70-3, 76, 80, 82-3, 101, 247, 265, 279
수사학의 용어체계 68
수사학의 통시적 연구 76
수사학자 77, 79, 86, 96, 125-26, 135, 138, 140-41, 152, 156, 161, 163, 165, 177, 189-90, 194-96, 205, 219, 222, 264, 273-75, 277, 279, 282-84, 297, 306, 323, 325, 342-43, 350, 353-54, 374
수사학적 경쟁 108
수사학적 노력 51, 57, 97
수사학적 도구 60, 83
수사학적 도식 134-35
수사학적 문법 135, 141
수사학적 문제 61, 142, 160, 322
수사학적 민주주의 71-2
수사학적 방법 60-8
수사학적 범주 215
수사학적 사례 28-9, 47, 54, 62, 159
수사학적 상호작용 모델 50-1, 59-60
수사학적 상황 98, 111
수사학적 생산이론 95
수사학적 성공 30, 76

수사학적 이미지 상호작용 313
수사학적 장식코드 141-42
수사학적 협력 신호 105
수사학적 활동 74
수사학적 효과 102, 294, 314
수사학적-실세계 차원 243
수신인의 반응 89, 156
수신자 18, 24, 33, 49, 218-19
수용이론적 시각 95
수용적 이미지 95-6
순수 유희 347
순수 음악적 텍스트 274
숭고에 관하여 280
숭배현상 335
슈퍼텍스트 157
스콧 제이콥스 138
스크립트 51-2, 57, 328-31, 393
스키마 134-35
스타일 183-84, 272, 277, 294, 302, 308-09, 325, 394
스탠자 276-77
스테이징 178, 184, 388, 394-95
스테판 레븐슨 94
스테판 리그 368, 373
스테판 타일러 115, 124, 130, 134, 136, 141
스토리 198
스토리텔링 303
스토아 학파 150
스튜어트 체이스 77
스티븐 메일로 69
스티븐 툴민 78
스틸 300
스펙터클 254, 331, 337
스피치 커뮤니티 116, 118
시각적 텍스트 21
시네마토그래피의 수사학 322
시뮬레이션 206, 326-28, 331, 338
시범형 연설 313
시-수사학 199
시의 의인화 279
시장연구 95
시적 모호성 222

시적 사실성 패러독스 212, 214
시적 의도 223
시적 의미 251
시퀀스 295, 332, 343, 350-51, 360-62
시퀀스 구성 350
시학 29, 32-3, 46-7, 52, 102, 157, 189, 219, 237-38, 260, 278-80, 283, 285-86, 307
시학 이론 102, 279, 327
신 실용주의 69
신 아리스토텔레스주의 수사학 341
신경 프로세스 375
신뢰성 20, 31, 87, 89, 106
신뢰의 원천 85
신수사학 33, 246-47, 249
신체언어 388, 390
신태그마 310, 312, 317
실러 341
실세계 214, 219, 243
실용주의 69-70
실용화 313-34, 325, 388
실제 발화 126, 208
실제 의사소통 세계 48
실행 152-53, 156, 184, 319
실행 관리 184
실행 모형 152-53
실험영화 35
심리학적 기제 96
심미적 의미 196
심의 대상 99
심의를 위한 수사 98
심의형 연설 313
쌍방향 의사소통 49

ㅇ

아곤 53, 57, 426
아네로레 루칸-슈투트 209
아르놀프 데퍼만 177
아르님 폰 슈테코브 128
아르키메데스 지점 16, 86
아리스토텔레스 15, 20, 28, 31-3, 47, 65, 75, 79, 81, 85, 93-5, 97-105, 108-09, 128, 149, 157, 159, 171, 174, 176
아마데우스 271, 288
아비 바르부르크 114, 310
아우라 334-36
아이버 리처즈 247, 264
아이콘 유형 296
아자-베티나 부테노프 46
안드레아스 가르트 127
안토니오 살리에리 288
알레고리 237-38, 243, 248, 250, 255,
알렉산더 바클레이 224
알키다마스 101-02, 392
암호화 190-93, 195, 197, 243,
앙케-마리 로마이어 322
앵글 70, 127, 265, 317, 332, 424
야콥 로허 224
얀 마리 램버트 피터스 380
얀 무카로프스키 154
양 15, 85, 107, 262,
어빙 고프만 94, 174
어스 다힌든 98
언어 상대주의 118
언어 텍스트 26, 187, 390, 393, 395, 400
언어구조 131, 133-34, 138, 210, 299
언어미학 29
언어생물학주의 116
언어와 글쓰기 44
언어와 수사학 44
언어와 의사소통 138
언어의 기호학적 성격 131
언어의 사용 128, 137-39
언어의 시적 기능 266
언어의 재현적 기능 192-93
언어이론 17, 119, 192-93
언어저작 129
언어적 상대성 44, 119
언어적 유추 298, 312
언어적 저항 22
언어적 추상화 121
언어적 패턴화 44

언어적 행동주의   119
언어체계   117-78, 123, 136
언어학   17, 25, 44-5, 49, 55, 118-20, 123, 131, 134, 138, 147, 155, 157, 161, 163, 168, 176, 247, 249, 276-77, 402, 414
언어학적 데이터   56
언어행동   117
언어행위   129
얼굴 표정   97, 388
얼굴표정   184
에다 바이간트   155
에델 알버트   52
에드가 앨런 포   347
에드문트 후설   243
에드워드 시아파   75
에드워드 코벳   73
에믹   56-7
에토스   20, 85, 93-5, 97, 99, 101-5, 109, 174, 401, 411-12
에토스 이론   109
에틱   56-7
에피 텍스트   244, 421
에피스테메   59
엔튀메마   102
엠블럼   184
역사 텍스트   68
역사서술 방법   189
역사적 연구   14-5, 63-6, 70, 76, 82-4
역사적 재구성   75
역사주의   63, 65, 81-2, 400
연극   104, 254, 274, 321, 329-30, 332, 334, 336, 338-41, 427
연극 조의 상연   274
연극대본   232
연극심리학   104
연극적 상연의 복합체   339
연기   36, 275, 301, 320, 332-33, 335, 339, 388, 390
연단   71, 104,
연대기   7, 32-3, 189-90, 193, 197-203, 205, 402

연사   16-23, 25-6, 37, 76-7, 79, 83, 85, 93, 152-53, 194, 196, 291-92, 399-402, 414-16, 426
연사의 역할   19-20, 72, 174
연사의 이상적 자질   79
연사의 자기표출   20
연설 순간   101
연설 자체   103
연설 텍스트   97, 102-03
연설가   97-3, 105, 139, 149, 152, 159, 162-64, 174-75, 180, 189-91, 197-98, 204, 289, 304, 391
연설가 교육   15, 343, 397
연설가의 소통적 의도   30
연설기술   149
연설 능력   78, 83, 149
연설문   102, 412
연설자의 이미지   100, 107
영구 평화론   18
영국 왕립협회 캠페인   67
영혼 인도술   54, 161, 280, 397
영화   164, 288, 300-01, 321, 323-40, 343, 345, 347-55, 356-60, 401, 403
영화 내레이션의 기본 구조   351
영화 수사학   35, 322, 353
영화 시네마 이론   338
영화관   324, 326, 331, 337-38
영화미학   323
영화배우   332-35
영화시나리오   232
영화의 미학적 구성   358
영화의 수사적 요인   345, 355, 358
영화의 수사학   9, 35, 321-24, 340, 428
예술   30, 32, 34, 48, 217-18, 221-22, 256-57, 274-75, 20, 284, 286-90, 368
예술비평   345
예술을 위한 예술   284
예술적 가능세계   223
예술적 의사소통   48, 218, 222, 289
예시   71, 78, 133, 177, 182, 281, 302
예이츠   248, 263
예증   93

옛 수사학 교사　78
옛날 수사학　103
오르가논 독트린　14, 27
오르나투스　278
오버코드　140
오이게니오 코세리우　126
오캄의 면도날　38
오토 폰 프라이징　193
오토마티즘　252
오페라 대본　271, 274, 287
오페라 대본작가　271
오푸스　325-26
오프텍스트　233
올브레이츠-티테카　78
외국어　120-22
외르크 킬리안　155
외연　250
외재적 수사학　18, 140
외적 자기 이미지　94
요세푸스　204
요제프 괴벨스　359
요제프 구스필트　68
요한 베르그만　224-25
요한 베르그만 폰 올페　225
요한 세바스챤 바흐　287
우발적인 상황　102
우베 비르트　347
우베 푀르크젠　369
우후이　46
울리케 라밍　367
움베르토 에코　114, 330, 345-46, 385
웅변　71-2, 149-50, 265
웅변가　50, 58, 289, 390
원천신뢰성　86
원천영향　86
원천요인　86
원형이론　326
웬디 옴스테드　75
위 롱기누스　280
위르겐 트라반트　118
위르겐 포르만　255
위르겐 하버마스　12

위버　17, 49
위신　20, 85, 87
윌러드 밴 오먼 콰인　122
유가　59
유물론자　253
유사재판　356
유추　68, 309, 312, 320
윤리적 개인주의　239
윤리적 논증　100
윤리적 명제　194
융한스　234
은유　237, 249, 255, 257-58, 260-61, 275-76, 296, 310, 312, 28-9, 67-8, 135-36, 156, 202
음성 텍스트　21, 319
음성언어　275, 277, 294, 298, 306, 318
음성학　117-18, 120, 179, 184
음소　121
음악　271, 274-77, 279-87, 289
음악의 수사학　271
음악텍스트　274-75
음운론　118, 134
응결성　153
응집성　142, 153, 177
의견　11, 20, 23, 58, 65-6, 73, 91, 97, 99, 111, 132-33, 141, 176, 213, 315-16, 343, 349, 353, 358
의도성 이론　30
의례　52, 196, 289
의미론　118
의미론적 관계　131
의미론적 의미　250-51
의미화　251
의사소통 도구　50, 58
의사소통 맥락　91
의사소통 모델　17, 60, 81-2, 263, 265-66
의사소통 원칙　107
의사소통 전략　48, 194, 212
의사소통 참여자　97, 99, 101, 110
의사소통 패러다임　48
의사소통 행동　19-20, 195, 314
의사소통상 세팅　16

의사소통의 조건과 맥락　77
의사소통적 주제　195
의사소통적 틀　98
의사전달자　85
의식행위　52
이미지 관리　172, 174
이미지 구축　88, 98-9, 111, 175, 185
이미지 기호　295-98
이미지 메이커　297, 304-06, 309, 313, 316
이미지 서사　303
이미지의 서사성　300
이미지-코드　295-96, 299
이미지-텍스처　297
이분법적 포지션　173
인공지능　123
인류학　13, 78
인민재판　343, 355-57
인상관리 기법　93
인식론　66, 69, 257, 375
인유　136
인지적 우위　166, 169
인지적 저항　22
인형극　253-55, 257
일반 수사학　44
일반 스피치　28
일반 커뮤니케이션 이론　49, 51
일반수사학과　71
일본의 수사학　46
일상대화　49, 51, 150, 177
일의 속성　205
임마뉴엘 칸트　18
입증　103, 109
입증 수단　97
입지 높이기　94
잉　43

ㅈ

자극-처리-반응　54
자기 이미지　94
자기 이미지 구축　185
자기고양　94
자기묘사의 심리학　93
자기표현의 문화　73
자기홍보　94
자동장치　389
자명한 증명　98
자연어　117, 137
자존감　94
작문　45-6, 56, 308
작업　48, 61, 73, 76, 103, 121, 129, 141, 156, 162, 195, 204, 219, 224
작품　225, 233-44, 258, 280, 282-83
잘츠부르크 나흐리히텐　209
잠포니　209-11, 213-17, 220-21, 223
장면 선택　350
장문　151, 199
장-바티스트-시메옹 샤르댕　386
장식코드　141-42, 307-08, 318
장편영화　322-23
장황한 연설　148-49
재현　191-93, 195-96, 209
잭슨　173
쟁점 이론　357
저자의 성격　136
저자-텍스트-수취인　246
저장　275, 318-19, 324, 338-39, 384-88, 393
적극적 체면　94
적응자　184
전략적 계산　34, 58, 165, 167, 306
전략적 소통　34
전략적 의사소통　194, 264, 313
전략적 커뮤니케이션　21
전략적 협상　77, 83
전문 정보원　86
전문성　87, 93, 168
전문성 강조하기　93
전문지식　93, 109
전송-매체화　393
전의　135
전체주의 정권　73
전통주의적 접근　73
절대 음악　286, 289

절차의 쟁점 357
정교화 가능성 모델 85, 176
정보원천의 신뢰성 86
정보제공자 196
정서 표시 184
정서적 차원 104
정신분석학 104
정치적 실천 79
정치적 정언명령 18
정통-신태그마 310
정황적 저항 21
제논 150
제라르 드 래르스 310
제라르 주네트 28, 32, 198, 232
제롤드 헤일 173
제스처 184
제유 255, 257-58, 260
제임스 모나코 328, 336
제임스 몽고메리 플래그 310
제작게임 128
제한된 수사학 265
젠슨 61
조작 125, 260, 292, 301, 312, 375
조절자 184
조지 케네디 50, 53
존 라이언스 117, 123, 137
존 로크 67
존 모리슨 58
존 스톤 54
존 오스틴 127, 194
존경 87, 89, 133, 213
존슨 68
좋은 산문 27
좋은 텍스트 27
주디 버군 173
주변 경로 86
주어캄프 215
주제 관리 180
준비 우위 169
준비성 89
줄어든 수사학 265
중심 경로 85-6, 176

중심 텍스트 224, 232-33, 244, 264
지빌레 크레머 371, 383, 385, 388
지성사 66, 69
지시 198
지시 대상 87-8
지시와 함축 244
지시체 249
지식 경제학 79
지위 강조하기 93
지침 27, 75, 78
지킬 박사와 하이드 현상 360
직시 300
직유 136, 242
진리의 빛 192
진리의 행위자 31
진술 332
진실성 20, 31, 104, 110
진정한 신뢰 109
진지함 110
짐 햄 75

ㅊ

착상 36, 275
창의적 글쓰기 73
채널 49-50, 246
처치-튜링 가설 373
청자 386
체계언어학 123
체를리나 272-73, 288
체면 94, 175
초구조 29
추론 219-20, 244, 286, 301, 303, 309, 330, 342, 345-51, 354
추론적 산책 330, 349
추리소설 347
추상적 사고 242
추상적 연관성 121
추정의 쟁점 357
추정적 산책 330, 348, 354
춤 248-49, 252, 254-57

춤의 은유   249

ㅋ

카니발   32
카를 필리프 에마누엘 바흐   386
카이사르   121, 193
카임 페렐만   12, 28, 78, 265
카토   124, 130
카프카   254
카플란   44-6, 56
칸타타   287
칼 뵐러   119, 298, 298
칼 융   114
칼마이어   148, 160
캐서린 앤 포터   32, 225-25, 236, 402
캐서린 웰치   74
커뮤니케이션 수단   11
커뮤니케이션 이론   13, 17, 49, 51, 159
커뮤니케이션 환경   16, 170
커뮤니케이션학   65, 87, 247
커뮤니케이터   58, 85, 87, 147, 159, 164, 195-96, 246, 284, 291-92, 304-05, 383, 387
컴퓨터 언어학   123
케네스 버크   12, 247, 249-50
케네스 볼딩   95
코드   295
콘라트 3세   207
콜레리지   252
쾌감   331
쾌락   338
퀸틸리아누스   15-6, 23, 26-7, 150, 204, 237, 280, 294, 343
크라수스   204-05
크루그   254
크리스타 플라이쉬만   223
클로드 레비스트로스   114
클로즈업   332, 340
클리포드 기어츠   115
키에르케고르   254

키케로   280, 294, 391
키틀러   368, 372-75

ㅌ

타당성   13, 63, 90, 95, 192-93, 197, 200-03, 301, 310
타당성의 힘   90
타입   295
타키투스   70
탐구의 수사학   78
탐욕   205, 236
테마 조종   181
텍스처   291, 294, 302, 304, 306
텍스트   307-09, 312-14, 316-20, 324-27, 330-31, 334, 338, 341, 343, 345
텍스트 생산모델   29, 402
텍스트 수사학   30
텍스트 유형   82, 157, 170, 394
텍스트 작성   27, 29, 36, 140, 170
텍스트 장르   33, 266, 341, 394
텍스트 특성   153
텍스트성   154, 195-96, 198, 204, 394, 297, 304, 330, 334
텍스트의 수사적 요소   195, 389
텍스트적 저항   22
텍스트학   81, 308
토론   99, 149, 152, 172, 225, 294
토마스 베튼하르트   32, 208-09, 215-16, 218, 220, 223
토큰   295
토포스   310, 317, 323, 342, 348
통념   99
통사론   121
퇸반 데이크   30
튜턴족   199, 201

ㅍ

파라텍스트   8, 224, 389, 430

파라텍스트성　388
파불라　330
파슨스　368
파시스트　73, 118,
파울 파이어아벤트　116, 123
파울 피스터　386
파이드로스　101, 161, 393, 397, 412
파토스 공식　310
팔라스 아테나　235
패러다임　12, 48, 65, 69, 138, 292, 373,
패러독스　212, 214, 262
퍼스　346-47
퍼스널리티　87, 93
퍼포먼스　208, 320
페넬로페 브라운　94
페라리　214
페르디낭 드 소쉬르　118
페르소나　94
평가　15, 19, 38, 47, 54, 81, 87-90, 95-6, 98, 169, 175, 197, 204-05, 214, 235, 282, 329, 334, 342
평판　6, 20, 85, 87-93, 401, 411
포스트모던 문학이론　243
포스트모던 철학자　12
포이에마　325
포이에시스　128-89, 206, 341
폴드만　247, 251, 253-55, 258-59, 263-65, 247, 251, 253-55, 258-59, 263-65
폴 케이 마쓰다　43
폴로스　148-49
폼페이우스　204
표정　94, 97, 320, 388
표준적 소통 조건　31
표현　27-9, 31, 36-7, 68, 73-4, 91, 94, 100, 104-05, 109-10, 117, 119, 126, 183
표현술　28
표현심리학　104
표현의 경제성　31
표현작성자　196
품위 있는 사람　100
풍유　136
프라이타크　240

프락시스　128-89, 341
프란스 베젠나우어　214
프란츠 훈츠누르셔　155
프레이밍　86, 98, 317
프레임　30-3, 48, 57, 98, 100, 106, 111, 217, 238, 320, 328, 350-51, 356, 407, 412
프레임워크　30-1, 238, 328, 356, 377, 381, 384
프로김나스마타　308
프로뮈티온　221-22
프로세스 관찰　165, 168
프로세스 해석　165, 168
프로테레마　162
프리드리히 니체　259
프리드리히 키틀러　373
프리스　100
프리츠 랑　326, 343, 353-56, 358-59, 361-62, 403
프리츠 하이더　370
플라톤　15, 32, 69, 81, 101, 133, 148-51, 161, 280, 393, 397, 401
플롯　198, 204, 239, 303
플루서　336, 368
피터 로레　360
피터 셰퍼　288
피히테　262
필름 몽타주 기법　238
필립 르죈　233
필요원인　278

ㅎ

하르트 무트 빙클러　385
하르트무트 크로네스　274
하이브리드 픽션　212
하이퍼 텍스트　157
하인리히 라우스베르크　134-35
하인리히 폰 클라이스트　210
하프시코드　272
한스 게오르그 가다머　12
한스 디터 무먼디　93
한스 베케르트　356, 360

한스 블루멘베르크　12, 52
한스 엔첸스베르거　378
한스 울리히 굼브레히트　372
한스 위르겐 헤링거　106
한스 큉　115
합리성 관리　172, 176
합리적 논증　85, 98
합의도출　99
해석기법　345
해석학적 문학비평　244
해체　246
해체의 수사학　246
행동 계산　165, 169
행동 지시　198
행동경제학　88
행동양식　78
행동이론　35, 161, 375
행동학　65, 336
행위자의 평판　89
허구　193, 211-14, 216-20, 223
허구성　238, 242, 326, 343
허구적 미학　217, 328, 349
허버트 그라이스　31, 58
헤겔식 변증법　262
헤지　360, 362
헨리 제임스　328
헬레니우스를 위한 수사학　84
헬무트 샨체　322
현대 문체론　29
현대과학　63
현대영화 연구　322, 347, 350
현대의 전용　75-6
협력　105-08, 111
협력원칙　106-8, 111
형태론　118, 134
호라티우스　235, 237
호소　110, 196
호의　272, 285
호피족 원주민　119
화용론　126-27, 137
화용적 상황　100
화자의 도덕적 성격　103

화자의 매력　89
화행론　30, 197, 324
환영적 판타스마고리아　345
환원주의　82, 137, 160, 363, 373
환유　255, 257-58
활동게임　128-29
황금분할　317
황제권　207
황제연대기　197-203
회의론　96, 116, 368
후광　94
후설　124, 243
훌륭한 덕　199
휘트니　133
휴리스틱스　76
히스토리아　189-92, 198, 201-02, 204, 206
히틀러　359

E

ELM　85-6, 176
ESL　46

M

M　326, 343, 353-59, 361-63

1차 매체성　332
2차 매체성　332
3단계 교수법　78
3중 발언　104
3중계산법　104

현대 수사학

초판 1쇄 발행 2019년 3월 27일

지은이	요아힘 크나페
옮긴이	김종영, 홍설영
펴낸이	박상진

편집	김제형
관리	황지원
디자인	양동빈

펴낸곳   진성북스
출판등록   2011년 9월 23일
주소   서울시 강남구 영동대로85길 38, 10층
전화   (02)3452-7762 팩스 (02)-3452-7761
홈페이지   www.jinsungbooks.com
이메일   jinsungbooks@naver.com

ISBN   978-89-97743-44-5   03100

본서의 내용을 무단 복제하는 것은 저작권법에 의해 금지되어 있습니다.
파본이나 잘못된 책은 교환하여 드립니다.

진성북스는 여러분들의 원고 투고를 환영합니다. 책으로 엮기를 원하는 좋은 아이디어가 있으신 분은 이메일(jinsungbooks@naver.com)로 간단한 개요와 취지, 연락처 등을 보내주십시오. 당사의 출판 컨셉에 적합한 원고는 적극적으로 책으로 만들어 드리겠습니다.

JINSUNGBOOKS

진성북스
도서목록

사람이 가진 무한한 잠재력을 키워가는 **진성북스**는
지혜로운 삶에 나침반이 되는 양서를 만듭니다.

도서목록

앞서 가는 사람들의 두뇌 습관
스마트 싱킹

아트 마크먼 지음 | 박상진 옮김
352쪽 | 값 17,000원

숨어 있던 창의성의 비밀을 밝힌다!

인간의 마음이 어떻게 작동하는지 설명하고, 스마트해지는데 필요한 완벽한 종류의 연습을 하도록 도와준다. 고품질 지식의 습득과 문제 해결을 위해 생각의 원리를 제시하는 인지 심리학의 결정판이다! 고등학생이든, 과학자든, 미래의 비즈니스 리더든, 또는 회사의 CEO든 스마트 싱킹을 하고자 하는 누구에게나 이 책은 유용하리라 생각한다.

- 조선일보 등 주요 15개 언론사의 추천
- KBS TV, CBS방영 및 추천

나의 잠재력을 찾는 생각의 비밀코트
지혜의 심리학 2017 최신 증보판

김경일 지음
352쪽 | 값 16,500원

창의적으로 행복에 이르는 길!

인간의 타고난 심리적 특성을 이해하고, 생각을 현실에서 실행하도록 이끌어주는 동기에 대한 통찰을 통해 행복한 삶을 사는 지혜를 명쾌하게 설명한 책. 지혜의 심리학을 선택한 순간, 미래의 밝고 행복한 모습은 이미 우리 안에 다가와 가뿐히 자리잡고 있을 것이다, 수많은 자기계발서를 읽고도 성장의 목표를 이루지 못한 사람들의 필독서!

- OtvN <어쩌다 어른> 특강 출연
- KBS 1TV 아침마당<목요특강> "지혜의 심리학" 특강 출연
- YTN사이언스 <과학, 책을 만나다> "지혜의 심리학" 특강 출연
- 2014년 중국 수출 계약 | 포스코 CEO 추천 도서

세계 초일류 기업이 벤치마킹한 성공전략 5단계
승리의 경영전략

AG 래플리, 로저마틴 지음
김주권, 박광태, 박상진 옮김
352쪽 | 값 18,500원

전략경영의 살아있는 메뉴얼

가장 유명한 경영 사상가 두 사람이 전략이란 무엇을 위한 것이고, 어떻게 생각해야 하며, 왜 필요하고, 어떻게 실천해야 할지 구체적으로 설명한다. 이들은 100년 동안 세계 기업회생역사에서 가장 성공적이라고 평가받고 있을 뿐 아니라, 직접 성취한 P&G의 사례를 들어 전략의 핵심을 강조하고 있다.

- 경영대가 50인(Thinkers 50)이 선정한 2014 최고의 책
- 탁월한 경영자와 최고의 경영 사상가의 역작
- 월스트리스 저널 베스트 셀러

"이 검사를 꼭 받아야 합니까?"
과잉진단

길버트 웰치 지음 | 홍영준 옮김
391쪽 | 값 17,000원

병원에 가기 전 꼭 알아야 할 의학 지식!

과잉진단이라는 말은 아무도 원하지 않는다. 이는 걱정과 과잉진료의 전조일 뿐 개인에게 아무 혜택도 없다. 하버드대 출신의 의사인 저자는, 의사들의 진단욕심에 비롯된 과잉진단의 문제점과 과잉진단의 합리적인 이유를 함께 제시함으로써 질병예방의 올바른 패러다임을 전해준다.

- 한국출판문화산업 진흥원 『이달의 책』선정도서
- 조선일보, 중앙일보, 동아일보 등 주요 언론사 추천

감성의 시대, 왜 다시 이성인가?
이성예찬

마이클 린치 지음 | 최훈 옮김
323쪽 | 값 14,000원

세계적인 철학 교수의 명강의

증거와 모순되는 신념을 왜 믿어서는 안 되는가? 현대의 문학적, 정치적 지형에서 욕설, 술수, 위협이 더 효과적인데도 왜 합리적인 설명을 하려고 애써야 하는가? 마이클 린치의 '이성예찬'은 이성에 대한 회의론이 이렇게 널리 받아들여지는 시대에 오히려 이성과 합리성을 열성적으로 옹호한다.

- 서울대학교, 연세대학교 저자 특별 초청강연
- 조선, 중앙, 동아일보, 매일경제, 한국경제 등 특별 인터뷰

학대와 고난, 극복과 사랑 그리고 승리까지 감동으로 가득한 스포츠 영웅의 휴먼 스토리
오픈

안드레 애거시 지음 | 김현정 옮김
614쪽 | 값 19,500원

시대의 이단아가 던지는 격정적 삶의 고백!

남자 선수로는 유일하게 골든 슬램을 달성한 안드레 애거시. 테니스 인생의 정상에 오르기까지와 파란만장한 삶의 여정이 서정적 언어로 독자의 마음을 자극한다. 최고의 스타 선수는 무엇으로, 어떻게, 그 자리에 오를 수 있었을까? 또 행복하지만은 않았던 그의 테니스 인생 성장기를 통해 우리는 무엇을 배울 수 있을까. 안드레 애거시의 가치관과 생각을 읽을 수 있다.

- Times 등 주요 13개 언론사 극찬, 자서전 관련분야 1위 (아마존)
- "그의 플레이를 보며 나는 꿈을 키웠다!"-국가대표 테니스 코치 이형택

새로운 시대는 逆(역)으로 시작하라!
콘트래리언
이신영 지음
408쪽 | 값 17,000원

위기극복의 핵심은 역발상에서 나온다!

세계적 거장들의 삶과 경영을 구체적이고 내밀하게 들여다본 저자는 그들의 성공핵심은 많은 사람들이 옳다고 추구하는 흐름에 '거꾸로' 갔다는 데 있음을 발견했다. 모두가 실패를 두려워할 때 도전할 줄 알았고, 모두가 아니라고 말하는 아이디어를 성공적인 아이디어로 발전시켰으며 최근 15년간 3대 악재라 불린 위기 속에서 기회를 찾고 성공을 거두었다.

- 한국출한문화산업 진흥원 '이달의 책' 선정도서
- KBS 1 라디오 <오한진 이정민의 황금사과> 방송

실력을 성공으로 바꾸는 비결
리더의 존재감은 어디서 나오는가
실비아 앤 휴렛 지음 | 황선영 옮김
308쪽 | 값 15,000원

이 책은 조직의 사다리를 오르는 젊은 직장인과 리더를 꿈꾸는 사람들이 시급하게 읽어야 할 필독서이다. 더이상 서류상의 자격만으로는 앞으로 다가올 큰 기회를 잡을 수 없다. 사람들에게 자신감과 신뢰성을 보여주는 능력, 즉 강력한 존재감이 필요하다. 여기에 소개되는 연구 결과는 읽을거리가 많고 생생한 이야기와 신빙성 있는 자료로 가득하다. 실비아 앤 휴렛은 이 책을 통해 존재감을 완벽하게 드러내는 비법을 전수한다.

- 이코노믹리뷰 추천도서
- 저자 싱커스 50

비즈니스 성공의 불변법칙
경영의 멘탈모델을 배운다!
퍼스널 MBA
조쉬 카우프만 지음 | 이상호, 박상진 옮김
756쪽 | 값 23,500원

"MASTER THE ART OF BUSINESS"

비즈니스 스쿨에 발을 들여놓지 않고도 자신이 원하는 시간과 적은 비용으로 비즈니스 지식을 획기적으로 높이는 방법을 가르쳐 주고 있다. 실제 비즈니스의 운영, 개인의 생산성 극대화, 그리고 성과를 높이는 스킬을 배울 수 있다. 이 책을 통해 경영학을 마스터하고 상위 0.01%에 속하는 부자가 되는 길을 따라가 보자.

- 아마존 경영 & 리더십 트레이닝 분야 1위
- 미국, 일본, 중국 베스트 셀러
- 경영 명저 100권을 녹여 놓은 책

진성 FOCUS 1

앞서 가는 사람들의 두뇌 습관
스마트 싱킹

아트 마크먼 지음
박상진 옮김
352쪽 | 값 17,000원

보통 사람들은 지능이 높을수록 똑똑한 행동을 할 것이라 생각한다. 하지만 마크먼 교수는 연구를 통해 지능과 스마트한 행동의 상관관계가 그다지 크지 않음을 증명한다. 한 연구에서는 지능검사 결과, 높은 점수를 받은 아이들을 35년 동안 추적하여 결국 인생의 성공과 지능지수는 그다지 상관없다는 사실을 밝히기도 했다. 중요한 것은 스마트한 행동으로 이끄는 것은 바로 '생각의 습관'이라는 것이다. 스마트한 습관은 정보와 행동을 연결해 행동을 합리적으로 수행하도록 하는 일관된 변환(consistent mapping)으로 형성된다. 곧 스마트 싱킹은 실천을 통해 행동으로 익혀야 한다는 뜻이다. 스마트한 습관을 창조하여 고품질 지식을 습득하고, 그 지식을 활용하여 새로운 문제를 창의적으로 해결해야 스마트 싱킹이 가능한 것이다. 그러려면 끊임없이 '왜'라고 물어야 한다. '왜'라는 질문에서 우리가 얻을 수 있는 것은 사물의 원리를 설명하는 인과적 지식이기 때문이다. 스마트 싱킹에 필요한 고품질 지식은 바로 이 인과적 지식을 통해 습득할 수 있다. 이 책은 일반인이 고품질 지식을 얻어 스마트 싱킹을 할 수 있는 구체적인 방법을 담고 있다. 예를 들어 문제를 글로 설명하기, 자신에게 설명해 보기 등 문제해결 방법과 회사와 가정에서 스마트한 문화를 창조하기 위한 8가지 방법이 기술되어 있다.

- 조선일보 등 주요 15개 언론사의 추천
- KBS TV, CBS방영 및 추천

백 마디 불통의 말, 한 마디 소통의 말

당신은 어떤 말을 하고 있나요?

김종영 지음
248쪽 | 값 13,500원

리더십의 핵심은 소통능력이다. 소통을 체계적으로 연구하는 학문이 바로 수사학이다. 이 책은 우선 사람을 움직이는 힘, 수사학을 집중 조명한다. 그리고 소통의 능력을 필요로 하는 우리 사회의 리더들에게 꼭 필요한 수사적 리더십의 원리를 제공한다. 더 나아가서 수사학의 원리를 실제 생활에 어떻게 적용할 수 있는지 일러준다. 독자는 행복한 말하기와 아름다운 소통을 체험할 것이다.

- SK텔레콤 사보 <Inside M> 인터뷰
- MBC 라디오 <라디오 북 클럽> 출연
- 매일 경제, 이코노믹리뷰, 경향신문 소개
- 대통령 취임 2주년 기념식 특별연설

30초만에 상대방의 마음을 사로잡는

스피치 에센스

제러미 도노반, 라이언 에이버리 지음
박상진 옮김 | 348쪽 | 값 15,000원

타인들을 대상으로 하는 연설의 가치는 개별 청자들의 지식, 행동 그리고 감정에 끼치는 영향력에 달려있다. 토스마스터즈클럽은 이를 연설의 '일반적 목적'이라 칭하며 연설이라면 다음의 목적들 중 하나를 달성해야 한다고 규정하고 있다. 지식을 전달하고, 청자를 즐겁게 하는 것은 물론 나아가 영감을 불어넣을 수 있어야 한다. 이 책은 토스마스터즈인 제러미 도노반과 대중연설 챔피언인 라이언 에이버리가 강력한 대중연설의 비밀에 대해서 말해준다.

무엇이 평범한 사람을 유명하게 만드는가?

폭스팩터

앤디 하버마커 지음 | 곽윤정, 이현웅 옮김
265쪽 | 값 14,000원

무의식을 조종하는 매혹의 기술

오제이 심슨, 오펜하이머, 폴 포츠, 수전 보일…논리가 전혀 먹혀들지 않는 이미지 전쟁의 세계. 이는 폭스팩터가 우리의 무의식을 교활하게 점령하고 있기 때문이다. 1%셀러브리티들의 전유물처럼 여겨졌던 행동 설계의 비밀을 일반인들도 누구나 배울 수 있다. 전 세계 스피치 전문가를 매료시킨 강력한 커뮤니케이션기법소통으로, 고민하는 모든 사람들에게 강력 추천한다.

- 폭스팩터는 자신을 드러내기 위해 반드시 필요한 무기
- 조직의 리더나 대중에게 어필하고자 하는 사람을 위한 필독서

경쟁을 초월하여 영원한 승자로 가는 지름길

탁월한 전략이 미래를 창조한다

리치 호워드 지음 | 박상진 옮김
300쪽 | 값 17,000원

이 책은 혁신과 영감을 통해 자신들의 경험과 지식을 탁월한 전략으로 바꾸려는 리더들에게 실질적인 프레임워크를 제공해준다. 저자는 탁월한 전략을 위해서는 새로운 통찰을 결합하고 독자적인 경쟁 전략을 세우고 헌신을 이끌어내는 것이 중요하다고 강조한다. 나아가 연구 내용과 실제 사례, 사고 모델, 핵심 개념에 대한 명쾌한 설명을 통해 탁월한 전략가가 되는 데 필요한 핵심 스킬을 만드는 과정을 제시해준다.

- 조선비즈, 매경이코노미 추천도서
- 저자 전략분야 뉴욕타임즈 베스트 셀러

새로운 리더십을 위한 지혜의 심리학

이끌지 말고 따르게 하라

김경일 지음
328쪽 | 값 15,000원

이 책은 '훌륭한 리더', '존경받는 리더', '사랑받는 리더'가 되고 싶어하는 모든 사람들을 위한 책이다. 요즘 사회에서는 존경보다 질책을 더 많이 받는 리더들의 모습을 쉽게 볼 수 있다. 저자는 리더십의 원형이 되는 인지심리학을 바탕으로 바람직한 리더의 모습을 하나씩 밝혀준다. 현재 리더의 위치에 있는 사람뿐만 아니라, 앞으로 리더가 되기 위해 노력하고 있는 사람이라면 인지심리학의 새로운 접근에 공감하게 될 것이다. 존경받는 리더로서 조직을 성공시키고, 나아가 자신의 삶에서도 승리하기를 원하는 사람들에게 필독을 권한다.

- OtvN <어쩌다 어른> 특강 출연
- 예스24 리더십 분야 베스트 셀러
- 국립중앙도서관 사서 추천 도서

진정한 부와 성공을 끌어당기는 단 하나의 마법

생각의 시크릿

밥 프록터, 그레그 레이드 지음 | 박상진 옮김
268쪽 | 값 13,800원

성공한 사람들은 그렇지 못한 사람들과 다른 생각을 갖고 있는 것인가? 지난 100년의 역사에서 수많은 사람을 성공으로 이끈 성공 철학의 정수를 밝힌다. <생각의 시크릿>은 지금까지 부자의 개념을 오늘에 맞게 더 구체화시켰다. 지금도 변하지 않는 법칙을 따라만 하면 누구든지 성공의 비밀에 다가갈 수 있다. 이 책은 각 분야에서 성공한 기업가들이 지난 100년간의 성공 철학을 어떻게 이해하고 따라했는지 살펴보면서, 그들의 성공 스토리를 생생하게 전달하고 있다.

- 2016년 자기계발분야 화제의 도서
- 매경이코노미, 이코노믹리뷰 소개

성과기반의 채용과 구직을 위한 가이드

100% 성공하는 채용과 면접의 기술

루 아들러 지음 | 이병철 옮김
352쪽 | 값 16,000원

기업에서 좋은 인재란 어떤 사람인가? 많은 인사담당자는 스펙만 보고 채용하다가는 낭패당하기 쉽다고 말한다. 최근 전문가들은 성과기반채용 방식에서 그 해답을 찾는다. 이는 개인의 역량을 기초로 직무에서 성과를 낼 수 있는 요인을 확인하고 검증하는 면접이다. 이 책은 세계의 수많은 일류 기업에서 시도하고 있는 성과기반채용에 대한 개념, 프로세스, 그리고 실패방법을 다양한 사례로 설명하고 있다.

● 2016년 경제경영분야 화제의 도서

세계 최초 뇌과학으로 밝혀낸 반려견의 생각

반려견은 인간을 정말 사랑할까?

그레고리 번스 지음 | 김신아 옮김
316쪽 | 값 15,000원

과학으로 밝혀진 반려견의 신비한 사실

순종적이고, 충성스럽고, 애정이 넘치는 반려견들은 우리에게 있어서 최고의 친구이다. 그럼 과연 반려견들은 우리가 사랑하는 방법처럼 인간을 사랑할까? 수십 년 동안 인간의 뇌에 대해서 연구를 해 온 에모리 대학교의 신경 과학자인 조지 번스가 반려견들이 우리를 얼마나, 어떻게 사랑하는지에 대한 비밀을 과학적인 방법으로 들려준다. 반려견들이 무슨 생각을 하는지 알아보기 위해 기능적 뇌 영상을 촬영하겠다는 저자의 프로젝트는 놀라움을 넘어 충격에 가깝다.

세계를 무대로 미래의 비즈니스를 펼쳐라

21세기 글로벌 인재의 조건

시오노 마코토 지음 | 김성수 옮김
244쪽 | 값 15,000원

세계 최고의 인재는 무엇이 다른가? 이 책은 21세기 글로벌 시대에 통용될 수 있는 비즈니스와 관련된 지식, 기술, 그리고 에티켓 등을 자세하게 설명한다. 이 뿐만 아니라 재무, 회계, 제휴 등의 업무에 바로 활용가능한 실무적인 내용까지 다루고 있다. 이 모든 것들이 미래의 주인공을 꿈꾸는 젊은이들에게 글로벌 인재가 되기 위한 발판을 마련해주는데 큰 도움이 될 것이다. 저자의 화려한 국제 비즈니스 경험과 감각을 바탕으로 비즈니스에 임하는 자세와 기본기, 그리고 실천 전략에 대해서 알려준다.

진성 FOCUS 2

세계 초일류 기업이 벤치마킹한 성공전략 5단계

승리의 경영전략

AG 래플리, 로저마틴 지음
김주권, 박광태, 박상진 옮김
352쪽 | 값 18,500원

이 책은 전략의 이론만을 장황하게 나열하지 않는다. 매일 치열한 생존경쟁이 벌어지고 있는 경영 현장에서 고객과 경쟁자를 분석하여 전략을 입안하고 실행을 주도하였던 저자들의 실제 경험과 전략 대가들의 이론이 책속에서 생생하게 살아 움직이고 있다. 혁신의 아이콘인 A.G 래플리는 P&G의 최고책임자로 다시 돌아왔다. 그는 이 책에서 P&G가 실행하고 승리했던 시장지배의 전략을 구체적으로 보여줄 것이다. 생활용품 전문기업인 P&G는 지난 176년간 끊임없이 혁신을 해왔다. 보통 혁신이라고 하면 전화기, TV, 컴퓨터 등 우리 생활에 커다란 변화를 가져오는 기술이나 발명품 등을 떠올리곤 하지만, 소소한 일상을 편리하게 만드는 것 역시 중요한 혁신 중에 하나라고 할 수 있다. 그리고 그러한 혁신은 체계적인 전략의 틀 안에서 지속적으로 이루어질 수 있다. 월 스트리트 저널, 워싱턴 포스트의 베스트셀러인 <Plating to Win: 승리의 경영전략>은 전략적 사고와 그 실천의 핵심을 담고 있다. 래플리는 10년간 CEO로서 전략 컨설턴트인 로저마틴과 함께 P&G를 매출 2배, 이익은 4배, 시장가치는 100조 이상으로 성장시켰다. 이 책은 크고 작은 모든 조직의 리더들에게 대담한 전략적 목표를 일상 속에서 실행하는 방법을 보여주고 있다. 그것은 바로 사업의 성공을 좌우하는 명확하고, 핵심적인 질문인 '어디에서 사업을 해야 하고', '어떻게 승리할 것인가'에 대한 해답을 찾는 것이다.

● 경영다가 50인(Thinkers 50)이 선정한 2014 최고의 책
● 탁월한 경영자와 최고의 경영 사상가의 역작
● 월스트리스 저널 베스트 셀러

MIT 출신 엔지니어가 개발한 창조적 세일즈 프로세스
세일즈 성장 무한대의 공식

마크 로버지 지음 | 정지현 옮김
272쪽 | 값 15,000원

세일즈를 과학이 아닌 예술로 생각한 스타트업 기업들은 좋은 아이디어가 있음에도 불구하고 성공을 이루지 못한다. 기업이 막대한 매출을 올리기 위해서는 세일즈 팀이 필요하다. 지금까지는 그 목표를 달성하게 해주는 예측 가능한 공식이 없었다. 이 책은 세일즈를 막연한 예술에서 과학으로 바꿔주는 검증된 공식을 소개한다. 단 3명의 직원으로 시작한 스타트업이 1천억원의 매출을 달성하기까지의 여정을 통해 모든 프로세스에서 예측과 계획, 그리고 측정이 가능하다는 사실을 알려준다.

● 아마존 세일즈분야 베스트 셀러

인생의 고수가 되기 위한 진짜 공부의 힘
김병완의 공부혁명

김병완 지음
236쪽 | 값 13,800원

공부는 20대에게 세상을 살아갈 수 있는 힘과 자신감 그리고 내공을 길러준다. 그래서 20대 때 공부에 미쳐 본 경험이 있는 사람과 그렇지 못한 사람은 알게 모르게 평생 큰 차이가 난다. 진짜 청춘은 공부하는 청춘이다. 공부를 하지 않고 어떻게 100세 시대를 살아가고자 하는가? 공부는 인생의 예의이자 특권이다. 20대 공부는 자신의 내면을 발견할 수 있게 해주고, 그로 인해 진짜 인생을 살아갈 수 있게 해준다. 이 책에서 말하는 20대 청춘이란 생물학적인 나이만을 의미하지 않는다. 60대라도 진짜 공부를 하고 있다면 여전히 20대 청춘이고 이들에게는 기래에 대한 확신과 풍요의 정신이 넘칠 것이다.

하버드 경영대학원 마이클 포터의 성공전략 지침서
당신의 경쟁전략은 무엇인가?

조안 마그레타 지음 | 김언수, 김주권, 박상진 옮김
368쪽 | 값 22,000원

이 책은 방대하고 주요한 마이클 포터의 이론과 생각을 한 권으로 정리했다. <하버드 비즈니스리뷰> 편집장 출신인 조안 마그레타(Joan Magretta)는 마이클 포터와의 협력으로 포터교수의 아이디어를 업데이트하고, 이론을 증명하기 위해 생생하고 명확한 사례들을 알기 쉽게 설명한다. 전략경영과 경쟁전략의 핵심을 단기간에 마스터하기 위한 사람들의 필독서이다.

● 전략의 대가, 마이클 포터 이론의 결정판
● 아마존 전략분야 베스트 셀러
● 일반인과 대학생을 위한 전략경영 필독서

언제까지 질병으로 고통받을 것인가?
난치병 치유의 길

앤서니 윌리엄 지음 | 박용준 옮김
468쪽 | 값 22,000원

이 책은 현대의학으로는 치료가 불가능한 질병으로 고통 받는 수많은 사람들에게 새로운 치료법을 소개한다. 저자는 사람들이 무엇으로 고통 받고, 어떻게 그들의 건강을 관리할 수 있는지에 대한 영성의 목소리를 들었다. 현대 의학으로는 설명할 수 없는 질병이나 몸의 비정상적인 상태의 근본 원인을 밝혀주고 있다. 당신이 원인불명의 증상으로 고생하고 있다면 이 책은 필요한 해답을 제공해 줄 것이다.

● 아마존 건강분야 베스트 셀러 1위

대담한 혁신상품은 어떻게 만들어지는가?
신제품 개발 바이블

로버트 쿠퍼 지음 | 류강석, 박상진, 신동영 옮김
648쪽 | 값 28,000원

오늘날 비즈니스 환경에서 진정한 혁신과 신제품개발은 중요한 도전과제이다. 하지만 대부분의 기업들에게 야심적인 혁신은 보이지 않는다. 이 책의 저자는 제품혁신의 핵심성공 요인이자 세계최고의 제품개발 프로세스인 스테이지-게이트(Stage-Gate)에 대해 강조한다. 아울러 올바른 프로젝트 선택 방법과 스테이지-게이트 프로세스를 활용한 신제품개발 성공 방법에 대해서도 밝히고 있다. 신제품은 기업번영의 핵심이다. 이러한 방법을 배우고 기업의 실적과 시장 점유율을 높이는 대담한 혁신을 성취하는 것은 담당자, 관리자, 경영자의 마지노선이다.

질병의 근본 원인을 밝히고 남다른 예방법을 제시하다
의사들의 120세 건강 비결은 따로 있다

마이클 그레거 지음 | 홍영준, 강태진 옮김
❶ 질병원인 치유편 | 564쪽 | 값 22,000원
❷ 질병예방 음식편 | 340쪽 | 값 15,000원

미국 최고의 영양 관련 웹사이트인 http://NutritionFacts.org를 운영 중인 세계적인 영양전문가이자 내과의사가 과학적인 증거로 치명적인 질병으로 사망하는 원인을 규명하고 병을 예방하고 치유하는 식습관에 대해 집대성한 책이다. 저자는 영양과 생활방식의 조정이 처방약, 항암제, 수술보다 더 효과적일 수 있다고 강조한다. 우수한 건강서로서 모든 가정의 구성원들이 함께 읽고 실천하면 좋은 '가정건강지킴이'로서 손색이 없다.

● 아마존 식품건강분야 1위   ● 출간 전 8개국 판권계약

기초가 탄탄한 글의 힘
실용 글쓰기 정석

황성근 지음 | 252쪽 | 값 13,500원

글쓰기는 인간의 기본 능력이자 자신의 능력을 발휘하는 핵심적인 도구이다. 글은 이론만으로 잘 쓸 수 없다. 좋은 글을 많이 읽고 체계적인 연습이 필요하다. 이 책에서는 기본 원리와 구성, 나아가 활용 수준까지 글쓰기의 모든 것을 다루고 있다. 이 책은 지금까지 자주 언급되고 무조건적으로 수용되던 기존 글쓰기의 이론들을 아예 무시했다. 실제 글쓰기를 할 때 반드시 필요하고 알아두어야 하는 내용들만 담았다. 책의 내용도 외울 필요가 없고 소설 읽듯 하면 바로 이해되고 그 과정에서 원리를 터득할 수 있도록 심혈을 기울인 책이다. 글쓰기에 대한 깊은 고민에 빠진 채 그 방법을 찾지 못해 방황하고 있는 사람들에게 필독케 권한다.

회사를 살리는 영업 AtoZ
세일즈 마스터

이장석 지음 | 396쪽 | 값 17,500원

영업은 모든 비즈니스의 꽃이다. 오늘날 경영학의 눈부신 발전과 성과에도 불구하고, 영업관리는 여전히 비과학적인 분야로 남아있다. 영업이 한 개인의 개인기나 합법과 불법을 넘나드는 묘기의 수준에 남겨두는 한, 기업의 지속적 발전은 한계에 부딪히기 마련이다. 이제 편법이 아닌 정석에 관심을 쏟을 때다. 본질을 망각한 채 결과에 올인하는 영업직원과 눈앞의 성과만으로 모든 것을 평가하려는 기형적인 조직문화는 사라져야 한다. 이 책은 영업의 획기적인 리엔지니어링을 위한 AtoZ를 제시한다. 디지털과 인공지능 시대에 더 인정받는 영업직원과 리더를 위한 필살기이다.

나와 당신을 되돌아보는, 지혜의 심리학
어쩌면 우리가 거꾸로 해왔던 것들

김경일 지음 | 272쪽 | 값 15,000원

저자는 이 책에서 수십 년 동안 심리학을 공부해오면서 사람들로부터 가장 많은 공감을 받은 필자의 말과 글을 모아 엮었다. 수많은 독자와 청중들이 '아! 맞아. 내가 그랬었지'라며 지지했던 내용들이다. 다양한 사람들이 공감한 내용들의 방점은 이렇다. 안타깝게도 세상을 살아가는 우리 대부분은 '거꾸로'하고 있는지도 모른다. 이 책은 지금까지 일상에서 거꾸로 해온 것을 반대로, 즉 우리가 '거꾸로 해왔던 수많은 말과 행동들'을 조금이라도 제자리로 되돌아보려는 노력의 산물이다. 이런 지혜를 터득하고 심리학을 생활 속에서 실천하길 바란다.

진성 FOCUS 3

"비즈니스의 성공을 위해 꼭 알아야하는 경영의 핵심지식"
퍼스널 MBA

조쉬 카우프만 지음
이상호, 박상진 옮김
756쪽 | 값 25,000원

지속가능한 성공적인 사업은 경영의 어느 한 부분의 탁월성만으로는 불충분하다. 이는 가치창조, 마케팅, 영업, 유통, 재무회계, 인간의 이해, 인적자원 관리, 전략을 포함한 경영관리 시스템 등 모든 부분의 지식과 경험 그리고 통찰력이 갖추어 질 때 가능한 일이다. 그렇다고 그 방대한 경영학을 모두 섭렵할 필요는 없다고 이 책의 저자는 강조한다. 단지 각각의 경영원리를 구성하고 있는 멘탈 모델(Mental Model)을 제대로 익힘으로써 가능하다.
세계 최고의 부자인 빌게이츠, 워런버핏과 그의 동업자 찰리 멍거(Charles T. Munger)를 비롯한 많은 기업가들이 이 멘탈모델을 통해서 비즈니스를 시작하고, 또 큰 성공을 거두었다. 이 책에서 제시하는 경영의 핵심개념 248가지를 통해 독자들은 경영의 멘탈모델을 습득하게 된다.
필자는 지난 5년간 수천 권이 넘는 경영 서적을 읽었다. 수백 명의 경영 전문가를 인터뷰하고, 포춘지 선정 세계 500대 기업에서 일을 했으며, 사업도 시작했다. 그 과정에서 배우고 경험한 지식들을 모으고, 정제하고, 잘 다듬어서 몇 가지 개념으로 정리하게 되었다. 이들 경영의 기본 원리를 이해한다면, 현명한 의사결정을 내리는 데 유익하고 신뢰할 수 있는 도구를 얻게 된다. 이러한 개념들의 학습에 시간과 노력을 투자해 마침내 그 지식을 활용할 수 있게 된다면, 독자는 어렵지 않게 전 세계 인구의 상위 1% 안에 드는 탁월한 사람이 된다. 이 책의 주요내용은 다음과 같다.

● 실제로 사업을 운영하는 방법
● 효과적으로 창업하는 방법
● 기존에 하고 있던 사업을 더 잘 되게 하는 방법
● 경영 기술을 활용해 개인적 목표를 달성하는 방법
● 조직을 체계적으로 관리하여 성과를 내는 방법

유능한 리더는 직원의 회복력부터 관리한다

스트레스 받지 않는 사람은 무엇이 다른가

데릭 로저, 닉 페트리 지음
김주리 옮김 | 308쪽 | 값 15,000원

이 책은 흔한 스트레스 관리에 관한 책이 아니다. 휴식을 취하는 방법에 관한 책도 아니다. 인생의 급류에 휩쓸리지 않고 어려움을 헤쳐 나갈 수 있는 능력인 회복력을 강화하여 삶을 주체적으로 사는 법에 관한 명저다. 엄청난 무게의 힘든 상황에서도 감정적 반응을 재설계하도록 하고, 스트레스 증가 외에는 아무런 도움이 되지 않는 자기 패배적 사고 방식을 깨는 방법을 제시한다. 깨어난 순간부터 자신의 태도를 재조정하는 데 도움이 되는 사례별 연구와 극복 기술을 소개한다.

상위 7% 우등생 부부의 9가지 비결

사랑의 완성 결혼을 다시 생각하다

그레고리 팝캑 지음
민지현 옮김 | 396쪽 | 값 16,500원

결혼 상담 치료사인 저자는 특별한 부부들이 서로를 대하는 방식이 다른 모든 부부관계에도 도움이 된다고 알려준다. 그리고 성공적인 부부들의 삶과 그들의 행복비결을 밝힌다. 저자 자신의 결혼생활 이야기를 비롯해 상담치료 사례와 이에대한 분석, 자가진단용 설문, 훈련 과제 및 지침 등으로 구성되어 있다. 이 내용들은 오랜 결혼 관련 연구논문으로 지속적으로 뒷받침되고 있으며 효과가 입증된 것들이다. 이 책을 통해 독자들은 자신의 어떤 점이 결혼생활에 부정적으로 작용하며, 긍정적인 변화를 위해서는 어떤 노력을 해야 하는지 배울 수 있다.

기후의 역사와 인류의 생존

시그널

벤저민 리버만, 엘리자베스 고든 지음
은종환 옮김 | 440쪽 | 값 18,500원

이 책은 인류의 역사를 기후변화의 관점에서 풀어내고 있다. 인류의 발전과 기후의 상호작용을 흥미 있게 조명한다. 인류 문화의 탄생부터 현재에 이르기까지 역사의 중요한 지점을 기후의 망원경으로 관찰하고 해석한다. 당시의 기후조건이 필연적으로 만들어낸 여러 사회적인 변화를 파악한다. 결코 간단하지 않으면서도 흥미진진한, 그리고 현대인들이 심각하게 다뤄야 할 이 주제에 대해 탐구를 시작하고자 하는 독자에게 이 책이 좋은 길잡이가 되리라 기대해본다.

진성 FOCUS 4

하버드 경영 대학원 마이클 포터의 성공전략 지침서

당신의 경쟁전략은 무엇인가?

조안 마그레타 지음
김언수, 김주권, 박상진 옮김
368쪽 | 값 22,000원

마이클 포터(Michael E. Porter)는 전략경영 분야의 세계 최고 권위자다. 개별 기업, 산업구조, 국가를 아우르는 연구를 전개해 지금까지 17권의 저서와 125편 이상의 논문을 발표했다. 저서 중 『경쟁전략(Competitive Strategy)』(1980), 『경쟁우위(Competitive Advantage)』(1985), 『국가경쟁우위(The Competitive Advantage of Nations)』(1990) 3부작은 '경영전략의 바이블이자 마스터피스'로 공인받고 있다. 경쟁우위, 산업구조 분석, 5가지 경쟁요인, 본원적 전략, 차별화, 전략적 포지셔닝, 가치사슬, 국가경쟁력 등의 화두는 전략 분야를 넘어 경영학 전반에 새로운 지평을 열었고, 사실상 세계 모든 경영 대학원에서 핵심적인 교과목으로 다루고 있다. 이 책은 방대하고 주요한 마이클 포터의 이론과 생각을 한 권으로 정리했다. <하버드 비즈니스리뷰> 편집장 출신인 저자는 폭넓은 경험을 바탕으로 포터 교수의 강력한 통찰력을 경영일선에 효과적으로 적용할 수 있도록 설명한다. 즉, "경쟁은 최고가 아닌 유일무이한 존재가 되고자 하는 것이고, 경쟁자들 간의 싸움이 아니라, 자사의 장기적 투하자본이익률(ROIC)을 높이는 것이다." 등 일반인들이 잘못 이해하고 있는 포터의 이론들을 명백히 한다. 전략경영과 경쟁전략의 핵심을 단기간에 마스터하여 전략의 전문가로 발돋음 하고자 하는 대학생은 물론 전략에 관심이 있는 MBA과정의 학생들을 위한 필독서이다. 나아가 미래의 사업을 주도하여 지속적 성공을 꿈꾸는 기업의 관리자에게는 승리에 대한 영감을 제공해 줄 것이다.

- 전략의 대가, 마이클 포터 이론의 결정판
- 아마존전략 분야 베스트 셀러
- 일반인과 대학생을 위한 전략경영 필독서

언어를 넘어 문화와 예술을 관통하는 수사학의 힘
현대 수사학

요아힘 크나페 지음
김종영, 홍설영 옮김 | 480쪽 | 값 25,000원

이 책의 목표는 인문학, 문화, 예술, 미디어 등 여러 분야에 수사학을 접목시킬 현대 수사학이론을 개발하는 것이다. 수사학은 본래 언어적 형태의 소통을 연구하는 학문이라서 기초이론의 개발도 이 점에 주력하였다. 그 결과 언어적 소통의 관점에서 수사학의 역사를 개관하고 정치 수사학을 다루는 서적은 꽤 많지만, 수사학 이론을 현대적인 관점에서 새롭고 포괄적으로 다룬 연구는 눈에 띄지 않는다. 이 책은 수사학이 단순히 언어적 행동에만 국한하지 않고, '소통이 있는 모든 곳에 수사도 있다'는 가정에서 출발한다. 이를 토대로 크나페 교수는 현대 수사학 이론을 체계적으로 개발하고, 문학, 음악, 이미지, 영화 등 실용적인 영역에서 수사학적 분석이 어떻게 가능한지를 총체적으로 보여준다.

새로나올 책

타인의 동의를 얻고 팀웍을 발휘하는 힘
협업 지능 (가제)

도나 마르코바, 앤지 맥아서 지음

다양하고 빠르게 변해가는 이 세상에서 살아가려면 IQ와 EQ가 필요하다. 하지만 이제 그것만으로는 충분하지 않다. 집단이나 네트워크의 힘을 다스려 목적을 달성할 수 있는 능력에 대한 기대가 점점 더 커지고 있기 때문이다. 따라서 협업지능(CQ)의 필요성이 더 중요해지고 있다. 협업지능이란 문제를 해결하기 위해 동료들과 함께 생각할 수 있는 능력을 말한다. CQ는 생각과 상호작용으로 혁신의 방식이 바뀌고 있는 가운데 새롭게 부상하고 있다. 협업능력이야말로 우리 주위에 벌어지는 문제들을 해결하기 위해 없어서는 안 될 능력이다.

서울대학교 말하기 강의 (가제)

김종영 지음

이 책은 공론장에서 타인과 나의 의견이 다름을 인정하고, 그 차이점을 조율해 최종적으로 합리적인 의사 결정을 도출하는 능력을 강조한다. 특히 자신의 말하기 태도와 습관에 대한 성찰을 통해, 자신에게 가장 적합한 말하기의 특성을 찾을 수 있다. 독자들은 창의적이고 구체적인 이야기 구성능력을 키우고, 논리적이고 설득적인 말하기 능력을 훈련할 뿐만 아니라, 말의 주체로서 자신이 한 말에 책임을 지는 윤리성까지 인식하는 과정을 배울 수 있다. 논술을 준비하는 학생을 포함한 교사와 학부모 그리고 말하기에 관심있는 일반 독자들에게 필독을 권한다.

진성 FOCUS 5

"질병의 근본 원인을 밝히고
남다른 예방법을 제시한다"

의사들의 120세 건강비결은 따로 있다

마이클 그레거 지음
홍영준, 강태진 옮김
❶ 질병원인 치유편 값 22,000원 | 564쪽
❷ 질병예방 음식편 값 15,000원 | 340쪽

우리가 미처 몰랐던 질병의 원인과 해법
질병의 근본 원인을 밝히고 남다른 예방법을 제시한다

건강을 잃으면 모든 것을 잃는다. 의료 과학의 발달로 조만간 120세 시대도 멀지 않았다. 하지만 우리의 미래는 '얼마나 오래 살 것인가?'보다는 '얼마나 건강하게 오래 살 것인가?'를 고민해야하는 시점이다. 이 책은 질병과 관련된 주요 사망 원인에 대한 과학적 인과관계를 밝히고, 생명에 치명적인 병을 예방하고 건강을 회복시킬 수 있는 방법을 명쾌하게 제시한다. 수천 편의 연구결과에서 얻은 적절한 영양학적 식이요법을 통하여 건강을 획기적으로 증진시킬 수 있는 과학적 증거를 밝히고 있다. 15가지 주요 조기 사망 원인들(심장병, 암, 당뇨병, 고혈압, 뇌질환 등등)은 매년 미국에서만 1백 6십만 명의 생명을 앗아간다. 이는 우리나라에서도 주요 사망원인이다. 이러한 비극의 상황에 동참할 필요는 없다. 강력한 과학적 증거가 뒷받침된 그레거 박사의 조언으로 치명적 질병의 원인을 정확히 파악하라. 그리고 장기간 효과적인 음식으로 위험인자를 적절히 예방하라. 그러면 비록 유전적인 단명요인이 있다 해도 이를 극복하고 장기간 건강한 삶을 영위할 수 있다. 이제 인간의 생명은 운명이 아니라, 우리의 선택에 달려있다. 기존의 건강서와는 차원이 다른 이 책을 통해서 '더 건강하게, 더 오래 사는' 무병장수의 시대를 활짝 열고, 행복한 미래의 길로 나아갈 수 있을 것이다.

● 아마존 의료건강분야 1위
● 출간 전 8개국 판권계약

기업체 교육안내 <탁월한 전략의 개발과 실행>

월스트리트 저널(WSJ)이 포춘 500대 기업의 인사 책임자를 조사한 바에 따르면, 관리자에게 가장 중요한 자질은 <전략적 사고>로 밝혀졌다. 750개의 부도기업을 조사한 결과 50%의 기업이 전략적 사고의 부재에서 실패의 원인을 찾을 수 있었다. 시간, 인력, 자본, 기술을 효과적으로 사용하고 이윤과 생산성을 최대로 올리는 방법이자 기업의 미래를 체계적으로 예측하는 수단은 바로 '전략적 사고'에서 시작된다.

새로운 시대는 새로운 전략!

- 세계적인 저성장과 치열한 경쟁은 많은 기업들을 어려운 상황으로 내몰고 있다. 산업의 구조적 변화와 급변하는 고객의 취향은 경쟁우위의 지속성을 어렵게 한다. 조직의 리더들에게 사업적 혜안(Acumen)과 지속적 혁신의지가 그 어느 때보다도 필요한 시점이다.
- 핵심기술의 모방과 기업 가치사슬 과정의 효율성으로 달성해온 품질대비 가격경쟁력이 후발국에게 잠식당할 위기에 처해있다. 산업구조 조정만으로는 불충분하다. 새로운 방향의 모색이 필요할 때이다.
- 기업의 미래는 전략이 좌우한다. 장기적인 목적을 명확히 설정하고 외부환경과 기술변화를 면밀히 분석하여 필요한 역량과 능력을 개발해야 한다. 탁월한 전략의 입안과 실천으로 차별화를 통한 지속가능한 경쟁우위를 확보해야 한다. 전략적 리더십은 기업의 잠재력을 효과적으로 이끌어 낸다.

<탁월한 전략> 교육의 기대효과

① 통합적 전략교육을 통해서 직원들의 주인의식과 몰입의 수준을 높여 생산성의 상승을 가져올 수 있다.
② 기업의 비전과 개인의 목적을 일치시켜 열정적으로 도전하는 기업문화로 성취동기를 극대화할 수 있다.
③ 차별화로 추가적인 고객가치를 창출하여 장기적인 경쟁우위를 바탕으로 지속적 성공을 가져올 수 있다.

- 이미 발행된 관련서적을 바탕으로 <탁월한 전략>의 필수적인 3가지 핵심 분야(전략적 사고, 전략의 구축과 실행, 전략적 리더십)를 통합적으로 마스터하는 프로그램이다.

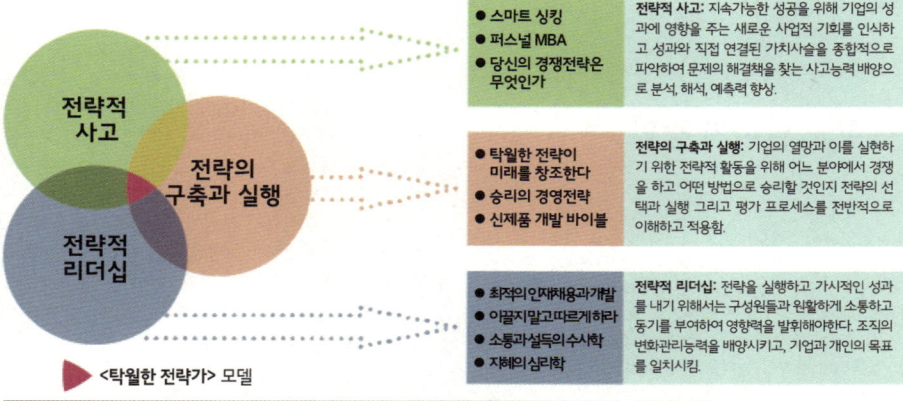

특강 및 교육 신청 문의: 진성북스, 02-3452-7762

120세 건강과 인문학 독서클럽

∴ 비전
건강 · 사랑 · 지혜로 아름다운 세상을 함께 만든다.

∴ 목표
올바른 건강(의학) 지식으로 자신과 가족의 건강을 돌보고,
5년 동안 100권의 인문학 명저를 읽고, 자기 삶을 투영하여 책 한 권을 쓴다.

∴ 얻을 수 있는 경험
하나, 국내 최고 교수진의 인문학 · 건강(의학) 강의를 들을 수 있습니다.
둘, 다양한 사람들과 책 내용을 토론하고 소통하며 사고를 확장합니다.
셋, 5년, 100권의 양서를 읽고 저자가 되는 책 출판의 기회를 드립니다.

2019년 프로그램 일정표

월	인문학 독서와 강의	건강 강의	일정	월	인문학 독서와 강의	건강 강의	일정
1월	사랑의 기술 - 에리히 프롬	뇌과학 1	1/15 1/29	7월	그리스인 조르바 - 니코스 카잔차키스	암 예방법	7/9 7/23
2월	열하일기 - 박지원	뇌과학 2	2/12 2/26	8월	거의 모든 것의 역사 - 빌 브라이슨	심혈관 질환 예방법	8/6 8/20
3월	국가 - 플라톤	뇌과학 3	3/12 3/26	9월	파우스트 - 괴테	생활습관병 예방법	9/10 9/24
4월	광장 - 최인훈	뇌과학 4	4/9 4/23	10월	원형과 무의식 - 칼 융	정신건강법	10/8 10/22
5월	건축과 도시의 인문학 - 김석철	뇌과학 5	5/7 5/21	11월	노벨상 수상자 및 작품	혈액과 면역의 이해	11/5 11/19
6월	선악의 저편 - 니체	생명의 작동원리	6/4 6/18	12월	카라마조프의 형제들 - 도스토예프스키	최신 의학 경향	12/10 12/21

※ 건강(의학) 강의 주제는 사정에 따라 변경될 수 있습니다.

회원모집 안내

일시 매월 둘째 주, 넷째 주 화요일
18:00-19:00 저녁식사 / 19:00-22:00 강의와 토론(프로그램 일정표 참고)

장소 강남구 영동대로 85길 38 (대치동 944-25) 10층 진성북스 회의장

운영 1) 둘째 주 화요일 - 해당 책 개관과 주제를 발표하고, 토론하면서 생각의 범위 확장
2) 넷째 주 화요일 - 책에 대한 전문가의 종합적 특강을 통해 내용을 자기 것으로 만듦
3) 회비 : 30만원 (6개월) - 강의료 + 식비로 사용됩니다.

가입 1) 02-3452-7762 / 010-2504-2926
방법 2) jinsungbooks@naver.com (진성북스 메일)으로 연락바랍니다.

진성북스 팔로워로 여러분을 초대합니다!

진성북스 네이버 포스트
https://post.naver.com/jinsungbooks

혜택1
팔로우시 추첨을 통해 진성북스 도서 1종을 선물로 드립니다.

혜택2
·진성북스에서 개최하는 강연회에 가장 먼저 초대해 드립니다.

혜택3
진성북스 신간도서를 가장 빠르게 받아 보실 수 있는 서평단의 기회를 드립니다.

혜택4
정기적으로 다양하고 풍부한 이벤트에 참여하실 수 있는 기회를 드립니다.

- 홈페이지 : www.jinsungbooks.com
- 페이스북 : https://www.facebook.com/jinsungpublisher/
- - 문 의 : 02)3452-7762

카카오톡에서 진성북스를 만나보세요!
신간알림/이벤트공지/이벤트상품발송알림/오탈자발견/기타문의사항